『時慶記』第六巻（全十巻）

二〇一九年十二月三十日　初版発行

翻刻・校訂　時慶記研究会

原本所有者　宗教法人本願寺

発行者　片岡敦

発行所　606-8204 京都市左京区田中下柳町八番地
株式会社 臨川書店
電話（〇七五）七二一－七一一一

ISBN978-4-653-03766-8　C3321
〔ISBN978-4-653-03760-6　C3321　セット〕

人名索引

凡例

・本索引は『時慶記』第六巻の人名索引である。
・配列は基本的には五十音順であるが、親王・内親王・公家・僧侶の名前、また読み方が不明な場合は音読みで配列している。
・人名の後の丸括弧には、本文中での表記、あるいは所属・関係などを記した。
・寺社名については人物を指していると判断される場合のみ採録した。

あ

安威了佐(阿夷摂津守)　19
青木一重(青木民部)　144
青山忠俊(青山伯耆守)　205, 210, 212
赤井忠泰(赤井豊後守)　208, 212
赤井弥七郎　262
安芸 → 速水良益
秋篠忠定(秋篠大弼・大弼)　21, 54, 95, 140, 141, 176, 187, 239, 249, 258, 260, 305
阿五(ア五)　60, 81, 86, 87
阿古(端坊)　122, 135, 140, 143, 146
浅野長晟(浅野但馬・浅野但・浅但馬)　16, 122
朝山久綱(意斎)　37, 74, 102, 105, 121
朝山久綱男(彦)　39
朝山久綱室川勝氏女(意斎ノ女中・意斎内義)　41, 60, 65, 269
朝山幸綱(朝山宮内)　141
足利義輝(光源院殿)　276
足利義持(勝定院殿)　212
芦川正吉(芦川権大夫・権大夫)　218, 219
飛鳥井雅胤(飛鳥井父子・飛鳥井・飛鳥・飛少将・飛少・少将・飛鳥井中将・飛鳥中・飛中)　7, 8, 11, 20, 22, 36, 66, 71, 72, 78, 79, 89, 99, 104, 106, 108, 110, 123, 125, 130, 136, 137, 138, 154, 157, 159, 160, 162, 170, 171, 177, 179, 181, 182, 186, 193, 197, 204, 212, 215, 223, 226, 237, 238, 240, 242, 258, 260, 262, 263, 265, 266, 269, 271, 281, 285, 286, 287, 291, 292, 307
飛鳥井雅賢(飛少将)　250
飛鳥井雅庸(飛鳥井・飛鳥井父子・飛鳥・飛鳥井中・飛鳥中納言・飛鳥中・飛中納言・飛中)　7, 8, 9, 10, 12, 14, 16, 18, 20, 27, 30, 33, 34, 39, 40, 41, 45, 46, 47, 49, 55, 59, 61, 64, 66, 67, 75, 78, 108, 116, 117, 121, 122, 123, 125, 126, 127, 128, 130, 133, 134, 135, 136, 137, 138, 139, 140, 145, 146, 147, 148, 149, 151
飛鳥井雅庸室(飛女中・飛鳥井ノ内義)

18, 96, 128
飛鳥井竹松（飛竹松・竹松）　242, 244, 253, 257, 287
按察局（西洞院時慶女、按察）　15, 22, 24, 25, 26, 28, 30, 32, 33, 35, 37, 38, 39, 51, 53, 56, 57, 68, 71, 72, 74, 84, 86, 87, 89, 91, 94, 103, 105, 107, 108, 109, 111, 113, 114, 116, 117, 119, 120, 125, 129, 131, 136, 139, 140, 143, 144, 151
ア茶（アチヤ）→ 徳川家康室神尾氏女
阿茶（ア茶）　50, 150, 154
阿茶〻御乳人（阿茶〻乳母人・ア茶〻乳母人・ア茶〻御乳人）　15, 29, 154, 163, 248, 251, 290, 291, 293
渥美友真（渥味太郎兵衛）　219
アテ宮（アテノ宮・姫宮御方・宮御方）　7, 8, 9, 10, 27, 32, 33, 34, 49, 52, 53, 56, 57, 58, 59, 67, 68, 69, 74, 82, 83, 84, 85, 86, 92, 93, 94, 97, 99, 104, 105, 108, 113, 114, 116, 119, 124, 129, 133, 135, 139, 140, 141, 142, 144, 146, 150, 151, 153, 154, 158, 164, 165, 169, 174, 175, 176, 177, 178, 184, 185, 187, 188, 197, 225, 227, 230, 233, 234, 235, 237, 239, 240, 241, 242, 243, 249, 250, 258, 260, 262, 266, 267, 268, 271, 279, 285, 286, 293, 294, 295, 297, 303, 307
アテ宮御方乳母人　36
姉少路公景（姉少路・姉侍従）　158, 197, 202, 209, 210, 212, 216, 217, 218, 221, 222
阿野公福（阿野少将・阿野少・阿少将・阿少）　8, 11, 80, 99, 136, 159, 234, 247, 282, 300, 301
阿野実顕（阿野・阿野宰相・阿宰相・阿宰）　14, 34, 43, 47, 48, 50, 80, 99, 106, 127, 129, 141, 158, 159, 161, 163, 172, 174, 176, 181, 183, 185, 195, 225, 234, 281, 294, 300, 301
阿野実顕母（阿野ノ母義）　116
油屋　10
安倍泰重 → 土御門泰重
綾　24, 39, 47, 55, 62, 65, 87, 88, 101
綾小路高有（綾小路）　8, 76, 80, 99, 109, 159
有馬豊氏（有間玄蕃頭）　214
粟津美作　137
安房入道　80
安斎　80
安藤重信（安藤対馬守）　202, 211, 215

い

意庵 → 吉田吉皓
伊賀守（伊賀）→ 板倉勝重
伊賀守 → 堀利重
壱岐守（医者ノ）　243
生嶋宮内（生宮内）　97, 100, 244
生嶋玄蕃　174
意経（若王子）　51, 80
池田忠継（池田左衛門佐）　131
池田利隆（池田武蔵守・松平武州・武州）　31, 33, 34, 35, 36
池坊専好（池坊）　167, 252
為斎　112
意斎 → 朝山久綱
意斎ノ女中（意斎内義）→ 朝山久綱室川勝氏女
伊佐寿徳（伊佐清介入道）　145
石　78
石井了倶（了倶・了具）　51, 105, 119, 183, 234, 249, 254
石カ母　140

石川貞政(石川伊豆守)　19
石塚庄兵衛尉　238, 264
石屋　77, 104, 144, 157, 165, 180, 196, 241, 246, 248, 251, 253, 258, 262, 263, 264, 265, 268, 272, 276, 291
以心崇伝(伝長老・長老)　31, 123, 125, 127, 131, 134, 162, 167, 204, 205, 214
和泉 → 藤堂高虎
和泉(土御門久脩男、ノチ五辻済仲)　155
出雲(漆屋)　46
出雲 → 片桐孝利
出雲殿　211, 214, 290
伊勢貞昌(伊勢兵部少輔・伊勢ノ兵部)　251
意則(意息)　87, 95, 105
磯野員昌(磯野丹波・駿河)　96
磯辺宗色　121
板倉三郎左衛門(板三郎左衛門)　158
板倉重昌(板倉内膳)　97
板倉重宗(板倉周防守)　202, 206, 295, 296
板倉勝重(板倉・板倉伊賀守・板倉伊州・板伊賀守・板伊賀・板伊州・板伊・伊賀守)　6, 12, 14, 21, 26, 50, 51, 54, 73, 88, 89, 91, 92, 93, 115, 121, 136, 137, 144, 147, 148, 157, 158, 165, 166, 169, 178, 189, 190, 195, 196, 197, 202, 223, 226, 232, 240, 241, 242, 246, 250, 264, 275, 277, 278, 280, 290, 298, 307
伊丹康勝(伊丹喜介)　204, 205, 208
板屋左近丞(板屋・左近丞)　16, 18, 32, 46, 48, 56, 62, 68, 69, 70, 81, 82, 87, 95, 101, 103, 106, 107, 112, 115, 131, 133, 134, 137, 141, 142, 144, 146, 147
板屋左近丞女房(左近丞カ北・左近北・北)　62, 81, 84, 95, 139, 140, 144, 260, 262
一庵　49
一尾通春(一尾淡路守)　208, 209
市九　119
市左衛門　263
一乗院殿 → 尊勢
一乗院殿 → 庶愛親王
一乗院殿 → 尊覚
一条兼遐(一条殿・桃花坊・桃花)　18, 33, 34, 35, 36, 37, 130, 155, 157, 181, 184, 186, 195, 225, 226, 243, 247, 249, 251, 281, 288, 292, 299, 306
一蔵カ父　270
市正 → 片桐且元
一台　128, 142, 143
市辺正好(市辺出羽守)　222
一門 → 尊勢
イ茶　48, 83, 90, 97, 111, 175, 187, 264, 272
一与　194
一斎 → 堀河親具
一色蔵人(一式蔵人・蔵人、南部利直家臣)　208, 209, 276, 277, 279
一色孝治(一式壱岐守・壱岐守)　222, 224
一身田(一身伝) → 尭秀
五辻之仲(五辻・五辻右兵衛督・五辻右兵)　14, 30, 99, 141, 159, 162, 234, 242, 246, 247, 284
五辻奉仲(五辻新蔵人・左馬・源奉仲・源蔵人)　7, 99, 109, 162
五ノ宮御方 → 尊性
糸(西洞院時慶女、イト)　201, 208
糸(イト)　148, 268
伊東長次(伊藤丹後守)　144
田舎殿(田舎)　72, 76, 135

稲田正勝(稲田喜左衛門)　194, 229, 248, 266, 280
因幡　97
因幡内匠助　222
因幡入道(因幡守) → 宇野因幡入道
稲辺　237
猪苗代兼与(兼与)　22, 55, 104, 119, 223, 224, 225
犬　265
井家豊家(井家・井家摂津守・井家津守・摂津守)　24, 25, 26, 32, 36, 69, 112, 180, 181, 242, 274
井上正就(井上主計正)　214
井上長三郎　240
今　85, 164, 248, 253
今乳母(今乳)　193
今里　260
今井宗薫(ナヤノ宗クン)　122
今大路親清(元鑑・玄鑑・道三)　48, 94, 118, 120, 129, 133, 168, 203, 204, 210, 276, 307
忌部(斎部) → 真継康利
伊与　223, 258, 259
入江殿 → 昌隆尼
岩木木工頭　37
岩倉具尭(岩倉木工頭・岩木工頭・岩木工・木工頭・木工・岩波木工)　45, 54, 55, 140, 141, 199, 230, 231, 233, 239, 240, 258, 260, 288, 305
岩瀬六兵衛　198
岩波内膳(内膳)　245, 254
岩波木工頭　164
岩坊 → 澄孝
院御所(院中・院) → 後陽成院

う

宇因幡 → 宇野因幡守
上野志摩守(上志摩)　91, 149
右衛□[　　]　265
右衛門督局(右衛門督)　23, 56, 89, 90, 101, 113, 126, 154, 166, 188, 225, 243, 249, 262, 286, 293, 299, 303, 307
右衛門佐　50
右衛門佐 → 高倉永慶
右火掌 → 座田重次
右官掌 → 座田清次
右京(東寺ノ)　272, 279, 291
右近　118
牛介　29
雅楽頭(雅楽) → 花園公久
内山　17, 104
采女　155, 190, 191
宇野因幡入道(宇野因幡守・宇因幡守・因幡守・因幡入道)　65, 84, 93, 157, 165, 182, 194, 226, 227, 244, 246, 248, 250, 254, 255, 257, 263, 267, 268, 275, 276, 277, 293, 305
乳母(優婆)　37, 42, 52, 74, 79, 144, 170, 270, 289
右兵衛尉(右兵衛)　97, 100, 185, 192, 237
右府 → 近衛信尋
右府公(右府) → 豊臣秀頼
梅か枝　23
梅松丸(梅松)　161, 173, 199
有楽 → 織田長益
有楽ノ子 → 宥閑
卜部兼豊(平野ノ権ノ小副)　281
雲勝院　49
雲林院　62

え

永安　141
永応寺　227
英岳景洪(英岳)　256
永喜 → 林信澄
永春(栄春)　92, 109, 132, 173, 243, 250
栄宅　25, 28, 30, 32, 122, 245, 246, 248, 249, 250, 255
英甫(栄甫)　10, 18, 37, 80, 230
栄夢(栄無)　138, 140, 143, 147, 151
恵雲院殿 → 近衛稙家
益 → 曲直瀬玄益
益長老 → 友林紹益
恵光房(山門衆)　233
衛士源兵衛 → 小野氏行
恵心院 → 良範
恵仙尼(大聖寺殿)　10, 57, 60, 62, 74, 83, 128, 129, 156, 164, 176, 188, 196, 226, 233, 239, 241, 242, 243, 248, 249, 256, 258, 262, 263, 266, 275, 286, 287, 295, 300, 301, 305, 306
越後(神人)　227
越後局(越後殿、女院御所ノ)　25, 26, 96, 97, 175, 268
越渓礼格　34
越中守 → 松平定綱
江戸将軍 → 徳川秀忠
江戸上﨟 → 松木宗満女
榎並賢隆(榎並忠左衛門尉・榎並忠左・榎忠左・榎忠・忠左衛門尉・忠左)　156, 158, 161, 162, 164, 165, 166, 168, 169, 180, 183, 185, 188, 194, 226, 228, 230, 237, 253, 262, 267, 269, 270, 276, 277, 286, 288, 289
延寿院(延寿) → 曲直瀬正紹
延寿院内義 → 曲直瀬正紹室
円詮坊(要法寺)　12, 28, 58
円智日性(要法寺)　28
円満院殿 → 常尊
円満坊 → 豪祐
円弥　15

お

ヲ阿茶 → 徳川家康室神尾氏女
ヲ岩　173
往生院ノ尼(往生院ノ比丘尼・嵯峨ノ比丘尼・嵯峨ノ尼)　29, 39, 64, 75, 86, 87, 100, 112, 135, 163, 171
往生院ノ比丘　243, 270
往生院比丘尼 → 慶順
大炊御門経敦(大炊御門・大炊・大炊侍従)　155, 166, 167, 193
大炊御門経頼(大炊御門・大炊・大炊大納言・大炊大・南隣・大納言)　8, 11, 15, 16, 17, 19, 20, 23, 26, 32, 33, 36, 37, 38, 39, 40, 41, 48, 54, 57, 58, 60, 61, 64, 66, 73, 80, 100, 110, 115, 131, 134, 142, 145
大御乳人　156, 164, 187, 196
正親町季俊(正親町・正親町少将)　16, 257
正親町三条実有(正親町三・正親三条・正親三・正親三中納言・正親三中)　31, 33, 68, 159, 181, 231, 233, 234, 257, 284, 286, 300, 301
大釘　149
大久保忠隣(大久保相模守・大久保相州)　1, 16, 21, 22
大蔵　28
大蔵大夫　30
大崎昌好(大崎七郎右衛門)　222

大沢基重(侍従)　201
大沢基宿(大沢・大沢少将)　19, 20, 126, 128, 129, 201, 203, 212
大典侍　99
大大夫 → 金春安照
大中臣種忠(祭主)　8, 16, 32, 102, 114, 147
大野治長(大野修理)　116
大野治長母(大蔵卿)　18, 149
大橋茂右衛門(大橋茂衛門・茂衛門、織田信良家臣)　203, 262, 263, 269, 272, 286, 292
大乳母人　11, 111, 129, 185
大森宗嘉(宗嘉)　49
大森宗嘉息　50
御方御所 → 近衛信尋
岡殿　269, 274, 277
岡ノ彦左衛門　33
ヲ亀 → 徳川家康室志水氏女
岡本角右衛門尉(岡本角衛門尉)　24, 26
岡本諸品(啓迪庵・玄冶)　49, 59, 134, 156, 158, 162, 168, 177, 178, 181, 182, 183, 186, 187, 245, 248, 266, 268, 274, 277, 286, 307
小川小三郎(小川勝三郎・小川之小三郎・勝三郎・小三郎)　156, 185, 186, 192, 194, 226, 237, 238, 254, 258, 264, 265, 288, 294
小川ノ又左衛門尉　52
小川坊城俊完(小川坊城)　164
隠岐守 → 松平定勝
ヲ久我　240
御位ノ御所 → 後水尾天皇
小倉殿　231
小倉良清室(小倉作左衛門後室・小倉ノ女中)　244, 259
押小路師生(大外記)　32
ヲス根(ヲスネ)　242, 243, 244, 245
ヲタ阿　228, 276
織田信長(惣見寺殿)　70
織田信包(織田上野・上野)　88
織田信良(織田兵部・兵部)　202, 203, 206, 207, 215, 238, 255, 256, 258, 266, 267, 292
織田信良室下津氏女(織田兵部内義・織田兵部女中・兵部ノ局・内義)　177, 203, 204, 208, 211, 215, 258, 292
織田長益(有楽)　116, 144
ヲ辰(西洞院時慶養女、ヲタツ・御辰)　12, 15, 58, 85, 93, 124, 149, 151
御乳人(八条殿御乳人)　154, 170, 174, 251, 256, 274, 283
ヲツヂ　164
御局 → 西洞院時子
乙丸　8, 58, 64, 69, 76, 82, 88, 96, 100, 108, 112, 122, 136, 144, 154, 178, 254
於鶴　177
ヲテヽ　154
ヲ鳥(於鳥・ヲトリ・鳥、高台院殿ノ)　15, 27, 85, 88, 93, 163, 170, 173, 174, 177, 239, 243, 250, 257, 292, 307
小野氏行(小野兵部・兵部・衛士源兵衛)　10, 206
小野氏行男　206
小野氏房(左官掌)　205
小野友忠(小野筑前・治部・主殿土佐入道子)　36, 135, 203
御袋 → 豊臣秀吉室浅井氏女
御袋 → 近衛信尹母
御袋 → 徳川家康室志水氏女
御袋 → 徳川家康室正木氏女
御万(御城ノ)　201, 202

ヲムツ　92
ヲムツ母　93
ヲヤヽ　154
尾張宰相 → 徳川義利
下津宗秀(棒庵)　20, 43, 77, 83, 125, 127, 157, 197, 200, 206, 208, 209, 220, 226, 227, 237, 238, 254, 256, 258, 265, 266, 268, 269, 274, 275, 276, 279, 283, 285, 289, 290, 292, 294, 296, 297, 303, 304, 307
下津宗秀室(棒庵内義・棒庵内儀)　27, 30, 42, 54, 104, 148, 191, 194, 238, 305
下津宗政(下津内記・内記)　43, 98, 100, 102, 103, 104, 197, 209, 258
ヲ六　15
御庵　72
御作 → 堀作蔵
女三宮 → 清子内親王
恩蓮社　241

か

戒光院(鞍馬)　12, 63, 149, 232, 242, 244, 248, 259
介石　46
海蔵院　106
海津殿　201
カウ庵　93
加衛門(御所内村)　191, 196
楽音院(泉涌寺)　159
覚カ　55
覚深(仁和寺殿・門跡)　89, 93, 94, 244
霍長老　47
角内　298, 300
鶴福院　175
勘解由局(勘局) → 西洞院時子
賀古正利(賀古豊前・加古豊前・賀固豊前守)　63, 204, 207, 211, 212, 241, 244, 265
花山院定好(華山少将・華少・花山中・華山)　37, 125, 133
花山院定煕(花山・華山・花山大・華山大納言・華山大・華大)　10, 17, 21, 22, 66, 120, 125, 140, 149, 153, 171, 176, 189, 246, 247, 272, 306
梶井殿 → 最胤
勧修寺尹豊(長寿院)　165
勧修寺教豊(勧修寺・勧修寺児)　30, 31, 32
勧修寺経広(勧修寺)　180
勧修寺晴子(女院御所・女院・両御所)　7, 8, 9, 10, 13, 14, 15, 17, 19, 21, 22, 24, 25, 26, 31, 33, 34, 35, 36, 38, 41, 42, 43, 44, 46, 49, 53, 55, 59, 62, 64, 65, 66, 67, 69, 71, 72, 74, 79, 83, 85, 86, 87, 89, 91, 92, 94, 101, 102, 104, 108, 112, 113, 114, 115, 116, 117, 119, 127, 128, 129, 131, 132, 134, 137, 139, 144, 147, 150, 154, 171, 175, 179, 180, 184, 195, 196, 225, 226, 229, 232, 233, 239, 242, 243, 245, 246, 247, 249, 252, 260, 262, 266, 271, 278, 279, 283, 284, 285, 286, 290, 294, 295, 297, 298, 301, 303, 306, 307
華台院　254
片桐且元(片桐市正・片市正・片市・市正)　4, 9, 18, 19, 46, 51, 80, 88, 89, 90, 91, 92, 95, 97, 109, 111, 112, 113, 115, 116, 117, 118, 122, 126
片桐孝利(片桐出雲守・出雲)　91, 208
片桐貞隆(片桐主膳正・片主膳・主膳正・主膳)　4, 18, 19, 26, 109, 111, 113, 116, 117, 118, 248
勝(カツ)　65, 71, 84, 113, 126, 144, 162,

164, 165, 170, 193, 260, 261, 277, 278, 289, 290
嘉通寺（嘉通司、妙真ノ）　123, 161, 256
喝食（東福寺）　16, 236, 245, 283, 284
加藤常与　258
加藤忠広（加藤肥後守・加肥後守・肥後守）　42, 208, 209, 264, 296
門村左近丞　26
金子祇景（金子八郎兵衛・八郎兵衛）　158, 195, 226
狩野　64
上 → 後陽成院
上 → 後水尾天皇
上ノ柳原後室 → 川勝秀氏室
亀（肥後ノ）　20, 31, 157, 194, 283
亀（ヲ亀）　19, 29, 44, 61, 131, 168, 191, 265, 268, 271
亀千世　61
鴨井善右衛門　118
烏丸光賢（烏丸・烏丸弁・烏弁）　6, 7, 66, 99, 125, 145, 153, 159, 190, 256, 257, 292, 299
烏丸光広（烏丸・烏・烏丸中納言・烏中・烏丸大納言・烏大納言・烏大）　7, 14, 30, 52, 85, 106, 125, 131, 137, 159, 172, 173, 178, 228, 264, 265, 272, 285, 287, 288, 299, 301, 306
烏丸光広室（簾中）　172
唐橋在村（秀才）　112
川勝広綱（川勝信濃守・川勝信州・川信濃守・川信乃守・川信濃・川信州・川信・信乃守・信濃・信乃）　4, 31, 42, 52, 58, 85, 111, 121, 122, 126, 127, 130, 131, 132, 133, 134, 137, 138, 140, 143, 145, 146, 149, 150, 151, 201, 203, 204, 205, 208, 214, 237, 240, 264
川勝広綱室（川信内義・内義・川信ノ女中）　202, 204, 215
川勝三七郎（三七郎）　204
川勝七右衛門尉（川七右衛門・川七右）　21, 22, 25, 44, 78, 81, 111, 112
川勝秀氏室（川信母義・川後室・上ノ柳原後室・柳原後室・柳後室・氷上後室・丹波後室・後室）　14, 29, 40, 41, 43, 45, 48, 50, 72, 78, 79, 81, 84, 110, 122, 123, 124, 126, 130, 133, 135, 139, 142, 143, 144, 146, 151
川勝新七郎（川新七郎）　74
川勝清左衛門　211
川勝千菊母義　143
川添氏女 → 孝蔵主
川添六兵衛　149
川辺道喜（堺住人）　72
川那部元敬（川那部豊前入道・川那部豊前）　15, 17, 160
川那部八右衛門尉（川那部八衛門・川那部八右・川八右衛門・八右衛門）　12, 22, 26, 93, 121, 158, 226, 242, 275, 277, 278, 303, 305, 306, 307
河鰭基秀（河鰭・持明院児）　28
河端直益（河端）　32, 138, 148
河村三郎兵衛　62
革屋ノ山城後室　296
神尾守世（カンノ刑部・菅刑部）　213, 214
歓喜寺　232
閑斎　40
勘左衛門尉（勘左衛門）　52, 66, 67, 70, 87, 278
勘左衛門息女　142
勘次　159, 244, 257
勘次母（勘次カ母・母）　254, 257

勘十郎　283
菅十郎(菅十良、下津棒庵家臣)　29, 31, 117, 121
菅少納言 → 五条為適
観世身愛(観世大夫)　212
観世息(観世カ息)　237
観智院(勧智院)　36, 65, 66, 67
韓長老 → 文英清韓
閑長老　78
関白殿(関白) → 九条忠栄
関白殿(関白) → 鷹司信尚
上林　133
官務 → 壬生孝亮

き

紀伊　265
喜木　34
菊(菊女)　44, 114
菊亭晴季(菊亭・菊亭右府)　14, 68, 130, 136
菊亭宣季(菊亭・菊・菊亭中納言・菊亭中・菊中納言・菊中)　15, 68, 87, 136, 145, 159, 181, 186, 194, 195, 196, 197, 202, 204, 205, 207, 212, 213, 215, 216, 217, 218, 219, 220, 221, 222, 228, 235, 237, 256, 259, 260
菊坊　225
奇斎(喜斎) → 三宅亡羊
喜左衛門尉(喜左衛門) → 三宅喜左衛門
喜左衛門(池鯉鮒問屋)　198
喜三郎(御所内)　11, 107, 226
喜介(一身田ノ使者)　142
義尊(虎福・実相院殿)　115, 158, 230
北　42, 45, 47, 52, 55, 58, 67, 68, 73, 83, 95, 96, 98, 99, 101, 108, 153, 154, 238, 253, 293, 298
北 → 板屋左近丞女房
喜多嶋次右衛門　287
喜多嶋新八(喜新八・新八)　33, 34, 97, 98, 99, 100, 101, 105, 106, 107, 108, 109, 143, 177
喜多嶋新八室(内義)　177
喜多嶋木工女房(喜多嶋木工内義・喜多嶋内義)　88, 188
喜多嶋木工助(喜多嶋木工・喜多嶋木・木工助・木工)　31, 32, 33, 34, 48, 97, 116, 123, 129, 143, 149, 177, 268, 279
北隣 → 白川雅朝
北殿　19, 31, 60
北少路俊記(北少路)　155
北畠親顕(北畠・北畠侍従)　15, 76, 159
北ヤ、　81
吉衛門(二条ノ、薬屋ノ)　296, 298
吉宮(ノチ道晃)　160
吉祥院(山門衆)　233
木下利房(木下宮内少輔・木下宮内・宮内)　164, 173, 179, 195, 197, 241, 243, 259, 298, 305, 306
喜兵衛　50, 278, 280, 282
木部直方(木部藤左衛門・木部藤左・木藤左)　201, 202, 203, 204, 205, 207, 208, 209, 210, 213, 216
木村左衛門尉(木村)　122, 124, 129
客人(ヲ客人)　82, 84, 85, 122, 244, 245, 266
九衛門　267
久左衛門尉(久左衛門)　96, 155, 178, 195, 236, 272, 275, 276, 277, 280
久左衛門(江戸住人)　207, 214, 215
久左衛門尉(大工、大工弥左衛門兄弟)　273, 276, 277, 278, 279, 280, 282
九左衛門尉(九左衛門)　74, 124, 156, 168,

259, 263, 264, 267, 270, 272, 278, 280, 283, 288, 289, 291, 292, 293, 295, 296, 299, 303, 304, 305, 306
久左衛門尉女房(久左衛門尉カ妻)　182
久次　227
久七　31, 39, 87, 93
久蔵　65, 66, 67, 68, 70, 115, 123, 139, 166, 188, 191, 192, 193, 196, 209, 217, 219, 220, 227, 244, 250, 273, 274, 278
久八　39, 42, 45, 51, 52, 53, 59, 81, 82, 103, 111, 127, 134, 136, 137, 139, 142, 146, 149, 163, 166, 175, 188, 223, 235, 254, 255, 260, 261, 262, 264, 265, 278, 279, 297, 300, 304
久八女房(妻)　255, 260
久兵衛　202
久六　135
久和 → 篠屋久和
尭円(松橋)　11, 159
教学院(愛宕山)　47
キヤウカン　167
京極高次室浅井氏女(京極ノ宰相後室)　144
京極高知(丹後京極)　244
行事官 → 宗岡朝治
尭秀(一身田・一身伝・当門)　25, 26, 38, 39, 40, 41, 42, 57, 115, 131, 132, 133, 166, 168, 169, 191, 192, 194, 269, 271, 274
行住坊後室　49, 50, 60
尭真(門主・隠居)　26, 166, 168
京殿　212
教如光寿(七条隠居ノ門跡)　118
尭然(妙法院殿新宮・妙門ノ新宮・新宮)　158, 161, 281
刑部卿(四条隆致叔母、女御殿ノ)　12, 52
玉蔵房(玉蔵坊、山門衆)　234, 236
玉峯光璘(光璘)　34
極﨟 → 土御門泰重
極﨟 → 壬生忠利
清蔵人 → 伏原賢忠
清水寺　157
吉良義弥(吉良・喜羅・吉良侍従・吉良左兵衛・吉良左兵・吉良左・左兵)　2, 29, 30, 36, 37, 45, 59, 60, 66, 165, 166, 167, 168, 169, 202, 203, 204, 205, 208, 209, 210, 211, 213, 214, 215, 244, 265
金右衛門(金衛門、御所内村)　150, 154, 188, 250, 259, 263, 272
金国(大福庵・福庵)　167, 171, 265, 267, 268, 269, 273, 280, 282, 294, 298, 304
昕叔顕晫(鹿苑タク長老・鹿苑)　9, 11, 30, 74
金丸乳母　66
禁裏(禁中) → 後水尾天皇

く

九一郎　35
空海(弘法大師・弘法)　21, 217, 291
空性(大覚寺殿)　125, 151
櫛笥隆朝(櫛笥)　158
九十郎(嶋田宿)　219
九条兼孝(九条禅閤・禅閤)　10, 229
九条忠栄(九条殿・九条殿御父子・関白殿・関白・殿下)　7, 10, 11, 13, 20, 21, 149, 181, 231, 249, 306
九条忠象(九条殿御父子)　306
葛岡玄仲(内義親父)　70
葛岡左介女(葛岡女・鍋)　3, 103
葛岡四郎左衛門尉(葛岡四郎左・葛四郎左・四郎左衛門・四郎左)　11, 25, 27, 59, 66, 68, 95, 118, 120, 125, 126, 131,

138, 144, 145, 147, 148, 155, 189, 192, 227, 266, 293, 298
葛岡四郎左衛門尉女房(四郎左衛門女中・四郎左女中)　124, 136, 144
葛清兵衛　230
薬屋　42, 45, 98, 101, 147, 285
久世通式(久世)　163, 170, 172, 231, 234, 249, 281
朽木元綱(朽木・朽木河内守・朽河内守・朽河・朽木牧斎・朽牧斎・牧斎・朽木父子)　5, 126, 128, 129, 130, 132, 133, 134, 137, 145, 168, 202, 203, 207, 208, 210, 212, 215, 216, 226, 244, 265, 282, 290, 296
朽木元綱室(牧斎内義)　203, 208, 209
朽木元綱女(息女)　282
朽木稙綱(民部少輔・民部)　203, 212
朽木宣綱(朽木兵部・朽兵部少輔・朽兵部・兵部・朽木父子)　128, 129, 130, 132, 134, 137, 148, 149, 150, 151, 204, 207, 208, 213, 215
朽木友綱(与五郎)　203, 212
宮内大夫(熱田祝師)　223
久野宗成(丹波守)　219
九兵衛　120, 151, 197
倉橋泰吉(倉橋・新蔵人)　229, 260
クル　215

け

慶恩(雲林院ノ)　275
経海堯聴(新発)　253
桂宮院　10
慶西　231, 299
圭叔龍玄(大慈)　47
慶俊(松禅院・松善院、山門衆)　234, 235, 236, 246, 262, 291
慶春(西岡灰形)　11, 48, 165, 175
慶順(嵯峨ノ往生院ノ比丘尼・嵯峨ノ比丘尼)　16, 161
慶純 → 橘屋慶純
啓迪庵 → 岡本諸品
慶範(遣迎院)　165, 174, 186
鶏丸(西洞院時直男)　165
花蔵院(山門衆)　234
華台院　254
月渓聖澄(月渓・澄長老・澄東堂・勝林庵)　40, 42, 44, 46, 49, 63, 73, 79, 82, 87, 105, 107, 141
玄益 → 曲直瀬玄益
元嘉　29
元鑑(玄鑑) → 今大路親清
玄玖　111, 113, 149
源蔵人 → 五辻奉仲
賢兼　255
玄光 → 舜岳玄光
沅首座 → 湘雪守沅
源春(雑務坊・雑務)　245, 246, 248
玄証　245
玄勝　134
見性坊(見正坊・見生坊)　171, 188, 189, 253, 272
賢盛(竹林院)　131
堅操元松(勝首座・松首座・セウ首座)　132, 134
玄琢 → 野間成岑
玄忠　18, 19, 22, 23, 29, 158, 185
玄仲　121
玄仲 → 里村玄仲
玄陳 → 里村玄陳
元通　47
玄的 → 里村玄的
見哲(西洞院時慶女、東福寺喝食)　18, 20,

22, 25, 51, 65, 68, 73, 74, 75, 76, 77, 78, 79, 100, 101, 103, 123, 145, 149, 151
玄哲　297
源内　81, 82
玄蕃　155
玄伯（堀四郎右衛門ノ息）　129
源奉仲 → 五辻奉仲
玄冶 → 岡本諸品
玄由 → 曲直瀬玄由
兼祐（東北院僧正・東北院）　17, 190, 300, 301, 302
兼与 → 猪苗代兼与
元良 → 最岳元良

こ

御庵　72
幸庵　46, 78, 86, 88
好庵　15, 157
興意（照高院殿・照門・門跡・門主）　5, 9, 18, 28, 34, 40, 50, 51, 65, 74, 78, 79, 80, 87, 88, 92, 99, 110, 123, 131, 132, 135, 147, 148, 156, 158, 160, 162, 171, 172, 175, 201, 204, 230, 231, 232, 234, 243, 244, 245, 246, 247, 249, 250, 251, 252, 254, 255, 258, 261, 284, 286
豪運（正教坊）　19
高雲院（後陽成院皇女）　251
光永　238
豪海（正覚院・正学院僧正）　112, 247
剛外令柔（柔長老・龍眠柔長老・龍眠菴・龍眠）　20, 80, 141, 185, 231, 234, 235, 254, 255, 256
光源院殿 → 足利義輝
香細主縫　33
後室　25, 48
後室 → 川勝秀氏室
康正（大仏師、康正法印）　169, 178
光紹（菩提院）　93
光浄院（園城寺）　29, 131, 162, 236, 288, 296
光照院殿 → 尊貞尼
興正寺 → 准尊昭玄
広助　199, 219
上野 → 織田信包
上野 → 本多正純
孝蔵主（川添氏女、孝）　23, 31, 36, 38, 48, 53, 58, 60, 63, 73, 82, 84, 85, 92, 93, 98, 101, 102, 105, 111, 118, 124, 127, 136, 150, 151, 161, 168, 193, 201, 202, 204, 205, 207, 208, 211, 212, 214, 215, 216, 240, 244, 265, 279
高台院殿 → 豊臣秀吉室杉原氏女
勾当内侍　178, 270
光徳院（孝徳院） → 松木宗満後室
亨徳院 → 曲直瀬盛孝
紅梅か弟　4, 121
子産ノカヽ　65
光明寺　11, 128
興門 → 准尊昭玄
豪祐（円満坊、山門衆）　233
孝与　15, 56, 68, 78, 84, 87, 90, 91, 98, 115, 121, 126, 131, 138, 150, 159, 174, 178, 226, 227, 228, 236, 243, 246, 251, 258, 262, 264, 265, 266, 271, 273, 274, 276, 277, 285, 289, 293, 295, 304, 306
光誉（知足院）　167, 214
久我　164, 229
後柏原院　105, 141, 147
久我錯庵　106, 123, 124
久我通前　155
久我敦通（久我・久我大）　21, 28, 58, 67, 70, 71, 103, 116, 122, 189, 204, 250

久我敦通義姉(久我ノ兄ノ妻)　187
古礀慈稽(古礀・大統院)　34, 51, 80, 185
小吉　221
国母 → 近衛前子
極楽院(山門衆)　230
極楽寺　15
小五ウ(善空ノ女・禅空姫、ヤヽ姉)　26, 42, 73, 102, 161
小左衛門　144, 200
小左衛門女房(女房衆)　200
小三郎　103
五侍従 → 五条為適
御所 → 後水尾天皇
御所 → 近衛信尹
御所 → 近衛信尋
御所 → 智仁親王
五条為経(五条・五条中納言・五条中・五中)　7, 8, 11, 14, 30, 31, 45, 64, 76, 78, 82, 90, 91, 93, 116, 137, 141, 143, 148
五条為適(五条・五条侍従・五条少納言・菅少納言)　7, 8, 15, 32, 80, 99, 112, 155, 159, 171, 180, 189, 226, 228, 255, 256, 257, 261, 271, 272, 275, 295
小少将　10, 29, 33, 44, 90, 91, 92, 108, 253, 277
後白河法皇(法皇)　88
五心院 → 有雅元賡
コチヤ　42
後藤源左衛門尉　165, 197, 232
後藤源左衛門尉室(後藤源左衛門尉内義)　161
後藤光次(後藤勝三郎)　252
後藤忠正(後藤源三郎)　72
コナ(コナ親子)　40, 119, 143, 149, 256, 257
コナ子(コナ親子)　119
近衛稙家(恵雲院殿)　241
近衛信尹(近衛殿・陽明御所・陽明家・陽明・陽・陽明准后・陽准后・准后・御所・三藐院殿)　3, 4, 6, 8, 9, 10, 12, 13, 14, 15, 18, 19, 20, 21, 22, 23, 24, 25, 26, 27, 28, 29, 33, 34, 35, 37, 40, 42, 43, 44, 46, 50, 51, 54, 55, 57, 59, 60, 61, 62, 63, 66, 67, 69, 71, 72, 73, 77, 78, 80, 81, 82, 83, 85, 86, 87, 90, 91, 92, 93, 95, 96, 97, 101, 104, 105, 106, 107, 108, 110, 113, 116, 117, 118, 119, 120, 121, 122, 123, 124, 125, 129, 136, 137, 138, 140, 141, 142
近衛信尹母(政所殿・宝樹院殿・政所・御袋)　2, 8, 9, 14, 21, 22, 24, 25, 28, 35, 36, 37, 38, 41, 42, 43, 44, 46, 48, 50, 54, 55, 56, 57, 59, 60, 61, 62, 63, 66, 68, 69, 71, 72, 73, 74, 78, 81, 82, 83, 85, 86, 92, 95, 101, 106, 108, 117, 118, 121, 125, 127, 129, 130, 132, 136, 137, 138, 139, 144, 148, 151, 155, 176, 181, 195, 226, 230, 233, 239, 243, 249, 262, 266, 287, 298, 299, 300, 301, 304, 305
近衛信尹女(三藐院殿姫君・姫君)　274, 275
近衛信尋(近衛殿御方・内府・近衛殿右府・近右府・右府・近衛殿・陽明・陽・近左大臣殿・御方御所・御所・殿下)　11, 14, 15, 43, 55, 77, 83, 87, 106, 108, 110, 119, 130, 140, 141, 142, 146, 151, 155, 159, 162, 166, 168, 169, 172, 174, 176, 179, 180, 181, 182, 183, 184, 185, 195, 196, 204, 209, 210, 211, 212, 213, 214, 221, 223, 224, 225, 229, 230, 231, 232, 233, 235, 236, 237, 238, 239, 241, 242, 243, 247, 248, 249, 256, 257,

261, 266, 269, 274, 275, 278, 281, 282, 283, 284, 286, 287, 288, 290, 292, 294, 295, 298, 299, 300, 301, 302, 303, 306, 307
近衛信尋男(若公・近右府ノ若公)　55, 56
近衛信尋男(陽明若公)　288
近衛前久(東求院殿)　2, 47, 61
近衛前子(女御殿・女御・国母)　8, 9, 12, 15, 17, 19, 21, 23, 24, 25, 26, 28, 33, 34, 36, 37, 39, 43, 44, 46, 47, 48, 49, 54, 55, 56, 58, 59, 60, 62, 64, 67, 68, 69, 70, 71, 72, 74, 75, 76, 77, 81, 83, 84, 85, 86, 89, 90, 92, 95, 101, 104, 105, 106, 108, 111, 113, 117, 118, 119, 121, 125, 126, 127, 128, 129, 134, 136, 137, 138, 139, 142, 143, 144, 145, 147, 150, 154, 155, 156, 158, 159, 166, 176, 177, 182, 187, 188, 191, 195, 196, 225, 226, 229, 230, 233, 237, 239, 240, 241, 243, 249, 253, 257, 259, 261, 262, 263, 264, 265, 266, 269, 271, 281, 282, 284, 285, 286, 288, 292, 293, 294, 295, 298, 299, 301, 303, 305, 306, 307
小紅花屋(小へ二屋・コ紅花屋・小紅花・コベニ屋)　15, 32, 60, 67, 69, 94, 128, 130, 142, 143, 158, 186, 196, 298, 305
駒(西洞院時慶女)　58, 61, 72, 73, 76, 77, 79, 80, 81, 83, 92, 93, 98
後水尾天皇(禁裏・禁中・上・御位ノ御所・御所・当今)　64, 68, 90, 105, 111, 114, 115, 116, 117, 119, 127, 129, 162, 176, 181, 195, 252
米屋女房　10
後陽成院(院御所・院・院中・仙洞・大上天皇・上皇・上・両御所)　2, 3, 4, 8, 14, 16, 17, 21, 22, 23, 24, 31, 32, 34, 35, 38, 40, 41, 42, 44, 49, 50, 51, 52, 53, 54, 55, 56, 57, 59, 63, 64, 66, 67, 68, 69, 70, 71, 72, 75, 76, 78, 82, 83, 85, 86, 92, 94, 96, 97, 98, 103, 104, 105, 107, 108, 109, 111, 112, 113, 114, 115, 116, 117, 118, 119, 120, 121, 122, 123, 124, 126, 127, 128, 129, 130, 132, 133, 135, 136, 138, 139, 142, 145, 147, 148, 150, 151, 235, 247, 255, 257, 260
御霊別当(別当)　35, 45, 46, 48, 51
五郎　247
五郎八　222
権十郎(備後カ甥)　206, 209, 294
権少副　95
金春　213
金春安照(大大夫)　212
金春重勝(金春大夫・金春孫大夫)　212, 301

さ

才(内侍所ノ)　120, 135
最胤(梶井殿)　158, 204, 205, 209, 211, 213
西園寺公益(西園・西園中将・西園中納言・西園寺中・西園中・中将)　46, 80, 84, 89, 102, 125, 228, 229, 294, 306
西園寺実益(西園寺・西園・西園大納言・西園大・西大・西園大将・西園内府・西園前内府・大将・内府)　7, 8, 10, 13, 14, 20, 21, 22, 30, 42, 44, 48, 54, 61, 65, 76, 79, 80, 84, 85, 87, 88, 103, 111, 120, 125, 140, 151, 171, 229, 284, 306
最岳元良(元良・大寧院・良西堂)　185, 249, 250, 252, 254, 255, 256
祭主 → 大中臣種忠

座田重次(右火掌)　155
座田清次(右官掌)　59
斎藤　155
西楽院 → 舜政
左衛門尉　95
左衛門　276, 283
酒井忠世(酒井雅楽頭・雅楽頭)　202, 207, 210, 214
酒井忠利(酒井備後守)　205, 210
左官掌 → 小野氏房
坂洞庵(上地院)　210
嵯峨ノ比丘　183, 186, 194, 244, 285
嵯峨ノ比丘尼 → 慶順
嵯峨ノ比丘尼ノ弟子　282
前将軍 → 徳川家康
前相国 → 徳川家康
左京殿(左京)　31, 114, 212, 213, 214
左京大夫(院御所ノ)　15, 82
作衛門　245
作左衛門　242
作介　164, 252, 256, 258, 263, 290, 292, 300, 302
作蔵 → 堀作蔵
桜町秀雅(図書頭・図書)　141, 246, 260
左近二郎　184
左近丞(左近) → 板屋左近丞
左近丞(左近、天満ノ、中嶋ノ)　19, 22
左近　96, 160, 195, 225, 231, 265, 272, 277, 294, 299
左近丞カ北(左近北) → 板屋左近丞女房
佐々木長守(佐々木少弐・少弐)　51, 132
篠屋久和(久和)　43, 51, 121, 254
篠屋宗硼(宗硼)　36, 38, 234
左大弁宰相(左大弁) → 万里小路孝房
左大夫　39, 209
札 → 能札
佐々又左衛門　222
雑務坊 → 源春
里　146
里ノ息女　138
里村玄仲(玄仲)　20, 45, 46, 47, 48, 49, 51, 56, 79, 93, 99, 107, 119, 129, 131, 134, 148, 179, 183, 184, 295, 301, 302
里村玄陳(玄陳)　8, 20, 47, 48, 49, 179, 249
里村玄的(玄的)　8, 20, 47, 49, 179, 250
里村昌俔(昌俔)　8, 20, 23, 47, 51, 179, 249, 250, 256
里村昌琢(昌琢・琢)　8, 9, 11, 17, 20, 21, 22, 23, 35, 47, 48, 78, 79, 83, 93, 108, 131, 179, 195, 196, 232, 234, 244, 248, 249, 250, 254, 256, 257
里村紹巴(紹巴)　45, 47, 76, 118, 125, 191
讃岐　103
左兵衛尉　52, 117
左兵衛　114
左兵 → 吉良義弥
左兵 → 長谷川藤広
左平次　202
左門　40
沢一平右衛門　177
三右衛門　202
三益 → 曲直瀬正円
三衛門(大工)　284
三級(モト公厳、三汲)　31, 32, 35, 40, 45, 54, 57, 73, 95, 102, 105, 106, 107, 132, 138, 140, 141, 150, 246, 260
残空貞派(長老)　273
三十郎　148
三順　265
三条　273
三条公広(転法輪・三転法輪大納言・転

法輪大・転法大）　11, 24, 25, 75, 82, 246, 247, 306
三条西実条（三条・三西・西三・三条西大・三西大・三大・勅使両卿・伝奏・両伝奏・両伝）　5, 8, 10, 12, 13, 14, 18, 27, 29, 30, 31, 32, 35, 39, 57, 58, 60, 75, 86, 92, 93, 99, 125, 126, 127, 129, 130, 137, 138, 139, 140, 145, 147, 148, 149, 151, 155, 157, 159, 176, 180, 181, 182, 188, 189, 192, 204, 205, 206, 207, 209, 211, 212, 213, 214, 215, 216, 217, 218, 219, 221, 222, 226, 237, 240, 243, 250, 265, 271, 273, 286, 287, 292, 295, 298, 306
三条西実隆（逍遙院）　3, 78, 105, 192
三四郎　306
三介　69, 90, 104, 154, 226
三介カ父　269
三蔵　→　藤懸永重
三大郎　164
三宮御方　→　済祐親王
三位　35, 36, 47
三藐院殿　→　近衛信尹

し

シイ　204
慈運（実相院・実門）　39, 40, 41, 115
似運　71, 81, 96, 104, 135, 169, 246, 247, 248, 250, 254, 256, 260, 263, 264, 303, 305
四王院　110
塩瀬紹二（沼二）　174
式部卿宮　→　智仁親王
滋野井季吉　→　滋野井冬隆
滋野井冬隆（ノチ季吉、滋野井・滋野・滋野井中将・滋野中将）　7, 8, 9, 14, 16, 34, 47, 79, 99, 125, 137, 140, 141, 155, 159, 162, 163, 201, 210, 215, 223, 235, 238, 253, 255, 258
次左衛門　268
次左衛門尉（綿屋ノ）　289
侍従　247
侍従　→　西洞院時良
侍従殿（水戸ノ少将ノ）　215
慈照院　→　有節瑞保
四条隆述（四条隆昌ノ息）　179
七右衛門尉（七右衛門）　191, 259
七条隠居ノ門跡　→　教如光寿
七条門主（七条門跡・七条）　→　准如光昭
七兵衛　190, 191
時直小女　→　西洞院時直女
実円（密厳院・密権院、山門衆）　93, 112, 230, 234
実盛（蓮蔵坊）　234
実成院　46, 50, 53, 67
実善（浄教坊・常教坊、山門衆）　112, 230
実相院殿　→　義尊
信濃　→　中井利次
信乃守（信濃・信乃）　→　川勝広綱
治部　→　小野友忠
治部卿　272, 295
渋谷　14
渋谷以重（渋谷紀伊守・大夫）　284, 285
渋谷三郎右衛門（子）　284
渋谷ヲイ　284
渋谷子　284
嶋津家久（嶋津）　251
志水忠宗（清水甲斐守）　222
持明院児　→　河鰭基秀
持明院基久（持明院・持明・持明中将）　16, 43, 79, 99, 134, 137, 141, 148
下間――　14

下間仲康(少進)　15
下間頼賑(下間少弐)　96
下殿　194
下村　173
下村長左衛門　237
若水　16, 84, 85, 100, 101, 240, 245, 253, 295
積善院　242
積善院 → 尊雅
寂光院 → 仙重
寿庵　245
周為(杉本坊)　245
集雲守藤(集雲・不二庵・不二・藤長老)　20, 75, 80, 141, 160, 169, 179, 180, 185, 187, 190, 191, 192, 194, 226, 228, 231, 234, 235, 236, 247, 248, 252, 254, 255, 256, 263
秀香　13
秀才 → 唐橋在村
十二郎　224
十介　13
周西堂 → 西岩恵周
柔長老 → 剛外令柔
十念寺(十念寺長老・長老)　9, 11, 56, 60, 62, 71, 74, 83, 86, 120, 121, 122, 123, 128, 144, 149, 157, 167, 170, 171, 195, 197, 228, 238, 243, 251, 252, 254, 259, 260, 263, 273, 274, 294, 304, 305, 306, 307
十念寺隠居　125
宗峰妙超(大灯)　206
秀頼公御袋 → 豊臣秀吉室浅井氏女
寿渓(西洞院時慶母、亡母)　57, 59, 103, 260
准后 → 近衛信尹
寿昌院(寿昌庵) → 野間成岑
主膳　287
主膳正(主膳) → 片桐貞隆
寿徳庵(寿徳) → 曲直瀬玄由
寿命院 → 秦徳隣
修理 → 進藤長滋
舜岳玄光(玄光)　294
舜乗坊　62, 118, 121, 144
春清(岩本坊)　216
舜政(西楽院、山門衆)　233
准尊昭玄(興正寺・興門)　160, 165
准如光昭(七条門主・七条門跡・七条本門・門主・門跡)　14, 15, 160
庶愛親王(ノチ尊覚、十宮御方・宮御方・一乗院殿)　17, 177, 181, 288, 290, 300
恕庵　158
如庵　14, 259
常庵　12, 146, 151
正因 → 曲直瀬正因
常胤(妙法院殿・妙法院宮・妙門)　88, 112, 114, 123, 135, 161
正覚院(正学院) → 豪海
正観院(山門衆)　233
正教坊 → 豪運
浄教坊(常教坊) → 実善
将軍 → 徳川秀忠
将軍家 → 徳川家康
常慶　27
昌俔 → 里村昌俔
勝見　85
称玄坊　58
聖護院殿(聖門)　160, 253, 254
上皇 → 後陽成院
勝光院(身延ノ、勝高院)　173, 205
正光院 → 等誉
常光院 → 友竹紹益

浄光院(上光院)　103, 236
照高院殿 → 興意
勝左衛門尉　307
勝三郎　100
沼二 → 塩瀬紹二
勝首座(セウ首座) → 堅操元松
昌出 → 矢野昌出
小女 → 西洞院時直女
少将(老女)　222
少将 → 飛鳥井雅胤
上乗院　164
勝定院殿 → 足利義持
少将殿(少将、四条氏女)　28, 222
証常坊　238
城昌茂(城和泉)　5, 129
紹津　182
少進 → 下間仲康
成身院法印(浄心院法印)　301
紹正　182
湘雪守沅(沅首座)　163, 236
勝仙院 → 澄存
松禅院 → 慶俊
常尊(円満院殿・円満院殿御児)　158, 230
庄太　244
勝太　252
昌琢 → 里村昌琢
上地院 → 坂洞庵
常智坊(清荒神ノ常智坊)　159, 169, 171, 174, 251, 271, 305
正徹(正徽)　193
正徹(斎坊主)　273
常徳　51, 52, 53, 73
浄徳　121
少納言(一身田)　64
少納言(鞍馬)　232
少納言 → 西洞院時直
少納言乙女 → 西洞院時直女
少納言内義 → 西洞院時直室川勝氏女
少納言局(女院御所ノ)　30, 108, 109, 164, 170, 275
少弐 → 佐々木長守
上人(身延)　199
紹巴 → 里村紹巴
松梅院 → 禅昌
松梅院 → 禅意
少弼　141
浄満寺殿 → 道澄
正明房　234
照門 → 興意
紹由(沼由) → 灰屋紹由
浄祐 → 住吉屋浄祐
逍遙院(逍遙) → 三条西実隆
昌隆尼(入江殿)　10, 17, 57, 73, 121, 125, 132, 138
青蓮院殿 → 尊純
上﨟 → 松木宗満女
恕云　51
如春(顕如光佐室細川氏女)　15
白川雅朝(白川・白河・白河父子・白川二位・北隣)　12, 14, 20, 23, 27, 32, 33, 34, 35, 40, 44, 45, 46, 49, 51, 53, 65, 67, 69, 75, 80, 99, 110, 112, 135, 138, 158, 159, 173, 181, 190, 192, 196, 226, 239, 246, 247, 252, 271, 276, 281, 283, 298
白川雅朝室(内義)　173
白川顕成(白河父子・伯・伯少将・伯少・伯中将)　11, 16, 32, 38, 43, 44, 110, 159, 181, 281, 288, 290
白川ノ才(白川才)　139
四郎左衛門 → 葛岡四郎左衛門尉
四郎左衛門女中 → 葛岡四郎左衛門尉女房

甚右衛門尉(甚右衛門)　22, 29, 31, 177
甚衛門尉・甚衛門　27, 72
信行院　237
新蔵人　76, 112
新蔵人 → 倉橋泰吉
神光院(吉田)　227, 228
神光寺　227
甚五郎　216, 223, 250
新十郎　222
新庄直定(新城越前)　202
新助(高階手代)　270
信成院 → 宣如光従
新善法寺　158
信尊(大乗院殿・大乗院門跡法印・両門)　301
新大納言ノ局(三級女)　73
新中納言局(西洞院時慶女、新中納言・新中)　156, 168, 171, 173, 179, 180, 184, 185, 186, 188, 190, 192, 227, 228, 229, 230, 231, 232, 233, 236, 237, 238, 239, 242, 244, 249, 250, 251, 261, 262, 264, 270, 276, 278, 280, 281, 283, 290, 291, 296, 297
真伝院　93
進藤長治(進藤宗岩)　79
進藤長滋(進藤・進藤修理・進修理・修理)　23, 56, 62, 69, 113, 121, 122, 138, 142, 155, 162, 169, 195, 223, 269, 271, 274, 275, 287, 289
新八 → 喜多嶋新八
新発 → 経海尭聴
神龍院 → 梵舜
甚六　305

す

瑞菴　283
出納豊後 → 平田職忠
瑞龍院殿　116
スウ → 藤懸永勝女
末衛門　298
杉本坊 → 周為
助一　189
助右衛門尉(助右衛門)　30, 63, 74, 75, 81
助衛門尉(助衛門)　52, 53, 56, 58, 79
助三　90, 146, 150, 250, 278
助兵衛　57
図子万介(図子)　100, 109, 149
図書頭(図書) → 桜町秀雅
巣松軒 → 蘭秀等芳
鈴木市右衛門(鈴木)　101, 102
捨丸(捐丸)　15, 31, 45, 61, 77, 99, 103, 106, 122, 124
捨丸ヤヽ　70
角倉了以(了以)　82, 86
炭屋　49
住吉屋浄祐(浄祐)　52, 53
駿河 → 土山武久
駿河中納言 → 徳川頼将
駿府中納言(駿府宰相) → 徳川頼将

せ

是庵　51, 73, 147, 193
清庵 → 柳沢清庵
西岩恵周(周西堂)　276
清閑寺共房(清閑寺・清閑寺頭弁・清閑寺参議・清閑寺相公)　8, 13, 14, 15, 24, 32, 116, 157, 237, 241, 285, 299, 306
清韓長老 → 文英清韓
清月(清)　14, 15, 85, 88, 92, 93, 102, 109, 110, 111, 112, 113, 114, 115, 116, 118, 130, 132, 144, 145, 164, 170, 173, 174, 177, 179, 195, 243, 250, 307

清左衛門尉(二条ノ薬屋)　169
清三郎 → 長野清三郎
清子内親王(女三宮・鷹ノ女三宮・鷹女三宮)　9, 155, 156, 231, 249
聖秀尼(曇花院殿)　12, 24, 160, 230, 247, 252, 281, 306
誠仁親王(陽光院)　230, 231, 233, 246
清兵衛 → 長野清兵衛
盛方院 → 吉田浄慶
済祐親王(三宮御方)　35, 51, 87, 230, 231, 233, 234, 247, 248
関一政(関長門守・関長門守入道吽庵)　38, 69, 72, 88, 90, 117, 147, 186, 297
関一政室(関長門守内義・関長門女中)　10, 15, 16, 19, 230, 265
関カ里　269
勢多備前(瀬田備前・備前)　188, 190, 192, 229, 251, 253, 263
摂津守 → 井家豊家
施薬院宗伯(施薬院・薬院)　210
善衛門尉(善衛門)　10, 13, 49, 52
千　125
禅意(松梅院)　224
禅嘉　16
善空　29
善空後室　31, 39
善空姫(善空ノ女・禅空姫) → 小五ウ
禅高 → 山名豊国
禅閤 → 九条兼孝
仙厳　249, 254
宣滋　183
専士　279
泉州 → 藤堂高虎
仙重(寂光院・院主)　46, 114
禅昌(徳勝院・徳松院・松梅院隠居徳勝院)　23, 47, 108, 109, 119, 221, 223, 231, 232, 237, 238, 287, 301, 302
千勝院 → 鎮永
禅昌院　12
前将軍 → 徳川家康
善四郎(ツヽラ張、渋張)　191, 192, 193, 194, 195, 196, 265, 266
善貞　241
善喆(東福善喆)　161, 191, 194, 243, 244, 245, 255, 263, 284
宣如光従(信成院)　160
千助　45
仙洞 → 後陽成院
善兵衛(善兵)　101, 149, 219
善法寺　157
千松(大工弥左衛門カ子)　296
千松　10, 296
千丸　11
全隆　25
善六　161

そ

宗意(宗以)　186, 243, 248, 250, 251, 253, 256, 257, 258, 259, 266
宗音　15, 29, 39, 61, 68, 69, 70, 74, 75, 77, 93, 94, 95, 116, 117, 143, 144, 145, 147, 161, 165, 231, 270
宗嘉 → 大森宗嘉
宗磵 → 篠屋宗磵
宗慶　22, 28, 29, 44, 59, 63, 69, 88, 89, 90, 91, 92, 102, 112, 113, 118, 123, 130, 139, 140, 143, 144, 146, 148, 171, 240
宗慶孫　244
宗慶孫女　170
惣見寺殿 → 織田信長
宗慈　51
惣七(宗七)　167, 269, 275, 276

宗珠　8, 25, 33, 35, 65, 66, 73, 91, 93, 103, 104, 110, 120, 121, 157, 168, 229, 238, 244, 246, 248, 250, 251, 253, 255, 256, 257, 259, 261, 262, 263, 267, 272, 275, 276, 277, 279
宗順　161
宗順 → 内侍原宗順
宗真　52
宗清（蒔絵屋）　227
宗達　29
宗巴　29
宗把（宗派） → 柳沢宗把
惣兵衛　197
宗祐　52, 121
曽積　140, 141
帥殿局（帥殿・帥局）　8, 10, 65, 85, 96, 108, 115, 163, 175, 178, 179, 187, 190, 195, 196, 225, 233, 247, 260, 261, 274, 277, 278, 290, 295, 303
帥殿局姪（帥殿局ノメイ）　189
帥殿母儀（帥殿ノ母義）　191, 266
尊円親王（青蓮院）　293
尊雅（積善院）　148
存海尭昭（仏光寺・仏光）　12, 73, 75, 159, 242, 248, 253, 254
尊覚（十宮御方・宮御方・一乗院殿・両門） → 庶愛親王モ見ヨ　177, 181, 288, 290, 300, 301, 305, 306
尊周　109, 250
尊純（青蓮院殿・青門）　181, 229, 246, 273, 281, 286, 291, 294, 295
尊性（五ノ宮御方・五宮御方・大覚寺殿）　155, 158, 250, 295, 298
尊勢（一乗院殿・一門）　16, 17, 18, 28, 56, 57, 70, 71, 76, 77, 78, 79, 80, 81, 104, 106, 107, 113, 118, 119, 127, 129, 137, 140
尊貞尼（光照院殿）　10, 26, 49, 61, 63, 67, 72, 86, 115, 121, 134, 136, 138, 156, 157, 166, 243, 244, 245, 247, 269

た

多阿（ヲ多阿）　12, 17, 38, 51, 56, 57, 60, 65, 68, 70, 71, 78, 79, 82, 94, 95, 97, 103, 107, 108, 117, 119, 124, 125, 126, 128, 130, 135, 137, 141, 142, 143, 149, 160, 239, 265, 276, 277, 279, 283, 297
大覚寺殿 → 空性
大覚寺殿 → 尊性
大喜五郎丸（五郎丸）　223
大喜下総（下総）　223
大外記 → 押小路師生
太閤（大閤） → 鷹司信房
大師 → 空海
大慈 → 圭叔龍玄
大樹 → 徳川家康
大将 → 西園寺実益
大乗院門跡法印 → 信尊
大聖寺殿 → 恵仙尼
大膳職　11, 136, 137, 154
大膳亮 → 長印
大灯 → 宗峰妙超
大統院 → 古磵慈稽
大納言　24, 26
大納言 → 広橋兼勝
大納言 → 大炊御門経頼
大納言 → 日野資勝
大弐殿（大二殿、女院御所ノ）　11, 60, 63, 64, 67, 82, 85, 94, 116, 129, 142, 148
大寧院 → 最岳元良
田井庄小三郎（山名豊国家臣）　54, 55
大弼 → 秋篠忠定

大福庵 → 金国
大仏師 → 康正
大報恩寺 → 養命坊
大蓮坊　182
田面(頼母ヵ)　103
高倉　31, 58, 59, 104, 170, 187, 232
高倉(高倉少将) → 藪嗣良
高倉 → 高倉永慶
高倉永慶(高倉・高倉右衛門佐・藤右衛門佐・藤右衛佐・右衛門佐)　30, 32, 50, 79, 90, 91, 94, 104, 109, 112, 117, 123, 136, 137, 176, 185, 187, 205, 207, 210, 212, 215, 216, 219, 221, 246, 257, 264, 294, 299
高倉永慶室(右衛門佐女中)　156
高倉兵部　246
鷹司教平(鷹司殿御方・中納言殿)　157, 284
鷹司信尚(鷹司殿・鷹司殿御父子・鷹司殿関白・鷹関白・鷹司殿殿下・鷹殿下・関白殿・殿下)　10, 21, 23, 43, 49, 73, 76, 84, 88, 89, 90, 93, 108, 140, 243, 249, 306
鷹司信房(鷹司殿・鷹司殿御父子・鷹司殿大閤・鷹太閤・太閤)　8, 10, 13, 15, 21, 64, 93, 108, 140, 158, 226, 231, 241, 243, 247, 248, 284, 299, 304, 306
鷹ノ女三宮(鷹女三宮) → 清子内親王
高橋宗好(高階)　16
鷹山豊前守　45
琢 → 里村昌琢
タクチヨ(葛四郎左ノ息)　235
内匠　32
内匠助 → 堀内匠助
竹　10, 107
竹内御門跡 → 良恕(曼殊院)
竹田宰相　22
竹田定賢(竹田・竹田法眼・竹田慶庵)　201, 219
竹中重義(竹中采女)　208, 212
竹内孝治(竹内・竹内刑部少輔・竹内刑少・竹内刑部卿・竹中)　7, 8, 43, 60, 62, 73, 88, 89, 99, 105, 110, 123, 138, 141, 158, 160, 163, 167, 168, 169, 170, 171, 172, 187, 189, 202, 225, 226, 230, 232, 238, 241, 251, 271, 277, 292
竹内孝治女(息女)　172
竹腰正信(竹越山城守)　222
竹屋光長(竹屋・竹屋弁)　8, 9, 13, 15, 16, 17, 19, 20, 24, 29, 32, 91, 137, 141, 155, 157, 158, 159, 170, 189, 235, 271, 297, 299, 301, 303
他左衛門尉(多左衛門尉)　164, 169, 173, 175, 176, 182, 219, 220, 231, 241
但馬　28, 223
直輔親王(ノチ良純、八宮・智恩院八宮)　6, 145, 151
立野(橋本ノ祖母)　194, 240, 264, 304
橘屋慶純(慶純)　8, 47, 232, 234, 249, 254, 256, 268, 295
伊達政宗(伊達)　131, 132
立入康善(立入・立入右京・立入河内守)　32, 161, 202, 203, 240
帯刀　73
帯刀 → 津川帯刀
谷衛成(谷雅楽)　150
玉屋ノ――　174
多門　167, 185, 238, 242, 264
多門院　92
足宮(ノチ道周、タリノ宮御方)　287
樽屋二郎兵衛　302
大郎右衛門　200

太郎兵衛(大郎兵衛門・薬屋)　23, 47, 62, 89, 92, 98, 101, 106, 114
太郎八　266
丹後　227
丹波(笛)　237
丹波息　237

ち

チイ　81
知栄　33, 34
智永　98
智恵光院　241
知玉　20
竹門 → 良恕(曼殊院)
竹林院 → 賢盛
智仁親王(八条殿・八条・式部卿宮・御所)　10, 18, 34, 41, 44, 47, 48, 49, 51, 54, 59, 64, 80, 87, 93, 110, 111, 123, 137, 143, 156, 157, 158, 161, 162, 168, 170, 171, 172, 173, 174, 175, 176, 177, 179, 181, 183, 184, 185, 187, 192, 193, 196, 226, 229, 231, 232, 233, 234, 239, 243, 244, 246, 247, 248, 249, 250, 252, 256, 257, 262, 266, 272, 284, 286, 287, 295, 306
智仁親王室京極氏女(御簾中・御内義方)　170, 187
智仁親王女(姫宮)　193
智暹　176
知足院 → 光誉
チマ　208, 209, 215, 279
茶〻(円山内匠女)　139, 177
茶〻御乳人(八条殿茶〻御乳人・茶〻乳人)　165, 170, 173, 175, 187, 193, 239
茶〻局(御茶〻局・ヲ茶〻)　160, 170, 185, 237, 250, 251, 254, 305
忠右衛門尉(忠右衛門・忠衛門尉)　98, 103, 115, 116, 156, 235, 261, 267
忠衛門カ姉　265
中将 → 西園寺公益
忠次郎　197
中伝　191, 192, 193
中納言 → 徳川頼将
中納言殿 → 徳川義利
中納言 → 広橋総光
中納言　13
忠兵衛(今里ノ、忠兵)　156, 267, 282, 296, 297, 303, 304, 305, 306, 307
長印(大膳亮)　10, 66, 172
長右衛門尉(長右衛門)　49, 125, 136, 245
澄孝(岩坊)　246, 248
長左衛門尉(長左衛門・長左)　12, 17, 18, 22, 25, 32, 33, 35, 38, 39, 41, 44, 45, 46, 47, 50, 52, 53, 54, 56, 57, 58, 61, 62, 63, 69, 70, 71, 72, 73, 76, 81, 82, 85, 87, 89, 93, 94, 100, 101, 102, 103, 104, 105, 106, 108, 109, 110, 111, 114, 115, 118, 119, 122, 123, 130, 136, 137, 138, 139, 140, 142, 143, 144, 145, 146, 148, 149, 150, 151
長左衛門カ女房　95
長寿院 → 勧修寺尹豊
長十郎　125
長石　174
長宗我部盛親(長曽我部)　4, 119
澄存(勝仙院)　167, 252
澄長老(澄東堂) → 月渓聖澄
長丞(川信州ノ家臣)　240
長八　219
長兵衛　219
長老 → 十念寺
長老 → 以心崇伝

長老(東福寺)　284
勅使両卿 → 広橋兼勝・三条西実条
鎮永(千勝院)　12, 66, 238, 242, 244, 245, 246, 247, 248
珍蔵主(椿蔵主)　49, 113, 225, 293, 295, 303

つ

津軽信建(津軽宮内)　146
津川帯刀(帯刀)　41, 47, 143
ツシ　10
津田平左衛門(平左衛門)　4, 16, 92, 106, 117, 118
土御門久脩(土御門)　36, 37, 131, 155, 223, 288
土御門泰重(土御門新蔵人・土御門中務・土御中務・土門中務・極﨟・中務・安倍泰重)　8, 31, 34, 113, 116, 123, 228, 229, 294, 300, 301
土山武久(土山・土山駿河・駿河)　32, 265
都築次左衛門尉　158
局 → 西洞院時子
局　203
鶴屋和泉　237

て

貞清親王(伏見殿御両所)　160
寺沢広高(寺沢志摩守)　197
殿下 → 九条忠栄
殿下 → 鷹司信尚
殿下 → 近衛信尋
殿下 → 二条昭実
天海(南光坊僧正・南光坊・南光)　2, 48, 50, 52, 53, 54, 131, 132, 133, 135, 136, 204
伝奏(伝奏衆) → 広橋兼勝・三条西実条
伝蔵　93
伝長老 → 以心崇伝
転法輪(転法輪大・転法大) → 三条公広
典薬ノ弟　132

と

土井利勝(土井大炊助)　202, 207, 211, 214
道印　19, 47, 125, 129
道因　134, 136, 148, 149, 162
藤右衛門佐(藤右衛佐) → 高倉永慶
道云　59
道益　182
藤右衛門　263
道億　9, 163
道賀　44
桃花坊(桃花) → 一条兼遐
道喜　36, 49, 88, 89, 197
道規　59
道僖　134, 156, 174
東儀季兼(東義)　83
道九　182, 183, 245
道句　36
道ク　121
道具　125, 129, 134, 245
東求院殿 → 近衛前久
道化　257
道三 → 今大路親清
東寺ノ尼　27
藤十郎女房　218
道春 → 林信勝
当将軍 → 徳川秀忠
道石　174
道澄(浄満寺殿)　74, 78, 79, 80, 236
道朝　134

藤長老 → 集雲守藤
藤堂高虎（藤堂和泉守・藤和泉・和泉・泉州）　210, 211, 212, 214, 276, 282, 287, 288, 292, 300, 301, 302, 305
藤内侍　99
頭弁 → 広橋兼賢
東北院（東北院僧正） → 兼祐
当門 → 尭秀
等誉（正光院）　234
東陽軒（東陽）　134, 276
道和　155, 237, 238, 239, 243, 259, 261, 262, 263, 264, 265, 266, 267, 272, 273, 274, 278, 289
道和女房（道和北方）　250
十宮 → 庶愛親王
土器録　10
徳　22
徳庵　104
徳雲院　20, 59
徳岡喜三郎　92
徳岡喜兵衛（喜兵衛）　219, 221, 248, 292
徳岡長左衛門尉（徳長左衛門）　50, 65, 113, 141
徳岡長左衛門尉女房（徳長左妻）　51, 189
徳岡長次（徳岡十左衛門尉・徳長次・長次・十左衛門・長次・徳岡重左衛門・徳十左衛門）　177, 183, 192, 217, 221, 227, 240, 241, 242, 270, 271, 277, 278, 287, 292, 297, 299, 303, 304, 307
徳岡備後守（徳備後守・徳備後・備後守・備後）　154, 163, 164, 166, 171, 174, 175, 177, 178, 180, 186, 187, 188, 206, 207, 210, 219, 221, 222, 223, 227, 231, 235, 236, 237, 238, 240, 241, 246, 253, 264, 271, 282, 283, 285, 289, 295, 297, 298, 300, 302, 304
徳岡備後守女房（備後守女房）　154, 284
徳岡弥介　95
徳川家康（前将軍・将軍家・大樹・前相国）　5, 6, 126, 127, 128, 130, 131, 132, 133, 134, 135, 149, 150, 151, 222
徳川家康室神尾氏女（ヲ阿茶・ア茶・アチヤ）　142, 143, 144
徳川家康室志水氏女（ヲ亀・御袋）　142, 143, 222
徳川家康室正木氏女（御袋）　219
徳川義直 → 徳川義利
徳川義利（ノチ義直、尾張宰相・尾州ノ宰相・ナコヤノ宰相・中納言殿・兵衛殿）　5, 99, 120, 125, 126, 128, 222
徳川秀忠（江戸将軍・将軍・当将軍・若将軍）　2, 5, 66, 92, 131, 132, 133, 134, 149, 166, 205, 208, 209, 211, 213, 250
徳川秀忠室浅井氏女（御台）　205, 212
徳川竹千代（ノチ家光、若公・西丸）　205, 206, 211, 215
徳川頼将（ノチ頼宣、駿府宰相・駿河中納言・駿府中納言・中納言・常陸殿）　5, 125, 126, 128, 218, 219, 288
徳川頼宣 → 徳川頼将
徳川頼房（水戸ノ少将・ミトノ少将）　213, 214
徳川和子（女御殿・女御）　166, 205, 215, 232, 266
徳勝院（徳松院） → 禅昌
徳善院 → 前田玄以
徳大寺実久（徳大寺・徳大・徳三位中）　8, 11, 41, 101, 125
土左殿　305
トチ　27, 62, 65, 102, 118, 124, 125, 134, 151
主殿土佐入道子 → 小野友忠

富小路秀直(富少路・富小路新三位・富新三位)　12, 26, 27, 34, 80, 86, 93, 108, 110, 158, 176, 187, 188, 230, 252, 268, 301
富田　78
富田左　75
富田忠左衛門(富田)　79, 81
富田忠介　72, 81
豊臣秀吉室浅井氏女(淀殿・御袋・秀頼公御袋)　2, 18, 55, 88
豊臣秀吉室京極氏女(松丸殿)　208
豊臣秀吉室杉原氏女(高台院殿)　4, 9, 10, 15, 18, 41, 55, 58, 64, 73, 85, 88, 89, 90, 92, 93, 95, 102, 108, 109, 110, 115, 117, 123, 132, 137, 147, 163, 164, 167, 170, 171, 173, 174, 175, 177, 178, 179, 180, 183, 188, 195, 226, 230, 234, 239, 243, 250, 257, 266, 296, 298, 306, 307
豊臣秀頼(右府公)　13, 18, 19, 87, 88
豊臣秀頼室徳川氏女(姫君)　18
虎　129, 306
虎(織田信良ノ)　203
虎御前(虎)　200
虎福 → 義尊
寅松(西洞院時慶男、ノチノ交野時貞ヵ、虎松・寅)　93, 94, 95, 96, 131, 138
虎屋紹意　182
虎屋長門守　76
鳥 → ヲ鳥
鳥居大路詮平(鳥居大路・鳥井大路・鳥井大路大膳大夫)　34, 53, 141, 250, 251, 253, 254, 255, 256, 260, 274
鶏丸　154
鳥屋尾右兵衛(右兵衛・右兵)　216, 244
頓阿　110
曇花院殿 → 聖秀尼
遁世比丘尼　250

な

ナア　20, 31
ナア優婆　47, 256
内記　254
内記 → 下津宗政
内義 → 西洞院時慶室
内義 → 西洞院時直室川勝氏女
内義 → 曲直瀬正紹室
内義親父 → 葛岡玄仲
内侍局(内侍殿) → 西洞院時子
内侍原宗順　174, 183
内膳　245
内膳 → 橋本実村
内府 → 近衛信尋
内府 → 西園寺実益
内府 → 広橋兼勝
中　25, 27, 43, 48, 50, 54, 55, 61, 96, 110, 151
中井正清(大和)　271, 298
永井直勝(永井右近大夫・永井右近・長井右近)　134, 204, 207, 212, 213, 214
中居ノ女房　191
永井白元(永井弥右衛門)　214, 215
中井利次(中井信乃・信濃)　54, 263, 271
長尾右衛門　282
長岡内記 → 細川忠利
中川貞秀(中川)　46, 52, 175, 176, 231, 233, 234, 247
長瀬小衛門　102
長多主馬　287, 288
中務 → 土御門泰重
長門　145, 161
中殿　219, 245
中臣祐範(春日社家)　2, 76

中沼元知(中沼左京)　104, 119
中院通村(中院・中院中将・中院宰相)　7, 8, 11, 20, 24, 32, 99, 106, 159, 181, 228, 246, 257, 284, 294
長野七右衛門　126
長野清三郎(清三郎)　27
長野清兵衛(長野清兵・長清兵衛・長清兵・清兵衛・清兵)　147, 148, 192, 196, 227, 232, 235, 237, 240, 241, 250, 251, 253, 257, 259, 262, 266, 267, 268, 269, 271, 272, 273, 274, 275, 276, 277, 278, 279, 280, 281, 283, 287, 288, 289, 290, 293, 295, 297, 298, 299, 303, 304, 306
長野善兵衛　297
長野殿(長野)　11, 13, 14, 16, 27, 28, 29, 33, 42, 44, 52, 53, 56, 57, 61, 62, 63, 64, 65, 66, 68, 69, 70, 71, 74, 75, 78, 79, 82, 84, 90, 92, 93, 94, 96, 97, 99, 100, 101, 144, 148, 164, 165, 254, 261, 277, 293, 295
長橋局(長橋)　9, 11, 48, 53, 57, 68, 110, 150, 155, 168, 179, 187, 225, 229, 234, 271
中坊秀政(中坊)　134
中御門資胤(中御門・中御・中御門大納言・中御門大・中御大)　7, 12, 13, 14, 15, 26, 27, 28, 30, 32, 40, 44, 45, 49, 50, 75, 137, 145, 159, 171, 173, 180, 181, 189, 190, 241, 244, 246, 247, 254, 257, 261, 270, 271, 281, 288, 292, 299, 306, 307
中御門宣衡(中御門宰相・中御門相公・中御新宰相・中御宰相・中御宰)　11, 99, 141, 158, 159, 176, 179, 286, 300, 301
中山慶親(中山)　35, 64, 89
中山元親(中山少)　16
中山信吉(中山備前守)　213
中山親綱後室(中山後室)　244
半井江庵　157
半井成信(驢庵)　120, 179
半井友竹院(友竹院・友竹)　12, 157
ナコヤノ宰相 → 徳川義利
夏(織田兵部ノ)　177, 178, 255, 256, 272
夏カ子　171
鍋　17
鍋 → 葛岡左介女
並ノ屋与左衛門(与衛門)　217
ナヤノ宗クン → 今井宗薫
成瀬正成(鳴瀬隼人)　125
成見太兵衛尉　264
南光坊僧正(南光坊・南光) → 天海
南昌院　85
南部重直(権平・南部権平)　208, 209, 279
南部利直(南部・南部信濃・南部信乃守)　98, 202, 208, 216, 276, 277
南部利直母泉山氏女(母義)　208
南部利直室蒲生氏女(南部信乃内義・南部ノ内・権平母義)　48, 208, 209, 265
南面院　47

に

二位殿(女院御所ノ)　115, 164, 165, 168, 169, 176, 181, 182, 184, 185, 187, 195, 225, 233, 234, 253, 278
二右衛門尉(二右衛門)　36, 37, 41, 48, 121
二衛門　51, 52, 53, 73, 123
仁左衛門尉　122
西口　117
西三 → 三条西実条

西局　31
西洞院時慶室(内義・内儀)　7, 10, 11, 12, 13, 15, 17, 20, 21, 25, 29, 32, 33, 34, 35, 36, 37, 42, 44, 50, 52, 54, 55, 58, 59, 60, 62, 65, 66, 72, 74, 77, 83, 85, 87, 88, 89, 90, 93, 94, 95, 98, 99, 102, 103, 107, 108, 109, 111, 112, 113, 114, 117, 119, 120, 121, 123, 125, 132, 135, 136, 138, 139, 140, 144, 145, 150, 154, 156, 157, 158, 159, 163, 164, 165, 167, 168, 169, 171, 173, 174, 175, 177, 179, 180, 183, 185, 186, 188, 191, 192, 193, 195, 228, 229, 230, 231, 234, 238, 239, 241, 242, 243, 244, 246, 248, 250, 251, 252, 253, 254, 256, 257, 258, 259, 261, 262, 263, 264, 265, 266, 267, 268, 269, 270, 271, 272, 274, 275, 276, 277, 280, 282, 286, 291, 292, 293, 295, 296, 306, 307
西洞院時子(局・内侍局・内侍殿・勘解由局・勘局)　7, 9, 15, 21, 22, 24, 27, 29, 33, 36, 37, 40, 42, 45, 46, 48, 49, 51, 52, 54, 56, 59, 60, 62, 70, 74, 79, 83, 84, 85, 87, 95, 96, 97, 100, 101, 103, 105, 107, 109, 111, 113, 114, 115, 117, 119, 120, 124, 125, 129, 133, 136, 138, 139, 140, 141, 142, 143, 145, 146, 147, 149, 153, 154, 156, 158, 159, 164, 165, 168, 169, 170, 171, 173, 174, 175, 177, 178, 179, 181, 186, 187, 188, 190, 192, 193, 194, 195, 196, 197, 225, 227, 228, 229, 230, 231, 232, 237, 239, 241, 245, 249, 250, 251, 252, 254, 255, 256, 258, 259, 260, 261, 262, 263, 264, 265, 266, 267, 269, 270, 271, 273, 274, 275, 277, 279, 280, 281, 282, 283, 286, 289, 291, 294, 295, 296, 297, 300, 303, 306
西洞院時直(少納言)　3, 6, 7, 8, 9, 14, 15, 16, 17, 18, 19, 20, 21, 22, 23, 24, 25, 26, 27, 28, 30, 31, 32, 33, 34, 35, 36, 37, 38, 39, 40, 41, 42, 43, 45, 48, 49, 50, 51, 52, 53, 55, 56, 57, 58, 59, 60, 61, 62, 64, 65, 66, 67, 68, 69, 70, 71, 72, 73, 74, 75, 76, 77, 78, 79, 80, 81, 82, 83, 84, 85, 86, 87, 89, 90, 91, 92, 93, 95, 96, 97, 98, 99, 100, 101, 102, 103, 104, 105, 107, 108, 109, 110, 111, 112, 113, 114, 115, 116, 118, 119, 121, 124, 126, 127, 128, 129, 130, 131, 132, 133, 135, 136, 137, 138, 139, 140, 141, 142, 143, 145, 146, 147, 148, 150, 151, 153, 154, 155, 156, 157, 158, 159, 160, 161, 162, 163, 164, 165, 166, 167, 168, 170, 171, 172, 174, 176, 177, 178, 180, 181, 182, 183, 184, 185, 186, 187, 188, 189, 191, 192, 193, 194, 195, 197, 225, 230, 231, 232, 234, 235, 237, 238, 239, 240, 241, 243, 245, 248, 249, 250, 251, 252, 253, 254, 255, 256, 257, 258, 260, 262, 263, 264, 266, 267, 268, 270, 271, 272, 273, 274, 275, 277, 279, 281, 282, 283, 284, 285, 286, 288, 290, 291, 292, 293, 294, 295, 297, 298, 299, 300, 303, 304, 305, 306
西洞院時直室川勝氏女(少納言内義・内義・若上・端ノ若上)　33, 42, 87, 97, 101, 103, 113, 122, 132, 141, 151, 165, 168, 250, 252, 272, 274, 291, 300
西洞院時直女(小女・少納言乙女・時直小女)　52, 58
西洞院時良(侍従)　155, 157, 269, 270, 272, 273, 279, 283, 290
西洞院時良乳母(時良乳母)　287
西坊城遂長(西坊城・西坊・両坊城・坊

城・五条ノ息）　32, 79, 80, 99, 112, 153, 167, 168, 170, 172, 173, 228, 295
西丸 → 徳川家光
二条康道（中納言殿）　284
二条昭実（二条殿・殿下）　10, 13, 24, 37, 149, 151, 158, 177, 189, 226, 241, 243, 244, 245, 247, 249, 272, 284, 298, 299, 301, 303, 306
二介（二助）　65, 66
日重（本満寺前々住持）　171, 172
日住（本満寺・当住）　171, 172, 253
日乾　171, 172, 173, 272
日光院　234
二兵衛（二兵へ）　96, 119, 120
若王子 → 意経
女院御所（女院） → 勧修寺晴子
女御殿（女御） → 近衛前子
女御殿 → 徳川和子
庭田重定（庭田・庭田前中納言）　108, 125, 130, 155, 159, 265
庭田具子（庭田ノ局）　145
仁和寺殿 → 覚深

ぬ

温井（暖井）　193
ヌシ屋（ヌシヤ）　85, 90, 91, 102, 146

ね

祢極﨟 → 壬生忠利
祢蔵人 → 壬生忠利
涅槃寺　204

の

能札（札）　15, 18, 41, 42, 43, 45, 50, 56, 83, 161, 163, 164, 180, 181, 182, 191, 227, 232, 240, 242, 247, 250, 251, 256, 258, 259, 261, 262, 263, 267, 279
能注　163
能忠　190
能通　43, 232
能良　15, 18, 83, 111, 164, 184, 191, 227
野間成岑（野間玄琢・玄琢・寿昌院・寿昌庵）　9, 13, 20, 38, 39, 40, 41, 49, 50, 53, 55, 59, 62, 67, 72, 75, 83, 86, 88, 107, 108, 121, 131, 138, 139, 143, 150, 151, 156, 157, 160, 161, 171, 173, 175, 177, 178, 181, 182, 183, 186, 188, 195, 223, 228, 229, 234, 235, 241, 245, 246, 259, 266, 278, 279, 298

は

灰屋紹由（紹由・沼由）　23, 42, 43, 46, 47, 121, 183, 232, 234, 249, 254, 287
萩原兼従（萩原）　10, 16, 28, 39, 46, 47, 48, 49, 52, 64, 75, 87, 88, 99, 121, 135, 136, 147, 163, 183, 261, 289, 290, 291
伯（伯少将・伯少・伯中将） → 白川顕成
箔屋　240
端　15, 37, 40, 48, 53, 66, 79, 110, 135, 166, 179, 187, 228, 230, 235, 238, 248, 273, 307
端ノ小童　71
端坊 → 明善
橋本実村（橋本・橋本内膳・内膳）　153, 237, 240, 243, 261, 266, 287
橋本甚右衛門　198
橋本ノ祖母 → 立野
長谷川守知（長谷川式部）　122
長谷川藤広（長谷川左兵衛・長谷川左兵・長谷左兵衛・左兵）　38, 39, 40
秦徳隣（寿命院）　12, 157
八右衛門 → 川那部八右衛門尉

八左衛門尉(八左衛門)　47, 52, 55, 276
八左衛門尉カ妻　54
八条殿 → 智仁親王
八宮 → 直輔親王
八文字屋長兵衛　218, 219
初　42
ハツ　178, 180
花園公久(雅楽頭・雅楽)　141, 231, 234, 246, 260
馬場光仲(馬場左京)　223
早川四郎兵衛　210
林信勝(道春)　168, 208, 209, 211, 284, 291
林信澄(永喜)　205, 209
隼人　174
速水　12, 194
速水光益(速水長門守・長門)　172, 174, 176, 189, 197, 274, 306
速水良益(速水安芸守・速安芸守・安芸)　13, 17, 26, 63, 68, 75, 82, 90, 91, 92, 94, 96, 163, 164, 165, 172, 174, 176, 178, 179, 185, 188, 189, 190, 193, 194, 196, 197, 265, 306
半右衛門尉(大工)　283, 286, 287, 298
半衛門尉　20
半左衛門尉(大工)　283, 285
般舟院　12, 168, 259
繁首座　282

ひ

東殿　283
東坊城長維(坊城・両坊城)　88, 98, 145, 228
氷上後室 → 川勝秀氏室
樋口信孝(樋口)　7, 8, 80, 170, 257, 297, 299
彦(朝山久綱子)　39
彦七　13, 120, 267, 276
彦七子(彦七カ子)　290, 291
彦二郎　135, 146
肥後守 → 加藤忠広
久松勝直(久松勝左衛門尉・久清左)　224
尾州ノ宰相 → 徳川義利
飛少将(飛少) → 飛鳥井雅胤
飛女中 → 飛鳥井雅庸室
常陸殿 → 徳川頼将
飛中納言(飛中) → 飛鳥井雅庸
日野輝資(日野唯心院・日唯心・唯心院・唯心)　31, 58, 125, 128, 134, 145, 149, 150, 168, 203, 204, 206, 213, 216
日野光慶(日野弁・日弁・日野宰相・日宰相・日宰公・日相公・宰相)　13, 29, 31, 58, 59, 89, 137, 153, 155, 159, 186, 191, 193, 203, 205, 210, 212, 213, 215, 216, 221, 229, 235, 251, 261, 270, 271, 299
日野資勝(日野・日野大・日野宰相・日中・日野大納言・日野大・日大納言・日大・大納言)　7, 11, 32, 35, 36, 43, 59, 97, 108, 109, 110, 125, 134, 137, 155, 159, 162, 170, 171, 172, 189, 193, 232, 242, 251, 285, 299, 306
日野西総盛(日野ノ西)　32, 299
日比野半右衛門尉　19, 90, 111
姫　189
姫君 → 豊臣秀頼室徳川氏女
姫宮御方 → アテ宮
檜山　190
兵衛殿 → 徳川義利
兵部(高倉永孝男、兵部少輔)　141
兵部 → 小野氏行

平田職忠(出納豊後)　150, 151
平野長泰(比良遠江守)　15, 209
平野殿　267
平野ノ権ノ小副 → 卜部兼豊
平松時興(平松侍従・平松)　6, 7, 8, 9, 10, 11, 12, 14, 15, 16, 18, 19, 20, 21, 22, 24, 26, 30, 32, 33, 34, 35, 36, 37, 38, 39, 40, 41, 42, 43, 44, 45, 46, 48, 50, 51, 53, 55, 57, 58, 59, 60, 61, 62, 63, 64, 65, 66, 67, 68, 69, 71, 72, 73, 74, 75, 76, 79, 80, 82, 83, 84, 85, 86, 87, 88, 89, 90, 92, 93, 96, 97, 98, 99, 100, 102, 103, 104, 105, 106, 107, 108, 109, 110, 111, 112, 114, 115, 116, 118, 119, 120, 122, 124, 127, 128, 129, 130, 132, 133, 135, 136, 138, 139, 140, 141, 142, 144, 145, 146, 147, 148, 149, 150, 151, 154, 155, 156, 158, 159, 160, 161, 162, 163, 164, 165, 166, 167, 168, 169, 171, 172, 173, 174, 176, 177, 178, 180, 182, 186, 187, 188, 189, 190, 191, 193, 194, 195, 196, 197, 208, 209, 211, 212, 213, 214, 217, 221, 223, 224, 226, 234, 236, 237, 238, 239, 240, 241, 242, 243, 244, 246, 248, 249, 251, 254, 258, 259, 261, 262, 263, 266, 268, 270, 271, 272, 274, 276, 277, 279, 281, 282, 283, 285, 286, 289, 290, 291, 292, 293, 294, 295, 297, 299, 304, 305
広橋兼賢(広橋頭弁・広橋弁・広頭弁・広弁・頭弁・弁・広大父子三人・広)　14, 15, 18, 19, 29, 58, 99, 137, 141, 155, 157, 159, 162, 189, 195, 226, 246, 258, 261, 284, 286, 292, 299
広橋兼勝(広橋・広・広橋大納言・広橋大・広橋亜相・広亜相・広大納言・広大・大納言・勅使両卿・伝奏・両伝奏・両伝・広橋内府・内府)　5, 9, 10, 11, 12, 13, 14, 17, 18, 19, 21, 22, 23, 26, 29, 30, 31, 32, 35, 39, 57, 63, 64, 66, 67, 68, 69, 75, 88, 89, 90, 91, 92, 93, 94, 95, 99, 102, 108, 109, 110, 115, 116, 119, 120, 123, 125, 126, 127, 128, 130, 132, 136, 137, 138, 139, 140, 141, 143, 145, 147, 148, 149, 151, 155, 157, 158, 159, 162, 164, 166, 169, 171, 172, 176, 177, 180, 181, 182, 185, 189, 190, 193, 194, 195, 197, 199, 203, 204, 205, 206, 207, 208, 209, 210, 211, 212, 213, 214, 215, 216, 217, 221, 222, 225, 226, 231, 232, 233, 234, 235, 237, 240, 242, 243, 245, 247, 250, 261, 271, 278, 284, 287, 292, 294, 295, 296, 298, 299, 300, 301, 302, 303, 307
広橋総光(広橋中納言・広中納言・広中・広橋大納言・広大父子三人・中納言)　8, 10, 13, 19, 21, 22, 23, 29, 30, 31, 32, 33, 34, 36, 37, 43, 47, 50, 51, 52, 54, 55, 56, 65, 68, 76, 77, 80, 92, 93, 99, 101, 108, 109, 125, 137, 140, 141, 155, 157, 159, 171, 172, 196, 225, 226, 235, 246, 247, 257, 258, 261, 263, 265, 270, 271, 286, 294, 299, 302, 303, 307
備後守(備後) → 徳岡備後守

ふ

福　120, 136, 138, 139, 150
福庵 → 金国
福寿院　247
福勝寺　243
福泉房　234
普賢院　253, 287
富古　42

不二庵（不二）→ 集雲守藤
藤岡筑後守　263
藤懸永元（藤懸八右衛門尉）　91
藤懸永重（藤懸三蔵・三蔵・藤蔵）　121, 122, 149, 203, 204
藤懸永勝（藤懸三河・藤三河・三河）　102, 121, 122, 124, 146, 147
藤懸永勝女（スウ）　135
藤谷為賢（藤谷）　8, 141, 179, 229, 257
伏原賢忠（清蔵人・清蔵人秀一）　212, 219, 220, 221, 222, 260, 271
伏見殿 → 邦房親王
伏見殿御両所 → 邦房親王・貞清親王
武州 → 池田利隆
藤原　46
渕田有和　46, 73
仏眼院　46, 47, 53, 54, 56, 78, 109, 118, 136, 138, 140, 142
仏光寺（仏光）→ 存海尭昭
舟越永景（舟越）　212
鮒子田八左衛門　290
舟橋国賢（舟橋）　119, 122, 141
舟橋秀賢（舟橋）　3, 80, 87
舟橋秀相（舟橋息）　125
古田重然（古田織部）　23, 33, 34, 46, 101
古屋太郎衛門尉　38
古屋太郎兵衛　126, 136
文英清韓（清韓長老・韓長老）　3, 4, 98, 106
文佐（斎坊主）　305
文作（十念寺ノ）　243, 260
文太郎（文大郎）　20, 45
文貞（斎坊主）　273
分入　166, 168, 192

へ

平右衛門　91, 237
平左衛門 → 津田平左衛門
平三郎　302, 303
平蔵　237
別所長左衛門尉（一身田ノ）　269, 272, 273, 274, 289, 290, 291
別所某息（別所一ノ息）　296
別当 → 御灵別当
別当（今宮）　18
弁（津軽弁）　209, 289, 292
弁 → 広橋兼賢
弁姉（津軽弁姉）　289
扁照院　272

ほ

甫庵 → 山岡景光
保庵　174
坊　230
棒庵 → 下津宗秀
棒庵内義（棒庵内儀）→ 下津宗秀室
法印 → 曲直瀬正紹
法印　19
法皇 → 後白河法皇
法皇寺　146, 151, 257, 267
法音院（泉涌寺ノ）　159, 169, 242
報恩寺　158, 159
報恩寺長老　277
宝鏡院殿 → 耀山
宝樹院殿 → 近衛信尹母
鳳勝（海蔵院）　49
坊城　299
坊城 → 東坊城長維
法地院　131
保長老 → 有節瑞保

亡母 → 寿渓
邦房親王(伏見殿)　12, 15, 38, 156, 158, 160, 247, 284
鳳林承章(鹿苑寺・鹿苑)　31, 294
法輪坊　233
細川忠利(長岡内記)　120
菩提院 → 光紹
堀田盛重(堀田図書)　144
堀池宗活　22
堀河康満(堀川・堀河・堀川少将・堀河中将)　7, 8, 11, 22, 27, 32, 37, 38, 44, 79, 99, 141, 247, 281, 292, 299
堀河親具(一斎)　40, 110, 125, 202, 203, 204, 211
堀作蔵(御作・作蔵・堀四郎右衛門息・堀四郎右息)　23, 25, 26, 38, 122
堀四郎右衛門尉(堀四郎右)　24, 27, 38, 86, 88, 117, 124, 126
堀四郎右衛門ノ小女　103
堀四郎兵　124, 129
堀ノ新作(宇治ノ)　298
堀内匠助(内匠助)　98, 103
堀忠兵衛(堀忠兵)　12, 16, 25, 44, 70, 84, 92, 93, 94, 95, 96, 97, 98, 100, 101, 102, 103, 104, 105, 106, 107, 108, 109, 121, 122, 140, 189, 296
堀利重(堀伊賀守・伊賀守)　44, 48
梵舜(神龍院)　16, 28, 38, 39, 52, 57, 64, 75, 89, 99, 112, 113, 119, 120, 123, 127, 135, 145, 147, 150, 190, 191, 227, 228, 261, 290
本誓寺　192
本多紀貞(本多備前守)　214
本多康紀(本多豊後守・豊後)　221
本多正純(本田上野守・本多上野・上野)　126, 128, 136, 207, 210, 211, 214
本満寺　35
本門 → 准如光昭
本立坊　28

ま

前田玄以(徳善院)　2, 60
前田玄以後室(養福院)　18, 22, 60
前田利光(松平筑前守)　126
前場勝秀(前場半入)　212
真木乳母　59
牧次右衛門尉(牧二衛門)　109, 111, 112, 118
孫右衛門(トギ)　145, 272
孫衛門尉(トギ)　72, 190
孫左衛門尉(トギ)　189
孫丞カ子　146
孫八郎　69, 104, 107
益田弥右衛門　261
又丞　164
松　161
松(孝蔵主ノ、ヲ松)　206, 207
松(広橋兼勝女)　180
松井勘兵衛　222
松木　72, 75, 76
真継康総(松キ美濃守・松キ美濃・松続美濃・美乃守)　206, 207, 211
真継康利(松続美濃カ息・斎部小九郎・忌部・斎部)　205, 206, 207
松木宗澄(松木)　71
松木宗保(松木)　299
松木宗満後室(松木後室・松木母・光徳院・孝徳院)　72, 73, 74, 75, 78, 81, 83, 93, 98, 112
松木宗満女(上﨟・江戸上﨟)　72, 83, 98
松平筑前守 → 前田利光
松平忠直(三河守)　124

松平定行(同河内守)　215
松平定綱(松平越中守・松平越中・越中守・越中・花楽院)　209, 210, 211, 212, 214, 215, 216, 223, 224, 241, 244
松平定勝(隠岐守)　216, 224
松平長門守　→　毛利秀就
松平武蔵守(松平武州)　→　池田利隆
松ノ左近　160
松丸殿　→　豊臣秀吉室京極氏女
松橋　→　尭円
松村宗有(松村)　41, 51, 53, 57, 117, 120, 127, 134, 148, 270, 307
万里小路孝房(万里少路・万里・万左大弁・万左大弁宰相・万里・万里宰相・万宰相・左大弁宰相・左大弁)　7, 8, 22, 30, 32, 37, 38, 62, 81, 111, 112, 125
万里小路充房(万里少路・万里入道・万里入・万入道・万入)　7, 158, 175, 176, 178, 184, 187, 231, 233, 234, 237, 239, 240, 281, 283, 284, 285, 295, 300, 301, 305
曲直瀬玄益(玄益・益)　8, 9, 10, 21, 48, 63, 72, 99, 101, 107, 129, 133, 134, 147, 156, 157, 158, 177, 182, 183, 185, 187, 227, 244, 245
曲直瀬玄由(玄由・寿徳庵・寿徳)　19, 20, 21, 32, 33, 34, 35, 36, 39, 47, 53, 63, 65, 68, 73, 86, 94, 95, 98, 106, 113, 116, 121, 123, 131, 143, 144, 155, 157, 160, 161, 163, 169, 175, 177, 178, 182, 183, 184, 187, 227, 263, 270, 283
曲直瀬玄理(養庵)　203, 204
曲直瀬正円(三益・養安院・養安)　9, 12, 20, 47
曲直瀬盛孝(正因・亨徳院・亨徳)　9, 12, 20, 33, 53, 86, 95, 98, 104, 105, 113, 119, 120, 121, 131, 203, 204
曲直瀬正紹(延寿院・法印)　2, 8, 9, 10, 11, 12, 18, 19, 20, 22, 24, 25, 26, 27, 28, 32, 34, 35, 36, 37, 38, 39, 40, 41, 42, 43, 44, 46, 47, 48, 49, 50, 58, 59, 60, 63, 94, 107, 129, 132, 133, 134, 136, 148, 151, 156, 157, 158, 161, 162, 168, 171, 172, 173, 174, 175, 176, 177, 178, 179, 180, 181, 182, 183, 184, 185, 186, 187, 201, 202, 203, 204, 208, 210, 215, 244, 245, 276
曲直瀬正紹室(延寿院内義・内義)　35
万(西洞院時慶女、南部ノ、満)　60, 98, 201, 202, 204, 206, 208, 209, 213, 214, 215, 216, 244, 279
万　77
満カ乳母　82
万カ乳母　109
万カ乳母ノ姉　149
万菊(木部直方息)　216
万介　→　図子万介
万介　294
政所殿(政所)　→　近衛信尹母
万ノ優婆　280

み

三上玄蕃　218
三河　251
三河　→　藤懸永勝
三河守　→　松平忠直
水沢織部正(水沢織部・水織部正・水織部・織部)　156, 159, 161, 169, 170, 179, 185, 186, 187, 188, 189, 191, 193, 196, 234, 236, 287, 307
水野重仲(水野出雲守・出雲)　219
水野忠元(水野監物)　214

御台 → 徳川秀忠室浅井氏女
三田村小吉(小吉)　230
三田村善介　230
満木与右衛門(与右衛門)　228
密厳院(密権院) → 実円
御戸ノ少将(ミトノ少将) → 徳川頼房
皆川広照(皆川山城入道・老甫斎・老甫)　1, 36
水無瀬兼俊(水無瀬侍従・水無瀬少将・侍従)　12, 130, 137
水無瀬氏成(水無瀬・水無瀬宰相)　12, 51, 52, 53, 75, 118, 130, 133, 134, 149, 150, 181, 182, 187, 188, 189, 259, 260
南隣 → 大炊御門経頼
南隣ノ奴カ息　256
源義経(義経)　198
源頼朝(頼朝)　217
壬生孝亮(官務)　30, 167, 219, 220, 221, 222
壬生忠利(祢蔵人・極﨟・祢極﨟)　112, 212, 215, 219, 220, 221, 222, 235, 247, 260, 299
宮川　303
三宅勘左衛門　94, 196, 240
三宅勘左衛門尉男(三宅勘左衛門尉息男)　156
三宅喜左衛門(喜左衛門尉・喜左衛門)　96, 104, 108, 122, 124, 134, 138, 146
三宅土左　306
三宅亡羊(喜斎・奇斎)　60, 155, 178, 223, 224, 225, 282, 287
宮御方 → アテ宮
宮御方 → 庶愛親王
宮御方 → 尊覚
妙円　70, 103, 144
妙清　20
妙千　25
明善(端坊)　94, 95, 120, 160, 173, 174, 177, 191, 265
妙法院殿新宮 → 尭然
妙法院殿(妙法院宮常胤親王・妙門) → 常胤
三好家ノ女房衆　81
民部　16, 28, 87, 225

む

宗岡朝治(行事官)　207
村上吉正　122
村瀬重治(村瀬左馬)　204

め

乳母人　14, 60, 67, 69, 119
乳母人ノ母　44, 100, 102
乳母人ノ孫　100

も

毛利秀就(松平長門守)　214
木工　48
牧斎 → 朽木元綱
木工頭(木工) → 岩倉具尭
木工助(木工) → 喜多嶋木工助
茂左衛門　36, 109
本洲勘解由　33
茂兵衛　202, 207, 258
森　260
門主(門跡) → 准如光昭
門主 → 尭真
門主 → 興意
門跡 → 覚深
門跡 → 興意
主水助(主水)　200, 218
モンナイ　238

や

弥一　237
弥右衛門(弥衛門)　26, 42, 72, 281
薬院 → 施薬院宗伯
弥五左衛門尉　77
弥五郎(大工)　291
弥左衛門尉(弥左衛門兄弟、大工)　61, 151, 272, 273, 276, 277, 278, 279, 280, 283, 284, 285, 286, 287, 288, 289
矢嶋讃岐　156
安右衛門　304
弥介(平野ノ、平野弥介)　13, 18, 22, 48, 97, 98, 103, 106, 107, 142, 144, 264, 266, 267, 268, 270, 273, 274, 278, 283, 305
安田宮内　157
安田下女　142
弥大郎　41
柳沢清庵(柳沢・清庵)　97, 98, 99, 100, 101, 103, 106, 134, 140
柳沢宗把(宗把・宗派)　97, 101, 102, 105, 106, 108, 110, 140
柳原　141, 144
柳原業光(柳原・柳弁・柳頭弁)　47, 89, 96, 99, 125, 141, 145, 158, 159, 162, 170, 188, 189, 203, 205, 206, 210, 221
柳原後室(柳後室) → 川勝秀氏室
柳原ノ左兵　52
柳坊(因幡堂)　11, 15, 157, 169, 231
矢野昌出(昌出)　14, 21, 58, 66, 95, 96, 120, 141, 142
矢野兵部(矢兵部)　207, 209, 265
薮嗣良(薮・高倉・高倉少将)　8, 10, 79, 141, 159, 238, 258, 284, 285, 300, 301
弥兵衛　154
山井景治(山井安芸)　205
山岡景以(山岡主計)　129, 131
山岡景光(山岡甫庵・甫庵)　25, 105, 119, 237, 295
山形宗頼(山形・山形右衛門丞・山形右衛門尉)　32, 232, 285
山科言総(山科)　155, 203, 208, 209, 210, 215, 222, 258, 299
山科言緒(山科・山科中将・山科内蔵頭)　7, 8, 11, 14, 42, 43, 53, 59, 113, 116, 123, 128, 131, 137, 150
山城(山城トノ)　19, 31, 40, 127, 138
山城後室(革屋ノ)　296
山田太郎右衛門　217
山田六右衛門尉(山田六右・山六右衛門・六右衛門尉)　155, 183, 225, 226, 227, 240, 258, 259, 262, 264, 265, 266, 268, 271, 273, 276, 277, 280, 287, 292, 296, 304, 306
山田六右衛門尉女房(山田六右衛門尉内儀)　154, 287
大和 → 中井正清
大和一要　266
山中宗俊ヵ(山中山城守)　92
山名豊国(山名禅高・禅高)　39, 49, 54, 55, 61, 128, 132, 210, 211, 212, 215, 265
ヤヽ　32, 60, 62, 69, 82, 113, 194, 237, 246, 248, 250, 268, 269
ヤヽ(西洞院時慶孫女)　201, 208

ゆ

唯心(唯心院) → 日野輝資
酉(西洞院時慶女)　8, 67, 73, 84, 100, 112, 165, 170, 171, 175, 187
酉乳母(酉カ乳イ・酉カ乳母)　55, 68, 97,

111, 140, 149, 264
有雅元賡（五心院）　167
宥閑（織田長益男、有楽ノ子）　136
有節瑞保（保長老・慈照院）　29, 75, 78, 107, 183, 184, 185, 248, 251, 252
友竹紹益（友竹・友林・常光院・益長老）　20, 92, 185, 249, 252, 254, 255, 256
友竹院（友竹）→ 竹田友竹院
祐南　25, 27
祐補（外科ノ、友補・友甫）　156, 183, 184, 196, 237, 238, 240, 242, 244, 245, 246, 249, 250, 251, 264, 266, 282, 295, 296, 299, 301, 302, 304
遊佐高教（ユザ新左衛門）　201

よ

与　194
与一　171, 172, 175, 190, 200, 223, 291, 300, 304
与一兵衛　123, 182
与一郎　45, 54, 56, 85, 91, 100, 107, 111, 120, 276
養安院（養安）→ 曲直瀬正円
養庵 → 曲直瀬玄理
陽庵（海蔵院）　47, 65
養運　154, 250, 256, 257, 262, 264
陽光院 → 誠仁親王
耀山（宝鏡院殿）　276
栄住院　234
養福院 → 前田玄以後室
要法寺 → 円智日性
陽明（陽明家・陽・陽明准后・陽准后・陽明御所）→ 近衛信尹
陽明（陽・陽明右府）→ 近衛信尋
陽明政所殿 → 近衛信尹母
陽明若公 → 近衛信尋男
養命坊（大報恩寺）　39, 40
陽明坊　92
楊林院（柳原淳光室、陽林院）　35, 99, 102
与衛門（小鼓）　237
与衛門尉（小田原宿）　20
与衛門尉（与衛門、下津棒庵家臣）　29, 54, 217
与吉　69, 90, 91, 101, 102, 114, 115, 129, 138, 139, 146
横田十右衛門（十右衛門）　275, 283, 305
横地助丞（横地・助丞）　157, 296
与五郎　139, 147, 197, 244
与左衛門　217
吉岡憲法（吉岡・ヨシ岡）　77
吉田吉皓（意庵法橋）　202
吉田兼治（吉田）　14, 133
吉田浄慶（盛方院）　12
与七（馬ノ）　278
与十郎　197
与二郎　247
四辻季継（四辻・四辻宰相・四辻宰・四宰相）　14, 31, 58, 59, 99, 159, 172, 225, 235, 282, 294, 300, 301
淀殿 → 豊臣秀吉室浅井氏女
米津田政（勘兵衛、江戸町奉行）　201
与兵衛門女房　66
与兵衛息男　67
与兵衛尉（与兵衛・与兵衛門）　33, 53, 66, 67, 81, 89, 94, 113, 140, 144, 145, 153, 180, 192, 196, 231, 236, 242, 263, 265, 266, 267, 268, 270, 271, 272, 273, 274, 275, 276, 277, 278, 279, 280, 281, 282, 288, 289, 290, 297, 298, 303
与六　95

ら

蘭秀等芳(巣松軒)　52, 53, 106, 118

り

理安　83
理庵(リ庵)　92, 94, 104
栗棘庵(東福栗棘)　192, 237
龍雲(飛鳥井雅春男)　39, 78, 128, 130, 131, 222, 223, 224
龍雲室(龍雲内義)　222
龍花院(園城寺)　131
龍見　160
龍西　255
流勝院　122
龍眠菴(龍眠柔長老・龍眠) → 剛外令柔
了庵　268
了意　56
了以 → 角倉了以
良云　237
了俱(了具) → 石井了俱
了悟　121, 135, 142
両御所 → 後陽成院・勧修寺晴子
了左　302, 303
了左女房(了左内義)　303
了叱　51
良恕(曼殊院、竹内御門跡・竹門・門主)　9, 10, 12, 34, 35, 41, 45, 46, 48, 64, 67, 75, 80, 87, 88, 110, 141, 154, 155, 156, 158, 162, 172, 176, 195, 203, 226, 229, 230, 231, 234, 235, 239, 243, 245, 246, 247, 249, 262, 266, 280, 281, 287, 295, 306
良西堂 → 最岳元良
了雪　46, 72, 118, 221, 290
両伝奏(両伝) → 広橋兼勝・三条西実条
了哲　37
了忍(七条)　22, 49, 51, 52, 55, 56, 57, 58, 61, 66, 79, 83, 85, 86, 95, 107, 108, 119, 120, 122, 124, 125, 128, 133, 135, 137, 139, 140, 141, 155, 174, 191, 193, 241, 276, 297
良範(恵心院、山門衆)　230, 233, 247
両坊城 → 西坊城遂長・東坊城長維
両門 → 信尊・尊覚
林侍者　26, 39, 56, 57, 60, 71, 73, 81, 83, 84, 87, 114, 139, 140, 143, 151, 154, 159, 178, 179, 186, 239, 258, 263, 264, 274, 279, 282
林侍者乳母(林侍者ノ乳母)　161, 175

る

留守(万ノ供)　213, 214

れ

冷泉　187, 263, 272, 275
冷泉為尚(中山ノ冷泉)　299
冷泉為満(冷泉・冷・冷泉父子・冷泉宰・冷宰・冷泉中納言・冷中納言・冷泉黄門・冷泉中・冷中)　9, 10, 11, 12, 14, 15, 20, 24, 25, 27, 28, 30, 36, 37, 38, 39, 40, 41, 110, 122, 123, 125, 131, 137, 147, 157, 159, 162, 173, 179, 201, 202, 204, 205, 207, 208, 209, 210, 211, 212, 213, 214, 215, 235, 236, 242, 261, 265, 286
冷泉為頼(冷泉父子・冷泉少将・冷少将)　7, 8, 16, 30, 68, 80, 99, 110, 141, 155, 157, 159, 162, 170, 181, 265, 286
蓮蔵坊 → 実盛

ろ

駈庵 → 半井成信
老甫斎(老甫) → 皆川広照
六　31, 42, 57, 59, 62, 63, 71, 86, 87, 100, 147, 150, 261
鹿苑寺 → 鳳林承章
鹿苑タク長老(鹿苑) → 昕叔顕晫
六カ母(六母)　100, 110
六条有広(六条・六条中納言・六中)　7, 8, 13, 14, 16, 30, 31, 36, 106, 112, 123, 129, 137
六兵衛門　146
盧山寺長老　260

わ

若上 → 西洞院時直室川勝氏女
若公 → 近衛信尋男
若公 → 徳川家光
若狭　30
若将軍 → 徳川秀忠
脇坂安元(脇坂淡路守・脇淡路守・淡路守)　168, 202, 205, 206, 213
脇坂安治(脇坂中書・脇中書・中書・脇坂臨松院)　174, 195, 206, 254, 263, 282
脇坂安治室西洞院氏女(脇坂女中・脇坂中務ノ内義)　156, 228
脇坂安信(脇坂主水正・主水正)　202, 206, 207, 213, 237
鷲尾隆量(鷲尾)　299

宗教法人本願寺蔵

時慶記

第六巻

時慶記研究会編

翻刻・校訂　時慶記研究会
本巻担当　朝尾直弘
藤井譲治
井伊岳夫
伊藤真昭
大原実代子
尾下成敏
林晃弘

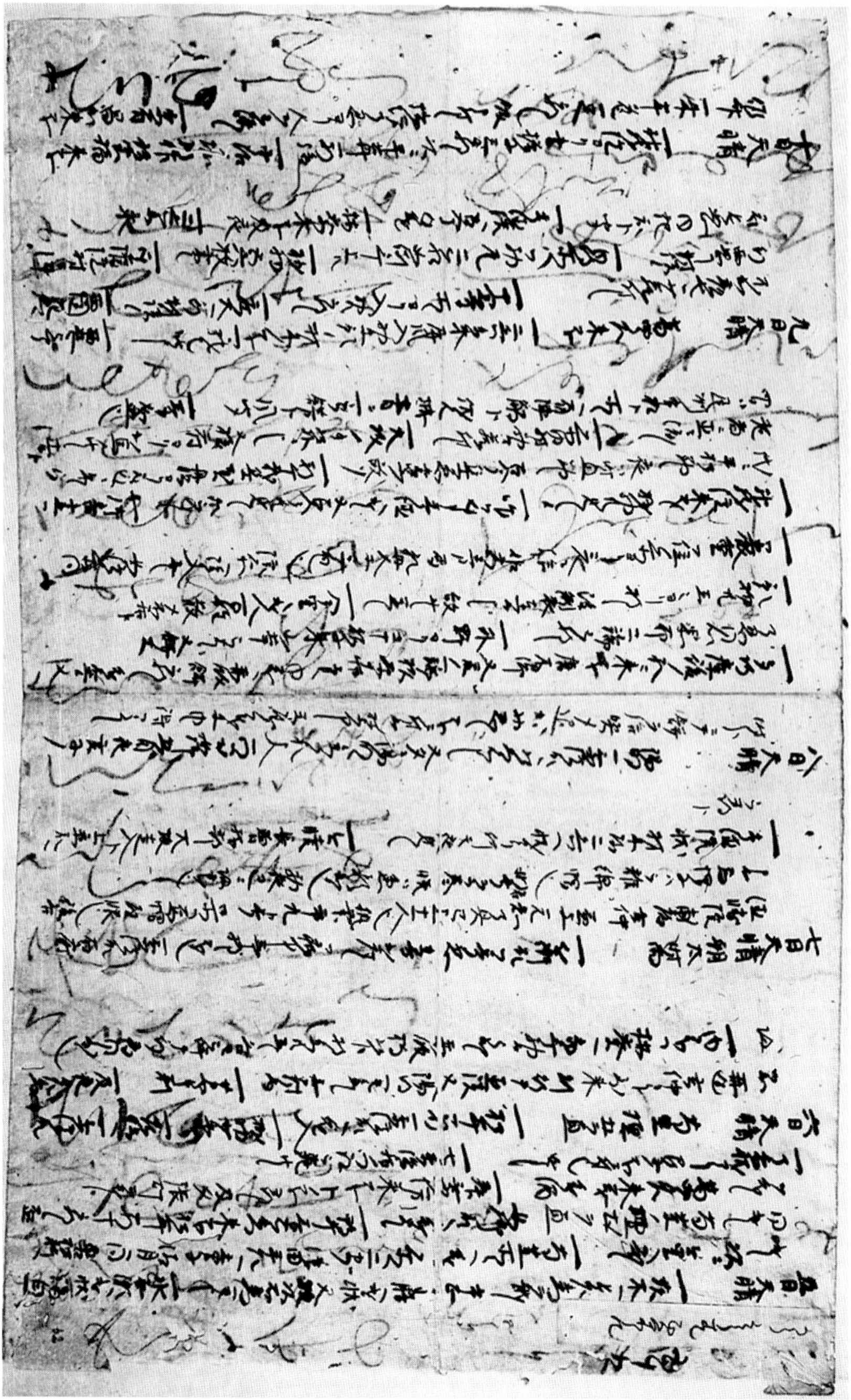

「慶長十九年十月五日〜十日条」（宗教法人　本願寺蔵）

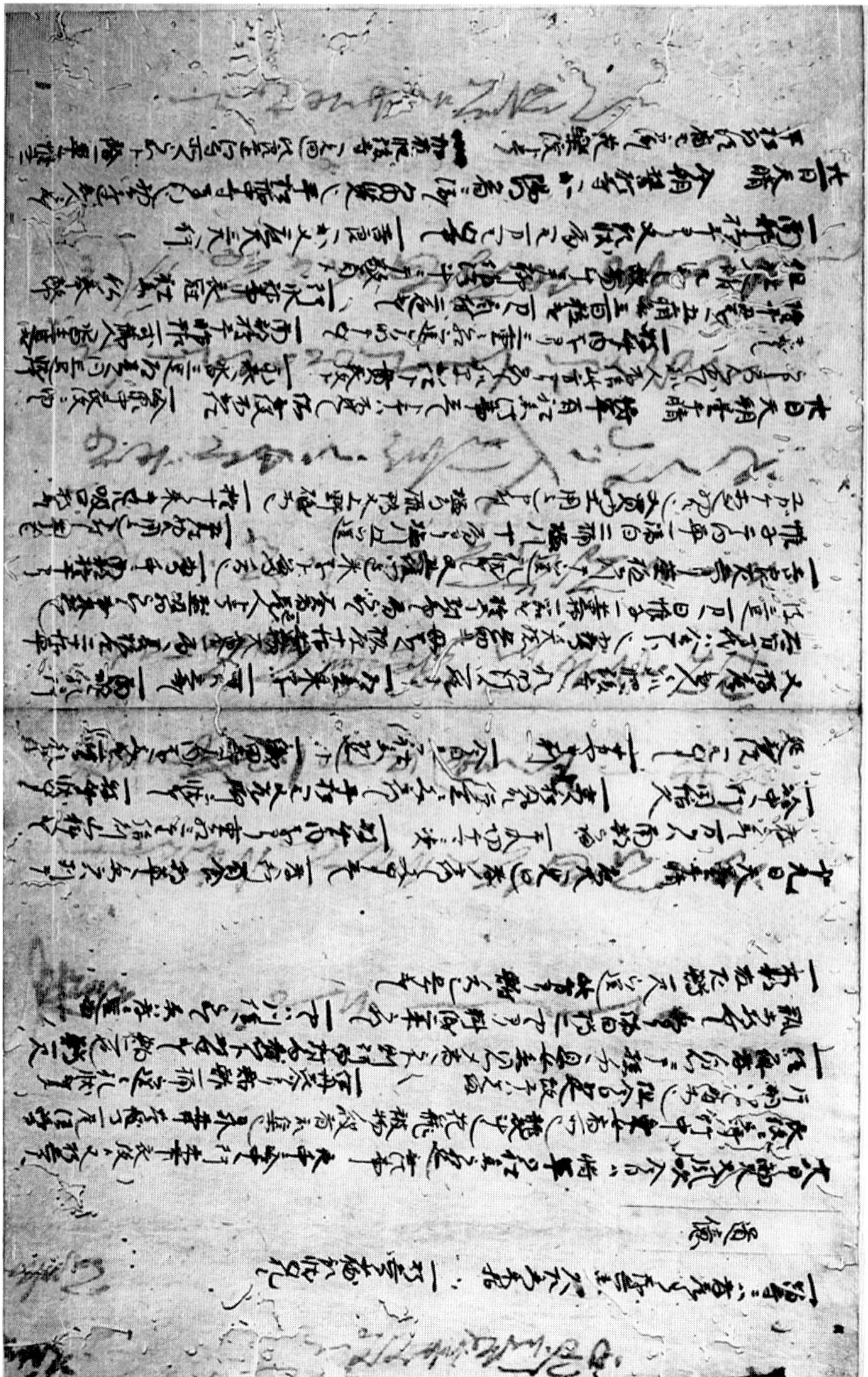

「元和四年四月十七日～廿一日条」（宗教法人　本願寺蔵）

凡例

一、本書は、公家西洞院時慶の日記である。自筆本の表紙に記主みずから「天正拾五丁亥年中記」「文禄二癸巳年雑略記」などと記すが、本書の記主の名を採って「時慶記」とした。

一、日記は、天正十五年（一五八七）に始まり寛永十六年（一六三九）に終わる。

一、本書は、天正十五年については天理大学附属天理図書館所蔵の自筆本、それ以外の年については宗教法人本願寺所蔵の自筆本を底本とした。

一、本巻には、そのうち慶長十九年（一六一四）、元和四年（一六一八）分を収めた。

一、刊行にあたっては、つとめて原本の体裁を残したが、月・日付にはゴシック体を用いて明示した。

一、字体は通用の文字を使用し、変体仮名は現行の平仮名に改めた。ただし、次に掲げる仮名・俗字・異体字等は残した。

江（え）　茂（も）　与（と）　而（て）　ゟ（より）　乄（して）　〆（しめて）　刕（州）　帋（紙）

欤（歟）　扣（控）　叓（事）　哥（歌）　躰（体）　侭（儘）　灵（霊）

一、記主が常用する次に掲げる誤字や宛字については、そのまま残した。

愛岩（愛宕）　優曇（饂飩）　優婆（乳母）　果子（菓子）　昆蒻（蒟蒻）　山枡・山桝（山椒）

早辰（早晨）　雑水・増水（雑炊）　堀る（掘る）　見挙（土産）　密柑（蜜柑）

一、校訂に当たって、本文中に読点、並列点を加えた。

一、原本の丁替わりおよび表裏を示すため、その箇所に」を付し、その丁数と表裏とを（1オ）のように注記した。

一、原本の破損・虫損等により読めない文字については、その字数が判明するものについては、その数の□で示し、不明の場合は、［　］で示した。

一、原本に塗抹もしくは改変のある場合、もとの字が判読できるときには、その字を記したうえ、その箇所の左傍に〻を付し、上に重ね書きされた文字のある場合には、その文字を右傍に記した。判読できないものは▨をもって示した。

一、原本に破損等があり判読できない文字のうち、内閣文庫本（請求番号一五九函二一一号）をもって判読できるものについては、右傍に［　］を付し補った。

一、原本には、朱合点・朱点その他朱筆記号が散見するが、特に墨筆のものとは区別しなかった。また、欠字ではなく文章間に二、三字から一〇字前後の空白が見られるが、そのうち顕著な場合については適宜一字か二字アキなどとした。

一、編者が加えた注記は、（　）を施すか、頭に○を加えて原文と区別した。

一、人名の傍注は、毎日初出の箇所に付し、つとめて当該期の名乗りを付した。

一、上欄に、本文中の主要な事項その他を標記した。

一、巻末に人名索引を付した。

目次

凡例
慶長十九年　正月一日〜十二月二十九日……一
元和四年　正月一日〜十二月三十日……一五三
人名索引……1

（表紙）
「（貼紙）
「西洞院時慶卿日記　自筆本 大冊大形本
天正・文録（禄）・慶長・元和・寛永之間ニて十九年
有之、払物ニ出申候珍書」

慶長十九甲寅歳雑略記　時慶
」

○縦三二・八cm×横二五・九cm

（表紙見返し）
「（朱印）○印文「写字台之蔵書」」

時慶、六三歳
参議、従二位
時直、三一歳
少納言、従四位上
時興、一六歳
侍従、従五位上

（異筆、原文一部二段組）
「慶長十九甲寅歳中略雑記
一正月十八日、大久保相模守（忠隣）上洛、タイウス寺断滅ニ被及候事
一同廿三日、大坂城へ年頭ニ付御下リ之事
一同廿九日、院参、古今并和哥御相伝之由也
一同日、大久保相州（忠隣）吴説ノ事
一二月十七日、持明院分家河鰭ト云
一三月七日、皆川山城入道（広照）老甫斎御出会候事
一四月六日、月光赤、連夜怪意事

一同七日、東求院殿御三回忌之事（近衛前久）
一同十二日、延寿院東へ趣事（曲直瀬正紹）
一同十三日、南光坊政所殿ニて沈酔之事（天海）（近衛信尹母）
一同十四日、南光へ一言申遣スと有之也（天海）
一同十八日、院御所御灸トミユ（後陽成院）
一同十六日、大仏鐘鋳事
一同廿四日、淀殿ト考地震不符合事（豊臣秀吉室浅井氏女）
一同廿五日、政所殿八瀬竈風呂へ御出候事（近衛信尹母）
一同廿六日、寺町辺出水候事
一五月七日、徳善院十三回忌也」（2オ）（前田玄以）
一同廿三日、吉良侍従左兵号、将軍右府之御礼幷御進献物事（義弥）（徳川秀忠）
一同廿七日、天帝ノ事ミユ
一六月十六日、小川家二三軒流ト有
一同廿日、春日社家祐範之事出（中臣）
一同廿一廿二日、御能幷警固喧吒前代見聞之叓

一同廿四日、逍遙院（三条西実隆）御自筆惟清抄ノ事出
一同廿八日、大仏鐘被釣上事
一同、　舟橋（秀賢）御遠行、（ママ）旲説
一同、
一七月廿五日、大仏開眼幷堂供養
一八月八日、陽明（近衛信尹）家へ梨之実御礼、狂哥御贈答之事
一同五日、大仏供養出仕之衆三十一人トアリ
一同九日、時直（西洞院）卿□（従カ）　院（後陽成院）御所より（衍字カ）伊勢物語御相伝之事
一同十三日、大仏鐘之文幷棟札駿府ニ御機嫌悪ト也」（2ウ）
一同十五日、韓長老（文英清韓）菴被壊ト、鐘ノ文義悪鋪故也
一同十六日、内侍所御神楽
一同廿四日、神楽下行被相渡也
一同廿六日、葛岡（左介）女夫生害スト
一九月一日、南都へ　勅使被立ト、陽明（近衛信尹）家御病気御祈禱也
一同二日、古今集筆者推はかられて見事なるへし

一同六日、平(津田)左衛門清韓(文英)長老ノ儀物語有之
一同十三日、高台院(豊臣秀吉室杉原氏女)殿へ御礼御出、大酒有之トなり
一同、片桐市正(且元)駿府より御礼相済帰リ、珍重之義ト有
一同廿一日、院(後陽成院)ニ而阿弥陀胸切ト云曲ヲ仕ト、余ハ普通能組也
一同廿五日、京町中跳、不残御所中へ参跳トなり
一同廿七日、大坂城中物総(騒)之由取沙汰
一同廿九日、高台院殿ニも色〻浮説有之噂」(3オ)
一十月一日、片市正(片桐且元)・同主膳(片桐貞隆)茨木へ立遁ト也
一同七日、近衛殿(信尹)御夢想御連哥之事
一同、長曽我部(長宗我部盛親)大坂城へ走入ト噂
一同八日、大坂城之事以外噂、駿府御出馬之取沙汰事
一同十一日、紅梅か弟被搦捕事
一同十五日、川信濃(川勝広綱)出陣見立之事幷堺焼打之噂
一同十六日、丹波衆入城便有之也
一同十七日、将軍塚鳴動

一同十八日、豊国社前小屋出火之事幷西ノ方妖星現
一同廿一日、尾張宰相（徳川義利）御入洛
一同廿二日、駿府宰相（徳川頼将）御入洛之由
一同廿三日、大樹（徳川家康）御上洛
一同廿四日、二条城へ堂上方御行向之事
一同廿五日、地震甚敷
一同、大坂城諸勢囲ト、八幡幷将軍塚鳴動」（3ウ）
一十一月一日、城和泉（昌茂）・朽河内（朽木元綱）其外へ御訪なり
一同四日、二条城へ公家衆諸礼之事
一同七日、摂州中嶋上嶋へ寄勢トアリ
一同九日、照高院殿（興意）三井衆徒無実申懸ト也
一同十日、江戸将軍（徳川秀忠）到伏見へ御着城、人数六万斗美〻鋪ト
　但去八九月已来毎丁大坂一件小奇所〻有之、一句書ニ付難弁奇説難枚挙
一同十五日、御陣替、二条より奈良中坊へ被移ト
一同廿五日、大坂へ　勅使両卿（広橋兼勝・三条西実条）御出之事

一同、今暁陽明(近衛信尹)准后薨去之事
一同、(ママ)
一同十二月四日、大坂責衆数多損ト
一同五日、三藐院(近衛信尹)殿御葬送
一同十三日、大坂扱ノ由、四人出テ板倉伊州(勝重)侯ヲ説ト
一同十六日、親王宣下、号八宮(直輔親王)ト也」（4オ）
一同十八日、朱雀野辺へハ大坂城之鉄炮夥無隙聞るト也
一同廿四日、大坂無事ニ済説慥聞ユ
一同廿五日、大樹(徳川家康)御帰陣、其外共
一同廿八日、前将軍(徳川家康)御　参内之事

」（4ウ）

」

正月大

一日 甲寅　天晴陰雪霰霙等、暁ハ晴光、内侍所へ参、御鈴両度如例、又平松侍従(時興)同心、一度参スル、少納言(西洞院時直)ハ先へ参、△四方拝、寅一点出御、奉行左少弁光賢(右)(烏丸)、御脂燭十一人、時直(西洞院)朝

四方拝

鴨番
神事
門ノ鎰置忘レ
小朝拝
腹中悪シ

臣・言緒（山科）朝臣・冬隆（滋野井）朝臣・雅胤（飛鳥井）〔飛〕・康満（堀河）・為頼（冷泉）・孝治（竹内）・時興（平松）次第不同・為適（五条）〔五 アツ〕・信孝（五辻）〔樋口〕・源奉仲（トモ）、御簾・御裾（ママ）、御草鞋光賢、御劔通村（中院）朝臣、早参之衆如例、又日野（資勝）・烏丸（光広）・飛鳥井（雅庸）・中御門（資胤）・五条（為経）（ママ）・六条（有広）等各候、内侍ノ御祝又男末ノ御祝如例、　一私宅ノ祝如例、大服・臛（ママ）等也、食ハ如例、時直ノ方ニテ祝、錫徳利遣、彼方ヨリ蛤一折、局（西洞院時子）モ一所ニテ祝之、此方ヘ局ヨリ紙二束、又帯一筋、内義ヘ箔帯一筋、此方ヨリ鴨番、姫宮（アテ宮）御方ヘ錫ノ湯続（ママ）一進上、御盃給、カンハ此方ヨリ献、御盤ハ少納言ヨリ上、一宵久居而夜半ノ前ニ入神事、寅一点ニ行水・祓、看経メ終、不眠、△拝礼催被急、於端之亭束帯、滋野井（冬隆）モ来義也、平松同、先　女院（勧修寺晴子）各参集ノ間、殿上ニ候、其程半時斗、万（万里小路充房）入道馳走ニテ奥ヘ呼入、小漬在之、仮立平中門ノ辺ヨリ南上也、次第ニ進、東上北面ニ立、予ハ二段メノ第二ニ立、西園（西園寺実益）大納言大将ノ後也、五段ニ立也、無練、各ハ西門ヨリ入、四足ヘ出也、直ニ参、　院ノ殿上ニテ中次儀式アリ、万左大弁（万里小路孝房）中次也、次ニ仮立殿上ノ前西ニ南上東面也、雲客ハ後ロニ立、有練、関白（九条忠栄）ト西園大将（西園寺実益）、其間数刻也、寒風烈、東上南面ニ立、三段也、図ハ別ニ可記之、従是各ハ退出メ□〔衣〕紋ヲ直、殿下（九条忠栄）ハ直ニ四足ヨリ被入ト、五条・平松ハ随参ト、門ノ鎰置忘テ数刻門ニ被立ト、△小朝拝ノ間暫待、仮立陣西ニ東上北面、雲客ハ殿上ノ辺西ヘ斜ニ立練、又殿下ト大将斗也、」（5オ）公卿八人ッ、三段立、其後雲客三段、以上六段五十一人ト、拝過テ於番所衣紋ヲ直改袍、腹中悪故ニ脱之、

陣
水風呂
眠覚ニ献ノ前ノクタ物ヲ食ス
元日節会
書初延引
朧
御番初
鏡ノ祝
書初
素問講
鴨番

広中納言（広橋総光）モ同、着陣、予第一ノ三木ニテ役六借、殿下ノ気色ニテ立、聞仰、又復座□［而］官人ヲ召メ令敷拭、又召外記、召弁事六度迄、予立、其儀難義也、外弁八人、西園大将・三西大（三条西実条）・飛中（飛鳥井雅庸）・五条中（為経）・広中（広橋総光）・予・徳三位中（徳大寺実久）・左大弁宰相（万里小路孝房）［万］、陣ニハ大将・飛中・中（ママ）・予・左大弁（万里小路孝房）、以上、陣果テ陽明（近衛信尹）・鷹大閤（鷹司信房）預御感、殿上ノ辺ニテ水風呂ヲ被持テ一盃給、大将・広中・五（五条為経）中・徳大（徳大寺実久）等也、少納言ハ時直勤、宣命ハ▨（飛）鳥中、御酒勅使予、献催、左大弁宰相、録（禄カ）所モ同、堂上ニテ眠覚ニ献ノ前ノクタ物ヲ予手マサグリニ食、各モ同之、其立御前ヘ聞（音カ）ユト後ニ聞之、笏ヲ落事度々聞之、△節会奉行共房朝臣［清閑寺］、御脂燭飛少（飛鳥井雅胤）・阿少（阿野公福）・刑部少輔（孝治）［竹内］・藤谷（為賢）・時興・五侍（五条為適）従・樋口（信孝）［下］・綾小路（高有）［上］・極﨟（土御門泰重）、九人也、一次将　左、滋野▨［井中将］（冬隆）・雅胤少［高倉ゝゝ］（藪嗣良）・堀川少将（康満）○［冷泉少将（為頼）］、右、中院中（通村）将・山科中将（言緒）・阿野少将、一アテ宮御方　院御所（後陽成院）へ成被申、御樽被参、一御樽進上所々、女院御所・女御御方（近衛前子）・政所殿（近衛信尹母）・近衛殿（信尹）・帥殿、有引付、　一書初如例、但無寸暇メ相延

二日　天晴、行水・祓、如例少納言（西洞院時直）ニテ朧、於此亭食、宮御方ヘヲ調進、節ノ半ニ宗珠来義、盃ヲ祝、樽代二十疋給、一御番初勤之、大炊（大炊御門経頼）・六中（六条有広）・予・竹屋（光長）、以上、祭主（大中臣種忠）ハ祭籠ト、御銚子如例被出ト（候）、一鏡ノ祝如例、西・乙丸来、一政所殿（近衛信尹母）ヨリ御樽給、有引付、一書初、一礼者ノ由後ニ聞、昌琢（里村）・昌俔（里村）・玄陳（里村）・玄的（里村）・慶純（橘屋）等」（5ウ）

三日　天晴、延寿院（曲直瀬正紹）ニテ素問講、上古天真論ヲ聞、鴨番持セ候、平松（時興）同心、盃二ツ遣之、玄益（曲直瀬）

曲直瀬玄益侘言

侘云ノ義、道億為談合来義、扇子二、則益義(曲直瀬玄益)ヲ陽明(近衛信尹)へモ申入、法印申調被召出、一陽明へモ参候、御参 内ノ前ニテ広大(広橋兼勝)モ無御対面ト、延寿院・三益(曲直瀬正円)同心候、一陽明御参 内、出迎唐門、又送ノ時同、於長橋有盃、献ノ後ニ局(西洞院時子)対面也、竹屋(光長)・時直(西洞院)相待、時直ハ沓直、滋野井(冬隆)ハ

月ヲ拝ム

内府(衣)ヲ直、又女院(勧修寺晴子)御所へモ参迎、一月明ニメ拝之、一女御殿(近衛前子)御礼ニ参、時直同、御盃給、新殿也、有吸物、一延寿院礼ニ杉原十帖、平松へ同、少納言(西洞院時直)へ同、玄琢(野間成岑)ハ盆一・扇五、時興(平松)ニ小刀一・線香二把、玄益ハ二十疋、時興へ扇五、三益・正因(曲直瀬盛孝)ハ礼斗也、他出ノ砌ニテ不対面、

飛鳥井亭会始

一樽進上ノ所〻、女三宮(清子内親王)・竹門(曼殊院良恕)、一飛鳥井(雅庸)亭会始、予ハ用捨、時直ハ出座、一アテ宮御方御咳気、献薬、一昌琢(里村)ヨリ発句ヲ書写メ被持候

禁庭ニテ御酒用捨ノ事

四日 天晴、一局(西洞院時子)ハ御弐社へ被詣、一姫宮(アテ宮)御方御気相少験也、一片市正(片桐且元)ハ為御使者、従高台院(豊臣秀吉室)殿内〻(杉原氏女)預御使、市正(片桐且元)ニ可有御振舞、禁色(庭カ)ニテ御酒用捨ノ事憑思召旨也、広大(広橋兼勝)へモ其通申候、大納言(広橋兼勝)ニ振舞ノ由候、延寿院(曲直瀬正紹)被呼候、理内〻予迄被申候、但後ニ参会ト、一延寿院へ昨礼状遣、玄益(曲直瀬)へ同、一鶏ト平松(時興)ハ女御殿(近衛前子)御礼ニ参、御盃給、吸物御相伴ト、一政所殿(近衛信尹母)御礼、平松同心候、御盃給

十念寺ノ廟へ参ル

日次記ノ紙ヲ綴ヅ

五日 天晴寒、一平松(時興)鹿苑(昕叔顕晫)へ礼ニ出、扇五、一十念寺へ礼二十疋・美濃紙一束遣、則廟参候、粟生(光明寺)へ」(6オ)被越ト、云置、一冷泉(為満)樽・両種被持、三木役為習礼、一日次記紙ヲ閉、一照(照

萩原へ沓ヲ返ス
素問ノ講尺
白馬節会役者ノ習礼
叙位ノ小折紙ノ談合
白粉
庚申
霊符祭
石屋ノヅシ祈禱ニ行ク

門(高院興意)へ両種・二荷献、一萩原(兼従)へ沓返進、一光照院殿(尊貞尼)へ両種・二荷進入、一大聖寺殿(恵仙尼)ヨリ樽・両種給、一英甫〔栄〕来、一清水ノ竹来、久喜・双瓶持来、吉野紙一束・綿廿目遣、一千松扇三持参、一平野ノ善衛門尉菜持来

六日　天晴、一延寿院(曲直瀬正紹)講尺素問、平松(時興)同心、一玄益(曲直瀬)礼返二十疋、平松ヨリ小刀二、一礼ニ出所々、八条殿(智仁親王)・大聖寺殿(恵仙尼)・竹門(曼殊院良恕)・二条殿(昭実)・鷹司殿(信尚)、関白殿(九条忠栄)ニテハ吸物以下又盃ヲ被召候、大閤(鷹司信房)ハ御留守ニテ不参、禅閤(九条兼孝)申置、九条殿(忠栄)御盃給、白馬ノ役者有習礼、陽明(近衛信尹)モ御出、叙位ノ小折紙ノ御談合モ在之ト、藪(嗣良)同心候、礼云置所々、三西(三条西実条)・広大(広橋兼勝)・同中納言(広橋総光)等、冷泉(為満)一礼、一飛鳥井(雅庸)へ両種・樽遣、一帥殿ヨリ樽、礼返両種、一高台院殿(豊臣秀吉室杉原氏女)へ内義御礼如例、白粉進物也、各土産在之、委ハ不記、一大膳亮(長印)扇十、小野兵部(氏行)扇二、何モ酒ニテ祝之、一小少将来義、一真如堂前米屋女房来、一油屋来、一土器録来、十疋遣、一姫宮(アテ宮)御方被得少験

七日　天晴、庚申也、一灵符祭、此亭ノ嚢ヲ祝、如例、其後、一石屋ノツシ祈禱ニ被呼、二十疋礼返、桂宮院参会、物語共聞之、太秦寺蜂岡寺ト号、斎過テ立、一光照院殿(尊貞尼)礼参、盃数度也、」(6ウ)華山(花山院定熙)同参、有謡、一入江殿(昌隆尼)両種・樽進上、有盃、一為礼返樽・鮑十・昆布三束給、陽明(近衛信尹)、一西園寺(実益)鯛三給、無樽、旧冬已来彼是ノ礼也、一関長門守(関一政室)内義ヨリ雉三・スルメ五連・昆布・指樽二荷、一女院(勧修寺晴子)御所へ内義ヨリ昆布三束・スルメ十連・鯛五・御樽二荷献、一

白馬節会

大弐殿へ両種二荷、長橋へ両種二荷、大乳母人へ両種二荷、一長橋ヨリ鯛三・昆布二束・樽、
△白馬節会奉行、(ママ)次将左、伯(白川顕成)少・飛雅胤(飛鳥井)少・堀川少(康満)、右、中院中(通村)・山科中(言緒)・阿野少(公福)、○内
弁九条殿左府(忠栄)、外弁広大(広橋兼勝)・転法大(三条公広)・日中・五中(五条為経)・徳三位中(徳大寺実久)、冷泉宰(為満)ハ御酒勅使、又陣ノ官
人中次也、宣命(ママ)中御新宰相(中御門宣衡)献ト、録(緑カ)所奉行(日野資勝)也、　御脂燭(ママ)、御簾・御裾(ママ)、御草鞋(ママ)、
御剣(ママ)

大坂下向ノ鬮取

八日　天晴、節会辰刻ニ満、禁庭詰候、内府(近衛信尋)稽古也、巳刻ニ退出、一大坂下向鬮取ヲメ御番残
義為談合大炊(大炊御門経頼)へ直ニ各行、有振舞、　一広大(広橋兼勝)ヨリ預使者、延寿院(曲直瀬正紹)参　内ノ義中遣候、今日

壇供・香水・牛王

講尺ヘハ不出、一柳坊壇供・香水・牛王持参候、但不会、未元取(髻)モ宵ノ侭ニテ不取故也、一

佐竹紙

鹿苑タク長老茶碗(昕叔顕晫)二、平松(時興)へ佐竹紙一束持参候、盃ニテ祝之、一大膳職扇二、同喜三郎二本、

太元帥法

千丸一本持参候、一大弐殿両種・樽給、」(7オ)一太元師(帥)法松橋(堯円)参勤、紫宸殿ニテ被修、一昨

魚袋ヲ貸ス

日冷泉(為満)へ魚袋借遣候、礼状ニ預、一昌琢(里村)預状、来十三日興行連哥可出座由候、隙入由返答、
一長野殿昨今来義、昨日双瓶被持候、一西岡ノ慶春柿二把持参候、盃ニテ祝之

禁中御礼

九日　天晴、　一礼者　葛四郎左(葛岡四郎左衛門尉)、〔扇一、平松(時興)へ同、内義へ筆一対〕食ノ半ニテ内義へ呼、盃ヲ進、一十念寺・光明寺モ同心、
扇五ツ、、又内義へ二本、吸物・餅・酒ニテ祝之、一禁中御礼、親王・門跡・摂家モ▨(前)官ノ

小朝拝不参ノ衆

医者衆

衆御参也、堂上モ小朝拝ニ不参之衆在之、又天盃ノ衆等参　内也、医者衆西廊ノ辺ニ□[テ]広橋(兼勝)

医者衆延寿院ト対面

小御所ニテ医者衆ト対面

砂糖桶

奈良漬

板倉勝重へ諸礼

山椒皮

摂家衆板倉勝重へ御礼

興行、速水馳走ゞ酒数盃アリ、盛方院(吉田浄慶)・延寿院(曲直瀬正紹)・寿命院(秦徳隣)・常庵等也、亭徳院(曲直瀬盛孝)・養安(曲直瀬正円)モ、一女御殿(近衛前子)見廻申候、伏見殿(邦房親王)御参申次候、又医者衆ハ延寿院御対面也、盛方院ハ始テ御対面也、友竹(平井友竹院)同時ニ参候、富少路(秀直)申次、一於小御所医者衆御対面、盛方院ニ初而御扇拝領ト、一於女御殿、広大(広橋兼勝)・予・白河(白川雅朝)・〔富〕新三位(富小路秀直)食御相伴也、一般舟院御礼、一飛中(飛鳥井雅庸)預状、七条へ礼ノ義也、一樽遣所々、要法寺両種・指樽、円詮坊へ扇五、冷泉(為満)へ両種壱荷遣、一ヲ辰(西洞院時慶養女)ヨリ砂糖桶一給、一禅昌院ヨリ扇三、一竹門(曼殊院良恕)ヨリ樽・柿三把・奈良漬十給、一報恩寺扇五、内義へ二本」(7ウ)

十日　天晴、一早朝ニ陽明(近衛信尹)へ参入、納言ノ義申入、又女御殿(近衛前子)へ参申試、一板倉伊賀守(勝重)へ諸礼、両伝奏(広橋兼勝・三条西実条)同心也、先広橋(兼勝)へ行、嘉例ノ錫徳利持参候、各吸物一献アリ、同心四十八人也、及沈酔、百疋如例、平松(時興)ハ杉原十帖・扇五遣候、是モ百疋用意候処、長左衛門ヵ取違候、川那部八衛門ニ二十疋遣、一曇花院殿(聖秀尼)へ御礼、各同心候、一多阿へ礼ニ寄、及沈酔、平臥、右ノ足ヲ(ママ)折ク、一千勝院(鎮永)扇五持参、一水無瀬(氏成)ヨリ水仙・紅梅枝・文ヲ賜

十一日　天晴、行水・祓、女御殿(近衛前子)へ参、刑部卿(四条隆致叔母)ヲ以申入、納言ノ義各摂家方へ可申入旨也、中御門(中御門資胤)へ談合候、此亭へ来義候、一水無瀬侍従(兼俊)来義候、盃ニテ祝之、一堀忠兵衛ヨリ鱈二懸被送、文返事、薬調合遣候、使ニ酒ヲ進、一鞍馬戒光院尊像幷山桝皮・炭一俵被持、進盃、平松(時興)対面候、十疋遣、一摂家衆ハ板伊賀(板倉勝重)へ御礼申入此辺へモ返礼ト百疋、一仏光寺(存海堯昭)へ両種・指

年頭ノ雉
納言ノ事ニ付貴意ヲ得ル
唐墨
申状ヲ上ル
砂糖桶
番ノ者忌事アリ
薬屋
薫物
秀頼ヨリ御神楽参ル

樽遣、一広中(広橋総光)ハ為談合来義、扇五被持、一西園(西園寺実益)へ両種・樽ヲ送、一鷹司殿大閤(信房)年頭雉二ツ献、納言ノ事得貴意候、又関白(九条忠栄)へモ申候、又伝奏へ行申候、又中納言へ行、唐墨一土産、三西(三条西実条)モ彼亭ニ被居、次ニ申試候、酒披講、三重アリ、予試筆哥ノ義被問候、一秀香此座ニ在之、宣命義被申候

十二日 天晴、暖気、一六条(有広)ノ亭へ行、扇五、吸物アリ、申状ノ(草)案ヲミセ、是非ヲ尋候、以□」(8オ)鷹司殿大閤(信房)へモ草案ヲ懸御目候、御入魂ノ義アリ、又広大(広橋兼勝)へモミセ候、御披露ノ義達而申候、清閑寺頭弁(共房)ヲ以申状ヲ上候、未小折紙ハ不上、一中御門(中御門資胤)同心〆二条殿(昭実)へモ草案ヲ懸御目候、近衛殿(信尹)へ捧愚札、有(御)返事、二条殿へ砂唐(糖)桶二斤入進上候、清閑寺へ扇五遣候、広橋ハ虫気トテ不被会、以竹屋(光長)申候、一広中(広橋総光)へ昨礼以使者申候、一玄琢(野間成岑)来義、門ヨリ被帰ト、先刻以書状申候貝香製タルヲ被持候、一平野弥介扇二持参候、酒ヲ進候、番ニ置候善衛門忌事アリテ小屋ヲ今日明ト、一薬屋十介来、一女院御所(勧修寺晴子)ヨリ御樽拝領、三種二荷、内義へモ同前、御使者ニ酒ヲ進、一薫物調合、　一御神楽秀頼(豊臣)公ヨリ被参、奉行日弁(日野光慶)、御脂燭(ママ)、今宵予ハ不参、足痛故也、一堀忠兵ノ者今日下向ト、一今里ノ彦七昨日出仕、今日午時ニ返、
一長野殿為装束来義而被縫、一夕ニ玄琢被尋ト

十三日 天晴陰、晩雨、一速水安芸(良益)所望候水仙一本遣候、一三西(三条西実条)へ礼ニ錫徳利持参、対面候、

申状ノ草ミセ候、盃ニテ被祝、一菊亭(晴季)へ行、砂糖桶一持参、所労ニテ不会、一近衛殿(信尋)御方御所へ明日拝賀ノ珍重ニ三種二荷献、又准后(近衛信尹)見舞候、如庵・渋谷等伺候申候、有酒、「―

(8ウ)一板伊賀守(板倉勝重)礼返ニ門迄、如例被申置候、百疋、諸家同、一女院(勧修寺晴子)御所昨日御樽ノ御礼門迄参申入、一七条門主(准如光昭)ヨリ使者下間―、双麺桶一・雁一・諸白二桶、使者対面、盃ヲ進候、少納言(西洞院時直)へ馬代・太刀也、一丹波ヨリ後室(川勝秀氏室)礼ニ人被上候、雉二、文息災ノ由候、一昌出(矢野)礼ニ盃

一被持候、又平松(時興)へ扇二被持候、一乳母人ノ里帰也、一政所殿(近衛信尹母)へ紅梅一枝進入、一薬剤製初、一装束長野被縫、一清月へ錫徳利・雉番遣候

十四日 天晴陰、夕月明也、夜寒風、一注連ヲ上、一近衛殿(信尋)右府ノ拝賀、先午刻ニ見舞、夕ニ急出、彼御亭ニテ束帯、扈従八人、広大(広橋兼勝)・六中(六条有広)・飛中(飛鳥井雅庸)・五中(五条為経)・烏中(烏丸光広)・予〇四辻宰(季継)・冷宰(冷泉為満)、前駆兼賢朝臣(広橋)・時直(西洞院)― 舞踏ノ間、西方ニ五間余ニ北上、東面ニ扈従ノ衆立、御盃ノ間ハ殿上ノ西ノ座敷へ各入テ待、退出ノ時ニ又如元歩行、御亭ノ門前ニテ各一礼申而帰宅、但広大一人ハ御亭へ被参ト後ニ聞、及夜半過

十五日 天晴、寅一点斗ニ 院(後陽成院)参、兼日有御触、時直(西洞院)・時興(平松)三人同心候、三毬打見物候、曙ニ了、其後御対面候、粥、鳥ノ吸物以下肴アリ、西園大(西園寺実益)ト三西大(三条西実条)・中御大(中御門資胤)・六条(有広)・五条(為経)・正親□(三カ)」(9オ)・予・白川(雅朝)・冷泉(為満)・五辻(之仲)・阿野(実顕)・清閑寺(共房)・少納言(西洞院時直)・山科(言緒)・吉田(兼治)・滋野井(冬隆)等、雲客

砂糖桶

板倉勝重礼返ニ来ル
七条門主ヨリ使者

薬剤製シ初メ

雉番

注連縄ヲ上グ

院参
三毬打見物
鳥ノ吸物

女御殿ニ申状ノ儀ヲ尋ヌ

北畠侍従(親顕)・平松侍従(時興)・五条侍従(為適)等也、一御礼所々、陽明(近衛信尹)へ参、昨今ノ珍重申入、冷泉同心、酒久、有謡、好庵伺候也、一伏見殿(邦房親王)ニテ御盃給、一女院(勧修寺晴子)御所ニテ按察(西洞院時慶女)迄御礼申、一女御殿(近衛前子)ニテハ申状ノ義尋之申候、一孝与来、進盃、一円弥盃一ツ土産也、他出ノ内ニテ不会、一阿茶々乳母人美濃紙一束賜、一宗音来義、一捐丸来、一高台院殿(豊臣秀吉室杉原氏女)御礼、内々可参仕欤由ヲトリヨリ被尋候、仍参入嘉例、杉原十・薫物・錫ノ一器、平松(時興)ハ錫二対、少納言同心、ヲ六ヘ鴨番、ヲ辰(西洞院時慶養女)ヘ薫物一器・ヲトリヘ大貝一、清月ヘハ先日雉二・錫徳利遣候キ、大酒献之也、ヲトリモ後ニ被出候、一三毬打如例端ニ申付書初ヲ誇ス

鴨番

三毬打ニ書初ヲ誇ス

准如ヘ礼ニ行ク

古北方如春十七回忌

十六日 天晴、一七条本門(准如光昭)礼ニ越、古北方如春(顕如光佐室細川氏女)ノ十七回忌也、為吊阿弥陀仏ニ愚詠ヲ添、門主(准如光昭)ヘ杉原十帖ニ文箱ヲ添候、少進(下間仲康)奏者、於御堂口上ヲ聞、於御堂極楽寺ト云仁焼物香ノ義馳走也、川那部豊前入道(元敬)ヘ扇五遣、一因幡堂詣、柳坊ヘ扇五遣、一能札扇二持参候、発句ヲ尋、予カモ語候、能札立テ跡ヘ能良久喜嘉例持参候、牛王同、一踏哥節会内弁陽明右府(近衛信尋)也、為御見舞薄暮ニ参候、鷹司殿大閤(信房)御見舞也、比良遠江(平野長泰)同参候、出門ヲ見立テ帰、一此亭ヘ関(関一政室)長門女中為節会見物来義、小漬振舞候、小紅花屋来、折三重、内義ヘ紅皿五上候、一院御所ノ左京大夫(西洞院時子)来義、於局有祝、小漬ヲ出、」(9ウ) 今夜拝賀多也、菊亭中納言(宣季)・清閑寺参議(共房)・広(広橋兼賢)弁貫首拝賀、節会奉行竹屋光長、内弁右府(近衛信尋)、外弁大炊大(大炊御門経頼)・中御大(中御門資胤)、△出御、御簾・御

牛王

踏歌節会

紅皿

裾（ママ）、御草鞋（ママ）、御剣（ママ）、次将左、持明中将（持明院基久）・伯少将（白川顕成）・中山少（元親）、右、滋野中将（滋野井冬隆）・冷泉少将（為頼）・正親町少将（季俊）、以上、立楽（ママ）

平松進上ノ三毬打
院御所ニ夷舁
鶴ノ包丁
舞六番

十七日 天晴、節会六（五）時分ニ果、終夜不寝故草臥、一妙真寺禅嘉来、枝柿一折・茶持参候、対面、進酒、一若水礼ニ来、雲雀十一羽・炭一俵上候、一平松（時興）進上ノ三毬打ヲ初而申付、竹三四寸、簀五重也、扇ヲ付、左近丞（板屋）見廻申付候、一浅野但馬（長晟）昨日上洛、礼可申処、津田ノ平左衛門へ遣状尋候処、此度ハ江戸へ急越候間、上洛候時ニト理候、飛鳥井（雅庸）へモ申談候、其分也、一関長門（関一政室）女中昨日ノ礼文給、一一乗院殿（尊勢）以使者申候、昨夜節会ノ場ニテ懸御目候、一紀州堀忠兵衛飛脚薬調進、一少納言（西洞院時直）ハ院（後陽成院）御所夷舁御覧ニ被召、平松同、予ハ御番参候、宿ハ時直（西洞院）勤候、一鶴ノ包丁高階（橋）（高橋宗好）仕候、又舞御覧也、六番アリ、外様衆ハ不召、然ニ竹屋（光長）ト祭主（大中臣種忠）ハ伝奏へ望テ見物候、大炊（大炊御門経頼）・六条（有広）・予ハ不出、一大炊へ薬遣候」（10オ）

豊国社へ詣ヅ
砂糖桶
大久保忠隣キリシタン払ニ上洛シ、北野辺ノ寺ヲ焼捨

十八日 天晴、一斎ニ往生院慶順来、茶一籠・銭・米持参候、一豊国詣候、萩原（兼従）へ砂糖桶一遣候、民部へ盃一礼返候、神龍院（梵舜）へ一礼斗也、於社頭少時話候、一清水寺・六波羅堂詣、一東福寺喝食へ遣人、去年ノ徳利□（取）寄候、長野殿来義也、一飛中（飛鳥井雅庸）ヨリ預使、浅野但（長晟）へ予カ事使者ニ具被申云々、今日東国へ直ニ下向ト、豊国へ被詣、乍与所見之、一大久保相模守（忠隣）上洛、ダイウス門徒被払奉行ト、晩ニ北野辺在之寺ヲ被焼捨ト、一院（後陽成院）御所へ詠草ヲ上候、時直（西洞院）同前、

油烟墨
被染御筆候、一一乗院殿(尊勢)へ折箱二重・錫徳利進入、預御使、油烟十挺拝受、一女院御所(勧修寺晴子)ヨリ

日次記ヲ書ク
先日御樽内義ヨリ進上候、使者へ御引トテ帯二筋長左衛門ニ被下、一日次記ヲ書、暖気也、一孔方代ニ艮子一枚遣候、一粥ヲ用、札ヲ押セ候、一入江殿(昌隆尼)両種・樽御礼返ニ給、一入夜一乗院殿へ参候処、女御(近衛前子)□[御]方ニ御座トテ申置退出

十宮親王宣下
十九日 天晴、暖気、一一乗院殿(尊勢)見舞、御盃給、十宮御方親王 宣下、諸(庶)愛(チカ)、陣上卿花山大(花山院定煕)、参陣弁竹屋光長左(右)少弁也、勅別当大炊大(大炊御門経頼)、里坊へ宮御方(庶愛)女御殿(近衛前子)御カイソヘニテ御座、宣下左(右)

庭ノ掃除、簾ツル事申付ク
少弁持参候、外記ハ不召、広橋大(兼勝)納言参仕也、庭ノ掃除、簾ツル事以下予申付候、肝煎候、女御御方御相伴候、予モ時直(西洞院)モ同出候、東北院(兼祐)・内山モ参上候、謡、酒数盃也、為祝義御

煮山桝
樽・両種進入、煮山桝等献之、一予中納言義ヲ広大(広橋兼勝)ヘモ東北院・速水安芸(良益)ヲ以申試候、一大

秀頼室ノ鍋ヨリ雑番ヲ給フ
公宴御会始
坂姫君(豊臣秀頼室徳川氏女)ノ鍋ヨリ雑番給、上洛ト、△公宴御会始参勤、時直同、夜半ニ満、御嘉例ノ大盃ニテ沈酔、有謡、」(10ウ) 一夜半ニ神事ニ入

中納言小折紙ヲ上ル
廿日 天曇、夜雨、宿酒、一一乗院殿(尊勢)へ以使者申入、一広大(広橋兼勝)へ中納言小折紙ノ事、時直(西洞院)行テ東北院(兼祐)・速水安芸(良益)両人へ申候、有返答、小折紙可上旨也、一昨日第三今朝昌琢(里村)へ遣候処、大坂

薫物調合
下向ト、一川那部豊前入(元敬)ヨリ干鮭二尺返礼也、文返事候、一多阿来義、扇二、一薫物調合、

夷昇ノ見物
一院御所(後陽成院)ヨリ夷昇明日見物ニ可参仕旨被仰下候、神事旨返答申入、一東寺へ児送遣候、

一禁裏へ御暇ノ義申入、一高台院殿(豊臣秀吉室杉原氏女)へ見哲(西洞院時慶女)参、小袖拝領

平野・北野・今宮ノ各社ニ参リ御初尾ヲ献ズ

徳日ニヨリ小折紙ハ上洛シテ申入トノ返答

廿一日　天晴、平野社参、御初尾十疋如例、又提錫持、弥介ハ遅出、北野社参、御初ホ如例十疋、能良へ円(柿カ)佈袋一遣、能札へ墨三挺、又今宮社参、御初ホ同、別当出馳走、一荷物用意、長左衛門私用ニ延、遅々曲事、一小折紙義広橋頭弁(兼賢)へ申候処、今日御徳日由候、上洛シテ可申入ト返答、奏者申候、不会、一飛中(飛鳥井雅庸)へ遣人、内義煩ニテ無下向ト、無心元由申、又少刀借用候、一養福院(前田玄以後室)へ雉二・昆布・樽二遣候

大坂下向三条ヨリ乗船

大坂へ着ス

桶湯

廿二日　天晴、大坂下向出立、汁於此方相伴、少納言(西洞院時直)・平松(時興)ハ初而下向也、三条ヨリ乗船候、左近(板屋)丞宿ニテ有酒、竹田辺ニテ三西(三条西実条)ノ船ト行合、此舟へ招入、進酒謡、」(11オ)英甫随下、伏見ヨリ別ノ船ニ乗、有屋形、是ヨリ三西モ別ノ舟也、薄暮ニ大坂へ着、先へ遣人、延寿院(曲直瀬正紹)人ヲ被出、玄忠迎也、彼亭へ行、賜以下事被申付、桶湯ニ入、則法印(曲直瀬正紹)相伴振舞也、有謡、大雨也

大坂城へ年頭礼

大坂ノ御袋・姫君へ進物

秀頼進物帳ヲ見ル

廿三日　天晴寒、礼以前ニ　片市正(片桐且元)へ以使者申候、主膳正(片桐貞隆)へ同、一自身見舞所々、両伝奏(広橋兼勝・三条西実条)・一乗院殿(尊勢)・照門(照高院興意)・八条殿(智仁親王)・近衛殿(近衛信尹)、其外ハ遠所ニテ不行、一陽明(近衛信尹)御出之時ニ元(玄)関迄出迎、一条(兼遐)殿ハ御宿遠故不参、御帰刻送出、一御袋(豊臣秀吉室浅井氏女)へ杉原十帖・薫物・錫器一、姫君(豊臣秀頼室徳川氏女)へ同、大蔵卿(大野治長母)ハ若州下向ト、已来モ無用也、進物帳ニ付、右府公(豊臣秀頼)御覧ト、一当年ハ親王・摂家・門跡衆一献

阿威了佐・石川貞政等取持
片桐且元・同貞隆馳走
上洛
平方ニテ中食
大沢基宿上洛シ禁裏へ御礼
広橋総光へ小折紙ヲ遣ス
土筆初物

ニテ元ノ座敷へ被立、其間ニ堂上各御礼、盃斗一ゝ給、肴如例公卿一分斗へ給、各盃透テ立、其後摂家・親王・門跡各如元上壇へ被直、其後屏風立切、堂上ハ東上ニ座敷、左右ニ着、振舞三膳迄丁寧也、五ゝ三ノサイ也、台物以下被出、酒数盃也、阿夷(安威了佐)摂津守・石川伊豆守(貞政)等取持也、其後小袖一重ツ、各へ給、各一同ニ出、右府へ一礼申入テ立、摂衆各ハ未謡・酒在之、堂上ハ先へ退出、▨(陪)膳ノ衆少納言(西洞院時直)、平松(時興)モ初而給仕也、一人前ツ、一人ト、食ノ間ニ陪膳衆モ次ニテ食アリ、市正(片桐且元)・主膳正馳走也、此両人衆へ行云置、進物各ノハ被返ト、予父子(西洞院時慶・時直)・平松ハ」(11ウ) 被納候、日比野半右衛門尉宿へ帯二筋遣候、於延寿院(曲直瀬正紹)夜又振舞・謡、色ゝノ物語久、一天満ノ左近丞来、見廻候、一京ノ留守へハ正教坊(豪運)礼ニ来義、昆布三把被持ト

廿四日 天晴、風雪霰、上洛、法印相伴振舞也、一道印へ帯一筋、玄忠へ同、亀へ焼物二貝、へ(ママ)帯一筋遣、薄暮ニ上着、供共草臥故ニ道遅、立時ニ陽明(近衛信尹)へ以使者申入、於平方(枚)中食

廿五日 天晴、一広大(広橋兼勝)へ以使者申候、大沢(基宿)上洛、禁裏へ御礼ト、一広中(広橋総光)へ小折紙、又弁(広橋兼賢)へ状ヲ添遣候、頭弁(広橋兼賢)ハ大坂ニ未逗留ニ付而又後ニ預使、竹屋(光長)ヲ以テ被上ト、一土筆ヲ女院(勧修寺晴子)御所・女御殿(近衛前子)へ上候、初物御感ト、三番ノ寅也、一大沢少将(基宿)へ礼ニ出、錫二対遣候、大炊(経頼)御門同心候、一下人草臥皆終日不出、一寿徳庵(曲直瀬玄由)上洛トテ預状、返事遣候、一陽明(近衛信尹)へ以使者申入、今日御上洛ト、一北殿山城へ被越、一鴨三羽関長門守(関一政室)内義ヨリ被送

木綿
廿六日　天晴、一大沢少将(基宿)預状、木綿五端給、又以使者一礼申候、一十念寺斎坊主斎来義、扇三遣候、一徳雲院礼、双瓶・梅干二包・蜜柑廿被持候、斎相伴候、一陽明(近衛信尹)ヨリ預御使者与衛

焼火ノ御養生
門尉、昨日御上洛、余寒途中風寒故、焼火ノ御養生、予ニモ」(12オ)其覚悟可申由候、進酒

記録ヲ見ル
候、一西園寺(実益)使者ヲ給、則行対談ノ義アリ、記録共一覧、盃・吸物アリ、又ソロ詞写之、一

款冬
大炊(大炊御門経頼)預使者、則行、先日外弁次第尋候、款冬所望候、一肥後棒庵(下津宗秀)ヨリ東へ次ニ半衛門尉来、樽代艮子十匁内義ヨリ給、又亀・ナアヨリ茶碗一ツ、被上候

内儀因幡堂薬師へ詣ヅ
廿七日　天晴、寒風、一早朝内義ハ薬師(因幡堂)詣、一所〻礼ニ出、白川徳利(雅朝)・雪魚三、玄琢(野間成岑)へ今焼ノ

鴨番
皿五、平松(時興)ヨリ盃二、寿徳庵(曲直瀬玄由)へ鴨番二、他行ト、云置、亨徳院(曲直瀬盛孝)礼斗也、出逢急テ内へ不入、養安院(曲直瀬正円)へ一礼云テ通、延寿院(曲直瀬正紹)留守へ見廻、一飛鳥井(雅庸)へ行、有盃、同少将(飛鳥井雅胤)へ行、有盃、二階町

二階町
大略行、竹屋(光長)・中院(通村)等へ一礼、云置、一昌琢(里村)へ銀子一両、鮑十ケ、昌俔(里村)へ扇五、一玄仲(里村)ハ留守、云置、艮子二匁・墨一丁、玄陳(里村)へ扇五、玄的(里村)へ扇五、一陽明(近衛信尹)へ参入、酒アリ、九条殿(忠栄)

中納言勅許
御座候、二時斗候、不二庵(集雲守藤)・柔長老(剛外令柔)・常光院(友竹紹益)等参入、冷泉(為満)伺候也、中納言勅許ト、一御番時(西洞院)直勤

廿八日　天晴、平松(時興)・見哲(西洞院時慶女)ハ御灵詣、一東寺観智院へ礼ニ行、二十疋礼返也、又旧冬ノ怠慢ニ白綿一把、乳母妙清へ布一端、文大郎ニ肩衣一、知玉ニ帯一筋、女姓ニ肩二(衣脱カ)、児ニ」(12ウ)

墨一遣、煮餅、盃、茶ヲ喫、一大師(空海)ヲ拝、一久我大(敦通)ヘ肥後ヨリノ物共状持届候、一寿徳庵杉(曲直瀬玄由)原十被贈、礼状ヲ遣候、一昌琢(里村)ヨリ昨日礼状返事遣候、△革堂開帳詣拝、内義同、一局(西洞院時子)ハ上ノ柳原ヘ奥ノ振舞風呂アリト、一九条殿(忠栄)・鷹司殿(信房)・同関白(鷹司信尚)ヘ礼ニ参、又昇進之義ヲ申試候、無御対面、広橋(広橋兼勝)ヘ一礼申而通、薬師詣(ス)、代参各参会ト、一因幡堂ヘ乍次詣、一陽明(近衛信尹)ヘ以書状申入、有返事、西園大将(西園寺実益)辞退ノ義也、予ニ興津鯛十拝受、一女御殿(近衛前子)御礼ニ平松(時興)同心〆参、御酒給、広大(広橋兼勝)・同中納言(広橋総光)伺候也、昇進ノ事広大ヘ申試候、不済口也、一政所殿(近衛信尹母)ヘ参候、暫御物語在之、昇進ノ義、又玄益(曲直瀬)義等也、一大弼(秋篠忠定)ヘ遣状、明日可参上旨也

革堂ノ開帳
振舞風呂
昇進ノ儀ヲ申試ス
興津鯛

廿九日 天晴、院参、和哥口伝共得　尊意、又退出ノ後秘哥共被注下、又古今可有御相伝旨也、又板伊賀守(板倉勝重)ヘ御返事趣在之、内々伊賀(板倉勝重)ヘ以状申候処、無返事、大久保相模(忠隣)事ニ取紛由候、一政所殿(近衛信尹母)ヘ御節ニ女御殿(近衛前子)御成、御相伴ニ被召候、灸治旨御理申入、一華山(花山院定煕)預状、為談合被呼、暫時行、有盃、西園(西園寺実益)ヘ同被呼、暫話、節会ノ義等閑話、一大久保相模逆心ノ雑(脱アルカ)出来、下京ハ気遣ト、院御所大弼(秋篠忠定)迄遣状処、上(後陽成院)ヨリ御返事有(有)之、一女院御所(勧修寺晴子)ヨリ内内(衍カ)義ヘ銀子二枚・杉原十帖拝領

和歌口伝・古今相伝
板倉ハ大久保忠隣ノ事ニ取紛レ
大久保忠隣逆心ノ説ニ下京気遣

卅日 天曇夕雨、一日次記ヲ書、一昌出(矢野)被尋、灸治ノ為、則点之、彼方ヘモ昨日下京辺気遣之義」(13オ)尋遣候、一川七右衛門(川勝)年頭ニ被上、二十疋、於少納言(西洞院時直)方出逢、有盃、昌出モ一同

日次記ヲ書ク
下京辺気遣ノ儀ヲ尋ヌ

対面、夕ニ則礼返ニ二十疋遣、徳ニ云置也、一昌琢(里村)へ再返尋之、一飛少将(飛鳥井雅胤)ヨリ節会度々ノ次将ノ次第尋候通被注賜、一時興(平松)ハ講尺へ出候処、今日ハ相延ト、一長左衛門尉ヲ川八右衛門(川那部)迄為見舞遣候

二月小

時子ニテ節アリ

一日甲申　天晴、行水祓、飯後礼出、院御所(後陽成院)御対面、番所ニテ酒ヲ給、陽明(近衛信尹)ニテ御盃給、伺候ノ衆堀池宗活・兼与(猪苗代)・竹田宰相等也、一女院(勧修寺晴子)御所ハ按察(西洞院時慶女)迄、一政所殿(近衛信尹母)ハ午枕之中ニテ申置、広中(広橋総光)一礼、同大納言(広橋兼勝)云置テ通、一局(西洞院時子)ニ有節、各不残行、庭ノ草引、一川七右(川勝七右衛門尉)預状、鶉・鴫十二羽給、丹波へ帰ニテ状被残ト、甚右衛門尉使也、一平野ノ弥介来、番ノ者初而召連候、双瓶・餅ヲ上候、一養福院(前田玄以後室)ヨリ折一・スルメ十連・指樽二荷被贈、一西園大将(西園寺実益)又神宮伝奏可被上事内々陽明へ被申入、返事申渡候、一見哲(西洞院時慶女)来

花山院ト大将ノ事談合

大久保忠隣ヲ江州へ遣サル

二日　天晴、早々宗慶来、一了忍来義、年頭也、夕食申付候、一中嶋ノ左近丞ヨリフリ(鰤)一上候、玄忠云伝也、一華山(花山院定熙)来入、大将ノ事談合候、万宰相(万里小路孝房)・堀川(康満)同心〆来入、何モ」(13ウ)盃ヲ出進之、一再々返到来、草ヲ昌琢(里村)へ遣、一御番二番詰時直(西洞院)勤候、一延寿院(曲直瀬正紹)昨日上洛、今朝遣使、又夕ニ出、他行ト、云置、少納言(西洞院時直)ヨリ遣状、返事ニ有云伝、一大久保相模(忠隣)今日江州へ被遣候、七千石堪忍分ト、一夕ニ月見

陽明古田織部ヲ呼ブ

院ヨリ尊書・家伝・系図等ヲ拝借

大炊御門ト大将ノ儀ヲ申談

砂糖桶

薬酒

中納言ノ事ヲ申入ル

石薬師ノ屋敷ヲ見ル

家ノ伝

大黒祭
フノヤキ

三日 天晴、月明也、一今朝薄色椿北隣(白川雅朝)ニテ所望メ一枝、鶉五・鴨五陽明(近衛信尹)へ献、有御返事、明日古田織部(重然)被召ト、一広中納言(広橋総光)へフリ一尺遣候、他行ト、一鷹司殿関白(信尚)へ参候処、御他行ト、樽モ被返候、一院御所(後陽成院)ヨリ尊書幷家伝・系図等之記共拝借候、一江戸孝蔵主(川添氏女)ヨリ文到来候、一関白殿(鷹司信尚)へ参上、御他出ト、樽雖持参取テ帰、一広中納言ハ夕ニ対面、当系図ヲミセ候処、事外ニ合点ノ心也、一紹由(灰屋)へ諸白樽一遣候、礼ニ有使、一大炊(大炊御門経頼)へ行、大将ノ義申談候、一玄忠来義、砂糖桶一・扇二持参候、盃ヲ進候

四日 天晴、早朝ニ紹由(灰屋)ニ興行連哥出座、▨薫物大貝一遣候、昌琢(里村)・昌俔(里村)・松梅院(徳勝院禅昌)等参会、初夜ニ満、留守ニ云置、広大(広橋兼勝)へ状・盃遣候、預懇報、盃ハ被返、一女御殿(近衛前子)へ錫徳利薬酒献、右衛門督(西洞院)へ双瓶送、又時直参、中納言事申入ト、一連哥帰リニ琢(里村昌琢)同心、歩行、一(鷹)関白殿(鷹司信尚)へ昨日被返候樽ヲ又時直持参候処、御対面、又一義モ懇ニ被仰旨也

五日 天晴、一紹由(灰屋)へ礼ニ遣人、一陽明(近衛信尹)へ参候、御他行、一義進藤修理(長滋)迄申置候、一石薬師ノ屋敷一見候、一院御所(後陽成院)へ先日御礼メ申入、一広中(広橋総光)へ行、先日一義申談候、又家ノ伝ヲ被返候、一広大(広橋兼勝)へ行、昨懇報ノ返事一礼申候、一鷹関白殿(鷹司信尚)へ昨日御礼」(14オ)御礼(行カ)申入、御対面、御盃給、家ノ伝懸御目候、一薬屋太郎兵衛預状、病堀ノ四郎右衛門息御作(作蔵)ト号、行テ見之、一大黒祭、一去年召仕候梅か枝薬ノ礼トメフノヤキ一重持来、一右衛門督局へ行、昨日ノ一義

初卯ノ法楽
家伝ヲ写ス
時直・平松弁官補任ヲ写ス
結改ノ番文
御番結改
院御所へ家系図等ヲ返上ス
節会次第ヲ拝借
鯨桶
素問・霊枢

又候中試候、一中院(通村)ヨリ初卯ノ法楽題ヲ被持候

六日 雨天、晩晴、一堀四郎右衛門へ病人見舞候、一又家ノ伝ヲ写、時直(西洞院)・平松(時興)モ弁官補任ヲ写、略書、一政所殿(近衛信尹母)へ参、家ノ伝ヲ懸御目候、暫候酒ヲ給、一清閑寺(共房)・竹屋(光長)尋候処、他行也、一番文転法輪(三条公広)ヨリ給、結改也、三八ニ成也、一昨日冷泉(為満)預使者、遣状候処、今日返事到来、明日拝賀ノ由候、珍重申候、両種・樽ヲ遣候、又自身見舞候、一檜扇・チイサ刀等ノ物ヲ借遣候、一政所殿ヨリ局(西洞院時子)へ草薢ヲ被遣候、言伝リテ届候、一綾来、一延寿院(曲直瀬正紹)へ見舞、有酒、井家(豊家)摂津守有合、謡モ数声也、一二条へ堀四郎右宿へ見廻

七日 天晴、一御番結改、今日ヨリ相替也 初而転法輪相番時直勤候、一院御所(後陽成院)へ家ノ系図・弁官補任等皆返上候、又節会次第拝借候、一二条へ病見廻ニ出、一一身田ヨリ岡本角右衛門使上洛候、一三十疋・鯨桶二(カ)貫目到来、大納言ヨリ二十疋給候、陽明(近衛信尹)へ文共進物如例、但桶等入念也、△冷泉(為満)拝賀也、及晩見廻、一中院(通村)へ初」(14ウ)卯ノ法楽哥中院(衍カ)へミセテ清書候、院御所御合点也、一清閑寺(共房)へ行、家之伝ヲ見セ二条殿(昭実)へノ義内々憑之、一竹屋(光長)へ伝ノ写ヲメ遣候、一政所殿見廻申候、一局へ政所殿ヨリ有御云伝、草薢也、一按察(西洞院時慶女)以外煩ニテ切々被召候、申口ニテ女院(勧修寺晴子)御所様・女御殿(近衛前子)・曇花院殿(聖秀尼)御肝煎ニテ各参集、先局へ移、又夜ニ及此亭へ呼養生候、一冷拝(冷泉為満)賀又着陣ヲ見廻候、△素問・灵枢十八冊・道具持参候、則進酒候、一井家(豊家)摂津来義也

霊符祭、初卯延寿院講尺
赤小豆餅
一身田昇進ヲ申試ス
家伝ヲ写シテ進入ス
日本書紀抄ヲ誂ウ
桃仁・杏仁・薏苡仁
節会次第ヲ書写
初午
五葉木

八日 天晴、一霊符祭、初卯也、一延寿院(曲直瀬正紹)講尺へ出、有振舞、井家摂津(豊家)モ被呼、相伴也、常花院之内全隆(カ)へ有茶、延寿院・摂津守同心候、菓子・酒アリ、延寿提(曲直瀬正紹)錫被持候、有其興、△女院御所(勧修寺晴子)ヨリ御使越後局、按察(西洞院時慶女)為見舞被下諸白二・鮑十五・昆布・赤小豆餅、進酒候、一御番転法輪(三条公広)ト相番、結改ノ初也、時直(西洞院)勤候、一夕ニ二条へ診脈ニ行

九日 天晴、一葛四郎左(葛岡四郎左衛門尉)・祐南来、霊符札・沈香持来、進酒、一近衛殿(信尹)へ参、一身田ノ(尭秀)昇進事申試候、又予家ノ伝写〆進入候、甫庵(山岡景光)・妙千等伺候也、一政所殿(近衛信尹母)御煩ノ由候、則見廻申候、薬御所望候、調進候、一丹波ヨリ中上洛ト、来義候処、他出ノ中ニテ不会、一後室へ薬共調進候、一冷泉(為満)ヨリ為祝義、三種三荷給、以使者又候一礼申候、一栄宅来義、日本書紀抄ヲ誂候、一一身田返事催促候、一夕ニ汁ヲ振舞」(15オ)

十日 天雨、一政所殿(近衛信尹母)見廻、薬調進、一二条へ堀四郎右息(作蔵)ヲ見廻、一陽明(近衛信尹)へ以使者申入、一薬種製、桃仁・杏仁・薏苡仁等也、一見哲東福へ帰、両種・双瓶相添、一紀州ヨリ堀忠兵状、薬ノ義被申、則調進、一宗珠来義、按察(西洞院時慶女)為見廻也、進酒、一女御殿(近衛前子)御節ニ政所殿モ御出ト、陽明御出ト、一節会次第ヲ書写、一女院御所(勧修寺晴子)ヨリ按察煩ヲ内義迄御尋、越後局ノ文到来、一丹波へ川七右(川勝七右衛門尉)へ状遣候

十一日 天晴、初午、祓・行水・祈念、長左衛門社へ詣候、御初ヲ云伝、五葉木感得、一政所(近衛信

板倉勝重ヲ見舞ウ

殿(尹母)ヘ以使者申候処、又御使折ヲ給、御快気ト、夕御礼参、一延寿院(曲直瀬正紹)講尺ヘ出、一板伊賀守(板倉勝重)為見廻折箱持参候、所労トテ云置、川那部八右衛門出逢、一堀四郎右衛門息ヲ作(作蔵)脈診、一広橋(兼勝)ヘ行、一身田法印(尭秀)ノ義小折紙持参候処、無対面、又駿府ヘ尋申而ノ義ト返答、速水安芸(良益)奏者也、一陽明(近衛信尹)ヘ以使者申入処ニ、継木ノ義来十五日ニト承、一井家津守(豊家)ヘ以使者申候、明日兼約也、一片桐主膳正(貞隆)使者門村左近丞ト云者ト、杉原十(二)十帖被贈、他出ノ間ニテ不会、一幡州(播)ヨリ人ヲ上候、文共年頭ノ礼也、間鍋二被上候、一節会次第書写、少納言(西洞院時直)同前、一女院御所(勧修寺晴子)ヘ此中御礼ニ越後局ヘ参候、各局ヘモ申入、一大炊(大炊御門経頼)ヨリ此中按察(西洞院時慶女)煩被尋候、一昨日ハ干松茸二三本所望候」(15ウ)

一身田法印ノ小折紙

片桐貞隆使者

干松茸

十二日　天晴、一井家摂津守(豊家)ヘ遣使者候、預状、諸白樽一遣候、又今午刻数寄ニ中御(中御門資胤)・富新三(富小路秀直)位可同心由也、各ヘ申遣候、延寿院(曲直瀬正紹)第一也、各同心ノ行、後段勝□(手カ)ニテ謡・酒久ノ夜深、一一身田ヘ返事共認遣候、門主(尭真)ヘ雪魚五・茶碗二、大納言ヘ間鍋二遣候、又夕ニ使者岡本角右衛門尉呼、陽明(近衛信尹)ノ御返事可渡候処、遅帰故振舞ノ相伴ハ平松斗(時興)ニテ返、及沈酔、一紙打セ候、一女御殿(近衛前子)ハ方違ニ光照院殿(尊貞尼)ヘ御出、広大(広橋兼勝)・富新三位御供ト、一和泉堺ヨリ善空ノ女ヨリ人ヲ被上候、弥衛門ト号、鯛二ツ被上候、一林侍者未逗留也、一広橋(兼勝)東国下向来廿二日ト

紙ヲ打ス

堺ノ使者ト対面

十三日　天晴、宿酒痛之、一堺ノ使対面メ様躰ヲ聞、又返事申候、一一身田ノ使岡本角衛門尉

一身田法印成ノ儀不調
方違、鶏鳴
鯽汁
菱食
灸点
桶湯
経師
遺教経へ詣ヅ

来、陽明(近衛信尹)ノ返事遣、又法印成ノ義不相調候様躰申渡候、一堀四郎右衛門尉使札アリ、口上返事候、一中上洛雖先日、今日見参候、診脈薬遣之、一節会次第書写、一紙打セ候、一葛四郎(葛岡四郎左衛門尉)左来義、祐南カ事被申候、則ヲトリへ申遣候、一御番時直(西洞院)勤候、一方違堀川少将(康満)へ行、鶏鳴候、一冷泉(為満)留守へ見舞ニ遣人、一鯽汁振舞候

十四日 天晴、春分、一延寿院(曲直瀬正紹)講尺ニ出、諸白一・菱食一遣候、一嵯峨ノ池ノウラノ常慶初而来、診脈、薬遣、灸点ス、一トチヨリ鯛三被贈、一冷泉(為満)参向上洛トテ預使者、又遣人、一節会次第書、一桶湯ニ入、一堀四郎右衛門尉預使、遣薬礼状、一局(西洞院時子)ヨリ鯽振舞、一長野殿来義、清三郎(長野)ハ昨日会津へ下ト、一堺ノ甚衛門尉上ト、伏見ヨリ人ヲ来、一経師ヨリ紙折テ出来、

一東寺ノ尼□久端迄被来

十五日 天陰、暁ハ雨、明而止、晩晴、風寒、一延寿院(曲直瀬正紹)預状、十七日茶ノ義也、中御(中御門資胤)・富少路(秀直)・白川(雅朝)へ」(16オ)届候処、白川ハ隙入□両人ノ返事遣候、　一遺教経へ詣、下向ニ冷泉(為満)へ寄候、対顔、一涅槃ヲ拝、广山(盧)寺也、一アテ宮御方御迎被進テ院へ御参也、一肥後国棒庵(下津宗秀室)内義ヨリ文到来、薬種ノ義等被申、一御屋敷ヨリヲトリ返事在之、祐南申状也、則返事申遣候、葛四郎左迄返事候、一中来義、診脈・薬施、一先日飛中(飛鳥井雅庸)被尋候一礼、又三西(三条西実条)へ為見舞以使者申候、又富少路へ今朝返事不慥、仍又尋ニ遣候、返事到来、又延寿院へ遣候、一夕ニ

油烟墨
打曇

彼岸ノ入
延寿院素問講
持明院ノ児元服

豊国社参

奇意ノ夢想

持明院児河鰭ト号シ元服

一乗院関東下向

冷泉ヲ尋、油烟二丁給、進酒於灯下久語、一陽明（近衛信尹）へ参上候処、打曇六枚給、継木ハ十八日ト約諸申、又官位ノ事御物語候

十六日 天晴、寒、彼岸ニ入、一延寿院（曲直瀬正紹）へ素問講ニ出、又今朝預、明日茶之義也、中御（中御門資胤）指合候由候間、無用ト中伸候、中御へモ遣人、其分也、一持明院児（河鰭基秀）元服ト、昨日アコメノ扇被借候、遣之、一久我大（敦通）ヨリ肥後へ文被持候、請取、文ノ返事候、一宗慶来義候、一少納言（西洞院時直）ハ延寿院へ当年ノ礼ニ行、一節会次第書写、一栄宅へ料紙持セ遣候、一冷泉（為満）ヨリチイサ刀・檜扇被返請取候、一丁〻中付候、一要法寺（円智日性）煩ヲ見舞、以外也、本立坊出有酒、円詮坊同

十七日 天晴、大工遣、巽屏覆垣等ノ義也、一豊国社参、清水寺・六波羅等詣、一照門（照高院興意）へ以使者申候、人ヲ被出候、一神龍院（梵舜）へ茶碗一遣候、使者ニテ通、萩原（兼従）へ使者斗、於社頭但馬ト語候、民部へ遣人、大蔵ハ他行ト、一節会次第書写候、一女御殿（近衛前子）見舞申候、」（16ウ）一按察（西洞院時慶女）へ四条ノ息女少将殿ヨリ一重・双樽被送、一長野殿来義、一嵯峨ヨリ薬取ニ来、遣也、一今晩奇意ノ夢想アリ、一明明〔持〕院児河鰭（基秀）ト号メ元服、礼ニ来義也

十八日 天晴、一乗院殿（尊勢）昨日為御暇乞御上洛ト、則参入、暫語申候、又政所殿（近衛信尹母）へ振舞ニ御出、酒半へ参入、陽明（近衛信尹）御座候、久座敷也、一門（尊勢）へ茶箱・茶入具共汰コカシ入テ献、来廿五日関東御下向ト、一延寿院（曲直瀬正紹）へ講尺出座候、兼約、来九日・十日之内振舞ニ可来ト預状、一陽明へ参

茶湯炭

上、午ヨリ及亥刻退出、沈酔候、宗巴・宗達・保長老（有節瑞保）等後ニ参上候、又光浄院伺候也、予ハ先へ立、一嵯峨ノ比丘尼斎如例、一丹波ヨリ後室（川勝秀氏室）音信、茶湯炭半荷給、一宗音来義候、一十

玄忠三十三回忌追善

念ニテ一夜別時内義施主、玄忠三十三回忌為追善也、則通夜ニ被籠、長野殿・小少将・宗慶等同心也

内儀妙真寺へ廟参ス

十九日 天晴、一内義ハ寺ヨリ早々下向、又妙真寺へ廟参、午刻也、元嘉へ木綿一端遣之、一広橋大（兼勝）へ杉原十帖・盆二枚・茶箱等遣候処、何モ餞被返トテ、茶箱斗ハ被留、状返事懇也、一三西（三条西実条）へ杉原十帖・茶箱ヲ送候、対面有酒、一近衛殿（信尹）参上、継木七本候、一棒庵（下津宗秀）ノ侍二人菅十良・与衛門振舞候」（17オ）

堺善空へ返書

盲人ノ亀来リテ絃ヲ引ク

廿日 雨天、一終□（日）節会次第書、一ツハ書果、又一ツ過半写、一薬種感得候、牛介持参候、銀子五十二匁五分渡候、一堺ヨリ善空ヨリ甚右衛門尉上候、御返事認渡候、一長野殿来義候、夕食相伴候、一服薬候、一局ノ方（西洞院時子）へ盲人ノ亀来、絃ヲ引、一宵ニア茶々乳母人田楽・双瓶被出

江戸ヨリ年頭礼ニ吉良義弥上洛

伝奏下向延引

踏歌節会次第校合

廿一日 雨天、一昨日江戸御使年頭ノ為ニ喜羅（吉良義弥）上洛、今日御礼ト、伝奏（広橋兼勝・三条西実条）明日下向相延ト、但御徳日ニテ御礼延引ト、一日野弁（光慶）へ暇乞ニ出、沓・タヒ二足遣、有盃、広中納言（広橋総光）・竹屋（光長）参会候、一広中へ弁（広橋兼賢）ノ為ニ又沓・タヒ二足遺候、門ニテ云置、一踏哥節会次第又書懸、入夜次第六校

合、平松(時興)与作之、一冷泉少将(為頼)来義、対面候、但少納言(西洞院時直)へ用ノ義也、為番相博ト

廿二日 天晴、栄宅へ抄物写取ニ遣候処、未出来ト、一鹿苑(昕叔顕晫)へ暇乞ニ行、帯二筋又年頭礼返ニ盆一、平松(時興)ヨリ杉原十帖、対面候、一飛中(飛鳥井雅庸)へ行、梅一枝継木ニ所望候、於門逢候、一喜羅為(吉良義弥)江戸御使参 内、一紫宸殿奉行ノ義昨日被仰出、又今日奉行可参旨候間、各五人、六条(有広)・五(為経)条・烏丸(光広)・予・藤右衛佐(門脱カ)(高倉永慶)等参上候、雖然絵画明日可参旨申候間、各殿之中ヲ見而退出、官(壬生孝亮)務・五辻(之仲)等へ遣人、節会道具又畳等ノ義、役者兼日相触候、一継木二三本」(17ウ)作、一按(西洞院時慶女)察へ少納言局ヨリ双瓶・重箱被持候、一万里少路(孝房)ヨリ短冊一枚被申候間、書遣候、一庭ハ熊谷桜咲、又鶯宿快咲

廿三日 天晴、△紫宸殿奉行各相汰、後御両脇戸口ヲ明、但所前ノ口ト相違ノ間、奉行衆伝奏(広橋兼勝・三条西実条)へ申理、如元後御ノ西一間隔テ明之、是先御殿ノ分也、大工奉行若狭へモ申渡候、御番自身相勤候、宿同、宵ニ番衆語漢和面八句、△長橋ニテ奈良ノ祢宜大蔵大夫能ヲ仕、御覧ト、但内々モ小勢ニ被召ト、△勧修寺児(教豊)五才、今日元服ト、遣樽・両種二荷也、役者、加冠西園内(西園寺実益)府、着座中御大(中御門資胤)・広中(広橋総光)・万里宰相(万里小路孝房)ト、各見廻由候、予ハ終日御殿ノ義ニ御入(隙カ)、以使者中斗也、一聖廟御法楽ノ題ヲ給、一冷泉中納言(為満)へ先日於西園借用メ遣候侍烏帽未到来、仍夜中ニ申遣取寄候、助右衛門曲事、言語道断也、一肥後へ文共認候、棒庵(下津宗秀室)内義へ昆布五十本・干鮭三尺、

江戸ノ使ノ吉良義弥参内
節会道具・畳等ノ触
熊谷桜
鶯宿梅
紫宸殿奉行
長橋ニテ能
勧修寺教豊元服
聖廟御法楽ノ題ヲ給ウ

伝奏下向延引

亀へ油断（ママ）二、ナアへ同亦遣之、伝奏下向相延、一四辻（季継）へ革襪二足餞ニ遣候

堺善空後室ノ儀ニ付使者

廿四日 雨天晩晴、番ヨリ早々退出、紫宸殿戸ヲ明候、鍵ハ六条（有広）へ相渡候、五条（為経）以使者中候、一久七ハ代ヲ残シ愛岩山へ詣、六ハ暇乞（故カ）□ニ不遣候、御初（尾）ヲヲ云伝候、一堺ヨリ甚右衛門尉上洛候、善空後室ノ義云々ノ旨申候、対面（申カ）□候、一棒庵（下津宗秀）ノ菅十良来、」（18オ）入麺ヲ進テ返、一高倉へ革襪（帯）二筋遣候、有礼状、一広中（広橋総光）へ遣人、門へ人ヲ被出候、雖然急先通、一聖廟御法楽ノ詠草ヲ院（後陽成院）御所へ持参候、左京ヲ以上之、後ニ御点御筆ニテ給、則清書メ上、御月次モ一同ニ上、時直（西洞院）同前也

聖廟名号・尊像ヲ掛ル

廿五日 天曇、寒、行水・祓、聖廟名号・尊像ヲ奉掛、供香花・御酒等ヲ、一紫宸殿ノ内大工相済被閉由候、五人ノ侍ヲ以鍵ヲ西局へ渡候、一為見舞広大（広橋兼勝）・三西（三条西実条）・四辻（季継）等へ行、広中（広橋総光）へ行、孝蔵主（川添氏女）へノ文認云伝候、一勧修寺元服先日珍重ノ旨申候処、正親三（正親町三条実有）・鹿苑寺（鳳林承章）・土御門新蔵人（泰重）等在之テ有酒、一三級ノ宿ヲ尋候、一元日節会次第書写候、一日野弁（光慶）へ尋対顔、当家系図伝ヲミセ唯心（日野輝資）へ昨日盆一、伝長老（以心崇伝）へ薫物一器遣候、云伝候、一北殿山城ヨリ被帰候、姜一升・山菜等見上也、一▨播广（磨）ヨリ有便宜、来廿七日被立武州（池田利隆）上洛ト、木工助（喜多嶋）供ト被告知、一東寺ヨリ捨丸来

元日節会次第書写

当家系図伝ヲ見セル

伝奏下向延引

廿六日 天晴、斎坊主如例、一伝奏（広橋兼勝・三条西実条）下向今日ハ被相延、日悪ト、一女院（勧修寺晴子）御所ヨリ御使、信濃（川勝広綱）・

小紅花屋ヨリ銀子借用
長左衛門産ノ由
踏歌節会次第書写ヲ果ツ
日本書紀神代ノ巻抄
院御所和漢ノ一巡ヲ給ウ
経師

延寿院(曲直瀬正紹)御礼ノ明日可有御対面旨也、但大坂下向留守ノ由申入、一勧修寺(教豊)ヨリ為元服祝義両種樽被持候、内匠使也、対面進酒、一小紅花屋ニテ銀子百匁借用、使長左衛門也、一長左衛門産ノ由候、一踏哥節会次第書写果、一左近丞(板屋)見廻来、一禁中御会和漢若衆各伺候ト、時直(西洞院)参勤候、一ヤ、頭痛事々敷与薬処少怠、一指木ノ椿花開、鶯宿梅盛也」(18ウ)

廿七日　天晴、一按察(西洞院時慶女)被召出仕、御樽・赤飯等ノ進上候、一日本記(紀)神代ノ巻抄栄宅書写、過半出来取寄候、△院(後陽成院)御所和漢ノ一巡ヲ給、則草ヲ持参ノ記付上、一経師ノ━━ニ次第ノ料紙ヲ継セ折事ヲ憑、一三級対顔、一内義ハ御屋敷ヘ御見廻ニ被参候、卿十進上候、御盃給、梅花一見ト

下向ノ伝奏衆ヲ送ル
白馬節会次第ヲ書懸ル

廿八日　天雨、一伝奏衆(広橋兼勝・三条西実条)送ニ三人出、提錫持セ候、於粟田口寺各堂上大略也、中御門大納言(資胤)・大炊大(大炊御門経頼)・日野大(日野資勝)・広中納言(広橋総光)・清閑寺(共房)、五条ハ侍従(為適)、西坊城(遂長)・中院(通村)・藤右衛佐(高倉永慶)・堀川(康満)・白川(雅朝)・同少将(白川顕成)・祭主(大中臣種忠)・万里宰相(万里小路孝房)・竹屋(光長)・日野ノ西(日野西総盛)等、　地下ニ大外記(押小路師生)、諸役人北面河端(直益)・井家(豊家)・山形(宗頼)等、随身駿河(土山武久)・立入河内(康善)等多人数也、酒ノ間久、其中ニ降出、暇乞ノ各別、平松(時興)ハ跡ニ残輿ヲ迎ニ遣、一大工遣候、屏ノ覆申付、又四畳半ノ簀子ノ板ヲ申付候、一姫宮(アテ宮)御方御礼御盃ヲ給候、一御所内村人足二人出、堀ノ方ノ土上下ヲ直、一白馬節会次第書懸、一喜多嶋木工上洛ト、有使、此方ヨリモ遣人、又寿徳庵(曲直瀬玄由)ヘモ遣状

廿九日　雨天、一寿徳庵(曲直瀬玄由)へ遣状、有返事、喜多嶋木工へノ義為談合也、知栄へモ遣人、又宗珠へモ申遣候、有返事、　一女院(勧修寺晴子)御所年頭御礼御対面可在之由候間、参上候、三人何モ御盃ヲ給、亨徳院(曲直瀬盛孝)同御盃給、　一平松(時興)御番初而被入由、奉行」(19オ)正親三(正親町三条実有)有使、聞違云違大炊(大炊御門経頼)へ遣使者候、一小少将来義、仕立物共在之、　一寿徳庵有状、切々木工(喜多嶋)へ遣人、　一白川(雅朝)ヨリ年頭ノ祝義、雑番・大錫一諸白給之

平松御番ニ初テ入ル

雑番

三月大

一日　天晴陰雲、一行水・祓、　一池田武蔵守(利隆)へ初而礼ニ出、鷹ノ大緒五筋・太刀・馬代三百疋、時直(西洞院)同心候、飛中(飛鳥井雅庸)ハ隙入ト、奏者本洲勘解由也、盃ト被申処ニ急立古田織部(重然)へ数寄ニ被出ト、待間ニ岡ノ彦左衛門・香細主縫等知人ニ成候、喜多嶋木工助初而対面候、新八(喜多嶋)ハ未会候、入夜来義候、児嶋樽二ツ・百疋被持候、内義へ杉原三束被持候、平松(時興)へ百疋、局(西洞院時子)へ樽一、按察(西洞院時慶女)へ一、少納言(西洞院時直)へ樽・同百疋、内義(西洞院時直室川勝氏女)へ同前ト、二献之後小漬振舞候、知栄案内者也、内義相伴候、少納言・平松以上六人也、供者以下奏者所ニテ振舞候、与兵衛尉雇料理候、長左衛門ハ依産穢内へ不入外ニテ仕、△一条殿(兼遐)痘一両日以前ニ出ト、ヘナイモノ由候、女御殿(近衛前子)見廻申候、御盃給、一広中(広橋総光)へ遣人、一小少将・長野殿来義、仕立物候、一宮御方(アテ宮)御盃給、一陽明(近衛信尹)へ以使者申入、一女院(勧修寺晴子)御所へ以使者申入、昨日御対面忝由申入、一平松番ノ義ニ大炊(大炊御門経頼)又正親町三(正親町三条実有)へ

池田利隆へ礼

鷹ノ大緒

児嶋樽

長左衛門産穢

一条兼遐ヘナイモトナル

禁庭ノ花咲ク
遣人候、五番ノ由候、一禁庭ノ花且咲

祇園町へ行ク
二日　天晴、祇園町へ行、木工(喜多嶋)へ一礼、黄綾ノ小袖一・袷一遣候、内義ヨリ肩衣・袴被遣
候、」(19ウ)新八(喜多嶋)へ袷一・肩衣・袴遣候、内義ヨリ革襪五被遣候、少納言(西洞院時直)ヨリ杉原十帖・板物
一端、新八へユガケ五具遣候、後ニ有礼状、使者知栄来義候、食籠持セアリ、進盃候、一三

院御所和漢ノ再返ヲ給ウ
節会次第ヲ返上ス
条ノ橋ニテ飛鳥(飛鳥井雅庸)へ行逢、少納言ハ又建仁寺へ行、武州(池田利隆)へ対面ト、△院(後陽成院)御所和漢ノ再返ヲ給、
則草ヲ持参メ於清所得御意、記付候、▨(又)節会次第返上、▨(八)冊、一平松(時興)ハ一条殿(兼遐)へ見廻ニ参候、
予ハ以使者申入、一寿徳庵(曲直瀬玄由)預状、喜木迄云伝ニ返事候、一延寿院(曲直瀬正紹)一昨日上洛ト、女院(勧修寺晴子)御所ヨ
リ御礼ノ義被仰下候間、則申遣候、他行ト

霊符祭
禁中鶏合
三日　天曇、灵符祭如例、一禁中御番参勤、鶏合乍次見物候、時直(西洞院)・平松(時興)参勤候、午刻退出、
宿ハ時直勤候、御礼所々へ参、院(後陽成院)御所・女御殿(近衛前子)ハ御留守也、陽明(近衛信尹)へ参御盃給、一女院(勧修寺晴子)御所参
候、延寿院(曲直瀬正紹)御礼也、於外様大御酒アリ、八条殿(智仁親王)御成也、先女御殿御参ニテ於御前大御酒アリ、
有謡、白川(雅朝)・広中(広橋総光)・富少路(秀直)等伺候也、一アテ宮御方ハ院御所へ御参也、入夜御退出、御盃ヲ
給、一月ハ不明、拝之

近衛信尹古田織部ヲ呼ブ
院御所和漢御会
四日　天晴、陽明(近衛信尹)へ古田織部(重然)被召数寄ト、白椿ヲ於北隣所望メ献、一院(後陽成院)御所和漢御会参勤候、
照門(照高院興意)・竹門(曼殊院良恕)・古礀(慈稽)・越渓(礼格)・実顕朝臣(阿野)・冬隆朝臣(滋野井)・安倍泰重(土御門)・光璘(玉峯)・詮平朝臣(鳥居大路)・予、日入ニ満、

平松延寿院ノ素問講ヲ聴聞

丁寧之御振舞也、直ニ一条殿(兼遐)・三宮御方(済祐親王)見舞申候、一平松(時興)ハ延寿院(曲直瀬正紹)へ素問ノ講ヲ聴聞ニ行、
一内義ハ宗珠へ見舞也、」(20オ) 一松平武州(池田利隆)ヨリ為返礼太刀・馬代・杉原十束給、使者ニハ不
会、時直(西洞院)へ同前ト

平松御番ニ初テ入ル

白馬節会次第ヲ書写ス

五日 天晴、昌琢(里村)へ指合ノ不審尋ニ遣状、返札アリ、則 院御所(後陽成院)懸御目候、又懐紙中出候、写
之、△平松(時興)御番初而被入、奉行へ尋ニ遣候、中山(慶親)ヨリ漸只今被申候、則参勤候、一終日白馬
節会次第ヲ書写候、一及夜寿徳庵(曲直瀬玄由)来義、延寿院内義(曲直瀬正紹室)ノ事楊林院(柳原淳光室)ヨリ被申旨在之、進酒候、一
長左衛門ハ不出、双瓶二十疋遣候ヲ上候

六日 天晴、掃除申付候、又継木ヲ作、一寿徳庵(曲直瀬玄由)預状、楊林院(柳原淳光室)へ為談合行、一両年不行、当年
初也、有入麺・酒、一広橋(兼勝)・三西(三条西実条)・日野(資勝)等へ以使者申候、留守見廻ノ義也、一公宴御連哥脇
ヲ給、陽明(近衛信尹)へ参、得御意、記付候、有酒、本満寺又九一郎ト云者等在之、一延寿院(曲直瀬正紹)へ行、内
義(曲直瀬正紹室)侘言ノ義申試候、堅固ノ口也、有酒、良久愛岩山西坊ノ三位得度ノ後ハ初也

蒼耳葉

七日 天曇、午晴、一大工午ヨリ来、壁ノ覆又破戸等所々修理候、一早朝陽明(近衛信尹)へ参継木、柑類
共、又政所殿(近衛信尹母)ニテ藤ヲ継、一寿徳庵(曲直瀬玄由)へ遣状、昨日返事也、又楊林院(柳原淳光室)へ同前、一女院御所(勧修寺晴子)ヨリ
蒼耳葉ノ義御尋候、延寿(曲直瀬正紹)へ尋テ御返事申入、一按察(西洞院時慶女)ヨリ蝋燭三丁給、一白川(雅朝)へ晩ニ可振舞旨
申遣候処、御灵別当(曼殊院良恕)へ竹門御供ト、又三級へ申候処、院御所(後陽成院)隙入由候、」(20ウ) 一神壇ノ棚中

花盛リ
皆川山城入道老甫ト会ウ
吉良義弥ヨリ使者
楊林院ノ侍ト土御門久脩ノ侍喧咜
味醂酎
庚申
鯉・児嶋樽
懸ノ松ヲ洗ス
江戸ノ孝蔵主ヨリ文到来

掃除候、一此辺花盛也、一昨日ヨリ禁中ノ盛也、一牡丹ノ覆又簾等改代之、一菊ハ昨日栽候、二右衛門へ遣人、他行ト、一児東寺へ返、観智院へ遣状、一南隣(大炊御門経頼)へ吉良(義弥)被呼候、予モ知人ニ可成由候、日野大(資勝)・広中(広橋総光)モ同前へ被呼、皆川山城入道(広照)今ハ老甫ト号、井家摂津守(豊家)・治部(小野友忠)等也、大酒有謡、老甫舞アリ、大炊(大炊御門経頼)へ備前酒ヲ徳利遣候

八日　天晴、大炊(大炊御門経頼)へ礼状ヲ通、一先刻吉良(義弥)預使者ト、一松平武蔵守(池田利隆)ノ返事ノ義、茂左衛門来人(入カ)、返事、少納言(西洞院時直)ノ同前ニ遣候、未杉原ハ不来、一延寿院(曲直瀬正紹)へ講尺ニ行、六条(有広)へ遣状、隙入ト、講ノ後愛岩ノ教学院ノ三位振舞トテ被留相伴候、篠屋ノ宗硼・道喜等也、心静有物語、庭ノ花盛也、一昨日喧咜楊林院(柳原淳光室)ノ侍与久脩(土御門)侍直切合ト、仍遣人、一冷泉(為満)へ見廻ニ遣人、一女院御所(勧修寺晴子)ヨリミリンチウ(味醂酎)ヲ拝領、一庭其外所々掃除候、一井家(豊家)へ遣人、明後日事約束候、一大炊へ礼ニ行、一吉良ハ飛少将(飛鳥井雅胤)ニ鞠・振舞アリト、一庚申也、一御番時直(西洞院)勤候、請取也

九日　天晴、一アテ宮御方乳母人初而八幡へ里入、一延寿院(曲直瀬正紹)ヨリ鯉一・児嶋樽一被贈、一政所(近衛信尹母)殿御脈ニ被召、女御殿(近衛前子)御里ニ見廻、一条殿(兼遐)御快気、一面ノ懸ノ松洗掃除、一明日肴ノ用意、」一(21オ)江戸ヨリ孝蔵主(川添氏女)ノ文到来、一内義ハ局□(御カ)方(西洞院時子)へ被泊、伽也、一女院御所(勧修寺晴子)御茶拝領候

十日　雨天、午晴、一禁御番(脱アルカ)平松(時興)請取也、一朝道句礼ニ来義候、一延寿院(曲直瀬正紹)ヲ呼、午過ヨリ振舞候、及夜半心静酒久、謡・連哥等ノ義也、愛岩山教学院三位・寿徳庵(曲直瀬玄由)・井家摂津守(豊家)・道句、

時子ノ煩診脈

以上、時直(西洞院)・予相伴候、小斎同、又後ニ英甫出謡候、一抄物共見候、端亭ニテ振舞也、一政所殿(近衛信尹母)ヨリ諸白樽一給、一夜ハ月明也、一禁中再返ヲ給、則申入、陽明(近衛信尹)へ得御意候、一局(西洞院時子)煩診脈、積(癪カ)又口中煩也、一乳母被帰候

公宴和歌ノ題

十一日 天晴、延寿院(曲直瀬正紹)講尺也、雖宿酒行、又於尊亭有酒、時直(西洞院)跡ヨリ来故也、花盛ニテ有興、一今朝祓如例、一及沈酔、午枕▨、一昨日礼状所々ヨリ在之、一按察(西洞院時慶女)煩、局ニ平臥、見廻之、一平松(時興)ハ一条殿(兼遐)見廻、入夜退出、一冷泉(為満)へ以使者申候、一政所殿(近衛信尹母)へ昨礼申入、一意斎(朝山久綱)ヨリ薬ノ義被申、遣之、一二右衛門尉来、菊種持参也、他出ノ間ニテ不会、一禁庭花散、一公宴和哥ノ題三首給之

吉良義弥へ礼ニ行

饅頭・入麺甲子

十二日 天晴、晩曇、一政所殿(近衛信尹母)見廻、一昨日御礼、又診脈候、一吉良侍従(義弥)礼ニ行、杉原十帖・小刀二ケ、広中(広橋総光)同心也、大炊(大炊御門経頼)大依誘引也、有盃、饅頭・入麺等在之、門送、一甲子也、」

万里小路孝房落馬

(21ウ) 一端ニ預候懸ノ辺ノ木共堀、裏ニ栽之、白梅二本・柘榴・フシ(伏)柴・海棠等也、一継木、柿・藤等、一英甫一昨日ノ礼ニ来、一今朝万里(万里小路孝房)落馬絶入、急行、早蘇生、二条殿(昭実)ノ北門ノ辺ニテ、若衆堀川少将(康満)・華山(花山院定好)等也、一於途久脩(土御門)行逢、先日喧嘩義無心元旨申候、一女御殿(近衛前子)ノ藤四本継、了哲扶持、一内義ハ灸治候、一諸役人御▨神楽又節会ノ御下行被渡ト

諸役人ニ神楽節会ノ下行渡ル

夏酒

十三日 夜中雨、午晴、一夏酒ヲ上、一岩木木工頭ヨリ預状、杉原十帖給、一吉良侍従(義弥)ヨリ昨

若海和布
白馬節会次第ヲ写ス
江戸ノ孝蔵主へ文認ム
多阿預米算用
禁中ノ花散ル
安胃丹

日礼トテ預使者候、大炊(大炊御門経頼)へモ申候、一御所内村━参宮トテ祓・若海和布ヲ上候、一女院(勧修寺晴子)御所へ政所殿(近衛信尹母)被召、御振舞ト、按察(西洞院時慶女)ハ快気トテ出仕之由候、一終日白馬節会次第ヲ写、一孝蔵(川添氏女)主へ江戸へ便宜ニ文認候、一多阿ヨリ預米ノ算用〆長左衛門尉ヲ遣候、一禁中ノ花ハ散、一木蓮華且散、白藤咲、一御番時直(西洞院)勤候、一冷泉(為満)へ暇乞心ニ行、杉原十帖・安胃丹一貝遣候、一堀ノ四郎右衛門礼ニ五十疋、又作蔵(堀)煩本復トテ杉原三十帖持参候、進盃候、古屋太郎衛門尉同心也、一後日ニ聞、内侍ノヤネヲ先夜行人音而番衆以下夜起気遣ト

借米ニ付梵舜へ使者
香薷散ヲ調合ス
河猟

十四日　天晴、万里少路(孝房)来義、木蓮華見物候、堀川(康満)同心候、昨日モ来義、一枝今朝遣候、一一枝政所殿(近衛信尹母)、一枝関長門守(一政)へ遣、白藤モ遣候、一終日次第ヲ写、一神龍院(梵舜)へ長左衛門尉ヲ遣候、借米ノ義ニ付也、一服薬候、香薷調合候、一院(後陽成院)御所へ参、伏見殿(邦房親王)御夢想之頭字ノ詠草伺候、御咳気ノ由被仰候、無御心元」(22オ)旨乍次奏、一冷泉(為満)へ香薷散調進候、一少納言(西洞院時直)・平松(時興)ハ河猟ニ出、小魚ヲ斟(テカ)□帰、又夜風呂へ入ト、伯(白川顕成)同心ト

長谷川藤広上洛
モミノ木感得

十五日　天晴、行水・祓而伏見殿(邦房親王)へ短冊清書〆上候、一延寿院(曲直瀬正紹)へ講尺聴聞ニ出、一所廿一篇ニ点、不審ノ義宗磵(篠屋)与予ニ被語、尤之旨申候、彼亭ノ牡丹咲出候、一一身田(尭秀)昨日上洛トテ預状、則行対談候、明日振舞兼約候、一万里(万里小路孝房)預状、木蓮華一枝所望候間晩ニ遣之、一玄琢(野間成岑)へ遣状、長谷川左兵衛(藤広)上洛ト、一礼ノ義為談合申候、一モミノ木感得〆栽之、次ニ裏ノ辺草ヲ掃セ候、

大黄ヲ求ム
桜ハ大略散ル

一薬種大黄二条ニテ求之、一林侍者来義〆晩ニ被帰、一此亭ニ実生牡丹一咲、桜ハ大略散、一月明也

ガウナ

十六日 雨天、一陽明坊(養命)来義、杉原十帖・桜一枝被持候、入麺・酒ヲ進候、一按察(西洞院時慶女)年頭礼来義、林侍者来義、一一身田(尭秀)兼約ニテ賞、於端亭振舞候、茶ノ後裏ノ花牡丹以下、後段麺ヲ中候、五十疋・杉原十帖被持候、少納言(西洞院時直)へ中折三束、左大夫ガウナ一桶被持候、一玄琢(野間成岑)預使者、長谷川左兵衛(藤広)へ礼ノ義也、但客半ニテ不行、一宗音来義、頓而被帰

養命坊へ琴譜ヲ遣ス

産衣

雉冠子

十七日 天曇、午晴、一玄琢(野間成岑)昨礼遺状、有返答、一身田(尭秀)へ礼状ヲ通、又預状返事候、一延寿院(曲直瀬正紹)講尺ニ平松(時興)同心〆出、寿徳庵(曲直瀬玄由)参会、一養命坊預状返事、又琴譜ノ事被申候間、」(22ウ)白□(川カ)方々相尋、於飛中(飛鳥井雅庸)借用〆養命坊へ持セ遣候、一飛中へ通状、長谷川左兵(藤広)へ礼ノ義也、一幡(播)州へ綾ヲ差下、産衣一重調遣候、又樽・強飯等也、久八ヲ添候、久七ハ伏見迄荷物ニ遣候、又長左衛門ハ堺へ差遣候、善空後室為ニ遣候、途連也、一駿河へ龍雲(飛鳥井雅春男)・禅高(山名豊国)へ状認、冷泉(為満)へ云伝候、龍雲へ墨二挺遣候、広橋(兼勝)へ遣状候、又三西(三条西実条)へモ状共多書之、一入夜冷泉被尋候、暇乞候、進盃候、一次第ヲ書写候、一大炊(大炊御門経頼)大被尋候、実相院(慈運)煩以外ノ義ニ付、為談合也、又意斎(朝山久綱)子彦来義、薬遣候、一女御殿(近衛前子)ヨリ雉冠子ヲ御所望、無所持旨申入

豊国社参

十八日 天晴、嵯峨比丘尼清(ママ)来、相伴候、一豊国社参、神龍院(梵舜)へ遣使者、他行、萩原(兼従)へモ遣

照高院ノ造作ヲ見ル

候、一照門（照高院興意）へ参入、新造作被見、土蔵以下見事也、牡丹咲候、有粥、酒・茶ヲ給、一身田（尭秀）へ寄使者候、一玄琢（野間成岑）へ遣人、又預使者候、長谷川左兵（藤広）へ一礼ノ義也、又飛鳥井（雅庸）預使、左兵振舞ニ被呼、幸ノ義ニ付而知人ニ可成由候、則行、盃出、物語共聞之、左門モ知人ニ成候、一閑斎ニ逢候、一月渓（聖澄）へ昨日詩ヲ乞候、後ニ到来モ試筆ノ詩モ被見候、一山城ヨリコナヨリ姜ヲ被上候、一中御（中御門資胤）・白川尋候、他行ト、一清水・六波羅へ詣候、一御番時直（西洞院）勤候、一一斎（堀河親具）へ状、冷泉（為満）へ云伝候、一養命坊、大報恩寺ト号、昨日扇被返候、一節会次第又書写候、一院（後陽成院）御所見廻中候、三級ト黄昏ニ語候

養命坊琴譜ヲ返ス

聖澄ノ作文・詩等ヲ写ス

実相院慈運薨ズ

牡丹盛リ

十九日　天晴、晩雨、一今朝玄琢（野間成岑）預使者、長谷左兵（長谷川藤広）へノ義也、一飛鳥井（雅庸）預使者、長谷川左兵（藤広）へノ義ニ付也、又其後午刻門迄被尋候、諸白樽一給、平松（時興）へ白布一端給、通礼状、」（23オ）局（西洞院時子）へモ音信、少納言（西洞院時直）へモ音信ト、一丹波ヨリ後室（川勝秀氏室）上洛、端へ被着候、夕食相伴振舞也、一一身田（尭秀）預使者、他行ノ間也、又通状有返事、一養命坊ヨリ先日琴譜ヲ被返候、今朝扇ヲ返進候、一禁中ノ再ヽ返ヲ給、則草ヲ陽明（近衛信尹）へ得貴意候、一延寿院（曲直瀬正紹）講尺ニ出座候、一月渓（聖澄）ノ作文・同詩等ヲ写、於延寿院見之候、一大炊（大炊御門経頼）へ実門（実相院慈運）見廻ニ通使者候、後ニ聞、実門（実相院慈運）被薨ト、一牡丹盛、雨ノ覆少営

長谷川藤広へ初テノ礼

院ノ勅筆色紙

廿日　雨天、平松（時興）御番参勤、一長谷左兵衛（長谷川藤広）初而礼ニ行、杉原十帖・院（後陽成院）勅筆色紙十枚、少納言（西洞院時直）ヨ

実相院慈運吊ニ大炊御門へ行ク

リ革沓五足遣之、玄琢（野間成岑）馳走也、直ニ飛中（飛鳥井雅庸）へ行、所労ト、一一身田（尭秀）見廻候、提錫持セ候、少納言同心候、弥大郎雇、荷、有酒、多気山━━普都初而知人ニ成候、一大炊（大炊御門経頼）へ朝実門（実相院慈運）ヲ吊、彼里▨坊迄行、大納言（大炊御門経頼）へ逢候、一松村（宗有）牡丹ヲ一見候、有酒、帰ニ玄琢・二右衛門へ寄人、一朝ハ政所殿（近衛信尹母）御脈診候、一牡丹一朶松村送候、一後室（川勝秀氏室）ハ柳原へ被出候、一意斎（朝山久綱室川勝氏女）ノ女中対談候、薬遣候、一冷泉（為満）へ遣人

次第ヲ書終リ奥書ヲ加フ

廿一日　天曇、雨残、一八条殿（智仁親王）ヨリ牡丹見ニ竹門（曼殊院良恕）御座、御相伴ニト承候、所労理申入、又津川帯刀迄以書状申候、有返事、一徳大寺（実久）預状、薬ノ義被申候、調進候、一長左衛門尉従堺」

(23ウ) 上洛、状共在之、一松村（宗有）来義対面、進盃、牡丹ヲ見、一高台院殿（豊臣秀吉室杉原氏女）へ牡丹ヲ進入、一能札へ連哥為兼約ニ遣状、有返答、一夢想脇ヲ作、一昨日次第ヲ書満、今日奥書ヲ加、一東寺御影供可参処、依雨不越、一政所殿（近衛信尹母）文給、御快気ト

次第校合

廿二日　天陰、未晴、晩ニ止、一時直（西洞院）ハ女院（勧修寺晴子）御所へ被召テ参勤、女中衆御勝負ノ有振舞ト、一柳原（川勝秀氏室）ノ後室来義、夕食振舞候、上柳原衆へモ送膳候、一次第校合候、一一身田（尭秀）へ以書状申候、又彼方ヨリモ給、明日振舞ノ義也、所労理申候、一延寿院（曲直瀬正紹）へ遣状、愛岩山詣ト

次第校合果ツ

廿三日　天晴、政所殿（近衛信尹母）へ以使者（牡丹二朶進上）、此方へモ給、御快気ト、一院御所（後陽成院）へ時直（西洞院）ハ被召テ参上、一上柳原ヨリ昨日預礼状、一次第校合シ果、一昼間御番理申入、予所労故也、宿ニ平松（時興）、一女院（勧修寺

御所(晴子)へ従内義鯽卅ヶ上候、一延寿院(曲直瀬正紹)昨報、今日下山トテ到来、一薬屋へ局(西洞院時子)ヨリ艮子懸被相渡、一入夜内義以外煩也、一入夜西園(西園寺実益)内府来入、提錫被持候、抄物共見セ候、一入夜政所殿文給、薬ノ義也、調進、一一身田(尭秀)文給、一能札へ一巡遣、到来

廿四日　天晴、一禁中御講尺、澄長老(月渓聖澄)、平松(時興)参上、一久八上洛、幡(播)州ノ返事共在之、一一身田(尭秀)へ諸白樽一、又鱸一折進、一政所(近衛信尹母)□□〔殿ヨ〕リ鱸一折給、▨▨〔晩ニ〕御礼ニ参上候、」(24オ)一院(後陽成院)御所参上、次第皆々返上候、一再々□(返カ)□〔進〕上候、陽明(近衛信尹)御所ニ御座ト、一晩ニ政所殿賀茂ノ躑躅御覧、土産ニ給、夕ニ参、コチヤ腫物ヲ治ス、富古馳走也、一次第ノ表紙用意候、一禅(善)空ノ娘小五ゥ上洛、樽二被持候、弥右衛門供候、下人五人アリ、一延寿院(曲直瀬正紹)講尺延引、廿六日迄ト、一加藤肥後(忠広)上洛、一昨日伏見迄ト、一愛岩山へ北・乳母・六・初以下ノ者暇乞詣候、及晩下向、一川信濃守(川勝広綱)ヨリ当年初而預状、一長野殿以下見廻也

廿五日　天晴、一女院(勧修寺晴子)御所ヨリ耳痛薬御所望、両様調進候、一堺ノ禅(善)空娘帰リ也、従内義白綿一把被出候、弥右衛門ニ扇子五本遣候、禁中見物サセテ返也、一棒庵内儀(下津宗秀室)へ遣状、昨日上洛ト、一山科内蔵頭(言緒)ヨリ石竹所望、遣之、一今朝一身田(尭秀)預使札、又預使、大折箱内義へ被贈候、夕ニ行対面、盃アリ、一平松(時興)ハ　禁中当番参勤候、一時直(西洞院)ハ飛鳥井家月次出座候、一能札へ一巡ヲ遣候、一紹由(灰屋)へ連哥ノ事申遣候、明後日同心也、一少納言内義(西洞院時直室川勝氏女)ハ里へ昨日ヨリ被出候、

鯽
禁中御講釈
鱸
賀茂ノ躑躅
コチヤ腫物ヲ治ス
次第ノ表紙ヲ用意
堺善空ノ娘上洛
加藤忠広上洛
耳痛薬
堺ノ善空娘帰ル

一下津内記(宗政)上洛来義、百疋被持候、冷飯ヲ進候、其後棒庵(下津宗秀)へ行、大折箱ヲ遣候、暫居、盃ヲ取テ来義帰

公宴御会連歌

廿六日 天晴陰、夕雨風、公宴御会連哥、陽明御父子准后(近衛信尹)・右府(近衛信尋)也、鷹関白(鷹司信尚)・阿野宰相(実顕)・時直(西洞院)朝臣・持明(持明院)基久朝臣・刑部少輔(竹内孝治)・予、以上九人、執筆山科言緒朝臣、及夜半」(24ウ)満、昼於御前御酒、晩炊於内々番所在之、如例又有湯漬、一於留守音信、政所殿(近衛信尹母)ヨリ杉原十帖・文箱五・鯽十給、紹由(灰屋)ヨリ海鼠十登・諸白樽一来、文アリ、又久和理(篠屋)ノ文アリ、広中理(広橋総光)ノ文也、日野大(資勝)・伯(白川顕成)・阿野明日連哥内々呼候処ニ隙入ト、持明(持明院基久)・竹内兼約候、一延寿院(曲直瀬正紹)講尺ハ先今日斗ニテ被止ト、平松(時興)ハ出座候

鯽・海鼠

延寿院講尺今日ニテ止ム

夢想連歌興行

五十韻

廿七日 天晴、夢想ノ連哥興行、端ノ亭借用候、紹由(灰屋)早々来義、次能札・能通・竹内(孝治)、持明斎(持明院基久)了ニ来義也、以上、時直(西洞院)ト予・平松(時興)名代ニメ執筆モ時興(平松)也、五十韻ハ名字、五十韻ハ一二三付也、七ノ下刻ニ満、酒・謡アリ、初夜ニ各被帰、大慶々々、一川信母(川勝秀氏室)義従昨日来義候、診脈候

山科亭月次連歌

時慶咳気ニヨリ禁中御番ヲ時興勤ム

廿八日 天晴、行水・祓、早々能通来、札(能札)ヨリ一礼也、今日ハ於山科(言緒)亭月次連哥ニ出座ト、又昨日ノ衆堂上出座ノ由候、時直(西洞院)出候、一禁中御番ニ自身可参勤候処ニ俄咳気ニヨリ時興(平松)勤之、御礼ニ女御殿(近衛前子)・政所殿(近衛信尹母)・女院御所(勧修寺晴子)・陽明(近衛信尹)へ平松(時興)参候、御理申候、一柳原ヨリ中来義候、診脈、

次第ノ表紙ヲ経師ニ申付ル
木密鋏
三味線

薬遣候、川信(七右)(川勝七右衛門尉)上洛ノ由候、状ヲ遣候、又使者ヲ遣候、有返事、一小少将来義候、一次第ノ表紙ヲ申付ニ経師へ遣候、一白川(雅朝)ヨリコミハサミ(木密鋏)ヲ被借候間遣候、今朝伯(白川顕成)へ扇ヲ返候、一長左衛門ハ宿ニ在之、児ノ宮参リト、一乳母人ノ母里来義也、一亀・菊二人来、シヤミセン(三味線)引、晩炊申付テ返」(25オ)

節会次第表紙出来

廿九日　天曇、晩雨、一早朝紀州ヨリ便宜、堀忠兵使薬ノ義被申、則調進候、又方以下也、又伊賀守(堀利重)身上ノ義被申越候、驚由申遣候、一宗慶久不来而来候、一長野殿同カツ来義、道賀ノ義談合候、一節会次第表紙出来、一終日咳気不快、一御月次詠草　院(後陽成院)御所へ得　御意、時興(平松)持参候、一芍薬ノマセ(籬)少申付候

内儀因幡堂ノ御千度願果ツ
聖澄講釈
方違

卅日　天晴、一内義ハ清水寺詣候、又因幡堂御千度願果也、一平松(時興)番ハ西園(西園寺実益)へ相博、一薬剤製、薬種共被加ン、一講尺月渓(聖澄)被申、時興(平松)参上候、一院(後陽成院)御所へ詠草ヲ上候、一方違堀河(康満)宿所也、亭主(ママ)、一芍薬ノマセ申付候

四月大

院ニ節会次第写本ヲ見セル
曲直瀬正紹大坂下向

一日　天晴 癸未　一行水・祓、一御礼ニ参所々、陽明(近衛信尹)・女御殿(近衛前子)御盃給、沈酔也、政所殿(近衛信尹母)御盃給、女院(勧修寺晴子)御所申置、院(後陽成院)御所節会次第所々得尊意候、又書写本懸御目候、於番所御酒給、八条殿(智仁親王)御盃給、中御(中御門資胤)・白川(雅朝)ニ行、芍薬未開ヲ見、女御殿ノ且開、一延寿院(曲直瀬正紹)ハ大坂下向ト、宿所ヲ尋

初心ノ連歌
里村紹巴十三回忌
沈香
松尾祭
日赤ク照リ月赤シ
久八走リ津軽ノ宿へ尋ネ取返ス
沈香
沈香朽ヲ去ル

候

二日　天晴、朝日赤、一三級・木工(岩倉具尭)へ遣状、初心ノ連哥在之而伺候ト、五条(為経)へ遣状、隙入ト、一中御(中御門資胤)・白川(雅朝)・御㚑別当呼、午ヨリ及夜振舞候、去年上洛ノ刻ヨリ有増也(カ)、各機嫌也、一禁中懐紙清書候、一能札へ杉原十帖遣候、一玄仲(里村)上洛トテ被尋候、又連哥」(25ウ)来八日ニ可興行由兼約候、紹巴(里村)十三回忌ト、奏者所ニメ対面候、一中御ヨリ重箱・双瓶被持候、夕ニ開之、白川ヨリヌリ盃五、別当ヨリ鱒二ケ被贈候、一吉良(義弥)侍従錫鉢三ケ被持候、門へ出候処、被透、飛鳥井(雅庸)へ鞠在之ト、一薬屋へ沈香取ニ遣候、但悪メ先返、一御所内村与一郎、松尾祭トテ御酒ヲ双瓶ニ上、一川後室(川勝秀氏室)来義候、食ヲ申付候

三日　天曇、日赤メ照月赤シ、一白川(雅朝)昨礼アリ、返札候、中御(中御門資胤)預礼、一御番ハ平松(時興)勤之、少納言(西洞院時直)ハ連哥出座候、一捐丸従寺被返候、文太郎送来、酒・餅ヲ進候、一久八古郷ノ者ニ語、又局(西洞院時子)ノ下人等ニ語走候処、津軽ノ宿へ尋テ取返候、宿へモ届候、又久蔵カ請人塔壇ノ者へモ請人ノ事堅届候、一八幡ヨリ杉ノ食局へ到来、食之、一千助ヲ呼、沈香ヲ感得、十二両一分也、代廿四匁五分也、一詠草共ヲ記留也、一竹門(曼殊院良恕)御書大錫諸白・重箱三重給、御返事申入、御使対面、進酒テ返候、一北来、一津軽越中(信枚)留守居ハ鷹山豊前守ト号、遣状一礼申候、一一昨日礼ニ玄仲(里村)へ長左衛門尉申付候、又昨日礼ニ吉良(義弥)へ遣使者申候、一沈香朽ヲ去

霊符祭
公宴御月次ノ懐紙
漆屋
節会次第外題
陽明連歌興行ニ古田織部参ル
沈香ヲ刻ム
片桐且元煩

四日　天晴、　行水・祓、灵符祭、一公宴御月次ノ懐紙一昨日清書〆今朝上、一北隣(白川雅朝)へ行、御灵別当預使故ニ行テ逢候、又酒数盃、漆屋ノ出雲ト云者知人ニ成候、一竹門(曼殊院良恕)へ昨日御礼旁ニ参上、又節会次第外題十二ノ分申入、有御酒、又別当モ参候、又渕田有和・幸庵モ同参、有謡、大酒・論義・数声、予後ニ聞、舞ト、不可説〻〻、一飛鳥井(雅庸)へ行、藤原来入、有鞠、見物候、酔申也、一陽明(近衛信尹)ニハ古田織部(重然)参、連哥」(26オ)御興行ト、玄仲(里村)参上候由候、紹由(灰屋)参候ト、一玄仲へ今朝以使者申候、一平松(時興)ハ西園(西園寺公益)中将代御番参候、一沈香刻事局(西洞院時子)へ憑候、一介石へ重箱・徳利遣候、晩有返事、一延寿院(曲直瀬正紹)尋候処、大坂ニ逗留、市正(片桐且元)煩ト、仍未上洛ト

日赤シ
芍薬四手ノ実生花咲ク
月赤ク光ナシ
汁ノ頭

五日　天晴、日赤、斎ヲ仏眼院へ兼約候間、遣状処ニ坊ニ無之ト、一竹門(曼殊院良恕)ヨリ昨日外題被染御筆給、返事申入、一介石へ返事、今朝遣候、一▨(萩)原(兼従)預使、一平松(時興)ハ主カ当番ニテ参勤候、左(板屋)近丞見廻来、一芍薬四手ノ実生白カ咲初、淀同、一澄長老(月渓聖澄)預返事、又酬之、一晩炊仏眼院呼、山門ノ寂光院(仙重)来義、相伴候、物語共聴之、仏眼院早退散、一女院(勧修寺晴子)御所芍薬見廻申候、マセノ義中川(貞秀)へ申談候、一女御殿(近衛前子)見廻申候、芍薬一見候、又御酒ヲ給、政所殿(近衛信尹母)御座候、及夜半了雪被召出、謡一声在之、一月初テ雲間ニ幽ニ見、赤而無光、昨日モ如此ニアリト、恠意ノ義欤、

一長左衛門ハ宿ニ汁ノ頭ノ由ニテ在之

日赤シ

六日　天晴、朝曇、日少見、赤シ、雨少洒テ猶照、一実成院へ昨日ノ裏頭ヲ返進、門迄両人礼

金屑丸

薫物ヲ調合ス

薬屋沈香ノ朽木ヲ取替ル

ニ来義ト、一玄仲(里村)ヨリ一巡被持候、則作テ昌琢(里村)へ遣之、一女御殿(近衛前子)御使、明日作善アリ、可参上旨也、兼約申入、八日当日東求院殿(近衛前久)三回忌也、一八条殿(智仁親王)ヨリ金屑丸御所望、帯刀(津川)ノ有状、又芍薬可被見旨也、八日迄不叶隙入旨申入、一薫物ヲ」(26ウ)調合、八左衛門尉雇候、長左衛門尉モ研、一北来、一ナア優婆来、久喜ヲ上候、一薬屋大郎○(兵)衛門所へ沈ノ朽木ヲ替テ別ノヲ来、一金臼於飛鳥井(雅庸)借用メ蜜(密)ニ調、両度ニ八両

近衛前久三回忌逮夜施餓鬼

七日 天晴、一女御殿(近衛前子)ニ東求院殿(近衛前久)ノ三回忌対(逮)夜施我(餓)鬼アリ、非時ニ被召候、広中(広橋総光)・阿野(実顕)・滋(冬)野井(隆)・柳原(業光)・予、以上此分烏帽・狩衣也、東福寺ノ衆長老分三人欤、大慈(圭叔龍玄)・南面院(ママ)・霍(ママ)長老欤、海蔵院陽庵等、其外ハ不知、十三人斗欤、御茶過テ退出候、次間ニハ仏眼院等之衆在之、一女御殿へ昆布三十本上候、一玄仲(里村)へ杉原十帖懐紙ニ相添テ遣候、一昨日上洛トテ延寿院(曲直瀬正紹)預状、返事候、又薫衣香ノ方事被申、記付テ遣之、一阿野来義、明日再返為談合遣之

里村紹巴十三回忌懐旧ノ連歌

八日 天晴、一仏ニ花ヲ供、拝之、一早朝ヨリ玄仲(里村)へ行、紹巴(里村)十三回忌旧レ懐之連哥在之、出座、阿野(実顕)・徳松院(徳勝院禅昌)・昌琢(里村)・昌俔(里村)・慶純(橘屋)・紹由(灰屋)・玄陳(里村)・玄的(里村)・元通・予、発句ハ八条殿(智仁親王)申請候、日入ニ満、予ハ盃モ不取ニ帰宅候、一萩原(兼従)ヨリ預使、明日飛鳥井(雅庸)ヲ賞、予ニモ可来由候、会半ニテ不及返答、留守ヨリ返也、一延寿院(曲直瀬正紹)へ錫鉢三遣之、宵ノ間心静ニ語候、盃ヲ取候、教学院知人ニ成候、三位対顔候、道印上洛、一寿徳庵(曲直瀬玄由)ニ逢、一義語候、三益(曲直瀬正円)モ参会候、一綾

上洛、文アリ、イ茶モ上候、去二日ニ木工ノ宿一所斗焼失ト、一玄陳園ヲ一見候、一八条(智仁親王)殿・竹門(曼殊院良恕)へ以使者芍薬ノ義内々申入」(27オ)

（木工ノ宿焼失　玄陳園ヲ見ル）

九日　天晴雨□、　一西園(西園寺実益)内府預使者、則行脈□(ヲカ)診、薬ヲ調進候、一政所(近衛信尹母)殿参、診脈候、早御快気ト〻、一女御殿(近衛前子)参、芍薬ヲ見、一昨日ノ御礼申入、一八条殿(智仁親王)参、芍薬一見候、御自身被立テ被見候、昨日ハ南光坊(天海)伺候之由御物語也、一柳原ノ後室(川勝秀氏室)昨夜ヨリ端へ被出候、診脈、薬ヲ遣候、中へ同、又後室午刻ニ此方へ呼、芍薬ヲミセ候、常住晩炊申付候、少納言(西洞院時直)衆同前、局(西洞院時子)等也、一南光坊参　内ト、一柳後室(川勝秀氏室)ヨリ折箱ヲ給、広橋大納言(兼勝)留守へ遣之候、一玄仲(里村)・昌琢(里村)へ昨日礼状遣候

（天海八条殿へ伺候ス）
（天海参内ス）

十日　天晴、　一玄仲(里村)直衆庵来義、進盃候、一御霊別当へ菊種一本、白朮三本遣之、状返事、一二右衛門へ菊種遣之、一左近丞(板屋)来、笋一束上候、一平松(時興)ハ御番請取ニ参勤候、一後室灸点ヲ付候、一幡(播)州へ文可遣用意申付候、一灰形ノ慶春来、屋敷可還住由堅申、一江戸へ状共昨今認、南部信乃(南部利直室蒲生氏女)内義ヲ頼候、薫物棗一・香合二遣候、玄(元)鑑(今大路親清)・喜多嶋木工・堀伊賀守(利重)・孝蔵主(川添氏女)へ文共延寿院(曲直瀬正紹)へ云伝候、持玄益(曲直瀬)へ状ヲ以申候、　一阿野(実顕)承トテ来、廿日比発句可申入旨被仰出候、長橋迄乍斟酌可得御意旨申入、一平野ノ弥介来、酒ヲ進候、一萩原(兼従)預使者、明日振舞ニ被呼候、同心候、一南隣(大炊御門経頼)ヨリ壁へ上見入、曲事ノ義申遣」(27ウ)

（白朮）
（南隣ヨリ壁へ上リ見入ル者）

姫宮女御殿へ初テ行ク
伊勢物語講尺
豊国社鞠興行ニ行ク

十一日　天晴、行水・祓、一姫宮(アテ宮)御方女御殿(近衛前子)へ初而今年御成、局(西洞院時子)御供、予ハ雖被召、依兼約晩ニ参上候、時直(西洞院)ハ参上、一院御所(後陽成院)ニ伊勢物語御講尺ト、時直聴聞由候、一豊国へ萩原(兼従)鞠興行、飛鳥中納言(飛鳥井雅庸)同心候、丁寧之振舞也、鞠半見物メ帰京候、一女院御所(勧修寺晴子)へ参上、御酒数盃給、無正躰、時直猶以沈酔、一飛中(飛鳥井雅庸)預使者候、状返札候、一発句一両句吟案

豊国社ヨリ使者
曲直瀬正紹江戸へ下向ス

十二日　天晴、　一豊国ヨリ萩原(兼従)預使者、又状ヲ遣候、飛中(飛鳥井雅庸)ヨリモ預使者、一延寿院(曲直瀬正紹)江戸為御番下向、山科日岡ノ下口迄行、辰刻ヨリ未下刻迄相侍候、サケ錫持一盃進、玄琢(野間成岑)一人随身候、於高芝所暫語、発句等ノ物語候、直ニ相別、一七条了忍被相煩、為診脈直ニ越候、宿酒少直也、有粥、受用之、一因幡堂詣、次ニ長右衛門所ノ芍薬一見候、次ニ炭屋、次ニ大黒屋善衛門一見候、一柳原行住坊ノ後室煩、診脈ニ行、宗嘉(大森)盃ヲ出シ馳走、一院御所(後陽成院)ヨリ善禅高(山名豊国)ノ状ヲ被見ト、一玄仲(里村)・玄陳(里村)・玄的(里村)同心メ来、乍立芍薬ヲ見候

八条殿御書ヲ給ウ

十三日　天晴、　大森宗嘉来、昨日礼ト、薬遣候、一勝林庵月渓(聖澄)来義、兼約也、女御殿(近衛前子)ノ御芍薬為一見也、海蔵院鳳勝同心也、麺・吸物・酒ヲ進候、直ニ鷹関白殿(鷹司信尚)芍薬、又白川(雅朝)・中御(中御門資胤)へ同心候、於女御殿茶湯ニテ御酒・茶ヲ給、椿蔵主馳走也、海蔵院ハ門ヨリ被帰、一玄▨治(岡本諸品)・道喜同心、初而来義也、杉原十帖被持候、進盃候、一於女御殿予ハ御酒ヲ給、光照院殿(尊貞尼)御座候、雲勝院・一庵等也、両度参、一八条殿(智仁親王)御書ヲ給、芍薬ヲ被見候、於庭大御酒也、」一(28オ)

鰆・飯籠ノ鮓
天海ト対顔シ沈酔
鐘鋳ノ見物

数盃ノ義忝義也、無正躰沈酔候、一七条ヨリ薬取ニ来、サハラ（鰆）又飯籠ノ鮓ヲ被送候、一院御（後陽成院）所ニハ伊物御講尺ト、時直（西洞院）参上候、一能札ヘ遣状、他所之会ト有返事、一南光坊（天海）ニ於政所殿（近衛信尹母）対顔候、沈酔沙汰限也、一照門（照高院興意）ヨリ御使、鐘鋳可見物中旨候

公宴御会発句
公宴御月次ノ短冊
徳岡長左衛門借銀ノ請人ニ立ツ
赤飯
沈酔ノ理ヲ天海ヘ申ス

十四日 天晴、夕ニ雷、一公宴御会発句陽明（近衛信尹）ヘ以時直（西洞院）得貴意候、宿酒無正躰故也、書付事右衛（高倉永慶）門佐ニ被仰付ト、時興（平松）ハ中御代（中御門資胤）ニ御番参勤候、一院（後陽成院）御所御講尺ト、一能札ヘ平松（時興）行、発句ノ義事談合候、一所々ヘ昨日御礼、又沈酔之御理共申入候、一柳原後室（川勝秀氏室）見廻、又行住坊後室煩ヲミ候、其後此亭ヘ柳原ヨリ来義、於少納言（西洞院時直）晩炊・酒アリ、予ハ不用、又夜月下ニテ芍薬為見物、暇乞旁々後室来義、一盃進候、一公宴御月次ノ短冊二枚給候、一徳長左衛門（徳岡）ハ喜兵衛カ良子借ノ人ノ為ニ請人ニ立候トテ、板伊（板倉勝重）ヘ罷出ト、無心元由ニテ出候、一柳後室ヘ杉原十帖、内義ヨリ干飯袋三被送候、一昨日玄琢（野間成岑）来義、延寿院（曲直瀬正紹）ノ状ヲ被届候、今日漸披見候、一阿茶来、赤飯一重持進候、一広中（広橋総光）早朝来義、芍薬一見候、一実成院迄昨日沈酔ノ理南光（天海）ヘ一言申候

地震
東坡・煮酒

十五日 天晴、午雷鳴、朝地震少、一大森宗嘉息来、薬遣候、今朝予先見廻、中ヘモ薬遣候、一柳後室（川勝秀氏室）ハ今朝丹波ヘ被立候、門送候、長左衛門尉モ二条迄差遣候、一陽明（近衛信尹）ヘ参、昨日忌中入候、又阿野（実顕）モ先刻預切紙、又同参、脇ヲ被申候、一東坡中付候、又煮酒サセ候、一薬ノ日

薬ノ日記ヲ書改ム

徳岡長左衛門ノ妻産所上リ

大仏鐘鋳煅夥シ

院御所伊勢物語講尺満ツ

八条殿御庭芍薬

記ヲ」（28ウ）書改候、薬種製、一七条了忍ヨリ有文、多阿ノ文也、薬遣候、一院（後陽成院）御所御講尺ト、一平松（時興）当番也、一徳長左（徳岡長左衛門女房）妻産所上ニテ来、一夕ニ松村（宗有）・常徳・二衛門・是庵同心ノ来義、芍薬見候、吸物・盃斗也、一陽明ヨリ芍薬御覧、到夕有使者、但大仏ヘ御約諾申入由返事申入、一照門（照高院興意）ヘ今夕ヨリ白川（雅朝）被参候、予ハ可参処、所労故養生候、一久八従幡（播）州帰京候、一御咒（当）別法ヘ遣人処、可来由ニテ雖相待不来義、一佐々木少弐（長守）ヘ諸白樽一遣候

十六日 天晴、月明也、寅刻ニ大仏ヘ行、直ニ少弐（佐々木長守）ヘ入、照門（照高院興意）御座候、八条殿（智仁親王）ハ夜前ヨリ御越也、鐘鋳煅（タ、ラ）帯タ、シ、未明ヨリタ、ラ立、巳ノ上刻ニ鋳候、桟敷ヘ各上、白川（雅朝）・若王子（意経）・八条殿ノ殿上人衆、大統院古澗（慈稽）・見哲（西洞院時慶女）、其外玄仲（里村）・昌俔（里村）・恕云・了俱（石井）等、久和（篠屋）・宗慈・伊勢ノ是庵・了叱等也、有謡、予謡、酒数盃也、不可説々々、桟敷大也、市正（片桐且元）ハ大仏ノ回廊ノ上ト、板伊（板倉勝重）所（同）上、群集之故不見廻候、一帰京之次ニ建仁寺中為見物、古澗ヘ寄、少枕而則立候、及京酔臥候、一院（後陽成院）御所伊物御講尺満ト、時直（西洞院）ハ見物ニ不出、平松（時興）ハ遅候而其辺ヲ後ニ一見候、三宮（済祐親王）御方御座候、一帰宅、酔臥、一陽明（近衛信尹）ヘ以書状昨日御礼申入、一八条殿御庭拝見申度ト松村・常徳以下申候由、内々得御意候、一局（西洞院時子）ハ按察（西洞院時慶女）ヘ被出被泊ト

十七日 天晴、芍薬少々散、掃之、一広中（広橋総光）預使者候、水無瀬参会ト、被呼候、兼約ノ義理候、水無瀬ヘ以状申候、一八条殿（智仁親王）御庭芍薬見物望候義、松村・是庵（氏成）等申候間、」（29オ）同心ノ参上、

相国寺山門ニ登リ遠景ス

直ニ得御意、見之、各驚目候、小川ノ又左衛門尉・二衛門・常徳・宗真・宗祐等也、直ニ巣(蘭)松軒(秀等芳)ノ芍薬一見候、赤盆一遣之、麺・酒等在之、帰リニ山門ヘ登、見之、住吉屋ノ浄祐等モ登、遠景候、一中川(貞秀)ヨリ預、明午刻広中・水無瀬被呼候、相伴ニト被申候、兼約ノ義理申候、一北来、久八ヘ教訓之義申含候、一柳原ノ左兵晩炊ニ雖呼、他所ヘ行由也、一明日少納言乙(西洞院時直)女駿府ヘ下候、薬以下調進候、乳母晩炊申付候、一了忍ヨリ薬取ニ来候、遣之、一夕ニ水無瀬ヘ尋候処、女御殿ノ刑部卿(四条隆致叔母)被居、酒半ニテ予モ数盃、及夜、帰リニ又広中被袖引、又一盞、芍薬見之、連哥ノ懐紙百韵見之、一三条大黒屋善衛門来、芍見候

公宴御会連歌
時直小女駿府ヘ下ル
豊国社参
清水寺滝ノ辺ノ普請
釈和抄校合
改元次第ヲ借ル
日本記・延喜式略書ヲ見セル

十八日　天晴、公宴御会連哥ニ時直(西洞院)出座候、一時直小女駿府ヘ下候、川信(川勝広綱)為養〻也、左兵衛尉・〻〻二人同心也、薬以下昨日調進候、一水無瀬(氏成)ヘ遣状、返事候、一豊国社参候、奉幣使烏丸中納言(光広)也、昨日上下三具借遣候、於神前作法ヲ見、萩原(兼従)・神龍院(梵舜)対顔候、一鐘鋳ノ跡ヲ一見候、帯多〻(夥)敷義也、一清水寺詣、瀧ノ辺石墻ヲ築、後ノ山ヲ壊、有普請、六波羅堂詣テ急下向、一宮御方(アテ宮)ハ因幡堂御参、局(西洞院時子)・内義・長野御供也、長左衛門尉・助衛門申付候処、路次違テ帰、端勘左衛門・八左衛門御輿添也、一院(後陽成院)御所ヘ被召テ参候、釈和抄為校合也、南光坊(天海)書写ノ義ヲ御番衆ヘ頼申候ニヨリテ被仰付被遣候、於御前談之、又次ニ改元次第ノ義ヲ申入処、拝借候、四冊也、於御前御酒」(29ウ)ヲ給、又番所ニテ有食、日本紀・延喜式略書等

之物ヲ懸御目候、御感也、及黄昏帰宅候、一実成院モ御前ニ候、鳥井大路(詮平)等也、一長野殿被泊、少納言(西洞院時直)方ニハ御番ノ留守ノ故也、一院御所御灸点ヲサス、曲地(池)也、御肩不屈伸由仰也、

院御所ニ灸点ス

一住吉屋(浄祐)ノ芍ヲ見物候

天海ヲ見舞ウ

十九日 天晴、一南光坊(天海)僧正為見舞行、杉原十帖・文箱一持参候、盃ヲ出候、予初候、仏眼院馳走也、又女院(勧修寺晴子)御所御礼被申入処、先日御煩ニテ無御対面、此度御対面ノ望在之、内〻按察(西洞院時慶女)ヘ談合候処ニ、未御耳痛不御快不可成由候間、其通仏眼院迄申候、又対顔申談、一常徳・二衛門カ芍薬一見候、松村(宗有)ヘ尋候処、他行、一水無瀬(氏成)帰郷由預状、返札候、一巣松軒(蘭秀等芳)来義、唐紙十枚被持候、煮餅・酒ヲ進候、白川(雅朝)ヘ人ヲ遣候処、有内客ト、一改元次第一冊書写之了、御本也、一芍薬十分一残、一土長ヲ川ヘ求ニ遣候、到来則受用、一少納言(西洞院時直)ハ山科(言緒)ニ有会、連哥在之而行ト、一玄琢(野間成岑)・寿徳庵(曲直瀬玄由)ヘ寄候、一亨徳院(曲直瀬盛孝)ヘ寄人、留守ヲ尋候、一江戸ヨリ孝(孝蔵主川添氏女)ノ文到来

女院御所耳痛

唐紙

改元次第書写

土長

江戸ノ孝蔵主ノ文

鉢ノ椿栽直ス

廿日 天曇、風立、一アテ宮御方御㚑・北野御詣、御添(興)助衛門、又久八舁セ候、一鉢ノ椿栽直、松同、一与兵衛来、一サカヤキ剃、一改元次第一半書懸之、一松村宗有預状、昨日ノ理也、一長橋迄発句上候ニ折・樽等進上候欤、如何尋候、一末撥誂候、使長左衛門也、一平松(時興)当番参勤候、一長野殿端ヘ来義ノ向ニ被留」(30オ)

近衛信尹ノ心病ヲ見舞ウ
板倉勝重広橋へ行ク
延喜式御本
西園寺ト改元・叙位ノ儀ヲ対談ス

廿一日 天晴、行水・祓如例、一早朝大炊(大炊御門経頼)心悪而被呼、急行診脈、薬調進候、一山名禅高(豊国)使者対ノ庄(田井ノ所)小三郎ト号、状十四日ミ付也、院(後陽成院)御所へ被申旨アリ、状持参候、大弼(秋篠忠定)ト木工(岩倉具尭)ハ隙入テ直ニ申入、其後状ヲ持セ遣候、　一陽明(近衛信尹)心痛見廻申候、奥ニ御座トテ無対面、一政所殿(近衛信尹母)へ参候、御盃給、久候、一板伊賀守(板倉勝重)広橋へ被出候、予モ行、延喜式御本　院御所ヨリ南光坊(天海)申請分ニテ被渡候、広中(広橋総光)請取、女御殿(近衛前子)へ持参、其ヨリ直ニ禁中へ持参ト、其間於広橋伊賀与物語久在之、帰リニ伊賀守女御殿へ(ノ)山水ノ水道ヲ見合申付候、中井信乃(利次)モ同心也、一吉田へ飯後ニ出、小松一二本引テ継、代ノ為ニ栽之、一中来義、診脈、薬ヲ施候、一今里ノ与一郎出、筭一束・鯛二上候、一西園寺(実益)見廻、本復ノ由候、暫元(ママ)改之義、叙位ノ義対談候、一大炊診脈、被得験気ト

灸治
公宴連歌一巡
改元次第書写
地震鳴動

廿二日 天晴、一南光坊(天海)為礼返杉原十帖被持候、仏眼院同心ニテ同宿ヲ代ニ被来、従庭被返候、今日登山ト、院(後陽成院)御所へ被召、御斎ヲ給ト聞、一木工(岩倉具尭)・大弼(秋篠忠定)・三級呼候処、南光(坊)入隙(院参)入候テ隙入ト、一禅高(山名豊国)ノ使対庄(田井ノ▨)小三郎ヲ朝食ニ呼、相伴、物語静聞之、一南光坊不動(石)へ内義被詣、一灸治四所、背也、一公宴連哥一順申入、八条殿(智仁親王)御発句也、一改元ノ次第ヲ書写、」(30ウ)△地震鳴動、辰刻也、一局(西洞院時子)ニ芍薬見トテ振舞在之、肴丁寧也、一八左衛門尉カ妻ヲ呼由候、樽二ツ遣候、長左衛門尉雇候間遣候、一棒庵(下津宗秀室)内義へ返事、与衛門尉明日下向ニ遣候

牛房
公宴ノ再返
八瀬竈湯
高台院へ秀頼母ヨリ今夜地震ノトヲ勘申ス
近衛信尋若君誕生
政所殿八瀬竈湯ニ入ル

廿三日 天晴、一岩木工頭(岩倉具尭)来義、禅高(山名豊国)ヨリノ義申談候、又田井庄小三郎来、同心〆院(後陽成院)御所へ参、
木工へ引付テ口上申渡、一陽明(近衛信尹)参、御煩ヲ尋候、右府(近衛信尋)御対面候、詠哥大概ヲ被見候、一酉ヵ
乳母来、一覚ヵ礼ト〆指樽・牛房三把・鯛三上候、一少納言(西洞院時直)御番也、一於途中広中納言(広橋総光)ニ会
候、一綾来、愛岩山詣下向ト、一芍薬大略散、一禅高へ返事遣之候、一中へ従内義双瓶・鯛
ニ被遣候

廿四日 雨天、一北来、八左衛門尉ヵ為祝義強飯法界一・鯛五・樽一上候、一晩ニ公宴ノ再返
ヲ給、夜進上候、陽明(近衛信尹)(ママ)、一政所殿(近衛信尹母)へ以使者申入候処、八瀬竈湯御養生ト、進物取テ帰候、
一終日次第共書写候、一夕ニ聞、高台院殿(豊臣秀吉室杉原氏女)へ秀頼公御袋(豊臣秀吉室浅井氏女)ヨリトニ曰、今夜地震可動ト、勘申
由候、女院(勧修寺晴子)御所ヨリ相聞、一禁中御番時直(西洞院)勤

廿□(五)日 天雨、夜ハ荒シ、一陽明右府(近衛信尋)ニ若公御誕生、丑刻ト、今朝急参、珍重申入、餅ヲ祝、
又再返御覧〆給、時直(西洞院)・時興(平松)モ予ヵ後ニ参上候、飛中(飛鳥井雅庸)・広中(広橋総光)へ遣人候、又後刻参上、桶樽
二・鯛五・昆布二束・太刀進献、御対□(面ヵ)申候、珍重申候、玄琢(野間成岑)・兼与(猪苗代)モ対面候(カ)、」(31オ)一政
所殿(近衛信尹母)へ強飯・小樽一荷・鯛二・徳利進入候、八瀬竈湯御忍ニテ被入、今朝御帰也、一女御殿(近衛前子)
へモ珍重申入、一御月次哥吟案之、一了忍ヨリ薬取ニ来、遣之、一平松(時興)当番参勤候、一晩ニ
次第二枚書

十念寺ノ中へ洪水流入
公宴御会延引
近衛信尋若君他界

廿六日　雨天、一斎坊主来義、十念寺之中、両隣洪水流入由候、急為見廻長左衛門尉ヲ遣候、仏眼院ハ他行ニテ云置ト、广(盧)山寺ヘモ遣候、又下京ハ河辺、左近丞(板屋)・了意・与一郎ヘ助衛門尉ヲ遣候、下ハ水不出ト、　一公宴御会ハ御延引ト、今日ハ休息、次第ヲ書候、一広中納言(広橋総光)ヨリ預状、連哥一順ヲ給、能札談合メ記付遣候、一終日色々ノ次第ヲ書写、一平野祭先日失念、今日モ明日ト思違候、雖然俄ニ神事ニ入、祓ヲ勤候、四畳敷ニ注連メ籠、　一近右府(近衛信尋)ノ若公他界ト、進藤(長滋)迄以使者申候

十念寺へ水ノ見舞
色々ノ次第書終ル

廿七日　天雨未止、一神事祓、公私御祈念、一十念寺ヘ水ノ見廻ニ遣使者候、一少納言(西洞院時直)ニ有振舞、局(西洞院時子)・按察(西洞院時慶女)・林侍者等参集、朝ヨリ到晩、長野殿等也、一色々ノ次第書畢、一差木共木蓮華・天蓼

書写ノ次第ヲ綴ジ切ソロウ
一乗院上洛、駿府・江戸ノ物語アリ
香薷・白遍豆

廿八日　天晴、一孝与来義、盃ニテ祝、一長野殿抑留メ食相伴、一此中書写ノ次第共閉、切汰之、一七条了忍見廻候、多阿来入、参会、一因幡堂詣」(31ウ)一先刻政所殿(近衛信尹母)以使者申候、一乗院殿(尊勢)御上洛ノ由候、又預御使、又参上候、駿府・江戸ノ御物語在之、玄仲(里村)同参也、一政所殿参入、御盃ヲ給、一女御殿(近衛前子)御留守、右衛門督ヘ申置候、一院(後陽成院)御所ヘ参上、次ニ詠草ヲ上候、御意得ノ由也、仏眼院対顔、暫語候、一薬種感得、香薷三斤・白遍豆、　一姫宮(アテ宮)御方御盃給

香薷散

廿九日　天晴、一乗院殿(尊勢)以使者申入、又参候処、女御殿(近衛前子)ニ御振舞在之ト、香薷散献、一院(後陽成院)御所

鼠亡母ノ影ヲ損ズ
唐紙ニテ裏ヲ打ツ
産ノ吉凶
八専
恵仙尼八瀬ニテ養生ス
貞観政要
梵舜へ借米ヲ申ス
久年母
色々次第校合

ヨリ昨夕詠草ニ被加尊筆テ給、忝旨言上候、一公宴御月次清書、長橋へ持セ進上、一亡母(寿渓)ノ影鼠損候、表具ヲ改ニ遣候、以唐紙裏打モ誂之、長左衛門尉使也、西陣也、一七条ヨリ文給、唐紙一枚斗裏打誂之、布三端給之、返事候、又多阿ヨリ文、又産ノ吉凶ノ義被問候間、注之遣候、一河辺ノ泥ヲ上サセ干之、一夕ニ多阿ヨリ預文、了忍煩可見舞由候、所労ノ理申候、一晩曇、雨気ニ成テ又晴、一香薷ノ葉・菫(茎カ)ヲ撰

卅日 天晴○(入八専) 一早朝一門御(一乗院尊勢)下向トテ文幷諸白一桶給、返事申候、所労故見廻不申旨申候処、又無心元由被仰給、一下人二八瀬へ林侍者輿ニ遣候、大聖寺殿御(恵仙尼)養生ト、一大炊(大炊御門経頼)預使、伝奏衆上洛、迎ニ被誘候、雖然所労ノ理申候、両伝(広橋兼勝・三条西実条)へモ申遣候、一院御所(後陽成院)ヨリ三級承ニテ貞観政要拝借候者可致返上由候、不申出由堅御返事申入、何方へノ義ソ、如何、一香薷ノ菫(茎カ)ヲ去、一平松(時興)ハ当番也、一身田(尭秀)便宜文アリ、陽明(近衛信尹)ノ文ヲ所望候間、少納言所(西洞院時直)へ二通遣候、一七条へ見廻ニ六ヲ差遣候、」(32オ) 一神龍院(梵舜)へ借米ノ義申遣候、一久年母継松村(宗有)へ可遣用意也、一要法寺へ吊ニ長左(長左衛門尉)ヲ遣候、一按察局(西洞院時慶女)ヨリ蠟燭一丁給、一色〻次第校合候、一入江殿(昌隆尼)法花寺ヨリ先日御返事到来、助兵衛持参也、政所殿(近衛信尹母)へ文ニテ申入候

五月小

一日 癸丑 天晴、行水・祓、心中祈念也、一アテ宮御方へ御礼、御盃給、一長野殿来義也、一江

時直小女着府　論語注　天井ノ鼠

戸ヨリ孝(孝蔵主川添氏女)ノ文到来候、駒(西洞院時慶女)ヵ事申来、一川信(川勝広綱)ヨリ小女(西洞院時直女)去廿四日ニ無事ニ着府ト、一延寿院(曲直瀬正紹)文、留守ヨリ駿府ヨリノ文到来、一要法寺ノ円詮坊来義、又同道ニテ称玄坊、板ノ本論語注一部持参候、於少納言(西洞院時直)方対面候、一次第ノ落丁二枚書入、一天井鼠ノ溺下ル所ニ不来用意申付候、一御礼ニ少納言・平松(時興)同心ノ所々へ参候、予ハ依所労不参也、一乙丸来、終日、一大炊(大炊御門経頼)大被尋候、奏者ヲ以礼謝候、一菊二三本栽替候

関東紙　香薷散ノ用意　アテ宮誕生日ノ祝　古文真宝ノ講尺

二日　雨天、一所労服薬、折角也、一三西(三条西実条)ヨリ唯心院(日野輝資)ノ状ヲ被届候、一高倉ヨリ蠟燭二十丁被贈、礼状ヲ遣候、一四辻(季継)ヨリ関東紙二束被贈、礼状ヲ遣候、一香薷散ノ用意、先厚(朴)ト・藊豆ヲ合、臼ニテ引之、長左衛門ニ申付候、一アテ宮御方御誕生日ノ御祝ニ被召、餅・御盃等ヲ給、各同前、一内々豊国へ借米ノ義雖兼約、依雨延引之、一矢野昌出状、平松(時興)方へ在之、了忍ノ薬調進候、一古文真宝ノ講尺、禁中へ平松参上候、御学文所ト、一夕ニ北来、一助衛門尉煩、平臥」(32ウ)

粽

三日　天晴雨、一禁中講尺、平松(時興)参上、少納言(西洞院時直)モ参、則御番、一広橋弁(兼賢)ヨリ状、色紙二百枚又々○給、状返札、小刀二、一粽為祝申付、一依所労平臥、久我(敦通)ノ千首ヲ周覧、一雖月不明拝之、一日弁(日野光慶)ヨリ蠟燭十五丁被贈

鯉

四日　天晴、月初見、一高台院殿(豊臣秀吉室杉原氏女)へ従内義鯉一折進上、ヲ辰(西洞院時慶養女)へ粽被遣候、一女御殿(近衛前子)へ鯉二ツ進

菖蒲
安井ヘハラ取リニ遣ワス
延喜式抜書
霊符祭
興津鯛・マナガツオ
印地
蟇

上候、一菖蒲ヲ葺、一内義ノ薬共調合、又安井ヘハラ取ニ遣候、一次ニ徳雲院ヘ寄候、一少納言(西洞院時直)ハ連哥山科(言緒)ノ亭ヘ出座候、一宗慶来義候、一玄冶(岡本諸品)来義候、道規事ヲ申候、延寿院(曲直瀬正紹)ノ文アリ、一玄琢(野間成岑)状又延喜式抜書ヲ被返候、一寿渓(西洞院時慶母)ノ御影表具出来幷裏打等

五日 雨天、一祓、灵符祭如例、一宿ノ祝如例、粽各用之、一姫宮(アテ宮)御方御礼御盃給、飯後院御所ヘ御成也、少納言(西洞院時直)・平松(時興)ハ所々御礼、女御殿(近衛前子)・政所殿(近衛信尹母)、陽明(近衛信尹)ハ奏者所迄ト、女院(勧修寺晴子)御所御対面ト、院御所少納言(ママ)、一局(西洞院時子)ヘ杉原十帖・蠟燭三丁進之、少納言ヘ蠟(燭脱カ)三丁、礼者家中者又葛四郎左(葛岡四郎左衛門尉)・右官掌(座田清次)等也、玄琢(野間成岑)ハ見廻旁来義、軒下ニテ対面、脈ヲミセ候、陽明ノ御煩ノ義ヲ聞之、一八条殿(智仁親王)ヨリ鯉二ケ拝受、忝旨申入、又以使者申候、一女御殿ヨリ興津鯛三十枚・マナカツウオ一拝領、」(33オ) 御使ヘ粽ヲ出、祝之、一日野大(日野資勝)ヘ鯉二送遣候、文有返事、一所々ヘ以使者今日之祝義申候、女御殿・院(後陽成院)御所・女院御所・陽明・政所殿、其外伝奏衆、又日弁(日野光慶)・四辻(季継)・高倉等ヘ申候、一平松ハ当番也、一真木(家永)母ㇾ乳来、小児灸点、虫薬遣之、一平野ヘ蝦蟇取ニ六ヲ遣候処、徒ニ帰、一下人共ハ河原ヘインチ(印地)見物ニ出ト、曲事ノ由申候、一局ハ女院御所ヘ被参、予御云伝ノ旨平松ニモ被仰下、一飛鳥井(雅庸)ヘマナカツウオ送也、一吉良左兵(義弥)被尋ト

六日 雨大降、午ヨリ止、一道云来、病人ノ義申候、薬遣候、一御所内ヘ蟇ノ義申遣、久八ニ、

平野ノ県ノ明神社倒ル
山桝
山薬

一香薷ノ貼紙調置、又銘ヲ印、百三十貼斗、一水出由候間、十念寺ヘ尋ニ遣候、一大聖寺殿(恵仙尼)八瀬ヨリ明日御帰ノ由候、林侍者迎ノ義ニ御寺ヘ人ヲ尋ニ遣、一三条西(実条)ヨリ蠟燭三十丁為見挙給、礼状又以使者申、一大炊大(大炊御門経頼)昨日被尋候、以使者礼謝候、又吉良(義冬)ヘモ演説ノ義申候、一徳善院(前田玄以)十三回忌追善ノ面八句ヲ綴、一平野ヨリ番ノ者告来、県ノ明神社倒由候、依霖也、此中ハツカヘヲ築也、一杉原賦衆、ヤヽ・乳母人・北殿三人ヘ二帖ツヽ也、一ア五暇乞出、夕ニ帰、山桝ヲ上、一丹波ヨリ彼方ヨリ山薬ヲ被送

徳善院十三回忌追善ノ面八句
奈良漬
水打紙
源氏供養表白

七日 天晴、一徳善院(前田玄以)十三回忌為追善面八句独吟清書、牌ノ前ニ備テ灵供ヽ、其」(33ウ)以後養福院(前田玄以後室)ヘ樽二桶・奈良漬・昆布相添テ送候、寺詣ニテ云置ト、家添斎ヲ申遣候、一局(西洞院時子)ハ寺詣也、一少納言(西洞院時直)ハ竹内(孝治)ニ連哥出座、一大聖寺殿(恵仙尼)八瀬ヨリ被帰、林侍者輿舁三人申付テ遣候、一香薷散粉篩申付候、一水打紙畳折置也、一百合艸咲初、石竹・アヂサイ等也、一源氏供養表白撰出、一江戸ヘ状、延寿院(曲直瀬正紹)・孝蔵主(川添氏女)・万三通書、小紅花屋便宜也、一陽明(近衛信尹)ヘ以使者申候、政所殿(近衛信尹母)同、被得少験ト、政所殿ヨリ文ヲ給、御返申入、一大弐殿ヨリ煩ノ義被問、○・内義ヘノ文也、局　一女御殿(近衛前子)ヨリ為見廻御使者候、一行住坊後室煩ヲ意斎内義(朝山久綱室川勝氏女)ヘ問候

庚申
大学ノ講尺
古連歌ヲ撰ビ書写ス

八日 天晴、庚申、一薬種二三色感得、香薷散申付候、一平松(時興)ハ有大学ノ講尺、喜斎(三宅亡羊)所ヘ行ト、一古連哥共撰書写、一多阿来義、提錫被持候、晩炊ヲ申付候、一陽明(近衛信尹)ヘ平松見廻申候処、東

東福寺ニテ近衛前久三回忌
庚申守
金一分判ヲ銭ニ替ル
鮒ノ鮓
盲人来リ、絃ヲ鳴ス
古文真宝講尺
豊国借米ノ状
日本書紀抄朱点
捨丸・駒折檻
粽
蓑

福寺為焼香御越ト、東求院殿(近衛前久)三回忌也、予モ誦経・念仏、𭔃供〻、午過ニ雨天、一御番時直(西洞院)勤候、一長野殿来義候、庚申守到鶏鳴、一宗音来義、被泊、一中ハ丹波へ下向ト、一飛鳥井(雅庸)門へ被尋ト

九日 天晴、又午刻以後雨、一金一分判銭ニ代ニ遣候、一西園寺(実益)ヨリ鮒ノ作(鮓)一桶被送、薬ノ礼心也、一宗音被帰候、午過也、衛府ノ太刀返進候、云伝候、一又連哥書写候、一光照院殿(尊貞尼)ヨリ御使、煩ヲ被問候、一陽明(近衛信尹)へ平松(時興)見廻申候、少験ト、予煩次ニ被尋□(トカ)、一長左衛門尉昨今相詰候、一盲人ノ亀二人列ニテ来、向ニテ絃ヲ鳴、一大工ノ弥左衛門尉杏枝折持来、酒ヲ進候」(34オ)

十日 天夜ハ雨、明テ晴、一政所殿(近衛信尹母)ヨリ御使者、所労ノ義被問候、対面〆返、一平松(時興)当番請取也、古文真宝之講尺アリト、朝ヨリ到晩、半有休息而有食ト、一番宿酒・重箱有持ト、一豊国へ借米ノ状持セ遣候処、彼方ヨリ案帋ヲ来、調直〆重而遣候、先八木ハ十石請取候、一朱彦時之和漢懐帋百韵書写、又日本書紀抄朱点ヲ書、一駿府ヨリ山名禅高(豊国)ノ状到来候、彼書物無事ニ着府ト、一了忍ヨリ文アリ、大験也、今少薬ノ間可置由候、一大炊(大炊御門経頼)ヲ尋候、一捨丸・駒(西洞院時慶女)折檻候、一亀千世方ヨリ粽五把上候、五日ノ礼ト、一西園(西園寺実益)ヨリ蓑二給、一爪切、サカヤキ剃

鯽鮓桶
厚朴・桂・白芷
馬薬
枇杷
甲子日待
別火
神代巻抄朱点
十念寺廟へノ水込ヲ防グ俵
所々へ風雨ノ見舞
薬刀ヲ誂ウ
赤飯
禁中御月次ノ題ノ触

十一日　朝ヨリ午迄天晴、晩雨、一行水・祓、今宮へ代参、長左衛門、次ニ雲林院ヲ見舞ト、一大聖寺殿(恵仙尼)八瀬ニ御座ノ間、怠ヲ申入、鯽鮓桶一・桶樽二進入、一局(西洞院時子)御方ニハ昨日ヨリ神事入、明日日待ト、少納言(西洞院時直)同前、一香薷ノ残ヲ研、一薬種共感得、厚朴・桂・白芷等当座ニ申付候、又馬薬五両ハ大郎兵衛ニテ取也、一トチへ為見廻双瓶・重箱遣候、一舜乗坊来義、扇子二本被持候、盃・粽ヲ進、昨日上洛ト、一日本書紀抄朱点、一ヤヽハ昨日ヨリ此方ニ被居、一枇杷ヲ局へ遣候、一平松(時興)ハ請取ヨリ今朝退出、一竹内(孝治)預使者、所労問也

十二日　天風雨、甲子也、一局(西洞院時子)ニハ日待、今朝被拝、内義ト二人朝被呼、食昨夜モ別火ノ外ノ火ニテ粥ヲ給、一終日神代巻抄朱点、一長野殿宿ノ奴腫物ニ昨日刺、薬付テ遣候、一十念寺ヨリ廟ノ辺へ水込入可防之俵所望候間、十遣候、又見」(34ウ)廻ニ遣候処、無異儀ト、一所々へ風雨ノ見廻ニ以使者申候、女御殿(近衛前子)・陽明(近衛信尹)・政所殿(近衛信尹母)・女院御所(勧修寺晴子)□[等]也

十三日　夜ハ大雨、明テ止、天未曇、一河村三郎兵衛為脈ニ来、診之、薬遣之、一十念寺見廻ニ六ヲ差遣候、一薬刀ヲ誂候、一御番少納言(西洞院時直)勤之、発句談合凡慮ノ比判候、一日本書紀抄朱点、一綾来、赤飯持セ午刻ニ来、一北(板屋左近丞女房)・左近丞(板屋)来、麦飯持セ候、双瓶、家中賑、一禁中御月次ノ題三首被触候、加奉、万里宰相(万里小路孝房)ハ所労ノ理被書付候

十四日　夜ハ雨大、明テ止、日少時顕、陽明(近衛信尹)へ為見廻以使者申候、修理(進藤長滋)迄、一玄琢(野間成岑)へ以使札申

候、彼方ヨリモ同前、一又寿徳庵（曲直瀬玄由）ヘ遣状、返事在之、一玄益（曲直瀬）ヨリ延寿院（曲直瀬正紹）ノ状被持候、則返事認遣候、其次ニ孝蔵主（川添氏女）又加古豊前（賀古正利）ヘ状云伝候、玄益ヘ遣状処、有返事、一誂候薬刀到来候、見事也、一書担子方々ヘ可誂談合ニ長左衛門ヲ遣候、又文紗モ尋也、一茂梢所々ハサミ刈之、一禁中講尺澄長老（月渓聖澄）如例也、平松（時興）聴聞ニ参候、一今日ハ状共多之書也、一抄ノ朱引頭書頭ヲ作

（書担子ノ誂）（抄ノ朱引）

十五日　雨天、暁ヨリ降出、一今宮祭也、長左衛門ハ終日暇乞、宿ニ在之、六モ暇乞、伏見へ、里ヨリ雇遣候、一行水・看経例アリ、猶（ママ）、一朱引如昨及終日、一厚朴申付候、一宗慶来泊、一平松（時興）当番勤候、一サカヤキ剃、一長野殿早々被帰

（今宮祭）（厚朴）

十六日　雨ハ止、未天曇、一今日祈念、荒神代参申付候、一鞍馬戒光院ヨリ尊像御札・炭二俵被贈候、返事斗候、△紫宸殿後御絵書候、奉行衆可出由、伝奏広大（広橋兼勝）ヨリ被相触候、相奉行衆へ理申候、」（35オ）所労旨申候、広大ノ使ハ帰也、速水安芸（良益）也、一光照院殿（尊貞尼）ヨリ預御使、所労御尋候、政所殿（近衛信尹母）ヨリ同、以使者申入、百合草・アチサイ等進入、又陽明（近衛信尹）モ為御見廻以使者申入、一日本書紀抄朱点満メ　上皇（後陽成院）へ返上、大弐殿ヘモ先日煩義被問、御懇志之旨申入、文上皇へモ急一書候、御返事ハ今日御忩敷旨也、一厚朴申付候、助右衛門ニ、又黒焼・青木等之物ヲ製、一経師ヨリ先日次第四ツ連哥双紙一表紙出来テ取寄候、又日本書紀表紙モ誂候、紙ハ此方ヨリ遣候

（紫宸殿後御絵ヲ書ク）（日本書紀抄朱点満チ、上皇ヘ返上ス）（厚朴）（日本書紀表紙ヲ誂ウ）

仙洞和歌御会
豊国社へ代参申付ク
日本書紀拝借
香薷散進上ス
興津鯛
点ヲ写ス
蟾・香薷・蘇ノ苗
神書抄カナ付
鯽
二階町
公宴連歌御会
匂薬

十七日　雨天、晩ニ止、一少納言(西洞院時直)ハ仙洞へ和漢ノ御会へ参勤候、一戸棚ノ中取置書物共撰之出也、一薬種製、方々薬共調合候、一今暁御月次ノ詠ヲ吟案候、一教訓ノ文共認之、少納言等へ遣候

十八日　天晴、雖然未雲残、一豊国へ代参申付候、神龍院(梵舜)・萩原(兼従)へ寄人、清水寺代参申付候、同六波羅、一往生院ノ尼斎ニ来義、枇杷・梅等持セ候、一仙洞(後陽成院)ヨリ日本書紀拝借、昨夜少納(西洞院)言(時直)被相渡候、忝旨以平松(時興)中入、次香薷散進上候、先　禁裏(後水尾天皇)ヲ初、女院(勧修寺晴子)御所又女御殿(近衛前子)等所々不残賦之、八条殿(智仁親王)へハ興津鯛三十枚相添テ上候、別ニ記之、摂家方又竹門(曼珠院良恕)等也、高台院殿(豊臣秀吉室杉原氏女)又召仕衆以下也、「一飛中納言(飛鳥井雅庸)ハ近日駿府下向ノ由候、単物一遣候、一今朝モ狩野――申来候、紫宸殿ノ奉行五条(為経)一人被出候、予ニモ可出由申候間、所労ノ理申候、広橋(兼勝)へモ香薷ノ次ニ所労ノ義理申候、一五条中納言(為経)ヨリ一身田少納言ノ文ヲ被届候、」(35ウ)一終日点ヲ写候、一又香薷調合候、一平野番ノ者蟾ヲ三ケ持来、次ニ香薷・蘇ノ苗ヲ遣候

十九日　天晴、但曇、一長野殿終日留、一神書抄カナ付候、終日、一大炊(大炊御門経頼)被尋候、於表暫語、一鷹司殿(信房)大閤ヨリ鯽十ケ賜、晩以使者御礼申入、一院御所(後陽成院)へ鯽十ケ上候、大弐殿迄也、一所々へ香薷散遣候、二階町不残、中山(慶親)へモ遣候、方々ヨリ預使者候、一時直(西洞院)ハ公宴連哥御会出座也、発句申入候、一乙丸来、一下女之匂薬ノ礼、重箱ニ餅ヲ上候、一七条へ香薷散遣、

蜷
見廻ニ使ヲ遣候、多阿へ同、彼方ヨリ香ノ瓜ヲ被贈、又東寺辺へ蜷ヲ取ニ遣候、一意斎(朝山久綱室川)ノ内

吐逆ノ薬
義来(勝氏女)義、吐逆ノ薬所望候、調進候、一御所内村へモ艾葉ノ義申越候、一観智院ノ連哥ヲ見、

艾葉
経師
所々添削候、一経師ヨリ外題押五冊到来

書物ヲ撰ビ、分類シテ片付ル
廿日　天晴陰、時々霎而過、夜ハ少時雨、一朝ヨリ書物共撰、或記録或詠草共、節会次第等部
類メ入物へカタ付候、一照高院殿(興意)・豊国□□(木工カ)薷ヲ進入、直ニ東福寺陽庵へ遣徳長(徳岡)左衛門尉候、

下人衣替ヲ失却
人寿徳(曲直瀬玄由)へモ遣候、内々可振舞由申遣候、一広橋中納言(総光)連哥雖兼約、所労ノ理先日申候、一下

内儀出産
人衣替共失却之由候、可尋之、但白状ト、一内義生産、亥上刻、長野殿呼、見哲(西洞院時慶女)ハ午刻ニ迎

子産ノカ、
遣折節来、子産ノカ、ヲ呼、及晩雨荒、一平松(時興)当番也、綾来、一今朝局(西洞院時子)ノ久蔵盗ニサス事晩

時子ノ久蔵盗ニサス
ニ請人二介へ預置事

時直北野ノ願果ル
廿一日　天雨荒、午刻ヨリ止、一少納言(西洞院時直)ハ北野へ立願果、三千度ト、又平野詣ト、一女院(勧修寺晴子)御所

ウフ食
ヨリモ内々産ノ義ニ勝ヲ帥殿ヨリ給、所々使アリ、一ウフ食ハ」(36オ)端奥ノ衆不残呼也、
一宗珠へ□飯後ニ人ヲ遣候、一多阿ヨリ文給、灸治談合之義ニ付也、返事ノ次ニ申遣候、一
局(西洞院時子)ノ下人久蔵カ事ニ穿鑿候、宿へモ遣人糺明候、一観智院ノ両吟ヲ大形周覧候、所々不審、

月星ヲ見ル
紙ヲ付候、一宇野因幡守ヨリ状、京着候、宗珠・トチへ香薷ヲ遣候、一夜半ニ月星ヲ珍ク見、
一西園寺(実益)ヨリ人足ノ事被申候、折節無之メ理申候、一北隣(白川雅朝)へ下人ノ義ニ内々申談

三体絶句ノ講尺
飛鳥井ニテ吉良義弥鞠ヲ蹴ル
宜禁本草ヲ返サル

廿二日　天晴、当月初欤、一勧(観)智院ヨリ給候両吟ノ連哥指合○見、辞・点ヲ加、△久蔵カ事ニ葛四郎左(葛岡四郎左衛門尉)ヲ呼、談合メ請人ノ所ヘ遣候、勘左衛門尉モ往来候、一宗珠来義、大膳亮(長印)ヨリ金丸乳母来、与兵衛門・同女房モ来、内義ハ弥快気也、一平松(時興)ハ本満寺ヘ三体絶句ノ講尺ニ行、有振舞ト、烏丸弁(光賢)誘引ト、一平松カ番ノ御理、少納言(西洞院時直)同前ニ申入、一少納言ハ飛鳥井(雅庸)ヘ吉良左兵(義弥)鞠被蹴候、見物候ト、少将(飛鳥井雅胤)云伝アリ、又吉良左兵預使者、予モ亦以使者申候、南隣(大炊御門経頼)ヘ被出ト、一陽明(近衛信尹)ヘ少納言見舞申候由候、一七条了忍ヨリ文、内義ヘ白餅ヲ被贈候、又昌出(矢野)ヨリ宜禁二冊被返候、一夜流端ヨリ粥持セアリ、一千勝院(鎮永)来義、門ヨリ被帰、香薷散遣候

将軍右府ノ御礼ト銀子吉良義弥ヨリ申入
政所殿南都下向
十人組

廿三日　朝ハ日顕、午後雨又、一朝ニ大炊門(大炊御門経頼)迄来臨也、今日吉良侍従左兵(義弥)ト号、将軍右府(徳川秀忠)ノ御礼ト銀子五百枚申入、御移徙ノ御礼ニ二百枚ト、　院御所(後陽成院)ヘ三百枚ト、」(36ウ)女院御所(勧修寺晴子)ヘ(ママ)枚、上卿ヘ十枚ツヽト、一二位ノ上卿花山(花山院定熙)、右府ノ大炊ト、於広橋(兼勝)有振舞ト、吉良預使者候、珍重ノ由申候、大炊又預使者候、先刻折箱一遣候、一政所殿(近衛信尹母)ヨリ預御使、南都ヘ御下向、陽明(近衛信尹)為御祈念ト、為見挙折一・指樽ヲ給、以使者御礼申入、一広橋大(兼勝)預一紙、触折紙各ヘ十人余ヘ被廻、来廿六日ニ茶ヲ可振舞由候、予ハ所労ノ由申候、又以使者理候、平松(時興)ハ可参ノ由申候、少納言(西洞院時直)ハ隙入由申候、△久蔵カ事ニ請人二助所ヘ往来候処、未相済候間、町ヘ十人組ヘ理申候、一観智院連哥ノ比語、昨日之外ニ又指合ヲ見出メ改之書候、一長野殿雇耳掻候、

古枕ニ漆ヲ塗ル
産所ノ目覚シ

一玄琢(野間成岑)へ遣人処、丹波へ越ト、一古枕ヲ修、漆ヌル、一産所ノ目覚シ申付候

院御所ヨリ姫宮へ御賦アリ
伊勢物語歌譜誦

廿四日　雨天、一観智院へ両吟ノ連哥別紙ニ比語ヲ加点〆遣候、又香薷散モ遣候、久我殿(敦通)薷(ママ)、予百五十首ノ和哥ヲ遣候、彼方ノハ未其儘置之、一院(後陽成上皇)御所ヨリ少納言(西洞院時直)ニハ御興行来廿八日御会ノ脇ヲ可申入旨候、一久蔵カ事ニ勘左衛門尉来、談合候、大形究寄候、一院御所ヨリ姫(アテ宮)宮御方へ有御賦、乳母人・襁褓スマシ迄在之、一江戸ヨリ御礼珍重ノ義ヲ女御殿(近衛前子)ヲ姫(ママ)、女院(勧修寺晴子)御所大弐殿迄モ申入候、一西来、煩ヲミセ候、薬遣候、一陽明(近衛信尹)へモ以使者申入、弥御快気ト、一光照院(尊貞尼)殿ヨリ御使、煩ヲ御尋也、一実成院へ先日返事遣候、有返事、一竹門(曼殊院良恕)へ和漢二百韻懸御目候、一夜伊勢物語ノ哥諳誦」(37オ)

久我ノ千首
百合・雁眉

廿五日　雨天、太降、一久我(敦通)ノ千首ヲ百首一見、一予詠草抜書、一担子出来、又薬箱ヲモ申付候、一又昨夜ヨリ胸痛、一小紅花屋ヨリ草花所望、百合・雁眉等ノ物ヲ遣、一竹門(曼殊院良恕)ヨリ昨日進候和漢ノ写ヲ返給候、外題被染御筆候、一枕ヲ塗、一姫宮(アテ宮)方(御脱カ)ヨリ御賦ノ御物ヲ拝領

担子ノ金物ヲ誂ウ

廿六日　天晴、当月ノ初也、一斎坊主来義、平松(時興)相伴也、予ハ依所労不出、一光照院(尊貞尼)殿へ以使者申入候、御煩験気ト、一竹門(曼殊院良恕)へ昨夕御礼以書状申入、一飛鳥井(雅庸)へ煩ヲ尋候、験気ト、一愚詠草写了、一与兵衛息男カ事ニ礼ニ来、又薬ヲ遣候、一夜前北来テ今朝帰候、一広橋大納言(兼勝)へ堂上衆十人余被呼、予父子(西洞院時慶・時直)ハ雖被呼理申候、平松ハ行候、白河(雅朝)同心也、一担子金物誂ニ遣

木蓮華
鶴ノ包丁
御所ヨリアテ宮へ御賦参ル
逆鱗
久蔵ノ耳鼻剃ヲ許ス
曲直瀬玄由幡州下向
神書棚ヲ払改ム
ダイウス門徒未ダ倒レズ

候、一夜ニ入沐浴、神事ニ入、一木蓮華ノ取木ヲ栽、一広橋ニテ鶴ノ鉋丁アリ、地下ノ者共大略出ト、一アテ宮御方へ御賦罠子三枚従御所(後水尾天皇)被参候

廿七日 天晴、青雲当月初而見之、一行水・祓、朝ハ神事也、一長野殿被帰、見哲(西洞院時慶女)同心也、寺へ晩ニ送遣候、徒狂故急之、逆鱗候、長野不被届、一宗音来義、熨斗鮑百本被持候、一多阿来義候、一西ヵ乳母来、煩験気ノ由申、又口舌事出来候、此方ヨリ奉行へノ義雖頼、不同心候、一左近丞(板屋)来見廻、一香薷散所々へ賦候、菊亭右府(晴季)・同中納言(菊亭宣季)へモ遣候、一葛四郎左(葛岡四郎左衛門尉)へ遣状、久蔵ヵ事ニ付呼候、談合、兎角彼者曲事雖勿論、各依侘言、許耳鼻剃、○片頭行也、一按察(西洞院時慶女)へ平松(時興)被呼テ行、一広大(広橋兼勝)へ平松ヨリ礼ニ以使者申候、又中納言(広橋総光)ヨリ草花所望候間、一二遣之、一寿徳庵(曲直瀬玄由)幡(播)州下向ト、預使者文云伝候、香薷手散ヲ遣候、一神書棚ヲ払改、」(37ウ)一例拝領ノ匂袋三人へ給、又今度銀子五百枚被参候為御賦、各三人ノ中へ三枚給、則長橋迄参、平松御礼申入、先刻少納言(西洞院時直)一巡上候、次ニ拝領也、女御殿(近衛前子)へモ平松参、御礼申入、一院御所(後陽成院)へ詠草上候、一北来、白瓜五ヶ持参候、一ダイウス門徒ノ者未倒〆又組之置由候

廿八日 雨天、看経半、孝与来義、不会急帰也、途へ追懸香薷散ヲ遣候、一政所殿(近衛信尹母)門迄御尋、内侍所ノ御次ト、平松(時興)参〆御礼申入、一禁中御番ハ時直(西洞院)ハ院御所(後陽成院)御連哥ニテ時興(平松)勤之、一多阿ハ今朝被帰、診脈又薬ヲ取来、則遣之、一速水安芸(良益)・正親三(正親町三条実有)へ香薷遣候、冷泉少将(為頼)へモ、

手ニヲハ以下ノ相伝

一夜目覚、小漬ヲ乳母人ヨリ被持候、少納言(西洞院時直)夜半時分退出、手ニヲハ以下御相伝ト、一政所殿御尋内侍所ノ次ト

禁中御月次清書

日本書紀ニ点ヲ付ス

廿九日 天晴、一長野殿夜来〆早朝ニ被帰、一宗音ハ晩ニ被帰、一院御所(後陽成院)ヨリ詠草御覧〆返給、忝旨以愚札申上、一禁中御月次清書〆上候、一陽明(近衛信尹)ヨリ御使、進藤修理(長滋)也、昨日御参 内ノ由候、大験ト、予カ事被尋、快気時可参旨候、又忝旨以使者申入、一日本書紀点ヲ付候、一井ノ家(豊家)摂津守来、昨日蕎ノ礼申候、小紅花屋ヨリモ申来、一乙丸夕来、与吉来、女ハ昨夜ツメ候、一関長門守(一政)ヘ香蕎遣候、一宵ニ従少納言(西洞院時直)小漬被持候

六月大

担子ノ金物出来

日本紀ノ点ヲ写ス

夜伽ノ目覚

飛魚

御所内村未進ノ侘言

一日 [壬]午、天晴陰、暑シ、行水・祓、別所四畳半ニ居、一アテ宮御方御礼ニ参、御盃給、一少(西洞院時直)納言・平松(時興)ハ御礼ニ女御殿(近衛前子)・女院御所(勧修寺晴子)参候、女院御所ニテハ無御対面ト、陽明(近衛信尹)ハ御対面ト、政所殿(近衛信尹母)同、一家中祝之、一広橋(兼勝)云伝アリ、来廿日比御能ト内々被申、一担子ノ金物出来、一終日日本紀ノ点ヲ写、一与吉来、左近丞(板屋)等盃ヲ進、一北隣(白川雅朝)ヘ下人ノ事ニ□泉来、於奏者申渡ト、夜前モ申遣候、理相済候、一夜伽ノ」(38オ)目覚、ヤ、ヨリ被持候、小漬也、一[長]野殿ヨリ双瓶・白壁・飛魚一連、一長左衛門尉牛房(蒡)三把・蚫三・双瓶ヲ上候、一宗慶帰リ也、一御所内村三介・孫八郎等出テ未進ノ侘言申

神代巻ニ点ヲ付ス
織田信長三十三回忌
銀子一枚孔方替
二七夜立ヲ祝フ
久我ノ千首ヲ見ル
内儀親父三十三回忌
雲林院屋敷
拾遺集校合

二日　天晴陰、暁ハ大雨、明テ止、晩、一神代上巻点了、又下巻ニ懸、一久蔵カ義ニ町人共礼ニ来、勘左衛門尉取次候、一担子墨ヌリ申付候、一惣見寺殿(織田信長)三十三回忌也、妙円ヲ斎ニ呼、又家中皆添斎候、一久我(敦通)ヨリ愚詠草被返候、又ニイハリ(新治)(菟)玖波ノ事被尋候、注付遣候、一艮子一枚孔方替ニ遣候、一長左衛門ハ左近丞(板屋)へ今明雇シ遣候、一長野殿朝ニ被帰、一漆感得

三日　雨太降、如白雨而又不晴、月ハ不見、一終日日本書紀点ヲ付候、一又漆細工担子二塗、一局(西洞院時子)ヨリ麺被持候、二七夜立祝之、長野殿来義也、一長左衛門ハ左近丞(板屋)カ所へ雇候、有客ト、縁者初参会ト、一多阿ヨリ文給、返事候、薬調進候、一終日四畳半ニ居、月拝故也、一夕ニ左近丞(板屋)ヨリ鯉一上候、一御番時直(西洞院)勤候

四日　雨天、大降終日也、大水ト、一長野早々被帰、一如昨日本書紀点、一久我(敦通)ヨリ詠草被見候、□(又カ)又此方ノモ遣候、一紀州ヨリ堀忠兵状ニ預、又薬所望候間遣之、三種、一仙洞(後陽成院)御煩ノ由聞候、時直(西洞院)御見廻申候、予カ事モ次ニ申入ト、一捨丸ヤ、煩也、一宵ニ久我ノ百(千)首ヲ見了、

一終夜大雨

五日　雨止、未曇、内義親父(葛岡玄仲)ノ三十三回忌、寺ニテ小斎、又添斎アリ、妙円等来、一紀州使返事取ニ来、薬等遣之、一宗音ヨリ雲林院屋敷ノ事申来候、」(38ウ)一一乗院殿(尊勢)ヨリ文、昨日御上洛ト、団扇二本給、又拾遺集校合ノ事承候、則読合返納、次ニ女御殿(近衛前子)ヘノ義申入処、

仙洞御気合
御取成之由候、一爪切候、サカヤキ剃、一今朝早々雨ノトフライ申入、先仙洞(後陽成院)御気合ノ義尋

久我敦通へ千首ヲ返納
申候、陽明(近衛信尹)・女御殿(近衛前子)・政所殿(近衛信尹母)等也、十念寺へ水ノ見廻、一久我殿(敦通)へ千首返納候、又不審ノ所

端ノ小童悪事ヲシ折檻
共少々尋之、一端ノ小童悪叓ヲ仕候、折檻申候、及夜各佗言、許之

泄瀉
六日 天晴、一泄瀉メ平臥、一按察(西洞院時慶女)樽・小漬帯多々(夥)敷被持候、今日逗留也、一久我(敦通)ヨリ先日詠

院御所御験気
哥共被改、又一書ニテ委有返答、此方ノ詠共二巻被返候、一日本書紀少点、一院(後陽成院)御所御験気

拾遺上下ヲ返サル
ト、御行水ノ由候、一一乗院殿(尊勢)ヨリ拾遺上下返給候、今日御帰院ト、一似運端へ来、暫語候、
一政所殿(近衛信尹母)へ以使者申入、一平松(時興)ハ飛少将(飛鳥井雅胤)依誘引風呂へ夜入、一薬剤申付候、一長野来義メ被
泊、一月顕ト、但予ハ不見

霊符祭
祇園祭
七日 天晴、朝ハ雺而過、一灵符祭又祇園拝、洗米ヲ供、一長左衛門ハ児所へ祇園祭へ被呼テ
出、一六モ宿へ出、髪ノ掃除候、一多阿ヨリ文・薬ノ義被申、調進之、一誦経・念仏、過去
帳多之、一祇園会トテ麺ヲ振舞候、暑シ、一終日日本書紀点、一腹中止、快気、一勝モ来義、

公宴連歌御会
林侍者来義也、一時直(西洞院)ハ公宴連哥御会出座候、一蠟燭ノ脂燭ヲ作、一月初テ見、一按察(西洞院時慶女)極晩

松木宗澄跡目
ニ被帰、 一松木(宗澄)跡目ノ事女院(勧修寺晴子)御所へ被申入□事、後ニ聞之」(39オ)

薬担子出来
八日 天晴、一サシ物屋大工来、又本ノ箱申付候、薬担子出来、一手洗水ノ辺墻ノ竹ヲ切広、
一按察(西洞院時慶女)ヨリ文給、一林侍者ハ逗留也、一禁中御番時直(西洞院)勤之、一日本書紀朱点ヲ初平松(時興)少仕候

本草等ノ書
江戸ヨリ駒ノ迎エ
刀ヲ拭グウ
上皇御書

九日　天晴、初テ出門、先院御所(後陽成院)、次陽明(近衛信尹)ヘ参候、暫語申候、大徳寺ノ和尚両人在之、本草等之書ヲ被引、予診脈、又御所ノ御脈診、政所殿(近衛信尹母)ニテ御盃給、女院御所(勧修寺晴子)ニテハ按察(西洞院時慶女)ヘ申置候、女御御方(近衛前子)ニテ御対面、御酒出候、三重ノ箱折ヲ上候、御庵伺候也、了雪同前也、一玄琢(野間成岑)ヨリ三重ノ折箱被贈、状アリ、直ニ女御殿ヘ上候也、返事跡ヨリ申遣候、一光照院殿(尊貞尼)ヘ以使者申入候処、其後又御使文・折箱ヲ拝領、直ニ玄益(曲直瀬)ヘ遣候、△江戸ヨリ駒カ(西洞院時慶女)迎ヲ被上候、松木ノ光徳院ヘ上﨟(松木宗満女)ヨリ文アリ、田舎殿ヲ呼テ往来候、江戸ノ使ハ富田忠左衛門(介ト)ト(衍カ)号、後藤源三郎(忠正)宿ニ在之ト、以使者申遣候、一関長門守(一政)ヘ菊一本遣候、一書物共入替候、担子新敷ヘ入、一飛少将(飛鳥井雅胤)ヘ日本書紀点ノ義ヲ申遣候、一トキノ孫衛門尉来、刀共拭之候、香薷遣候、又上ノ甚衛門ニモ遣之候、一上皇(後陽成院)御書時直(西洞院)ニ被遣候、予事御尋候「一」※記事ノ上部ニコノ字アリ

啓迪集ノ箱出来
日本書紀ヲ返サル
鱧・白八木
物干所
按察嵯峨ノ虚空蔵ニ詣ヅ

十日　天曇、夜ハ月明也、一御番平松自分(時興)ノ懃之、一啓迪集ノ箱出来、則鍛冶屋ヘ遣、一昨日ノ返事飛少将(飛鳥井雅胤)ヨリ到来、日本書紀被返候、一松木ヘ駒カ(西洞院時慶女)事申遣候、又江戸ヨリノ文モ別ニ在之而見之、一丹波ヨリ後室(川勝秀氏室)文、内義ヘ樽一・ハム一・白八木二箱被贈候、文返事候、一肥後ヘ文認遣之、一物干所ヲ申付候、一按察(西洞院時慶女)ハ嵯峨ノ虚空蔵詣也、下人一遣候、」(39ウ)局(西洞院時子)ノ下人一也、香薷モ遣之候

十一日　天晴陰、申刻ニ白雨、雷鳴、一和泉堺川辺道喜使弥右衛門上洛候、長左衛門尉迄状披

堺善空姫公事
丁子
渕田有和遠行
鬢ソギ
飛魚
薬担子・啓迪ノ箱等金物出来
横根薬
橘連円
御所ニテ古文講尺ヲ聴聞ス
日本書紀ノ点
仁徳ノ分
祇園会
薬袋ノ渋紙

見候、禅(善)空姫公事ノ義ニ付也、孝蔵主(川添氏女)ヘノ義也、無用ノ由異見ノ先返候、食申付候、対面候、団扇一・丁子一袋上候、状ニ礼申述候、一是庵・常徳・二衛門三人列ニテ見廻トメ来義也、盃ヲ進テ返候、暫語候、渕田有和去四月ニ遠行ノ由聞之、驚候、一香薷散又調合候、一(ママ)

十二日 雨天、雷鳴メ晩ニ止、朝天太メ午ハ時々小雨、一三級来義、鬢ソギノ事談合候、新大納言ノ局来十六日ト云々、干飯・強飯ヲ進候、一宗珠来義、強飯一桶・樽一桶・飛魚一折又徳利諸白以下被持候、晩炊申候、一見哲(西洞院時慶女)ハ来、林侍者ハ晩ニ帰、一酉ハ来、診之、一松木後(宗満)室ヘ駒(西洞院時慶女)ノ事ニ長左衛門ヲ遣候、一薬担子、啓迪ノ箱等金物出来、一帯刀状・横根薬遣候、一香薷所々ヘ遣候、入江殿(昌隆尼)・仏光(存海堯昭)等也、皆返事在之、一日本書紀点、平松(時興)同、一橘連円調合、

一平松ヘ竹内(孝治)ヨリ番宿ノ義俄ニ被申処、踏合故理之候

十三日 天晴陰、時々雨、一平松(時興)ハ御所ニ講尺、古文也、聴聞□(ニカ)参、一橘連円丸各子共作之、一日本書紀点、仁徳ノ分相済、一北来、松木後室(宗満)ノ辺ノ者モ来、江戸ヘノ義談合候、一御番御理中、時直(西洞院)ハ鷹関白殿(鷹司信尚)ニ連哥五人之内ト、平松及夜退出候、澄東堂(月渓聖澄)ヘ文遣」(40オ)

十四日 天晴、大炊(大炊御門経頼)表迄来入、御能ノ談合昨日在之ト、様躰□(共)被語、一菊三本高台院殿(豊臣秀吉室杉原氏女)ヘ進上、陽明(近衛信尹)ヘ黄菊一本献、一政所殿(近衛信尹母)ヨリ鯉一給、一寿徳庵(曲直瀬玄由)上洛ト、幡(播)州ヨリノ文共被届候、為礼ニ鯛一遣候、有返事、一祇園会也、一板伊賀守(板倉勝重)ヘ息女駒(西洞院時慶女)カ江戸ヘ之義ヲ理候、有返事、一薬袋

日本紀点、履中天皇ノ初ヲ書ク、神代ノ朱ハ平松作ル
飲中八仙
嘉通
土用
赤小豆ヲ炊ク
漆細工
夜洗髪、神事
洪水
嘉通
水見舞
御能ノ入用米

ノ渋染ヲ作、一日本紀点、履中天皇ノ初ヲ書、神代ノ朱ハ平松(時興)作、一松木ノ光徳院ヘ文遣、官女ノ義也、一夜ハ月良、平松・哲(西洞院時慶女)レ見ニ飲中八仙ヲ教、一助右衛門暇乞、終日出、一女院(勧修寺晴子)御所ヨリ嘉通、内義ト平松三人ニ給

十五日 天晴、風立、土用ニ入、赤小豆ヲ炊、一平松(時興)請取番也、一照門(照高院興意)預御書、当月浄満寺(照高院道澄)殿七回忌ニ相当、廿四日ニ連哥可出座由候、所労ノ理申入、廿七八ハ論義アリト、二本松迄御出京候由候、時直(西洞院)参一礼申入、一女院(勧修寺晴子)御所ヘ昨日嘉通ノ料拝領御礼按察(西洞院時慶女)迄文遣候、一光徳院ヨリ昨文ノ返事候、女房達江戸ヘ可下由候、一漆細工候、薬担子ノ裏ヲ作、一夜洗髪、神事ニ入、一川(川勝)新七郎・九左衛門尉駿府ヨリ上洛、文云伝アリ、意斎(朝山久綱)斗也、一御法楽廿五日又御月次ノ題等三給之

十六日 天晴、晩大雨、洪水、小川家二三流ト、此中一也ト、所々ヘ見廻ニ遣候、一祓拝両宮以下、一嘉通給、女御殿(近衛前子)・政所殿(近衛信尹母)、昨日大聖寺殿(恵仙尼)此方ヨリ各ヘ献候、如引付紀(記)別ニ在之、姫(アテ宮)宮御方ヨリ給、又進上候、院御所ヘ御成、御迎アリ、局(西洞院時子)・少納言(西洞院時直)何モ給、又遣之、於端如例各祝」(40ウ)在之、宗音来義、長野同前也、一如昨点二三枚、十念寺・本満寺等ヘ水見廻ニ遣候、一御能ノ入用八木切封被出、百石ニ付而一石ト、一川(川勝)新七郎昨日上洛トテ来義候、於少納言方暫語、路次中水ノ義ヲ聞、一鹿苑(昕叔顕晫)上洛トテ遣人、一乳母先召置候

院御所時直ニ和歌ノテニヲハ御相伝
五疳円
御能ノ入用八石
道ノ義御伝授
豊国社代参申付ク
霍乱
御能ノ御触
院御所虫払
産所掃除
香薷散

十七日　雨天、夜ヨリ降来、一時直(西洞院)ハ院御所(後陽成院)ニテ和歌之テニヲは御相伝トテ早々参上、一五疳円調合、一見哲(西洞院時慶女)ハ為灸治長野殿へ出、一御能ノ入用八石可相渡由転法輪(三条公広)へ申遣候処、先可抱置由候、一院御所ヨリ鯉二ッ拝領、則受用、一ハ玄琢(野間成岑)へ遣候、一日本書紀点、一藤長老(集雲守藤)東国ヨリ上洛トテ　院参之由候、予ニハ道ノ義可有御伝授旨仰也

十八日　天晴陰朝霎、一斎ニハ如例往生院ノ比丘尼来義也、一豊国へハ所労故、代参助右衛門尉申付候、萩原(兼従)・神龍院(梵舜)へ寄人、　一相国寺慈照院(有節瑞保)へ東国上洛珍重申遣候、黄花一本遣候、祝着之由候、一又点付候、一五疳円丸、一富田左(ママ)　従丹後上候トテ使来、松木後室(宗満)ヨリモ有使、霍乱ノ理申候処、又猶加養生可下之由候、□(其カ)申分有往来、一見哲(西洞院時慶女)来、長野同心也、一広大(広橋兼勝)・三西大(三条西実条)へ行対面候、白川(雅朝)・中御(中御門資胤)ニ逢、一飛鳥中(飛鳥井雅庸)へ寄人

十九(日脱)　天晴、暑涼、一御能ノ御触内々・外様一通ニメ被触候、加奉、一▨紫宸殿ノノ(行カ)」(41オ)奉行ノ事ニ御理共申候処、平松成共(時興)可出欤ノ由候、今日ハ踏合ノ子細在之テ重而御理申入、女御殿(近衛前子)へモ申入、時直(西洞院)ハ院御所御虫払ニ被召候、一江戸ノ使ノ所へモ松木へモ遣人、不相済、一宗音来義、晩ニ被帰候、医者衆可引会由候、一産所掃除取立筈也、一昨日仏光寺(存海尭昭)ヨリ桃実一折給、則広橋(兼勝)へ持セ行也、一水無瀬出京(氏成)欤否尋ニ遣人、香薷散ヲ遣候、一竹門(曼殊院良恕)へ菊花献候、一担子ノサシ手間相済、一昨日早速水安芸守(良益)ニ尋候、今度台物御盃ノ事ハ広橋モ無用意ト、

乙丸泄瀉

仍其覚悟候、一日本書紀十一ヨリ十三分点了、一乙丸昨夜ヨリ泄瀉、一門(一乗院尊勢)御上洛之由候、以
使者申候処、女御殿ヘ御座ト

春日社家祐範ハ日本書紀読等ト聞ク

廿日　天晴、一早朝一乗院(尊勢)殿参入、暫伺、能ノ書立見之テ写、春日社家祐範(中臣)カ事ヲ初而聞、日本紀読ト、又哥覚等在之者ト、連哥モ紹巴(里村)ニ付而仕ト、一聖廟御法楽詠草　院(後陽成院)ヘ懸御目候、時直(西洞院)伺候申候、御書付別紙在之、拝之、一御能御拵共候、明日ノ用意忩シ、長左衛門尉宿ヨリ遅出仕候、一松木ヨリ田舎来義候、駒カ(西洞院時慶女)事申談候、一平松(時興)御樽可上歟否ノ事談合ニ五条(為経)又広中(広橋総光)ヨリ被申候処、不上由申候、北畠(親顕)・綾小路(高有)等、新蔵人等不上ト、一洗髪・行水、雪身

禁中御能

天酌

役者南都衆

外様・内々ヨリ百石ニツキ一石ノ出来

小児宮参

能十一番

廿一日　天晴、一禁中御能早参、新殿初之故ニ予モ雖所労出仕候、一番満間伺候申候、退出メ又参上、天杓(酌)ハ御能過テ在之、各堂上有謡、予ハ声不立故大夫セス、少付斗也、御トヲリ過、」(41ウ)其後退出候、御トヲリ二度逢候(也、初ハ)鷹殿下(鷹司信尚)御杓也、一大夫ハ虎屋長門守、役者南都衆卅人斗歟、今度申沙汰外様・内ゝ衆不残ヨリ、百石ニ付而一石ツヽ出米也、少納言(西洞院時直)相対メ出之、一紫宸殿奉行衆五人宿也、時直(西洞院)勤之候、御相伴親王・摂家・同門跡、大略不残、西園内府(西園寺実益)斗也、一小児宮参也、端ノ衆・御局ノ衆被下不残食申付候、日出以前ニ詣候、少納言・平松(時興)・予ハ先相伴メ出候、各ハ跡ニテ心静也、　一見哲(西洞院時慶女)見物、御前簀子ニ伺、　一外様・内ゝ衆公卿分此度誰も無相伴、多人数ノ衆也、涼風立、能祝言共ニ十一番也、相生松・清経・遊

屋・項羽・三輪・安宅・当麻・葵上・阿漕・張良・祝言（呉羽）、見物候分点

能十番

能ノ警固衆ト見物衆喧嘩

禁中ニテ果ツルハ前代未聞

吉岡粟田口ニ懸ケラル

霍乱

時子ノ万ヲ折檻ス

廿二日 天晴、午過雷鳴、白雨、後朝御能・祝言共ニ十番也、先ハヤシ、老松・江口・山祖父等過テ一番玉井・千寿・渓行・柏崎・舟橋・藤栄・熊坂・融・鍾馗・祝言、次ニテ御トヲリニ会、御前ノ時ハ能過、御杓近右府（近衛信尋）ト、入夜ト、二番過テ中立候、一午刻警固衆ト見物衆喧嘩候、ヨシ岡（吉岡憲法）ト云兵法遣之孫ト板伊賀（板倉勝重）家臣弥五左衛門尉ト云者二人当座ニ於御庭相果、前代未聞ノ義也、可休息ノ処、事夕（外）騒動候間、参上候、○（早）相静候、此後夕立荒而後暑甚、心悪而万事怠惰、一見哲（西洞院時慶女）・捨丸ハ内侍所ノ簀子ニ伺、喧嘩ノ前ニ立候、一喧嘩ノ二人未死分ニテ不穢ト、旧例未見之、後ニ吉岡ハ粟口（粟田口）ニ被懸由候、禁中ノ義被宥之義尤也、一陽明（近衛信尹）ヘ以使者申入、今日ハ無御参ト、霍乱ノ由候、一門（一乗院尊勢）ヘ以使者申入、早御参ト、一紫宸殿ニ又時直（西洞院）相詰、夜深テ退出候、一所〻状共認、棒庵（下津宗秀）・江戸ヘ香薷遣候、一内義ハ肥後ヘ同薬調進、三原ヘ薬調進、一局（西洞院時子）ノ万折檻候、侘言〆遣候、一広中（広橋総光）香薷被乞候間遣之、」（42オ）奉行ノ事ニ御理共申候処、平松成共可出歟ノ旨候、今日ハ踏合悪ニヨリ御理申入、時直ハ院御所御虫払ニ被召、次ニ御相伝ノ義在之歟、一駒（西洞院時慶女）カ用意ノ義ニ艮子渡候、手道具申付候

廿三日 天曇、大白雨、一女御殿（近衛前子）・一乗院殿（尊勢）以使者申入、予ハ無正躰草臥、一宗音来義〆石屋

御書籍ノ虫払
飛鳥井雅庸東国下向
照高院道澄追善ノ連歌
逍遙院自筆惟清抄借用
思侭ノ日記ヲ貸ス
ツ、ラヲ得ル

へ飯後被越候、一川（川勝）七右衛門状返事候、上洛ト、一多阿文、薬調進、一氷上ヨリ後室（川勝秀氏室）ノ文到来、一孝与へ切紙遣候、　一御月次詠吟候、一一門（一乗院尊勢）預御使者候、御能ノ義也、一見哲（西洞院時慶女）ハ為灸治長野殿へ行、一院参、所労ノ後御前へ初而参候、晩ヨリ及夜久候、色〻ノ御物語アリ、仏眼院モ伺候也、御書籍共虫払被取置節也、本共之御義御約束也、帰ニ政所殿へ以使者申入、一門ハ鞍馬寺御参詣ト、一日本書紀点、一金ニ銀子代五百六十六匁也、小仏ト一御番時直（西洞院）勤ト、紫宸殿戸共被入ト、一昌琢（里村）へ状、香薷遣候、有懇報、一飛鳥井（雅庸）ハ東国下向

廿四日　天晴陰、暑、一照門（照高院興意）ニ浄満寺殿（照高院道澄）御追善ノ連哥ニ雖被召、予ハ御理申入、時直（西洞院）出座候、夜半ニ退出ト、一日本書紀点、一江戸へ下向候者共ニ銀子皆遣候、未江戸使富田ハ不来、石初而召置候ニモ銀子遣、又松木（宗満）後室光徳院へ請人之事堅申候、一院御所（後陽成院）ヨリ逍遙院（三条西実隆）ノ自筆ノ惟清抄被借下、尊書御答申入了、又後ニ思侭ノ日記借進上候、一晩ニ陽明（近衛信尹）へ参入、病証同前、保長老（有節瑞保）・閑長老初而知人ニ成候、幸庵モ伺候候、同心メ立候、一政所殿（近衛信尹母）へ以使者申入、一一門（一乗院尊勢）ハ鞍馬寺へ被詣ト、一昨日龍雲（飛鳥井雅春男）へ状ヲ遣候、飛中（飛鳥井雅庸）へ云伝候、留守へモ以使者申候、少将（飛鳥井雅胤）へ同、一干瓜申付候、一ツ、ラ共感得、五条（為経）へ差遣候、一昨日ヨリ禁中〇（被）祓、斎ト、一海レ河ノ箱ノシヤウ改申付候、一見哲（西洞院時慶女）ハ長野へ行泊、一聖廟御法楽・御月次ノ短□（二カ）清書メ上候」

澄長老講尺
日次記箱ヲ撰ブ
唐物屋
進藤長治遠行

廿五日 天晴、早朝一乗院殿(尊勢)へ見舞申、御隙ニテ心静御物語アリ、一江戸ノ使者へ遣人処、上洛ト、艮子可相渡由候、一平松(時興)ハ当番也、八講尺澄長老(月渓聖澄)被申聴聞ト、一照門(照高院興意)ヨリ御使者、来廿八日浄満寺殿(照高院道澄)七回忌法事可聴聞由候、一諾申入、一日次記箱三撰取置入之、一唐物屋へ遣人、一御能ノ時ノ樽ノ余一桶御賦也、但父子ノ中へ也、一進藤宗岩(長治)遠行ト、一見哲寺(西洞院時慶女)へ帰、送遣候、一丹波へ後室(川勝秀氏室)へ薬・文共遣候

日次記・抄物次第・神書・祓書・神名帳・医素問序例等ヲ見セル
天蓼
霍乱

廿六日 天晴、斎坊主別人来義也、一斎了、一門(一乗院尊勢)へ参入、日次記、又抄物共懸御目候、次第共、又神書、又祓書等、神名帳・医素問序例等也、今朝天蓼一包献候、一昨日御賦ノ樽ヲ端へ分テ遣候、一山桝感得、一長野来義候、一澄長老(月渓聖澄)被尋候、一江戸へ状共多書之、一乳母煩候、同助衛門尉モ煩、薬共遣候、一照門(照高院興意)へ諸白樽二・天蓼ヲ献候、浄満寺殿(照高院道澄)七回忌来廿八日也、一一門ハ昌琢(里村)へ申入振舞ト、御伽誰々被語無之ト、五条(為経)ノ息西坊城(遂長)雖申遣、霍乱ト、一西園寺(実益)ヨリ香薷所望、遣之、一挿箱一感得、駒(西洞院時慶女)カ用也

鮓
河海抄・花鳥余情ノ箱ヲ塗ル

廿七日 天晴、一七条ヨリ了忍・多阿来義候、鮓・瓶被持候、病後初也、一江戸ノ富田忠左衛門ヨリ銀子三枚、駒下用意トメ被渡候、一サカヤキ剃、一河海抄・花鳥余情ノ箱ヲ塗候、一局(西洞院時子)ハ女院(勧修寺晴子)御所へ御見廻也、一玄仲(里村)ヨリ先度ノ懐帋持セ到来、則書写返進」(43オ)
一廿一日御能御陪膳衆次第、時直朝臣(西洞院)・基久朝臣(持明院)・冬隆朝臣(滋野井)・永慶朝臣(高倉)・雅胤(飛鳥井)・康満(堀川)・嗣(藪)

良(倉)・公福(阿野)・為頼(冷泉)・為適(五条)・時興(平松)・信孝(樋口)・遂長(西坊 西坊城)・高有(綾小路)

照高院道澄七回忌追善
大仏ノ鐘ヲ釣リ上ル
鐘ヲ鑄見物ス
舟橋秀賢遠行両眼盲ト

廿八日 天晴、早朝但出立ニテ大仏照門(照高院興意)へ被召参上、八講昨今也、浄満寺殿(照高院道澄)七回忌ノ追善也、一乗院殿(尊勢)御相伴、門主勿論也、広中納言(広橋総光)・予・白川(雅朝)・新三位(富小路 秀直)・阿野宰相(実顕)等也、八条殿(智仁親王)・竹門(曼殊院良恕)ハ御煩トテ無御越候、午過ニ満、今日ハ五巻ヨリメ初ル也、先粥、次斎、々間酒久、少々見退出、予満メ後ニ各一同ニ立、藤長長(集雲守藤)・柔長老(ママ)(龍眠 剛外令柔)・大統院(古澗慈稽)等、若王子(意経)モ、　一大仏ノ鐘ツリ上ト、片市正(片桐且元)被上候、遣使者候処、隙之由候、則行テ逢候、盃ヲ被出候、暫語候、七条ノ安房入道・安斎モ語候、鐘ヲ乍与所見物候、一早朝ニハ西園中将(西園寺公益)煩、鳥羽ヨリ飛脚来、薬遣候、一駒首(西洞院時慶女)途吉日ニテ西園(西園寺実益)へ出候、一大炊(大炊御門経頼)ヨリ先日ノ酒口ヲ明候、明日可来由候、所労ノ理申候、一陽○明(近衛信尹)御煩、然々共無之ト、一後ニ聞、舟橋(秀賢)遠行ト、今度官位忩ノ振舞諸篇打紛義ニヨリテ欤、両眼盲ト、可畏々々

御霊社へ参ル

廿九日 天晴、暑甚、一公宴御両吟、一門御(一乗院尊勢)参ト、一御灵社参、駒早(西洞院時慶女)々也、一聖廟へ少納言(西洞院時直)詣ト、一丁々、但麦ノ由候、一小刀・鎌等誂之、一日本書紀点付

真桑瓜
訳和集校合
禁中講尺

卅日 天晴、一方々薬共調、無寸暇、一一乗院殿(尊勢)預御使、マクワ(真桑)一籠給、又訳和集校合ノ事承候、」(43ウ) 英甫呼読合テ進入、英甫冷飯申付候、一禁中御番ハ平松(時興)也、則参勤候、又講尺在之ト、一西園寺(実益)ヨリ杉原十帖・張子一包駒ヵ方へ給ト、一鳥羽ヨリ中将(西園寺公益)煩大験ト、又薬遣候、

湯傷ノ薬
一助右衛門尉湯傷ニ当薬遣候、チイモ少相煩、又薬治別而心竭、一川(川勝七右衛門尉)七右へ瓜一籠遣候、後室へ御返事認遣候

七月小

八専
香薷散
浅黄染一帷
一日壬子 天晴、暑太、八専入、一一乗院殿(尊勢)へ以書状申入、御返事候、又申入候処ニ有返事、香薷散献、一今日珍重ノ礼政所殿(近衛信尹母)・女御殿(近衛前子)へ申入、政所殿へ一門(一乗院尊勢)今朝御成ト、午刻ハ陽明(近衛信尹)へ女御殿ヲ始テ被申入ト、一誂ノ小刀出来、一江戸ヨリ迎ノ使富田忠左衛門ニ浅黄染帷一・香薷散ヲ遣候、一日本書紀点、一少納言(西洞院時直)ハ所々へ御礼申入由候

裏付鞋
土長汁
二日 天晴、一駒(西洞院時慶女)下向今日相延、拵猶窓シ、上下煩共ニ機遣、各有餞別共、松木後室(宗満)ヨリ裏付鞋ヲ三被贈候、一土長汁申付候、端ノ衆各来義、一似運来義、小漬ヲ出暫語候、一万里(万里小路孝房)ヨリ短一枚可書

駒東国下向
灯籠
月明
三日 天晴、△駒(西洞院時慶女)東国下向早々拵待候処、人足遅之条、辰刻ニ立、粟▨▨(田口)迄皆送ニ行、北ヤ、、又北(板屋左近丞女房)・左近(板屋左近丞)・長左衛門等遣候、強飯・酒以下ヲ持セ候、富田忠左衛門(介)ニ進ト、三好家ノ女房衆ハ先へ被越ト、与兵衛尉ハ大津迄送、各ハ粟田口ヨリ帰、々懸ニ又左近丞□[所]へ寄、冷飯以下在之ト、」(44オ)久八ハ石辺(部)迄送ニ遣候、一灯籠ノ義ニ源内へ遣人往来候、一当□□[番請]取時直(西洞院)勤之、一月明也、五月・六月ヨリ以後初而晴也、一阿五暇不乞ニ宿へ出不帰、一林侍者昨日

来義、今夕帰也、一日本書記(紀)点之、一左京大夫ヨリ一昨日返事在之、江戸へ御用無之ト、一

七夕ノ御題ノ触

孝蔵主(川添氏女)へ文、又長野殿宿者明日下向之間云伝候、一七夕之御題被触候、加奉、一満カ乳母来

鶯宿梅

泊、一乙丸来、夕ニ帰、一鶯宿梅ノ取木ヲ作

四日　天曇、風立、雺、一源内所へ灯籠ノ義ニ遣人、又七条へモ其義ニ長左(長左衛門尉)ヲ遣候、一多阿ヨ

竹葉ヲ洗ス

リ文給、平松(時興)代ニ返事候、一鎌出来、一裏ノ竹葉ヲ洗、一転法輪(三条公広)ヨリ今度知行高ニ付而出米

知行高ニ付テ出米ノ儀

ノ義ニ預使者候、合点ノ遣候、一久八石辺(部)ヨリ帰ル、無事ト、一日本書(紀脱カ)点事少

堂上官位ノ談合

五日　雨天、大風夜ヨリ吹、一平松(時興)ハ御番也、澄長老(月渓聖澄)講尺被申ト、又堂上官位ノ事昨日談合ア

町ノ汁

リト、正月以来ノ義也、一長左衛門ハ宿ニ町ノ汁トテ午刻ニ出仕、一近衛殿(信尹)・政所殿(近衛信尹母)へモ

風ノ見舞

風ノ御見廻候、一籠レ灯誂候、一多阿ノ薬調進、一ヤ、以外煩也、腹痛、一風荒而ヤネヲ吹

マクル、一了(角倉)以相果由候、但密之ト

七夕ノ詠草

六日　雨天終日、一アテ宮御方院御所(後陽成院)へ被参、大弐殿御目出度事ニ付而也、御迎アリ、一七夕

ノ詠草懸御目、御合点也、少納言(西洞院時直)同前也、一日本書(紀脱カ)点之、一客人未先日ヨリ逗留、汁ヲ申付

候、」(44ウ)一左近丞(板屋)ヨリ樽ヲ上候、又散在分ノ算用ニ呼候、一転法輪(三条公広)へ今度出米ノ義ニ遣人、

五葉枝

又速水安芸(良益)へ高斗代ノ義申遣候、一五葉枝ヲ五条(為経)へ所望候、明日灵符ノ用也、一十念寺へ廟

山椒ノ芽ヲ去ル

参、来九日ニト内々申遣候処、同心也、八木ノ義モ申遣候、一大工来、兼約候、一山桝昨今

目ヲ去、一松木(宗満)後室ヨリ江戸上臈ノ文到来、駒(西洞院時慶女)カ事被申

霊符祭

七日 雨天太、祓神事、灵符祭、一女御(近衛前子)御方以使者御礼申入、飯後ニハ少納言(西洞院時直)・平松(時興)同心メ御礼ニ各ヘ出候、一陽明(近衛信尹)ヘ花進入、御気相同前ト、一政所殿(近衛信尹母)以使者申入、一大聖寺殿(恵仙尼)ヨリ大折一拝受、林侍者文アリ、返事候、一アテ宮御方ヘ御礼ニ参候、灵符供ヲ献、一内義ノ炉閉、

内儀ノ炉ヲ閉ヅ

一懐紙清書メ禁裏ヘ上、一少納言・平松ハ女御殿(近衛前子)御対面ト、院(後陽成院)御所同、政所殿同、陽明ハ右府(近衛信尋)御対面ト、女院(勧修寺晴子)御所無御対面ト、一折ハ飛鳥井(雅庸)留守ヘ送遣候、一玄琢(野間成岑)・能札来義、対面、麺・盃ヲ進候、暫語候、此亭ニテ麺ノ祝等在之、一十念寺ヘ局(西洞院時子)被詣候、一能良香水ヲ上候

麺ノ祝

召仕者ノ扶持ヲ銀子ニテ渡ス

八日 天晴、召仕者共扶持方艮子ニテ大略渡、又所々ノ懸モ済候分載書立、一日本書紀点、一少納言(西洞院時直)ハ昌琢(里村)ニ興行連哥出座、午刻□(満カ)ト、平松(時興)ハ番代ニ参勤候、一香薷散又調合、陽明右府(近衛信尋)御所望候間進上、昨今了忍ヨリ文給、薬所望候、遣之

香薷散

九日 天晴、暑、一大工呼、灯籠申付候、一掃除申付□□木草ノ□、一局(西洞院時子)ノ方ノ水遣所ノ事、大工申付候、一十念寺廟参、布施十匁・灵供料三匁、七条ヨリ二匁進候、内義ハ中折二束」

十念寺廟参

(45オ)被遣候、予斗詣、内義代ニハ北・イ茶等也、棒庵(下津宗秀)ヨリ代□□(ニハカ)チマ参候、何モ水ヲ手向候、理安ノ廟同也、長老出合馳走也、大水ノ跡ヲ見候、一庚申也、時直(西洞院)ハ院□□□午刻□東(東

大水ノ跡

庚申

義来(儀季兼)、篳篥稽古アリ、予ハ不出、一松木(宗満)後室光徳院ヘ江戸ヘノ文認、先内覧メ書直ヲ遣候、

篳篥稽古

孝蔵主(川添氏女)へ文モ云伝候、明日下ト、一若水来泊

目出度事ニ各来儀

十日 天晴、暑太、一大工来、午刻迄遣候、局(西洞院時子)ノ方湯殿所〻也、午刻ヨリ帰、一目出度事ニ各来義、按察局(西洞院時慶女)・林侍者也、宮(アテ宮)御方へ御膳上候、林侍者ヨリ(指)樽・両種、按察ヨリ双瓶・両種、一左近北(板屋左近丞女房)モ来、長野殿・同勝来義也、若水午刻ニ帰、一孝与来、則刻帰也、宇(宇野)因幡ノ云伝相届候、人遣無之故西等ハ不呼、一日本書(紀脱カ)点、一紫宸殿ノ奉行衆へ明日絵カキ張付候間、可明由申候、一堀忠兵ヨリ以外煩トテ薬取ニ来、平松(時興)ヨリモ状遣候、一平松御番也、一晩ニハ於少納言(西洞院時直)目出事在之、如今朝各也、但　宮御方御成也、予ハ雖精進、晩ハ各依被申落也、非常ノ義也、

日本書紀ニ点ヲ付ス

時子方ニテ目出事アリ

大仏供養

西園寺公益ノ祝言

刺鯖

銀孔方替エ

雉ノ翅

十一日 天晴、局(西洞院時子)ニテ目出事在之、各参会、一今朝行水・看経・祓候、一紫宸殿ヲ明テ絵張付候由候、予代ニ少納言(西洞院時直)参上候、一爪切、一按察(西洞院時慶女)ハ逗留〆午刻被帰、一鷹殿下(鷹司信尚)ヨリ大仏供養着座ニ前駈ニ少納言被語由候、一諸分申入ト、一下灯籠張、一西園(西園寺公益)祝言先月(ママ)日在之ト、被対也、指樽二荷・サハ十サシ・昆布二束送候、一丹波氷上後室(川勝秀氏室)ヨリ娑婆廿・諸白代五匁給、返事礼申候、一艮孔方カヘノ義、又若水へモ、一客人雁ノ翅一給候、若水ニ雉翅一遣候、」(45ウ)廿匁先渡候、一女御殿(近衛前子)ヨリ姫宮(アテ宮)御方へ御樽被遣候

官位ノ事談合

十二日 天晴、雷鳴、白雨少、一西園(西園寺実益)内府来臨、官位ノ事談合、又昨日一礼ト、一灯籠ノ義平(時

粽
小麦ノ粉
鮓
紫宸殿ニ賢聖ノ障子絵出来
灯籠出来
蓮飯
ヌシ屋ヨリ薬担子出来
醤油
御月次兼題ノ触
生霊祭
棚

（時興）松与作之、一高台院殿（豊臣秀吉室杉原氏女）へ内義ウイ立ニ被参候、粽卅把、ヲタツ（西洞院時慶養女）へ十五把、ヲトリへ十把被持候、御盃給、帷・帯被遣候、予煩ノ義モ被尋ト、一段懇志之義ト、孝蔵主（川添氏女）ノ事被仰出ト、清月云伝アリ、一紫宸殿賢聖ノ障子絵出来ト、烏丸（光広）戸ヲ閉テ各ハ番替ニテ不出由候、少納言（西洞院時直）勤之ト、一今カ里ヨリ小魚鮎交一重上候、鮓申付候、一今里ノ与一郎出、小麦ノ粉ヲ上候、来月今ニ人足ノ義内々申渡候、一若水ハ早天ニ大津へ帰也、一客人舟橋へ被帰ト、一東福へ勝見被越候、南昌院へ云伝申候、懇ニ有返事

十三日 天晴、雷鳴、午刻如昨、一時直（西洞院）ハ当番ニテ勤之、一西園（西園寺実益）使者薬所望候間遣之、一灯籠共出来、平松（時興）作之、予扶也、金行灯ニ手燭台也、一姫宮（アテ宮）御方へ（灯）籠上候、猩々廻菊作花也、予・平松作之、一強飯ノ義ニ上下忩シ、ヲ辰（西洞院時直養女）へ如例、帥殿等、内義別ニ記之置也、勿論　宮（アテ宮）御方、一了忍ヘモ蓮飯遣候、一ヌシ屋ヨリ薬担子出来、代大形遣、又ヌリノ不足所ヲ直メト申返候、一灯籠両御所（後陽成院・勧修寺晴子）へ上、如御嘉例、同作物也、　院御所（後陽成院）将西上候、大弐殿迄也、一将西ハ女御殿（近衛前子）・陽明（近衛信尹）・政▨所殿（近衛信尹母）等也、女院（勧修寺晴子）御所ニハ方々ヨリ今程上候由候、一御月次之兼題被相触候、加奉、一月明ニメ宵間内義・局（西洞院時子）モ端居、一盃ヲ進候、一川信（川勝広綱）状給、　一西園へ薬遣候」

（46オ）

十四日 天晴、涼気至、一生灵祭如例、棚以下長左衛門仕之、一両親折ハ如例、各参　内、御

時直汁ノ鬮ニ取当ル

十念寺坊主経誦

角倉了以遠行

切子灯籠ヲ作ル

番也、少納言(西洞院時直)・平松(時興)同前、双瓶・重箱持候、少納言ハ汁ノ鬮ニ取当ト、一十念寺之坊主経誦ニ来義、布施十疋、嵯峨ノ尼来、念仏少、布施、了以(角倉)遠行、一昨日十二日ト、一切リコヲ作、又折懸二ツメ十念寺へ遣候、一了忍ヨリ昨日礼返ニ二匁、同銀給、又布一端、文返事候、一アテ宮御方院(後陽成院)御所へ御成候、飯後ヨリ及夜還御

生霊祭

禁中御灯籠見物衆

十五日 天晴、生霊祭、一公宴へ参仕、灯籠外様へ被出候、内〻・外様各伺候候、及晩迄相詰候、此間 院参、御対面、於次間ニテ強飯・酒ヲ給、三西(三条西実条)・富少路(秀直)・時直(西洞院)・幸庵等也、平松(時興)ハ若キ衆ト同心メ後ニ参上候、一陽明(近衛信尹)へ参候、無対面、政所殿(近衛信尹母)御留守也、女院(勧修寺晴子)御所御祝之内ニテ按察(西洞院時慶女)へ申渡メ帰、女御殿(近衛前子)ハ御行水ノ内ニテ申置候、一此亭祝如例、一姫宮(アテ宮)御方御盃給、御祝也、一禁中御灯籠見物衆之事、丸腰又袴ヲ▨着テ門内へ被入、平松請取也、夜酒モ□ト、一亭徳院(曲直瀬盛孝)・玄琢(野間成岑)被尋候、一堀ノ四郎右衛門妻子共灯籠見物ニ案内者ヲ被乞候、遣人

醤油

送火

灯籠ヲ返サル

十六日 天晴、光照院(尊貞尼)殿へ病後初而参、切〻御尋候、礼申入、先刻将酒進上、盃ヲ給、□粥ヲ給、数刻伺候申候、一玄琢(野間成岑)へ寄、昨日被尋候礼申伸候、亭徳院(曲直瀬盛孝)へ同前、宿在之間可入由候処、先草臥故急帰、寿徳庵(曲直瀬玄由)へ寄人、延寿院(曲直瀬正紹)留守へモ遣人候、一晩ニ六カ暇乞出候、一阿五モ暇乞出、一月ハ晴陰也、一送火、一灯籠御返給、▨(鞍)トアフリ等也、一院(後陽成院)御所ヨリアテ宮御方へ灯籠・屏風被参候」(46ウ)

舟橋・官位ノ儀ヲ陽明ト物語ス
予昇進ノ儀
秀頼誕生月日ヲ尋ネラル
大仏供養ノ儀ヲ語ル
諸人心悪シキ日
別火神事シテ豊国社参
母屋ノ屋根ヲ直ス
澄長老講尺
神道ノ儀
匂袋・香具

十七日 天晴陰、雲早、風時々立、一陽明（近衛信尹）ヘ参候、暫伺候、御脈診、物語共申入候、舟橋（秀賢）カ事不届義、又官位之義等也、西園寺（実益）被申通申付候、予昇進ノ義等也、一菊亭中納言（宣季）ヨリ陽明右（近衛信尋）府拝賀扈後前駈（従カ）ノ衆ノ義被尋候、大方注テ遣候、一昨日秀頼（豊臣）公ノ誕生月日ノ事被尋候、女院（勧修寺晴子）御所ヨリ按察（西洞院時慶女）承也、引出注付テ上候、一阿五ハ午刻ニ帰、六ハ不帰、一八条殿（智仁親王）ヘ病後初而参入、御対面也、三宮（済祐親王）御方被申入、能在之間、則□可申旨之処、所労ノ御理申入、一竹門（曼殊院良恕）ヘ病後初而参上、大仏供養ノ義等御物語在之、粗記付而帰、一今日者諸人心悪日也、夕ニ風立雲足早

十八日 天晴陰、晩雨、一斎ニ往生院ノ尼一人、一別火神事メ豊国社参、清水寺并六波羅堂詣、萩原（兼従）ヘ寄入、民部ヘ寄入、照門（照高院興意）ヘ参候処御出京、二本松ニ祭礼御見物之由候、一母屋ノヤネヲ指直、終日カヽル、意則雇候、長左衛門扶之、一六宿ヨリ飯後ニ出仕、三日宿ニ在之、一当番時直（西洞院）勤候、一講澄長老（月渓聖澄）被申、時興（平松）如例聴聞ニ参、晩ニ出候、一左近丞（板屋）ヘ久七ヲ雇候間遣之、祭之用ト、一長左衛門ハヤネニ忩キ故ニ勘左衛門ヲ雇、社参ノ供也、一林侍者煩ト、時興見廻、綾同

十九日 天晴、一内義（西洞院時子）・局（西洞院時直室川勝氏女）・若上等清水寺詣早々也、供長左衛門、一孝与来義早々也、暫語、神道ノ義等也、一二本松照門（照高院興意）御出京之由候、以使者申候、一匂袋・香具製、一後ニ聞、時直（西洞院）

陳皮

大仏ヲ拝ス

痘瘡

織田信包遠行
秀頼豊国社参
天台・真言座争ノ事

人参・肉桂・香薷散

大仏ニテ片桐且元ト相談

ハ殿下(鷹司信尚)へ参仕、大仏供養ノ義ニ付而得貴意候ト、竹内刑部少輔(孝治)同心也、一陳皮製、」(47オ)一
内義ニ臥、[四]畳半端近メ、寒レ夜□也、又胸中□(相カ)煩、一堀四郎右衛門へ灯籠送遣候、有礼状

廿日　天晴、一飯後大仏へ越候、片市正(片桐且元)未上洛、遣人テ先帰、仏ヲ拝、妙門(妙法院常胤)へ以使者申入、又
照門(照高院興意)見廻申候、暫語申候、竹門(曼殊院良恕)モ御座候、妙門ニテ有御談合ト、一大仏供養ノ義ニ内々高台院殿(豊臣秀吉室杉原氏女)へ得貴意ニ内義被参候、清月・ヲトリへ入魂ト、一平松(時興)ハ御番也、雖六番詰坊城(東坊城長維)ヨリ
被頼、五番詰ニ参勤候、一幡(播)州喜多嶋木工内義ヨリ有便、文共所々へ相届候、一宗慶今朝ヨ

リ来義、病人取次、痘瘡難出ニ遣薬、則出ト申来、一於大仏幸庵出合、暫語候、一道喜へ遣

人、関長門守(一政)入魂之義也、一乙丸来泊、一織田上野(信包)遠行ト、秀頼(豊臣)公ハ豊国御社参、御袋(豊臣秀吉室浅井氏女)来アレハ此度成間敷ニヨリ可相延カト、又天台・真言座争ノ事駿府へ可被尋由候

廿一日　天晴陰、少時雯、一薬種下京初タル所ニテ人彡(参)等感得候、肉桂モ、一香薷散残砕、一
乙丸乳腫ニ刺、膿血多出、快気、一幡广(播磨)返事認下候、薬モ遣候、一綾得験気ト、一竹門(曼殊院良恕)預御

織田信包遠行ニ野間玄琢落力

書、沓ノ義内々御借用候処、萩原(兼従)・西園(西園寺実益)へ申遣候処、折□□、一昨夕野間玄琢(成岑)へ遣人、上野(織田信包)遠行落力ノ訪也、一御屋敷ノヲトリ所望、粥ヲ調合遣候

廿二日　天曇、小雨、晩大降、一大仏へ越、片桐市正(且元)為相談也、予以前ニ於堂中広大(広橋兼勝)・照門(照高院興意)、
又後ニ板伊賀守(板倉勝重)等有談合ト、其間相待所三十三間、又法皇(後白河)御影」(47ウ)堂、又片市(片桐且元)宿楽屋ニ

地震鳴動

駿府ヨリノ儀ニ付板倉ニテ談合アリ

理中円

東坡

家中嗽ヲ煩フ

官位ノ事ニ摂家衆等寄合ウ

蜜・沈香ノ舟

醤油

及晩在之、隙明テ被帰節対顔、匂袋三懸遣、盃給、懇志也、神龍院(梵舜)へ寄人、一高台院殿(豊臣秀吉室杉原氏女)へ内義参上、着座被加事内々憑申処ニ御令掌也、一宗慶晩来義

廿三日　天晴陰、晩大雨、未刻地震鳴動、一着座ノ事ニ付而女御殿(近衛前子)参上、右衛門督局ヲ以申入、不相済口也、女院(勧修寺晴子)御所へモ按察(西洞院時慶女)迄先度御口入ノ義忝旨申入、供養使者少納言(西洞院時直)・平松(時興)等之義也、一高台院殿(豊臣秀吉室杉原氏女)ヨリ片市正(片桐且元)返事幷添文等ヲ給、則広大(広橋兼勝)へミセ候、大形合点ノ義也、時直(西洞院)・竹(孝治)内等同心也、一内義ハ御屋敷へ被出、御礼旁今日趣申入ト、一段高台院殿御肝煎也、一市正へ及晩遣状、懇報也、今日板伊賀守(板倉勝重)ニ有談合ト、駿府ヨリ義ト、一当番平松へ時直相博候、一理中円調合、砕事ハ与兵衛ヲ雇、及夜候、一長左衛門ハ宿ニ在之而晩ニ出、一東坡申付候、終日忩シ、一家中嗽相煩、予同前、一昨日道喜来義ト、他行ノ内也、一時直ハ殿下(鷹司信尚)へ切々参候、前斯ノ義不相ト、于今ト、今日於殿下官位ノ義有談合ト、予同時直事不相窮

廿四日　天晴、昨日市正(片桐且元)状広橋(兼勝)へ見之、雖然昨日之口ト相違也、以奏者申処、又通状返事同前、無是非其通高台院殿(豊臣秀吉室杉原氏女)モ従内義申入候、一昨日摂家衆寄合官位之事、昇進之衆西園中将(西園寺公益)中納言、日野弁(光慶)三木、柳弁頭(柳原業光)ニ転、広□正四上ニ加階、飛少将(飛鳥井雅胤)四品、其外」(48オ)可尋之、中山正(慶親)二位、一薬屋太郎兵衛所ニテ蜜十両感得、香レ沈ノ舟来由申、一将西申付候

廿五日　天晴、大仏出仕之義、今朝高台院殿(豊臣秀吉室杉原氏女)御肝煎ニテ仁▨(和)寺殿(覚深)扈従ニ可出由広大(広橋兼勝)被申由候、

大仏ニテ惣習礼
開眼供養・堂供養
小児嗽微熱
輿拝借
下行減ズ

無是非菟角広(広橋兼勝)次第ト申候、市正(片桐且元)へモ相談ト、装束以下之義高倉(永慶)へ被申遣候、同心ト、又及夜陰　御所(後水尾天皇)へモ被申入由候而預使者候、一於大仏惣習礼ニ各被出ト、市正振舞ト、少納言(西洞院時直)及夜帰宅也、関白(鷹司信尚)出仕、開眼供養ト堂供養ト両度ハ被出間敷由ニ候、出入共ノ義ニ及夜ト、五条(為経)ハ不被出、切々申談候、一平松(時興)ハ自分当番也、一与吉雇候、一関長門守(一政)へ遣人、雇人ノ義ニ付也、一孝与来義、北野代参也、食申付候、一小児相煩候、嗽微熱、一内義ハ高台院殿へ被参候、一長野殿来義、見廻也

廿六日　天曇、午過雲、晩大降、一白張ヲ洗張、上下等也、一女御殿(近衛前子)へ被召候、白地参上候、大仏出仕之義被仰聞候、今度之様子申入候、右衛門督ヲ以申入、一陽明(近衛信尹)へチイサ刀申請候、一方々誂物等之事忩シ、宗慶・小少将・イ茶・与吉等也、御所内村助三・三介出仕奉公候、一高台寺ヨリ輿ヲ取寄候、又方々へ輿為借用申遣候、関長門(一政)ハ大徳へ、報恩寺等也、一五条中納言(為経)へ行、三日ノ義内々申遣候、又自身行、相談候、一広大(広橋兼勝)へ昨日礼以使者申、速安芸(速水良益)へモ申候」(48ウ)

廿七日　天晴、一輿陽明(近衛信尹)へ拝借、ヌシ屋ヲ呼、塗之直、烏帽子・チイサ刀以下也、一片市正(片桐且元)ヨリ下行方ノ義可減由申来、広大(広橋兼勝)へ理申候、可申遣由候、内々高台院殿(豊臣秀吉室杉原氏女)へモ申候、内義被参申談而被帰、一夕ニ大仏へ越、先刻市正状返札、此方ノ者遣、又自身先為礼被越、日比野半右

衛門・〳〵・平右衛門対顔候、只今内談ノ客在之刻也、可暫待処ニ及極晩故云置テ帰京候、一上下・白帳(張)以下仕立物大方出来寄、一輿方〻ヨリ可借来由候、御屋敷ヨリ大徳寺、雖然早此方ノヌリ候、与吉来、ヌシ屋取次也、一宗慶・小少将等相詰縫物在之、一上野志摩守ヨリ近衛殿(信尹)為御見廻有使札、予肝煎候、五条中納言(為経)ノ所宿ト、一広大へ行、対顔、速水安芸(良益)馳走候、一竹屋(光長)ニ逢候、先日申入候摂家衆御寄合ニ予中納言ノ義大方為談合成寄候由也

時慶中納言ノ儀

廿八日、一当番時直(西洞院)参勤候、

廿八日 天晴、残暑、一早朝市正(片桐且元)ヨリ預状、使対顔、広大(広橋兼勝)使速水安芸(良益)同心〆来義、何モ対顔候、状返事候、又広大ヘモ祝着旨以使者申伸、安芸モ大仏ヘ越ト、一五条中納言(為経)預使者、人足ノ義ニ付而普請在之、今度出仕ノ間理、伊賀守(板倉勝重)可申欤ノ為談合也、又庄屋与一郎モ来、猶(カ)其上申付候、普請番ノ間ノ者可仕ト、一上(上野)志广(摩)返事、使者ニ対面〆渡候、煩モ尋之、一孝与見廻也、宗珠ヨリ寄宿免所之事ヲ被頼、女院御所(勧修寺晴子)ヘノ義按察(西洞院時慶女)ヘ相尋之、一諸大夫成十四人在之、大坂衆也、藤懸(永元)八右衛門尉其内也、市正息出雲(片桐孝利)、一速水安芸守片市正ヘ行、注文之艮子被相渡、請取由候、壱貫匁、又装束ノ料ハ直ニ高倉(永慶)ヘ被相渡ト、広大以使者礼申候、」一(49オ)安芸(速水良益)ヘ申遣候

宗珠ヨリ寄宿免所ヲ頼マル

大坂衆諸大夫成十四人

大仏供養延引

廿九日 天晴、晩雨、風立、朝食急大仏ヘ越、市正(片桐且元)ヘ一礼申候、懇志也、供養相延ト、諸人草

片桐且元大坂へ帰ル

臥由候、盃ヲ給、安芸(速水良益)モ此所ニ居而一礼ニ申候、高野ノ多門院・陽明坊等同参会也、市正ハ後刻大坂へ可罷帰由候、一照門(照高院興意)へ参、見廻、則退出、一相延義、徳岡喜三郎・薬屋太郎兵衛等へ申遣候、堀忠兵上洛ト、一堀忠兵為養生上洛来義、銀子一枚被持候、診脈晩ニ薬遣之、重湯ヲ申付候、一太郎兵衛同心也、一小少将・宗慶・長野等在之而縫物共多之、一長櫃大小感得、一漆塗師来、輿申付候、一リ庵初而来義、アテ宮御方御嗽為御養生也

縫物多シ
長櫃感得
アテ宮嗽養生

八月大

葡萄今焼ノ鉢

一日辛巳　天晴陰、霎、夕大雨、如例御太刀上、則御返給、平松(時興)同前、院御所(後陽成院)へハ雖上、各不納ト、其侭取テ帰也、女御殿(近衛前子)へ葡萄今焼ノ鉢ニ入テ上、女院御所(勧修寺晴子)ハ硯蓋、政所殿(近衛信尹母)同、柿ヲ則御返也、陽明(近衛信尹)御対面也、鉢ニ葡萄上、　女院御所無御対面、女御殿ハ御所へ御成也、御留守御所ニテ御酒給、三人列ニテ参上、一院御所ニテハ平松ト両人也、奥御会ノ間ニテ御対面、御酒給、常光院(友竹紹益)同参也、大仏供養宿ノ義ヲ被申、可被借ト、一諸、一三西(三条西実条)・広大(広橋総光)・同中納言(広橋兼勝)等一礼、門迄申伸候、但広(広橋兼勝)へハ入、将軍(徳川秀忠)ヨリ御馬如例被上候、御返打枝・御銚子也、御使山中山城守(宗俊カ)ト、○板伊賀(板倉勝重)守被添候、暫伊賀守ニテ語候、孝蔵主(川添氏女)ノ事・息女駒カ事・大仏供養ノ義等被申出候、一高台院殿(豊臣秀吉室杉原氏女)へ父子三人(西洞院時慶・同時直・平松時興)参上候、御酒ヲ給、津田ノ平左衛門同参也、日入ヨリ及初夜過、麺・吸物・肴色々被出候、薏苡小食籠ニ□入包テ拝領候、種々御懇之」(49ウ)義也、清月・永春・ヲム

将軍ヨリ御馬上ル
打枝
高台院へ父子三人参上
薏苡

葡萄
大豆・角豆
将棊

ツ・同母義等也、一宮(アテ宮)御方御盃給、各祝之、於端盃祝之、一内義高台院殿へ葡萄一折上、ヲトリ柿一折餅二重、清(清月)へ大豆、御辰(西洞院時慶養女)へ角豆、一八条殿(智仁親王)平松(時興)同心、御酒給、有将棊、昌琢(里村)・カウ庵・玄仲(里村)等之衆数輩参入、広中(広橋総光)同心候、殿下(鷹司信尚)・大閤(鷹司信房)へ御礼、御盃給候

行列ノ次第

二日 天晴、一鯉一折陽明(近衛信尹)ヨリ給、一広大(広橋兼勝)へ鯉送之、一板伊賀守(板倉勝重)へ干飯〔餔〕十五袋遣之、両伝奏(広橋兼勝・三条西実条)来入ノ刻ニテ有盃、懇志也、八右衛門(川那部)ニ帯一筋遣之、一仁和寺殿(覚深)今度着座扈従ニ参候為礼義参上、杉原二十帖・文箱二上、有小漬、菩提院(光紹)・密(厳)権院(実円)等相伴也、其後御対面也、御盃給、入御アリテ退出、真伝院ト云仁初而知人ニ成候、今朝行列ノ次第ヲ写メ帰也、菩提院へヌリ盃三ツ遣之候、一堀忠兵脈ニ直ニ宿へ行、今朝モ薬両度遣候、一五条中納言(為経)切〻預使、仁和寺殿へノ義也、帰宅メ彼亭へ行、暫語、一夜寅松(西洞院時慶男)嗽甚煩、一久七ハ宿へ早出

寅松嗽甚シ
醤油ヲ醸ス

三日 天晴、暑太、一将西醸、一買物共ノ義長左(長左衛門尉)ニ申付候、餔・烏帽(子脱カ)・懸扇等ノ義也、一江戸ヨリ便宜ヲ聞、長野殿宿ノ者〔伝蔵〕也、駒(西洞院時慶女)ハ去十六日ニ下着、孝(孝蔵主川添氏女)ノ宿ニ養生メ在之ト、廿三日ニ立ト、松木後室(宗満)へモ申遣候、一今朝昨日借遣候行列ノ次第五条(為経)ヨリ被持返候、一宗音来義、一長野来義、一宇野因幡守へ先日返札認、宗珠迄遣候、薬ノ種共五色遣之、香〔白〕芷ハ一日ニ富少(秀直)路へ種所望ニ遣候処、無之ト、薏苡ハ遣之候、一寅煩(西洞院時慶男)少験ノ心也、一堀忠兵状返札、薬等遣之、一銀子孔方代三貫程欤、一晩他方夕立、雲多而月不見、一当番時直(西洞院)勤候」(50オ)

行列ノ次第ヲ返サル
香白芷
薏苡

庭草掃除

四日　天晴、月明也、一庭草掃除、初タル下人置、一速水安芸(良益)へ鏞十袋遣之、大仏へ□(越カ)ト、一烏帽(子脱カ)取寄候処、皆悪ニヨリ又作シ直候、与兵衛使也、一リ庵来、宮(アテ宮)御方御脈診、一延寿院(曲直瀬正紹)江戸へ便宜ニ返札認遣候、玄鑑(今大路親清)へ同、一寿徳庵(曲直瀬玄由)預、(脱アリカ)来六日ニ可振舞由候処、理申候処、自身来義メ一諾候、一昨日履箱出来、一長櫃昨日返、又別ニ申付候、一昨日小紅花有使、借銀ノ義

小紅花屋ヨリ借銀ニ付使者アリ、一部ヲ返ス

ニ付也、一按察(西洞院時慶女)ヨリ小重箱強飯到来、一長野殿縫物共ニ抑留、一寅松(西洞院時慶男)行水、一宗音滞留也、一装束可被渡、可請取由候、雖然今夕相延ト、一小紅花屋銀子二百三(四)十九匁返弁、残二百匁也、一仁和寺殿(覚深)預御使者、折箱拝領、対面メ使者へ進盃、一下人初而置之、一疾ノ薬蜜ニ調

疾ノ薬蜜

思侭日記返サル

五日　天晴、暁天ハ雨、明テモ不明、霎メ過、一院御所(後陽成院)ヨリ思侭日記被返下候、女房ノ文アリ、大弐殿へ返事候、一長左衛門ハ今朝出仕メ又宿ニ如昨申事在之テ晩ニ出、一堀忠兵来義、診脈薬施、一大仏供養役者出仕ノ衆三十一人アリ、高倉(永慶)ニテ装束被仰付テ被渡候、広橋大納言(兼勝)

大仏供養ノ役者三十一人出仕、装束請取

ニテ請取候、以上七色也、袍・袖単・大帷・赤大口・裾・表袴・冠・同纓也、エリ到来、一多阿ヨリ端坊(明善)長門国ヨリ貝ノ袋一被上候、被相届候、一内義洗髪、明日神事御灵社参之用意

内儀洗髪

也、一広橋へ以使者一礼申、高倉へモ申伸候、袍ハ三宅勘左衛門請取候、一按察(西洞院時慶女)ハ女院御所(勧修寺晴子)ヨリアテ宮御方為御見廻被参候

内儀産七十五日ニテ宮参

六日　天朝晴、午ヨリ雨風大也、一朝内義ハ産七十五日立而宮参、先上御灵、次中御灵被

風呂
御香水
十念寺施餓鬼
仏ノ厨子鼠ニ食ワルルヲ直ス
粉薬
穂継ノ梨ノ実成リ、陽明ヨリ御詠

詣、」（50ウ）御鈴進候、下向祝之、一寿徳庵（曲直瀬玄由）作事新造ニ被呼行、時直（西洞院）同、鏞十五袋三級・□（秋）篠▨（忠定）大弼・権少副・八条殿（智仁親王）ノ左衛門尉等也、亨徳院（曲直瀬盛孝）相伴也、振舞ノ後風呂へ入、丁寧之義也、予ハ雨静ノ時ニ早退、一与六・意息等来、明日之調味候、一端坊（明善）ヨリ長州萩ヨリ預状、一寅（西洞院時慶男）松以外煩候、祓、因幡堂御香水ヲ灌、一高台院殿（豊臣秀吉室杉原氏女）ヨリ上下ヲ取ニ来、廿具渡候、一梨枝吹折、実二落、一十念寺ニテ一夜別時局（西洞院時子）ヨリ被申、依雨不参、局斗被詣候

七日 天晴、一於十念寺施餓鬼、又廻向等之作善、局（西洞院時子）被詣、内義同、予モ参候、徳岡弥介・葛四（葛岡四郎左衛門尉）郎左被詣、有斎、予ハ此方ニテ斎ヲ給、御局へ各参候、左近丞（板屋）・同北（板屋左近丞女房）・長左衛門ヵ女房等出入ノ者共也、宗音未滞留也、一装束請取候連署、官判ヲ加テ遣候、宛所片桐市正（且元）也、広大（広橋兼勝）ヨリ被廻候、一多阿へ端坊（明善）返事認遣候、一寿徳庵（曲直瀬玄由）へ昨礼申遣候、返札アリ、一多阿見廻ニ行、了忍モ被上候、一仏ノ厨子鼠食ヲ大工ニテ直、一当番時直（西洞院）勤候

八日 天晴、薬師代参、北、一昌出（矢野）昨日礼状、一薬（粉）調合、堀忠兵ノ用、△陽明（近衛信尹）ヨリ御詠、先年恵（穂カ）継梨実当年成候、五果給トテ、命あれは手にこそふるれわか園に君か継梨実なりそめしも、とありし、御返し、実なりそめし君か園生に今年より千□（とカ）せ手折らん軒のつまなし、と申入候、心ちよく被感候、御不例見廻申候、一政所殿（近衛信尹母）帰途ニテ懸御目、輿ヲ被駐テ懇宣フ、女御（近衛前子）御方ニモ御見廻ト」（51オ）

侍ヲ召置ク
痰薬練薬
朝倉山桝
磯野員昌存命
院御所ヨリ時直ニ伊勢物語切紙奥義相伝、時慶ニ古今相伝
朝倉ツト
飛鳥井内儀ノ端者疔腫ヲ刺ス

九日　天晴、一初タル侍ヲ召置、三宅喜左衛門ト号、終日輿ノ覆ヲ申付候、一半長櫃ノ裏張作、一陽明(近衛信尹)尋申処、今日ハ少験ト、一似運来義、暫語、陽明御見廻ノ次(ニ)ト、一痰薬練薬ヲ調候、一女院(勧修寺晴子)御所ノ越後局被来泊、一寅松(西洞院時慶男)少験也、一於局(西洞院時子)汁振舞也、一材木屋ノ二兵衛見廻ニ来、朝倉山桝一袋上候、若狭小浜橋請取懸由申候、磯野丹波(員昌)令存命、今ハ号駿河守ト、一堀忠兵預状、鮎廿被贈、則帥局へ遣候、一院(後陽成院)御所へ時直(西洞院)参上候、伊勢物語切紙奥義不残御相伝、予ニモ古今可有御相伝ノ由被仰下候、一昌出(矢野)ヨリ左近来義也、一寅松不例、到今日三日祓候、一丹波中ヨリ朝倉ツト一被送候、一飛鳥井(飛鳥井雅庸室)ノ内義ハシタ物疔腫煩刺メ遣候

薬担子出来
梨

十日　天晴、一局(西洞院時子)ハ御灵社参也、一乙丸来、一越後局朝食於此方在之、長野殿逗留也、一上下ノ布ヲ買得候、一北来、布ノ義肝煎、但此方へ直、別ノ売人持来ヲ取、一大仏供養出仕ノ拵用之ノ残分六十匁請取候、速水安芸(良益)ヨリ各へ相渡候、一薬担子出来、一四畳半ノ明障子張直、又書院ノ同、一烏子又感得、一平松(時興)当番参勤、一御神楽十六日被行、出御、脂燭ニ可参勤触折紙、業光(柳原)朝(臣脱カ)奉行也、今度貫首初ノ奉行也、一院(後陽成院)御所へ梨三果上、次ニ御伝受ノ義ヲ伺申候、一於端夕食在之、越後殿相伴候、一飛鳥井(雅庸)ノ下女来、刺メ遣候」(51ウ)

舐喫ノ法

十一日　天晴、暑太、一陽明(近衛信尹)見廻申候、今日ハ少験ト、一下間少弐(頼賑)同参也、久左衛門尉ト云医者伺候申候也、舐喫ノ法ノ義ヲ注メ上候、一院参候、御相伝候義等粗得尊意候、一於局(西洞院時子)朝食

古文真宝講尺

アリ、越後局相伴候、少納言(西洞院時直)・同内義(西洞院時直室川勝氏女)等也、晩ニハ予カ方ニテ夕食振舞候、一平松(時興)ハ日野(資勝)相博ニテ御番、古文(真宝)講尺モ在之ト、一喜多嶋新八昨日上洛トテ木工(喜多嶋)ノ文到来、一酉カ乳母来、一夕食ハ四畳半ニテ振舞、越後殿・少納言・同内義・局不残、宮御方(アテ宮)ヘハ御膳ヲ上候、越後殿夜被帰

禁中連歌御会

十二日　天晴、一北野詣、平野詣、次御見廻也、弥介ニ普請ノ義申付候、一生嶋宮内・右兵衛尉同心メ来義、病人ノ事談合候、柳沢清庵煩ノ義ニ付也、宗派(把)(柳沢)モ来候、一時直(西洞院)ハ禁中連哥御会参勤候、一半長櫃感得、輿ノ簾・畳等出来候、一堀忠兵因幡堂参籠ト、少験ノ由候、一多阿ヨリ文、薬遣候、方々ノ薬遣之

霊符祭

大仏鐘ノ文ト棟札ニ家康機嫌悪シ

片桐且元駿州下向

古今清濁御相伝

口細

古今抄ヲ返サル

土長汁

紙打

十三日　一灵符祭、一柳沢清庵薬遣候、今朝モ生宮内(生嶋)・右兵衛門迄来義ト、柳沢ヘ行、一院御所(後陽成院)御聯句御会早満、後ニ参上、和尚衆対顔候、大仏鐘ノ文ノ事、駿符(府)ニ御機嫌悪トテ今日片桐市正(且元)駿州ヘ下向ト、其義ニ板倉内膳(重昌)上洛ト、又大仏棟札ノ義モ機ニ不合ト、各恐怖ト、一院御所古今清濁御相伝、依吉日也、先序分又抄拝借、」(52オ)則写初、一陽明(近衛信尹)見廻申、被得験気ト因幡申候、又其後強飯・樽桶一・新酒桶一・口細五連献候、御書・御礼在之、又古今抄先年借進候ヲ理申候処、被返候、有御書、一土長汁少納言(西洞院時直)ヘ遣候、一御番時直(西洞院)勤候、一長野殿宮(アテ宮)御方為御見廻逗留也、初而イ茶召置、一紙打、一晩ニ他方夕立雷鳴、一古今抄則　院御

所ヘ懸御目候

愚詠ノ御添削

土長

刺ノ薬

十四日　天晴、暑甚如昨日、一朝ニ上皇(後陽成院)尊書、愚詠御添削、批語等被遊付、昨日ノ抄モ返給、尊答申上、一柳沢清庵来、診脈、薬遣候、一堀忠兵見廻、朝食振舞也、又舎弟ノ内匠助(堀)モ煩診脈、薬遣、夕食此方ヘ呼テ相伴候、薬屋同心候、内匠ハ五十疋被持候、初而ノ義也、一江戸ヨリ孝蔵主(川添氏女)ノ文共到来、駒カ(西洞院時慶女)事慥聞、南部信濃(利直)迄返事、満方(松木宗満女)ヘ遣候、又江戸上﨟ヘ返事モ認候、今日事多、一御所内ノ忠衛門土長ヲ上候、一平野弥介来、北山給人相替候義ヲ聞、一飛鳥井(雅庸)ノ下女来、刺之薬ヲ与、一薬屋太郎兵衛ヘ銀子四十二匁渡遣候

引破ノ粥

古文真宝講尺

文英清韓ノ庵壊サル

鐘ノ文悪書

茄子ヲ以月ヲ拝ム

月見

十五日　天晴暑甚、一清庵(柳沢)ヘ脈ニ行、一堀忠兵預礼状、又内匠助預状、薬又所望候間遣之、今日大坂ヘ下向ト、一喜多嶋新八初而来義、袷一・帷一被持候、内義ヘ▨重物一・帷一見挙也、智永案内者也、吸物・引破ノ粥ヲ進候、未病後ニテ振舞ハ略之、寿徳庵(曲直瀬玄由)預状、新八ノ事ニ付而也、一孝与来義ト、一下津内記(宗政)昨▨日上洛ト、預使、予見廻候、直ニ亨徳院(曲直瀬盛孝)・寿徳庵ヘ音信(脱)テ透(アルカ)、ヤネ葺ノ躰也、一北来、上下ノ布ノ義馳走候、一美濃紙・檀紙等取寄テ見之、一松木(宗満)ノ光徳院(孝)ヘ江戸ヘ」(52ウ)返事持遣候、一平松(時興)当番参勤候、又古文〻(真宝)講尺在之、但相延、一カン(韓)長老(文英清韓)庵ヲ被壊由候、今度鐘ノ文悪書由候、一月明也、茄子ヲ以拝之、又芋(芋)ヲ祝、於少納言(西洞院時直)月ヲ見、一平松当番参勤、坊城(東坊城長維)依服請取番時興(平松)勤之、双瓶・餔ヲ持セ候、一四畳半ニ臥、

神事　大坂ノ儀ヲ聞ク　内侍所御神楽　神楽ノ衆　豊国社参　祭延引、恒例ノ神事バカリ　抄物ヲ書写

一清庵来

十六日 天晴、神事也、四畳半ニ在之、一清庵（柳沢）薬遣候、一玄仲（里村）来、進酒、暫語、大坂義ヲ聞、
△内侍所御神楽ナコヤ（徳川義利）ノ宰相ヨリ被申入ト、陽林院（柳原淳光室）馳走也、脂燭ノ衆於少納言（西洞院時直）方衣紋、飛（飛鳥井）少将（雅胤）・竹内（孝治）・平松（時興）二（脱アルカ）也、少納言勿論也、○奉行業光（柳原）朝臣、今度傍頭也、御簾兼賢（広橋）朝臣頭、同御裾（ママ）、御草鞋光賢（烏丸）烏、御剣通村朝臣中院 ○御脂燭時直（西洞院）朝臣・雅胤（飛鳥井）朝臣・康満（堀川）堀・公福（阿野）トミ阿・為頼（冷泉）冷・孝治（竹内）竹・時興（平松）・為適（五条）アツ・○遂長（西坊城）カツ勝也、以上九人、今度脂燭ノ衆御下行ノ事ハ先朝ノ初ノ例ヲ陽林院被申興ト、○御供ノ女中、大典侍薮・藤内侍園、夏衣無之トテ東ノ廊ヨリ直ニ被参ト、扶持ハ（ママ）　内侍、御祝ニハ広（広橋兼勝）大・中（広橋総光）・三西大（三条西実条）・予・白川（雅朝）・新宰相（中御門宣衡）中御・阿宰相（阿野実顕）、予ハ男末ヘハ不参、夜半ニ還御也、神楽ノ衆、和琴四辻（季継）、五辻哥（之仲）、持明（持明院基久）同、滋野井（冬隆）同、綾小路（高有）同、源蔵（五辻奉仲）人同、其外地下ノ衆也、一去月ノ御月次懐紙詠進之、　一北来、上下ノ布等ヲ感得、一御灵社アテ宮方・内義・長野殿等也、一月明也

十七日 天晴、暑甚如昨、一平松（時興）御灵社参、捨丸同、一豊国社参、奉幣料百疋上置、奉幣ニスル也、萩原（兼従）達而雖被申、事〻敷故ニ置也、御供所ニテ衣冠候、萩原送テ被出候、」（53オ）神龍（梵舜）院同、今度祭ハ被相延候、恒例ノ神事斗也、一照門（照高院興意）へ見廻申候、盃被出候、暫御物語ヲ聞、一五条文挟感得、一抄物ヲ書写、一玄益（曲直瀬）被尋、門ヨリ被帰ト、一新八（喜多嶋）ヨリ預使、昨夜御神楽

水打紙
御霊祭
薬方相伝ノ誓詞
豊国奉幣使
今里出米ノ紙袋
禁中古文講尺
豊国社御能

ヲ見物候、案内者相添候、一礼也、一堀忠兵預状、晩ニ又状、薬遣之、清庵(柳沢)ヘ薬遣、一平松下津内記(宗政)ヘ見廻ニ出、万介(図子)モ上洛ト、一水打紙申付候、一御月次題短冊二給、時直(西洞院)同

十八日 天晴暑太、御灵祭如例、於局方(西洞院時子)朝飯在之、各相伴、予ハ先於此方斎、往生院ノ比丘尼来義、茶・柚五果持参之、十疋布施也、以小姓ヲミセ候、一抄物書写候、一薬種製、一平松(時興)ハ堀忠兵へ行、薬方相伝ノ義ニ誓詞ヲ〆被贈候、一紙ヲ打、一西来、見哲(西洞院時慶女)同、乙丸同、一生嶋宮内昨日来義ト、状(使々)ヲ遣候処預状、清庵(柳沢)煩ノ義也、返事遣候、一豊国奉幣使ハ大炊御門(経頼)也、今日ハ鈴仏在之ト、明日ハ能在之ト、一六カ母以外煩ト、薬ヲ遣候、一喜多嶋新八・下津内記(宗政)ヘ長左衛門ヲ遣、振舞ノ義ニ付也、一今里与一郎出米ノ紙袋一上候、夕食申付候

十九日 雨天、晩ニ止、大(ママ)右兵衛ヨリ預、柳沢清庵煩義ニ付也、薬達而所望ノ義也、一禁中講尺古文平松(時興)参上候、一水打紙申付候、一薬調合之義ニ鬧、一上下物裁ニ長野殿来儀、昨夜ヨリ逗留、見哲(西洞院時慶女)ハ局(西洞院時子)ニ在之、一幡(播磨)广ヨリ有便宜、新八(喜多嶋)ヨリ被持候、一豊国御能在之ト、一抄物書写、一下津内記(宗政)・図子万介夕食ニ呼、勝三郎初而相伴ニ呼、扇子二本持参候、内記(下津宗政)ハ蠟燭三十丁被持候、黄昏ニ被立、一六ハ宿ヨリ帰、一八幡ヨリ乳母人ノ母ト孫ト来、白餅二十上候、一若水来義也、一内記ノ供衆ニ食申付候」(53ウ)

廿日 雨天、午時ニ明、一平松(時興)請取番自分也、一抄物書写、一堀忠兵預状、今日雖約束明日薬

木練
延齢丹
古今集借用ノ儀
薬方相伝
川原ノ地打
広橋総光ニ孫ノ男子誕生
時直伊勢物語抄半分出来
雑色烏帽子
人参

方相伝之義ニ可来ト、一御屋敷ヨリ孝(孝蔵主川添氏女)ノ義上洛歟、如何ノ由被尋候、未知旨申入、一喜多嶋新八・｜｜ノ善兵衛夕食ニ呼、善兵ヨリ木練百果持参候、▨(於)端振舞、少納言(西洞院時直)相伴、如昨日局(西洞院時子)ト若上(西洞院時直室川勝氏女)於此方持寄食也、又八幡衆ニハ膳ヲ遣ト、喜多嶋供衆何モ食申付候、一北ハ長野殿ヘ灸治ノ為ニ午刻ヨリ被出、一見哲(西洞院時慶女)此方ニ居、一昨日玄益(曲直瀬)ヘ遣状、延齢丹所望候処、貝ニ一被贈候、一綾来

廿一日 天晴、時々雨、行水・祓如例、一徳大(徳大寺実久)ヘ古今借用ノ義申候処、無之由候、一抄書写、△堀忠兵宿要法寺ノ内也、為診脈被呼テ行、次ニ薬方相伝候、一善兵昨礼ニ来義、又新八(喜多嶋)預状、返事候、一川原ノ地打在之ト、左近丞(板屋)ヨリ来候間、与吉ヲ遣候処ニ長左衛門ヲ乞候、宿ニテ不出、一陽明(近衛信尹)見廻申候、御草臥トテ無対面、古田織部(重然)モ先刻其分ト、政所殿(近衛信尹母)見廻申候、盃ヲ給、女御殿(近衛前子)ハ女院(勧修寺晴子)御所ヘ御成ト、右衛門督ニテ茶ヲ喫候、一広中(広橋総光)ヘ寄使者、孫男誕生ト、珍重申候、一昨日歟、一哲(西洞院時慶女)レ見吐逆、相煩由候、今朝聞之、一柳沢清庵・宗把(柳沢)来、診脈、薬遣候、一少納言(西洞院時直)伊勢物語抄半分出来由候、一若水ハ今朝帰、昨日相語候、一平野ヘ見廻ニ人遣候

廿二日 天晴、又暑太、一雑色烏帽子出来、櫃ニ納、一薬屋ヘ銀子済、又人彡(参)等買得候、」(54オ)病人多、丹後衆鈴木市右衛門ト云仁水腫煩、薬屋太郎衛門取次診脈、薬一包遣候、柳(清

灸点
鳥子紙ニ水打
初松茸
彼岸入
山芋・薑
八木断絶シ買得
禁中古文真宝講尺満ツ
東ノ土居ヲ壊ス
御神楽御脂燭参勤ノ衆下行

沢(庵)診脈ニ行、灸点、下津内記(宗政)見廻、一高台院(豊臣秀吉室杉原氏女)殿見廻、柿一折進献、清月被出逢候、孝蔵主(川添氏女)未
上洛事申而帰、一藤懸三河(永勝)上洛、夜陰ニ行、見廻診脈候、一鳥子水打相済、一抄物少書写候、
一八幡ヘ乳母人ノ母帰ル也、一今日ハ長左衛門出仕、一与吉来、一於内記(下津宗政)初松茸ヲ見、一堀
忠兵預状、薬共遣候、△彼岸ニ入、一長瀬小衛門ト云人病人ノ案内者ニ来義

廿三日 天晴、一西京ノ大豆ノカ、病人験気トテ菜ヲ上候、一意斎(朝山久綱)上洛トテ昨日内義ヘ被申由
候、以使者申候、一山城ヨリ小五ウ父(又カ)山荢(芋)帯多(夥)々敷上候、薑等也、一昨日病人鈴木所(市右衛門)ヨリ百
疋、奏者ニ二十疋贈、一ヌシ屋ヌリチン相済、一八木断絶、買得候、一抄物書之、一三級ヘ
遣状、古今ノ事申遣候、書様等在之間如何ト斟酌也、一禁中古文真宝講尺満トテ平松(時興)
参上候、時直(西洞院)ハ当番勤之、一夕ニ鈴木市左(右)衛門尉診脈ニ行、一柳沢宗把来、一山菜一折女院(勧修寺晴子)
御所ヘ内義ヨリ被上候

廿四日 天晴、暁天ハ雨也、一朝脈ニ鈴木所(市右衛門)ヘ行、一トチ宿ヘ内義見廻ニ被出、有持セ、一薬
種製、一東ノ土居ヲ壊、一終日抄物書写、一宗慶来、一祭主(大中臣種忠)代ニ番時興(平松)勤之

廿五日 天晴、時々雰ノ過、一終日抄物書之、一平松(時興)番ニハ西園中納言(西園寺公益)被参、一御神楽御脂
燭」(54ウ)参勤之衆下行在之、五斗ノ代トメ銀子五匁二分六リン斗、米ノ算用ト、今程ハ五
升斗ノサウバ(相場)ト云、如何ト云衆在之、陽林院(柳原淳光室)取次也、広橋大納言(兼勝)ヨリ被渡ト、一堀忠兵ヨリ

土長
灸治

時慶母忌日
久我ヨリ古今集借用
葛岡左介ノ女ト夫生害

土長汁

伊勢物語ノ聞書時直作ル
鯎鰔ノ桶

彼岸結願
洪水

薬取ニ来、遣之、一三井浄光院（光浄カ）当年ノ礼義トメ革襪一足被持候、盃・入麺ヲ進候、暫語、一損壁下地所々申付候、一御所内村忠衛門土長ヲ上、又薬ヲ遣也、一灸治見哲（西洞院時慶女）・捐丸、予モ聊治ス、一薬種拵、一内記（下津宗政）ヨリ平松雖被呼、番ノ理申候、小三郎へ振舞ト、一院（後陽成院）御所へ少納言（西洞院時直）参上候処、来七日斗聯句ノ事ニ無御隙ト、依予モ不参候

廿六日 雨天、一寿渓（西洞院時慶母）依忌日僧一人・尼妙円、其外端（西洞院時直・同室）ノ二人・局（西洞院時子）等、常住ノ斎ニ呼、一見哲ハ（西洞院時慶女）東福へ返也、一終日抄物書之、一久我大（敦通）へ古今借用昨日申候処今日到来、一午刻ヨリ長左衛門宿へ出、一久八ニ十疋遣之、一葛岡左介ノ女鍋・同夫田面（頼母カ）生害ト、一清庵（柳沢）来、診脈、薬遣候、一今暁哥吟案

廿七日 雨天、一終日書物、一内義ハ宗珠見廻ニ被出、一堀四郎右衛門ノ小女煩、為診来義、一讃岐へ堀内匠助へ薬調進候、同忠兵衛へ遣候、一晩炊持セ於端用之、此方ヨリ土長汁持セ候、一長左衛門ハ昨午ヨリ不出仕、一平野弥介来、境内ノ義等」（55オ）物語ヲ聞、一按察ヨ（西洞院時慶女）リ文給、蒙気ト、一夜伊勢物語ノ聞書時直（西洞院）作見之

廿八日 雨天、又風北ヨリ荒、一行水・祓、一番時直（西洞院）勤之、一西園内府（西園寺実益）ヨリウルカ（鯎鰔）ノ桶一給、以礼状申候、一陽明見廻候、診脈候、御煩以外也、高倉右衛門佐同参也、又兼与・徳庵祇候也、一終日抄物書、一左近丞（板屋）来、一多阿見廻、生産、一彼岸結願也、一下ハ洪水ト、一当番時直

勤候、請取也

連歌会出座
古今集本借用ノ約諾
内山遠行

廿九日 天晴、陽明(近衛信尹)見廻、診脈、御煩以外也、一渡番ニハ喜左衛門(三宅)申付候、一時直ハ似運ニ連哥会出座也、一陽明へ高倉右衛門佐(永慶)同参也、兼与(猪苗代)・徳庵モ伺候也、一飛少将(飛鳥井雅胤)へ行、古今集本借用ノ約諾候、一石屋へ宗珠見廻ニ越、診脈候、暫語、快気也、一内山・高倉煩ヲ尋候、内山ハ晩ニ遠行ト、一下津内記(宗政)下向ノ由候、為暇乞出、但今日ハ延引、薬共調進、又革襪三足遣、母義(下津宗秀室)へ文認遣、杉原十帖贈之、一孫八郎出、疵ノ口ニ刺メ遣、一長左衛門宿ヨリ出仕、三日宿ニ在之、一理庵へ　宮御方(アテ宮)ヨリ十帖・銀子一枚被遣候、長左衛門使也

薬方相伝

卅日 天晴、下津内記(宗政)国へ被下、為暇来義(乞脱カ)、吸物・酒ヲ進、供ノ者ニモ盃ヲ進、一平松(時興)当番参上、一終日抄物書之、一堀忠兵衛来義、薬方共相伝候、重湯ヲ進候、及夜、一院御所(後陽成院)へ詠草ヲ上、御講尺ノ義モ申上候処、抄物次第ト仰也、一壁塗所々」(55ウ)

九月小

陽明御祈禱ノ儀ニ南都へ勅使
古今集借用ノ儀一諾

一日辛亥 天晴、一陽明(近衛信尹)へ見廻申候、無御対面、御煩以外ト、粉薬ヲ献、一南都へ勅使被立、陽明御祈禱ノ義ト、中沼左京(元知)上洛ト、一乗院殿(尊勢)ハ明後日可有御上洛由候、一亨徳院(曲直瀬盛孝)へ行、古今集借用ノ義一諾候、酒アリ、夕ニ集ヲ被持候、一女院御所(勧修寺晴子)・女御殿(近衛前子)以使者申入、胸痛故ニ礼ニ不出、時直斗御所々々へ出仕、平松(時興)ハ肱ニ腫物出来故不出仕、一御所内三介双

茗荷
古今集序本ヲ校合、亭徳院本逍遙院ノ筆ハ返シ後柏原院ノ筆ハ留ム
別火
当薬
富士炭
時直古今集書写
大原野千句
饅頭
香薷ノ葉ヲ摘ム

瓶・名荷(茗)ヲ上候、又薬遣候、一宮(アテ宮)御方御礼、御盃如例給候、一夜ハ於端田楽在之、一中折五帖感得

二日 雨天、古今集序・本共校合、又新ニ序ヲ時直(西洞院)書、亭徳院(曲直瀬盛孝)本逍遙院(三条西実隆)ノ筆ハ返進候、後柏原院御筆ハ抑留候、一硯出来二ツ、一抄物書之、一江戸ヨリ孝蔵主(川添氏女)ノ文到来、此方ノ文モ認之、一薬箱ノ内渋紙ノ袋少々作、一夜ニ入局(西洞院時子)ヨリ肴種々振舞、夕食一所ニテ用之

三日 天晴、冷気ニ成、月明也、神事ニ入、別火、一陽明(近衛信尹)見廻申、暫語申候、甫庵(山岡景光)・了倶(石井)等勘了伺候申候、今日ハ食事アリト、一女御御方(近衛前子)見廻申候、昨日▨(芍)薬ノ義仰ニヨリ御理申入、禁裏(後水尾天皇)ヘ御所望之由候、一去月詠草院(後陽成院)御所ヨリ被加」(56オ)御筆給、辱旨御答申入、則清書〆禁裏ヘ上、一宗把(柳沢)今朝来、対面、薬遣候、一意斎(朝山久綱)来義、富士炭・料紙一束給、於端酒ヲ進候、一堀忠兵ヨリ昨今使也、可来候、依躰行旨申候、○銀子二十三匁長左衛門ニ渡、有算用、一終日抄物書之、少納言(西洞院時直)ハ古今ヲ書写也、一澄長老(月渓聖澄)預状〔饅頭三十被贈候〕、童子ノ事被申候、一諾候、一按察(西洞院時慶女)ヘ薬遣候、身上ノ義無心元被申候、如何、可尋之、一竹内刑部少輔(孝治)ヨリ平松(時興)方ヘ大原野千句借寄候

四日 天晴、一薬種共製、一喜多嶋新八ヘ饅頭重箱ニ入遣之、一下部屋所々ノヤネ葺之、意息ヲ雇候、一香薷ノ葉ヲ摘置候、一三級ヘ遣状、有返事、局(西洞院時子)ノ義也、按察(西洞院時慶女)ノ義モ内々ノ御気色

在之様聞、一抄物書之、一平野弥介来、屋敷義、又小屋ノヤネ等ノ修理ノ事内々申付候、一堀忠兵衛へ被呼候、夕食振舞、又薬方ノ事被申候、相伝候、宿太郎兵衛昔物語在之、一久我錯庵へ大原野千句他借〆遣候

薬方ノ相伝
大原野千句

五日　天晴、一捨丸経忘候、加折檻、一堀忠兵衛へ以使者申候、一三級来義、対談候、一寿徳(曲直瀬玄由)庵預状、喜新八(喜多嶋)明日下向之由被告知候、一陽明(近衛信尹)ニ和哥会在之ト、右府(近衛信尋)へ道御伝授ノ義ニ付而ト聞也、一御灵御旅所ニ三四日能在之、謡・鼓聞ユ、一抄物十一丁書、一平松(時興)ハ腫物ニテ御番ノ理申入、予ハ咳嗽也、一蘇葉・薷葉摘セ置、一長左衛門ハ終日不出、一巣松軒(蘭秀等芳)ニ付蔭凉軒白躑躅木ヲ被持候、返礼候、一禁裏御月次并▨▨(九日)ノ御題ヲ給、加奉」(56ウ)

捨丸経ヲ忘レ折檻
近衛信尹和歌ノ道ヲ信尋ニ伝授
御霊社御旅所ニテ能
蘇葉・薷葉ヲ摘ス

六日　雨天、一六条中納言(有広)へ遣状、牡丹可遣兼約ノ義申候処、他所ヨリ到来、所持トテ被辞、一柳▨(沢)清庵所ヨリ宗把(柳沢)紅柿一折持来、夕ニ診脈ニ行、一一乗院(尊勢)殿見廻、女御御方(近衛前子)ニ御座候、津田平右(左)衛門尉・東福海蔵院等同参ニテ数刻伺、(候脱カ)酒・餅・入麺種々女御御方ヨリ被下候、一陽明(近衛信尹)見廻申候、今日ハ御快気ト、一昨日陽明御会ハ女御々方ニテ御興行ト、御人数右府(近衛信尋)・阿野(実顕)・中院(通村)・烏丸中納言(光広)・飛少将(飛鳥井雅胤)、以上五人ト、一政所殿(近衛信尹母)へ以使者申入、一乗院殿今朝預御書候、御返事申入、一平野弥介来、小屋ノヤネノ事申候、則為談合板屋へ遣人、一平左衛門(津田)物語、大仏鐘ノ文ノ事駿府御腹立ノ義等物語在之、清韓(文英)長老過ノ義等之事共聴之、五山衆申状

大仏鐘ノ文ニ家康腹立ノ儀、文英清韓過ノ儀

五山衆申状ノ儀
之義等在之ト、可尋之、一喜多嶋新八へ遣人、雖呼隙入ト、一御所内孫八郎出、疵ヲ見、薬

御所内田地ノ事
遣之、又与一郎出、喜三郎ハ田地ノ事申候、一母屋ニ今夜ヨリ帰臥

榑材木
御所内年貢・免
七日 天晴、又暑、一平野弥介出、小屋ノヤネ・宮ノ修理ノ義ニクレ材木等ノ義申付、▨(銀)子六十匁渡候、左近丞(板屋)モ来候、又粮米ノ義申付候、一御所内ヘモ年貢ノ義、又二ヶ所免ノ義ニ遣人候、一終日抄物書申候、一薬ノ袋申付候、昨今ニ及、一幡广(播磨)ヨリ小貝到来、又竹ノ義申来、一多阿ヘ内義ヨリ漸遣人、白餅・酒等ノ物ヲ遣ト、一今朝一乗院殿(尊勢)ヘ以使者申入、一堀忠兵預状、平松(時興)返事候、一各浴候、一宵局(西洞院時子)ノ方ヘ各行、有田楽、一局ハ寺詣也

重陽ノ詠草
囲碁
灸点四花患門ノ校合
大風ニテ大名・小名ノ屋根吹マクリ
御所内免ノ儀
腹中気
八日 天晴陰、一院(後陽成院)御所ヘ重陽ノ詠草持参、時直(西洞院)同前、被染御筆給、三級ヘ先日一礼以書状申候、一陽明(近衛信尹)ヘ見廻申候、無御対面、保長老(有節瑞保)ト囲碁ノ由候、一澄長老(月渓聖澄)来義、童子先年ノ被返候、此方ノヲ」(57オ)可遣約諾、一玄仲(里村)ヘ遣状呼、灸点四花患門ヲ校合候、入麺ヲ進テ返候、江戸ノ物語聞之、去廿七日大風ニテ大名・小名ノヤネヲ吹マクリ、門ノヤネ等多吹損ト、一延寿院(曲直瀬正紹)ヨリ去廿日ノ状今日到来、返事則玄益(曲直瀬)ヘ遣候、一玄琢(野間成岑)ヘ柿一折遣候、一了忍ヨリ文給、返事候、薬調進、一按察(西洞院時慶女)身上ノ義未何トモ不被仰▨(出)、機遣ノ義也、惣ノ衆同前ト、一明日懐紙清書候、一御所内村与一郎出、喜三郎分免ノ義申候、大形相済、一御番時直勤之、一堀忠兵衛灸ノ事被申間遣人処、腹中気ト、薬遣之、一又忠兵ヘ養生ノ一冊ト指神子借遣候、夕ニ

四花患門ヲ点ジテ遣ス
来義、四花患門ヲ点〆遣候、宗把(柳沢)モ来、就懇望薬遣之、一夜入神事、洗髪、一長左衛門尉ハ
菊綿
泊、喜左衛門尉(三宅)ニ薬袋申付候、一北来、例酒・肴ヲ上候、一菊綿ノ義宮(アテ宮)御方被置候
霊符祭
九日 天晴、夜ハ大雨、一行水・祓、灵符祭、一今日公宴ヘ懐紙清書〆上、昨日雖書、仮名遣
誤故ニ改之、一女御(近衛前子)御所御礼申入、女院(勧修寺晴子)御所ヘ御参ト、女院御所ヘ御礼、按察(西洞院時慶女)迄、少納言局
菊祝
迄申入、按察ニテ盃祝之、一院(後陽成院)御所御礼、於御会間ニテ御対面(行カ)、時直(西洞院)同、庭田(重定)同前、菊祝、
御酒・強飯ヲ給、富少路(秀直)ハ遅参也、一陽明(近衛信尹)ヘ参上、無御対面、右府(近衛信尋)ハ御所ヘ御参ト、一政所(近衛信
殿(尹母)御盃給、其外広大(広橋兼勝)・同中(広橋総光)・飛鳥(飛鳥井雅庸)ヘ一礼、同少将(飛鳥井雅胤)ヘ申遣候、鷹司殿大閤(信房)ハ申置テ通、関白(鷹司信尚)ハ
新在家衆
有対面、御盃ヲ給、昌琢(里村)参上候、新在家衆同心〆参候、帰リニ次ニテ逢、日野宰相(資勝)ヘ寄人、
一高台院殿(豊臣秀吉室杉原氏女)参、広間ニ雖被呼、不入〆帰、平松(時興)ハ□(邪カ)熱気ニテ不出、一堀忠兵ヨリ平松ヘ革襪
二足被贈候、一玄琢(野間成岑)一礼也、盃ヲ進候、一少納言(西洞院時直)ヨリ双瓶・両種来、一方々ヘ櫃ヲ遣候、一
柿
栗ノ袋
帥局ヘ双瓶・両種如例遣候、一多阿ヨリ柿一鉢、了忍ヨリ栗ノ袋一給候、一宮御方(アテ宮)ハ院御所
ヘ御成也、先御成ノ前ニ御礼参上、御盃ヲ給、予カ方ニテ盃ノ祝同、乙丸来、小少将来義、
時慶内儀高台院ヘ参ル
一内義ハ御屋敷ヘ被参候、一松梅院隠居徳勝院(禅昌)ヘ明日御湯ノ事申遣候、艮子一枚渡、」(57ウ)
喜多嶋新八入夜礼ニ来義、一宵ハ月明也、一平野番ノ者蔓艸ヲ上候、進酒
十日 雨天、一徳勝院(禅昌)ヨリ昨書返答アリ、依雨今日ハ延引、一平松(時興)ハ御番、先日御理申候ノ義

薬袋ノ外題

相番迄理中候、一薬袋ノ外題紙ヲ切テ押之、平松作、一堀忠兵預状、薬共数種遣之、一時直(西洞院)

庚申

へ院参　伊勢物語口決御相伝ノ義在之ト(庚申ノ御トキ)、一抄物三四枚書写之、一女院御所少納言局へ内義

革屋

ヨリ文遣候、按察(西洞院時慶女)身上ノ義也、一庚申也、一万ヵ乳母昨日ヨリ来泊、一革屋ノ茂左衛門へ薬
箱ノ硯切合ノ義誂候、則同心、一於院(後陽成院)御所御当座在之ト

十一日　天晴、空静、一行水・祓如例、一昨日仏眼院へ▨(明)日斎ノ義約束申候処同心也、今朝預
使者、一喜多嶋新八へ以使者申、下国事今日ハ無用ト申候処、早下向ト、文共遣之、一抄物
書之、一堀忠兵極晩ニ暇乞ニ来義也、進酒候、長左衛門ニ革襪ヲ一足被遣候

北野ニテ御湯

十二日　天晴、一堀忠兵へ遣状処、今日者無下向ト、一仏眼院斎ニ呼、心静語、仏法ノ義ヲ聞、
心経ノ抄、同発息又秘揵(鍵)ヲ借用候、一北野ニテ御湯進、局(西洞院時子)被詣候、徳松院(勝)(禅昌)馳走ト、一仏眼院

柿・梨

薬袋ノ外題

柿・梨等之物ヲ被持候、一薬袋ノ外題ヲ書、一ゝ箱へ入之、一抄物少在之、一晩ニ広大(広橋兼勝)へ行、
無対面、門ヨリ帰」(58オ)

広橋兼勝高台院へ御礼、大酒

十三日　天晴、一仏眼院へ昨礼状ヲ通、一高台院殿(豊臣秀吉室杉原氏女)へ広大(広橋兼勝)当年ノ御礼ニ被参候、予案内者ニ参
候、日大(日野資勝)・広中(広橋総光)・高倉右衛門佐(永慶)・綾小路(高有)・五辻新蔵人(奉仲)、以上、振舞ヨリ及夕大酒也、清月・
栄春・尊周等被出候、図子(万介)初而知人ニ成候、後ニハ茶屋ノ辺橋中嶋ニテ大酒也、一片桐市正(且元)

片桐且元駿府ニテ御礼済ム

於駿府御礼相済、珍重ノ義也、仍状ヲ認主膳(片桐貞隆)へモ遣、又市正(片桐且元)へ申遣候、牧二衛門(次右衛門)へ以使者申

明月ノ当座

候、照門(照高院興意)ヘモ申候、御出京之由候、一照門ヘ可参処、八条殿(智仁親王)ニ御座候由候、推参候処、明月ノ当座在之半ニテ俄ニ予ニモ一首可申入由候間、雖斟酌一首詠之、竹門(曼殊院良恕)モ御座、白川(雅朝)・富少(秀直)路・四王院等也、有謡、予発声候、一冷泉(為満)ヘ遣人処、可来入由雖被申、雅席不起故理之、一陽明(近衛信尹)御煩尋申候処同篇、結句少起ル由承之、一禁中御番時直勤之、一宗把来、門ニテ逢、一丹波後室(川勝秀氏室)ヨリ文・松茸被上候、薬調進、又中ヨリ朝倉ツト一被贈候

松茸・朝倉ツト

十四日 雨天止、一広大(広橋兼勝)ヨリ預使者、昨礼也、一高台院殿(豊臣秀吉室杉原氏女)ヘ清月迄昨礼、文ヲ通、有返事、則広大・日大(日野資勝)、其外各ヘ遣候、見候、一端ヘ飛少将(飛鳥井雅胤)・伯(白川顕成)・竹内(孝治)等来而書物ト、終日会也、一八条殿(智仁親王)ヘ以書状昨礼申入、一抄物終日書之、一六母大事相煩、暇ヲ遣候処少験ト、一一斎(堀河親具)上洛ト、以使者申候、又自身行、他行ニテ不会、一丹波ヘ薬状ヲモ遣候、一陽明(近衛信尹)ヨリ鳳線花ノ実御所望候、方々尋献候処、御礼文ヲ給、一冷泉少将(為頼)尋候、閑話候、東ノ下野系図借用候、大慶々々、同頓阿一流モ在之、一月明メ夜半迄見之、端亭ニ在之、夜半過ヨリ蝕ト、終夜明也、蝕ノ後同同、一八条殿ヨリ金屑丸御所望候、五粒献、一大炊番所(大炊御門経頼)ニ被候、行テ駿府(ママ)

鳳線花ノ実

東ノ下野系図ヲ借用

月蝕

金屑丸

十五日 天晴、一平松(時興)病後初而御番勤、長橋ヘモ其通申入、又芍薬御所望候間、雨故遅候御理□(申カ)入、一抄終日書、一台所ノ辺普請、長左衛門尉自身申付ト、一於宗珠粮米博新古事也、一夕ニ陽明(近衛信尹)ヘ」(58ウ)見廻申、御心重ト、御方御所(近衛信尋)迄申入、一予ハ虫気吐逆、松茸等ノ物食故

台所ノ辺普請

虫気吐逆

欤

十六日　天晴、一行水・祓・祈念、一北野能良巻首ヲ上候、平松(時興)出逢、盃ヲ進テ返、一清月ヨリ内義へ文アリ、又予遣之、有返事、生鯉一被送、芍薬又万里少路(孝房)へ用ノ義共被申越候、大方令掌ノ分也、一大仏ニ片市正(片桐且元)ノ家臣牧次右衛門番ニ在之、鯉ヲ贈遣候、状返事口上也、一銀子米替、又孔方等、一川勝七右衛門尉ヨリ小栗一鉢被送、返札候、一酉ヵ乳母ヨリ虫薬ノ義申、又芋ノ菫(茎)ヲ上候、一抄物終日書、〻果也、一虫気ニテ食ハ不用、一木蓮華ヲ分、禁裏(後水尾天皇)ノ可献用意也、一堺禅(善)空後室ノ使下国、一丹波ヨリ松茸三十本信乃(川勝広綱)ヨリ給ト

十七日　天晴陰、一▨(大)坂へ長左衛門ヲ差下、市正(片桐且元)今度於駿府無事御礼相済、珍重ノ義、主膳(片桐貞隆)迄申候、又日比野半右衛門尉へモ申遣候、玄玖へモ申候、各へ状ヲ遣候、久八ヲ相添候、一抄物書満、一芍薬堀テ分、　禁裏(後水尾天皇)へ進上、五種、又木蓮華一本献、一女御殿(近衛前子)へ二色、又今朝松茸一折上、　禁中ニテハ大乳母人・局(西洞院時子)へ行、(頭書)「土用ニ入」又後ニハ衣冠ニテ参上候、一清月ノ文給、返事候、一天神へ立願、孝蔵主(川添氏女)上洛ノ義也、一サカヤキ剃、一今夕初而食少用、一時直(西洞院)発談合、院(後陽成院)御所へ被召用也、一局(西洞院時慶女)へ按察へ泊懸ニ被出候、一イ茶昨日ヨリ居、煩験気也、一八条殿(智仁親王)へ芍薬進上候、二色也、一西園寺(実益)へ四手ヲ遣候、一予今日食事納、一御所内村与一郎来、免ノ義申候」(59オ)

生鯉
銀子ヲ米・孔方ニ替
虫薬
抄物書果ツ
大坂ノ片桐貞隆へ使者ヲ遣ス
抄物書満ツ
木蓮華
松茸
土用入
天神へ孝蔵主上洛ノ儀ヲ立願
四手
御所内免ノ儀

豊国社参
片桐且元大坂下向
腰白・四手種
菊ノ籬ヲ修ス

十八日　天晴陰、一豊国社参、神龍院(梵舜)へ寄、暫閑話候、市正(片桐且元)上洛ノ由ヲ聞、一牧次右衛門尉へ遣人〆又自身寄、片市正(片桐且元)様躰ヲ聞、昨日当所迄着、則伏見へ被越、今朝大坂へ下向ト、八幡ノ為斎ニ対顔、一清月ヨリ被申義ニ万里(万里小路孝房)へ出、井家津守(豊家)へ対顔〆内談〆又清月へ申遣候、一西来、送テ返、一嵯峨ノ比丘尼斎ニ来、一宗慶来、一白川(雅朝)へ腰白・四手種ヲ遣候、一松木母(松木宗満後室)ノ方ヨリ有使、酉ヵ事ニ付也、一御番ニ平松(時興)代ニ参候、一時直(西洞院)ハ院(後陽成院)御所御会ニ参上候、一菊ノ籬ヲ修、一左近丞(板屋)見廻ニ来、一乙丸来、昨夕祇園辺へ小童斗ニテ母乳母出遣、遅家へ帰、機遣仍曲事ト申義也

禁中御修法

十九日　雨天、△禁中御修法在之、於清涼殿也、昨日紫宸殿御取置、奉行六条(有広)・高倉右衛門佐(永慶)両人ト、阿闍梨妙法院宮常胤親王▨▨(大威)徳ノ中法也、十六供也、左護广(摩)正学(覚カ)院(豪海)、十二天壇密厳院(実円)、愛染浄教坊(実善)、脂燭・衣冠・初中後ハ五人、其間ハ三人也、初夜ニハ時直(西洞院)一組也、其外可尋之、廿四日後夜ハ菅少納言(五条為適)・西坊城(遂長)・祢蔵人(壬生忠利)・新蔵人・秀才(唐橋在村)

鬼宿
久我百姓返事
時慶内儀高台院へ参ル

廿日　雨天、一平松(時興)番請取参上、又脂燭勤之、一三原へ返事認、焼物一器遣之、又薬共三種、又誂ノ薬等在之、一薬箱改之、吉日鬼宿也、一柚五十川(川勝)七右衛門尉被送、則女院(勧修寺晴子)御所へ上、一明日八瀬へ用意忙シ、一井家(豊家)来義、久我百姓返事在之、清月へ申遣候、又内義自身御屋敷へ被参候、大坂ノ義無心元義共也、一院(後陽成院)御所へ参上、古今抄写本共ニ上候、外題ノ義申入候、

院御所へ古今抄ヲ上ル
抄ノ表紙出来
西大寺・牛黄円
外題ノ事申入
八瀬竈湯
院ニテ阿弥陀胸切ノ曲
夷昇ノ類ノ者推参
能
片桐且元へノ状ヲ云伝
八瀬へ時直夫妻行ク
紙ヲ打ツ
東下野系図ヲ書ク

又詠草モ上候、御楽合奏暫□(聴カ)聞、」(59ウ) 一宗慶ハ未逗留也、一昨日抄ノ表紙出来、一於亨徳院(曲直瀬盛孝)西大寺百粒二匁、牛黄円一貝一匁買得メ三原へ遣候、一寿徳庵(曲直瀬玄由)へ遣人、内義煩ト

廿一日 雨天、一院(後陽成院)御所へ外題ノ事申入、一八瀬竈湯へ入衆、按察(西洞院時慶女)興行、局(西洞院時子)・内義同心也、ヤヽ・勝同心也、日用七人、此方ノ者・端ノ者等添之、一院参、飯後阿弥陀胸切ト云曲ヲ仕、夷昇ノ類ノ者推参トメ於御庭仮ニ幕等ヲ引廻メ有曲、奇意ノ事也、又賀茂・大仏供養・高砂等ノ能ヲモ仕候、堂上衆ニハ山科(言緒)・土御門重泰(ママ)(泰重)等、時直(西洞院)モ被召候、御振舞以下ノ事昼モ羹物等ノ義アリ、晩各退出、一アテ宮御方被成申、入夜還御也、一陽明(近衛信尹)見廻申候、連哥アリト、進藤修理(長滋)ニ申置候、御煩大事ト、一徳長(徳岡)左衛門上洛、片主膳(片桐貞隆)・玄玖ノ返事等到来、▨▨(善□)後室返事アリ、一入夜詠草院御所ヨリ給候、御書付尊筆也、辱旨申入、一持仏堂ノ前ニ臥、一片(片桐且元)▨(市)正へ状ヲ神龍院(梵舜)ニ云伝候、明日下向ト

廿二日 天晴、一院(後陽成院)御所へ宮御方(アテ宮)被成申候、中刻還御也、如一昨日ノ曲在之ト、一陽明(近衛信尹)へ参、御煩以外也、対面アリ、則退出候、一女御(近衛前子)御方見廻申候、女院(勧修寺晴子)御所ヨリ又御所へ御成ト、右衛門督へ申置候、珍蔵主へモ、一一乗院(尊勢)御書ヲ給、御返事具申入、陽明(近衛信尹)ノ御事也、一八瀬へ時直(西洞院)・同内義(西洞院時直室川勝氏女)同心ニテ被越、此方ノ者モ遣、又与兵衛モ出京候、一薬種感得、又製、一昨夜紙ヲ打、一当月懐紙清書候、一東下野系図ヲ書、二ツ、一清月へ文ヲ遣候、有返事、一宗慶

帰リ也」(60オ)

禁中御修法
芍薬植替

廿三日　天晴、一禁中御修法妙門(妙法院常胤)、両種二荷献、昆布・昆蒻等也、一芍薬栽替候、禁裏(後水尾天皇)へ可献旨左兵衛迄申候処、今日ハ隙入ト、先大形分置候、一院御所(後陽成院)へ内々可参上候処、御延引旨候間不参也、一八瀬今日ハ人モ不往来、一清月文給、又返事候

八瀬へ行ク
大原証拠ノ阿弥陀

鮑

無塩鯛

神跳ト号シ洛中在々所々ニテ跳ル

禁裏へ芍薬ヲ献ズ

廿四日　天晴、一八瀬へ俄ニ越、大原証拠ノ阿弥陀為拝也、内侍局(西洞院時子)・按察(西洞院時慶女)・内義等同心〆又越、大原へハ予〼(歩)行、行帰也、又寂光院見物候、極楽寺等也、阿弥陀堂ニテ餅・酒ヲ進、暫休息也、一女院(勧修寺晴子)御所ヨリ按察へ為御音信、折一・艮子一枚、内侍殿へ松茸百本、内義へ法界一荷鮑廿・桶樽二給、御使菊女也、食申付候、及黄昏帰、京へハ初夜ノ初ニ着候、林侍者モ被越候、一姫宮(アテ宮)御方へ鯛(無塩)五・法界一荷・諸白一荷被遣候、則院御所(後陽成院)へ被献候、アテ宮御方ハ院御所へ被成参候、世間ニ神跳ト号〆洛中在々所々跳也、為御見物ト、時直(西洞院)被召ト、平松(時興)同前、但平松ハ八瀬へ越候旨御理、又予モ文ニテ夜ニ及御理申入、一妙法院殿(常胤)ヨリ折一・松茸一折・桶樽ヲ給、入夜護广(摩)聴聞ニ参上〆御礼申入、一平松ハ御番宿参勤候、祭主代(大中臣種忠)、一二条太郎兵衛跳ニ来ト、乍去留守ヨリ理〆返スト、一禁裏(後水尾天皇)へ芍薬ヲ献候、牡丹等也、一長左衛門ハ八瀬ニ残置候、与吉ハ帰京候、一寂光院ニテ院主(仙重)ニ対顔〆各帰也」(60ウ)

禁中御修法結願

廿五日　天晴、一妙門(妙法院常胤)へ御礼ニ参、今朝御結願ト、昨日不懸御目故也、昨日御使者ハ左京ト、

京中跳、御所中へ参跳
時慶忌日
跳ノ借物ニ人多ク来ル
片桐且元駿府へ行ク
院へ二十四花跳ニ参ル
父子三人参内ノ触、禁裏ニテ跳三十余花
御所内免相
栝蔞仁
跳多シ、禁中ニ六十一花
大坂ニテ片桐且元攻メラルモ無事

一女院(勧修寺晴子)御所昨日御礼ニ参上、師殿・二位殿へ申入テ帰、一京中跳、町々不残ト、御所中へ参跳也、時直(西洞院)・時興(平松)院(後陽成院)御所ニ伺候申候也、予ハ昨日御理申入、忌日ノ故也、一八瀬へ人ヲ可遣処、八瀬ヨリ出候間、返事ニ申候、強飯・柿等ノ物ヲ被送候、一高台院殿(豊臣秀吉室杉原氏女)へ局(西洞院時子)ヨリ松茸五十本被献候、板倉伊賀守(勝重)ヘモ被遣候、予状ヲ遣候、御所内ノ者忠右衛門尉・左近丞(板屋)出候間、持之遣候、一光照院殿(尊貞尼)へ折箱献之候、一伊▨〔賀〕守(板倉勝重)返札在之、一芍薬ノ地ヲ申付候、一孝与来義候、所々ヨリ跳ノ借物ニ人多来、返答閙、一一身田文給(尭秀)、返事候、一平松(時興)当番参勤候、一長左衛門〇〔八瀬ヨリ〕今朝帰、又与吉ヲ夜ニ差越、久蔵相添候、一今夜モ誦経念仏、一市正(片桐且元)今日駿府へ又被越ト風聞、一行水、サカヤキ剃、一今日院(後陽成院)へ跳参候分廿四花ト

廿六日 雨天、一斎坊主如例来、一禁裏(後水尾天皇)ヨリ親子三人(西洞院時慶・同時直・平松時興)可参之有触、跳多参候ニ付也、卅余鼻〔花也〕欤、先禁裏へ参、三人又院御所(後陽成院)へ参〆又禁裏へ参、又院ヘモ参事両度也、及黄昏　禁裏ヨリ退候、広橋(兼勝)当番也、加番昼ノ間三番衆相詰候、於　院御所晩炊在之、一御所内村ノ者免相ノ事ニ来ト、栝蔞仁忠右衛門持来、一光照院殿(尊貞尼)ヨリ昨日有御返事、一清月へ文遣候、一大炊(大炊御門経頼)へ寄、大坂辺ノ事聞之、一院御所ニテ虎福(ノチ義尋)知人ニ成、実相院(慈運)ノ跡目也」(61オ)

廿七日 天晴、朝ハ雨也、一跳多六余〔十一〕、又　禁中ニハ▨〔六〕十一ハナト、三人(西洞院時慶・同時直・平松時興)ハ院参候、於院御所(後陽成院)夕食アリ、於禁中食アリト、予ハ、一高台院殿(豊臣秀吉室杉原氏女)見廻、昨日大坂ニハ市正(片桐且元)へ取懸候処、扱有之

而先無事ト、大野修理(治長)・有楽(織田長益)ト一身ト、種々雑談在之ト、清月ニ対顔、一陽明(近衛信尹)見廻、無対面、瑞龍院殿へ御出ト、病中如何ノ□(報カ)ソヤ、

八瀬へ下人ヲ遣ス

一八瀬へ泊懸ニ下人二遣之、明日上リ用意申付候、一方々借物ノ義ニ有使、有合物遣之、一久我(敦通)ヨリ小瓶片被返、一喜多嶋木工遣人処、夕ニ可来ト、夕ニ尋之処俄ニ下向ト、一院(後陽成院)御所退出之刻、アテノ宮御方見廻申候、大弐殿局ニテ御盃給、田楽等之義也、阿野(実顕)ノ母義対顔、一手足爪切、

片桐且元ハ下屋敷へ出ル、貞隆ハ茨木へ越ス、物騒ト

一大坂ニハ市正ハ下屋敷へ出ト、片主(片桐貞隆)膳ハ茨木越ト、以外物忩ト

禁裏ニ跳四十九花

廿八日　天晴、衣冠禁中へ出、又院(後陽成院)御所モ見廻申候、禁裏(後水尾天皇)へハ四十九ハナト、院御所ニテ盃ヲ給、禁裏ニテ夕食アリ、広橋大納言(兼勝)、其外相伴多、一八瀬ヨリ湯上、此亭ニテ食申付候、按(西洞院時慶女)察ハ急召テ女院(勧修寺晴子)御所へ被参候、其外ハ此方ニテ振舞候、一喜多嶋木工云置トテ諸白二・状アリ、返札認遣候、

栝蔞仁

御所内村免相

一御所内村忠右衛門栝蔞仁ヲ上候、一御所内村免相之義五条(為経)ト対談候、大形済候、一宗音来義也、一陽明(近衛信尹)御煩尋之、一寿徳庵(曲直瀬玄由)於院対談候、一盃各祝之、一飛鳥井(雅庸)ニ参会、禁中ニ伺候也、

駿府ノ儀物語

駿府ノ義物語也、一菊花微咲

跳ノタメ院参

廿九日　天晴、寒風立、跳故各院参、予・時直(西洞院)・時興(平松)同心、清閑寺(共房)・山科(言緒)・土御門重泰(ママ)(泰重)等也、晩ニ女院(勧修寺晴子)御所・按察局(西洞院時慶女)迄参、見廻由申候、一大弐殿脈診、霜腹大験也、茶ヲ」(61ウ)給、アテ宮御方懸御目、夕ニ還御也、

駿府ノ物語ヲ聴ク

一飛鳥井(雅庸)へ行、駿府物語共聴▨(之)、一芍薬辺ノ土高下ヲ引セ候、

高台院大坂へ越ストノ雑説
歯黒

一高台院殿（豊臣秀吉室杉原氏女）昨日ヨリ門ノ出入無之、番緊ト、大坂へ可被越由雑説アリ、人ミセニ遣候、慥ニ不聞、一大津へ一人薪ノ義ニ遣候、一サカヤキ剃、歯黒、一按察ヨリ柚・栗ヲ給、局（西洞院時子）ヨリ諸白双瓶・スルメヲ給、一飛鳥井へ行、東国ノ物語共在之

十月小

未ダ跳アリ
御相伝ノ儀
外題ヲ経師ニ頼ム
片桐且元・貞隆茨木へ退ク

一日　（天陰　庚辰）、一行水・祓、家内祝、一禁中（後水尾天皇）へ参上候、跳未在之、一陽明（近衛信尹）ハ午病中参　内アリ、御相伝ノ義在之ト、可尋之、一女院（勧修寺晴子）御所へ参候、跳ニ付テ御縁ニ可候由候間参候処、跳大略相済歟、不参候間可罷出由候間退出、一院（後陽成院）御所へ参上候、無御対面、先日外題ハ経師ノ菅十郎ニ憑、新ヲ押又上候、又抄物別候モ申入処、何モ可給之由候、一政所殿（近衛信尹母）御礼参候、盃ヲ給、藤右衛門佐（高倉永慶）同参ニテ同前ニ退出、西口モ被参候、左兵衛尉領知加増ノ由被語候、珍重中候、一女御殿（近衛前子）参上、御所へ御成也、申置候、一内義ハ高台院殿（豊臣秀吉室杉原氏女）へ被参候、一飛鳥井（雅庸）ヨリ小袖一ッ給、此門迄来義ト、一松村宗有来、端ニテ逢、一堀四郎右衛門ヨリ長持之事被申候、一宗音帰也、関長門（一政）へ以使者申候、一多阿ヨリ絵箱一・脇指被預候、一津田ノ平左衛門尉へ以使者申候、一夜雨雷、一後ニ聞、市正（片桐且元）・主膳（片桐貞隆）ハ茨木へノク由候」（62オ）

高台院大坂下向モ鳥羽ヨリ帰ル
古今抄物書写・口伝等ノ御渡シアリ

二日　雨天、朝ハ日出、晩雨又止、一高台院殿（豊臣秀吉室杉原氏女）昨日大坂へ御下向、但鳥羽ヨリ被帰、今朝尋申処如此ト、一院（後陽成院）御所被召候、古今抄物又可写申旨候、少ゝ口伝共被仰渡、二冊抄、又四冊抄、

又顕注密勘等、又発句帳、又テニヲハノ義御相伝、灌頂ノ支等被仰渡候、発句帳四冊返上、又紹巴(里村)句ヲ相添テ上候、一仏眼院ヲ取成申候由也、一跳今日モ在之、少也、一玄鑑(今大路親清)ヘ遣使者候、見廻候、一夜雷鳴雨、一氷上ヨリ独羌活多給、又薬モ遣候

跳少シアリ
独羌活

三日 天晴、一跳又一度、禁中ヘ当番加番参上候、平松(時興)同心〆退出、時直(西洞院)ハ其侭勤宿、一抄物少書、一トチヨリ孝(孝蔵主、川添氏女)ノ入物被預、一右近ヵ所ヨリ入物二、一宗慶来テ帰、一御所内村ハ年貢ノ義申遣候処、近日可納由申来、一幡(播)州ヘ便宜ニ文一筆云伝候、一月拝禁中ニテ、一陽明(近衛信尹)見廻申候、無対面、一一乗院殿(尊勢)御上洛、直ニ陽明ヘ御出、拝顔

跳一度アリ
御所内村年貢近日納メ

四日 天晴、一一乗院殿(尊勢)見廻、又直ニ政所殿(近衛信尹母)御出、御供申参、朝ニ有粥、一陽明(近衛信尹)御夢想一巡ヲ給、則参〆得貴意記之、又御脈ヲミ、暫候、古今ノ事御尋候、院御所(後陽成院)御伝授ノ事御尋也、一抄物書候」(62ウ)

陽明ヨリ院御所古今御伝授ノ事御尋

五日 天晴、一茨木ヘ長左衛門ヲ越候、市正(片桐且元)・主膳(片桐貞隆)ヘ遣状、又牧次右衛門ヘモ申候、一水無瀬(氏成)ヘ遣状、諸白一遣候、次ニ今里ヘ寄候、一芍薬所々ヘ進、　御所ヘ二カブ、津田平左(平左衛門)ヘ童子、清月ヘ同、巣松軒(蘭秀等芳)ヘ同遣候、芍薬ノ壇ノ土ヲ直、女御殿(近衛前子)ヘ進上候、一鴨井善右衛門来義、松茸一折十被持候、盃ヲ進候、葛四郎左(葛岡四郎左衛門尉)来義、進酒、一舜乗坊来義トノ義尋候、及夕張灯ヲ出候、一了雪状アリ、艮子ノ義ニ付也、返事候、一七条隠居(教如光寿)ノ門跡被薨由候

片桐且元・貞隆ヘ状ヲ遣ス
教如薨ズ

赤飯
近衛信尹ノ夢想ノ連歌
長宗我部盛親大坂へ走入ル
亥子ノ餅
禁中楽屋
多阿産後ノ礼ニ来ル
唐木綿
今里ノ百姓散ル
御厳重
古今ヲ見セル
古今集書写
新千載集返ス

六日 天晴、芍薬壇土ヲ直、一松茸一折一乗院殿(尊勢)へ進入、一抄物少書、一広橋(兼勝)へ一乗院殿御出、再返玄仲(里村)ヨリ到来、則行テ直談、又陽明(近衛信尹)へモ参候、無御対面、一サカヤキ剃、一及夜長左衛門帰、一内義ハ按察(西洞院時慶女)へ当年初而被出候、赤飯・樽以下持参共在之、各モ被呼テ行、局(西洞院時子)同前也

七日 天晴、朝太時雨、一近衛殿(信尹)御夢想連哥出座候、御病中寄特之義也、一乗院殿(尊勢)・右府(近衛信尋)・徳(禅昌)勝院・甫庵(山岡景光)・玄仲(里村)・兼与(猪苗代)・元知(中沼)・了具(石井了倶)、已上十一人也、執筆市九ト号、御所(近衛信尹)ハ烏帽・道服也、後各申而烏帽子ハ被離綿帽也、明号(名)ヲ被巻、晩ハ魚類出也、初夜過ニ帰宅也、一亭徳院(曲直瀬盛孝)状・材木屋二兵へ状アリ、何モ夜見之、一今暁長曽我部(長宗我部盛親)大坂走入ト、上京衆へ被尋ト

八日 天晴、陽明(近衛信尹)・一乗院殿(尊勢)へ以使者申候、又夕ニ陽明へ参御礼申入、一門ハ(一乗院尊勢)於女御(近衛前子)懸御目、夜亥子ノ時分ニテ餅ヲ給、喫メ退出、物忩之義ニ付而 禁中楽屋ノ義等内々得御意候、」(63オ)一多阿産後ノ礼ニ来義、唐木綿、又夏ノ一端・杉原十帖予へ、内義へ赤飯・餅被持候、進盃候、又了忍同心、黒布二端被持候、一外野ヨリコナ親子来、山茅(芋)被上候、又餅等、一預物共在々ヨリ持候、雖製(制)達而申候故少々置之、一今里へ遣人、百姓散メ不居ト、一御厳重御位ノ御所(後水尾天皇)ヨリ三人ニ給、姫宮御方(アテ宮)・局(西洞院時子)・乳母人等三包也、院御所(後陽成院)へ雖申入無之、女院御所(勧修寺晴子)同、一神龍院(梵舜)来義候、抄物共見之候、一昨日返事亭徳(曲直瀬盛孝)へ遣候、又古今共見候処被返候、一御番昼ハ代ニ平松(時興)勤候、夜ハ時直(西洞院)勤候、古今集急書写ノ故ソ、一新千載集本ハ舟橋(国賢)ヨリ取返ニ

御所内村初テ蔵付
所々へ陣触、伏見城十一日ニ飾ラルベシトノ風聞
菊盛リ

来候間、老者ニ直ニ渡候、一御所内村初而蔵付候、一大坂ノ事以外ニ申候、又駿府ヨリ出馬ノ由候、十一日ト、四日ハ尾州(徳川義利)ノ宰相ト、所々へ有陣触ト、伏見城十一日ニ可被飾ト風聞、

一菊盛也

屛風・入物等預ル
細川衆聖護院ニ陣取
曲直瀬盛孝へ古今集ヲ返ス

九日　天晴、葛四郎左(葛岡四郎左衛門)来義、一二兵衛来、屛風・入物等預候、材木ノ義可馳走由申候、一西岡与一郎不出、彦七ハ少蔵付候、一十念寺所々ヨリ入物共被持候、一広大(広橋兼勝)へ行、対談候、一西(西園寺実益)園・花山(花山院定熙)へ行、西岡事対談候、一内侍所へ御初尾二箱如例年上ル、一抄物五六枚書候、一聖護院村ニ陣取、長岡内記(細川忠利)衆ト聞、一亭徳院(曲直瀬盛孝)へ古今返進、一按察(西洞院時慶女)来義、及夜、一二兵衛来

平茸
佐竹
預物
桶湯

十日　天晴、一神龍院(梵舜)ヨリ書担子三被持候、次ニ平茸一折給、一宇治ノ堀新昨(作)後室福来義、佐竹一束・革タヒ一足被持候、飯申付候、端坊(明善)・了忍ヨリ人ヲ被添候、一宗有(松村)・昌出(矢野)来義、」(63ウ)小屋幷預物之義ニ付也、一九兵衛来、ヌリ盃一土産、一平茸院(後陽成院)御所へ進上、又御見舞申候、御対面、暫御前ニ候、於途亭徳院(曲直瀬盛孝)ニ逢、古今ノ礼申候、一陽明(近衛信尹)見廻候、平臥ニテ無御対面、一駈庵(半井成信)へ江戸へノ文共云伝候、一内義ハ宗珠へ被出候、一局(西洞院時子)ノ方ノ桶湯ニ入、一内侍所ヨリ御クマヲ給、一葛四郎左(葛岡四郎左衛門)小屋懸候、食申付候、一平松(時興)御番へ参候

十一日　天晴、一浄徳・二右衛門来、昨日遣人御礼也駿府ニハ出馬ノ風聞、若相延ハ十六日カト、一内侍所ノオニ於途逢、昨日御初尾ノ有ヲ、一陽明(近衛信尹)見舞、一院(後陽成院)御所見舞申、道三(今大路親清)留守ヨ

菊作リ

古今集綴サス

紅梅ノ弟大坂奉公トテ搦メラル

駿府出馬

古今集ノ表紙桶結

平茸ノ料理

大坂ノ様子物語

十念寺長老十夜ノ法談

川勝広綱陣ノ用意ニ上洛

板倉勝重ヘ囚ヲ乞請ル

リ小屋ノ義西ノ屋敷申請度トノ義也、一菊作リノ宗祐来、菊ヲミスル也、荻原(兼従)ヘ云伝候、一桶結来、終日桶輪入サス、一古今閉サス、経師ノ菅十郎仕也、一紅梅カ弟大坂ヘ奉□(「公」)ニ可出ク候トテカラメラル、命ノ義板倉伊賀守(板倉勝重)ヘ乞請ノ状ヲ遣候、惣次紀明メノ上ト八右衛門(川那部)申候、一舜乗坊ヨリ(長)櫃ニ被持候、一政所殿(近衛信尹母)ヘ参、子侘言申候処御合点也、入江殿(昌隆尼)ヨリ切々文給ニヨリテ也、一御月次題ヲ給、一後ニ聞、駿府出馬ト

十二日 天晴陰、朝時雨、一古今表紙申付候、少切直、是烏丸ノ双紙屋也、一桶結来、一宵於少納言(西洞院時直)平茸ノ料理アリ、一院御所(後陽成院)ヘ芍薬二色、浜・ハウヲ上候、自身栽之、一浄徳・二右衛門・薬師ノ玄仲来、大坂ノ様子物語アリ、一陽明(近衛信尹)見舞、又晩ニ修理(進藤長滋)ニ対顔、一見舞ニ出所々、入江殿(昌隆尼)・光照院殿(尊貞尼)、皆女御殿(近衛前子)ニ御座ト、沼由(灰屋紹由)・久和(篠屋)・孝与ヘ遣人、玄琢(野間成岑)ハ出逢、寿徳庵(曲直瀬玄由)ハ幡(播)广(磨)ヘ下向ト、亨徳院(曲直瀬盛孝)ハ出逢候、道々ヘ寄人、飛鳥(飛鳥井雅庸)ヘ見廻、但内ヘ不入、」(64オ)一サカヤキ剃、一紀州堀忠兵衛薬取ニ上候、調合候、一磯辺宗色預状、返事認置也

十三日 天晴、一芍薬ノ壇土ヲナラシ、姜ヲ引セ候、一十念寺長老於真如堂法談、十夜中雇ト、仍両種・指樽ヲ遣候、内義被詣、法談聴聞ト、予ハ晩ニ詣メ下向、一宗珠見舞ニ出、他行、直ニ、一藤懸(永勝)三河見舞候、中ニ川信(川勝広綱)為陣用意ニ上洛、宿所ヘ行、同心メ又三河宿所ヘ行、食振舞也、三蔵(藤懸永重)モ同心メ上候、了悟・朝山意斎(久綱)対顔候、一当番時直(西洞院)勤之、一伊賀守(板倉勝重)ヘ囚請乞請

兵士ノ手判ヲ乞ウ

堀川ノ流勝院遠行

久我ノ古今集ヲ返ス

十念寺ヨリ預物

アジサイ植替

土居ヲ壊ス

川勝広綱出陣

大坂衆堺ニテ片桐且元ニ取懸リ宿ノ今井宗薫宅ヲ焼打ス

村上吉正・長谷川守知加勢ス

トテ長左衛門遣候、又堀忠兵使、兵士ノ手判ヲ乞ニ遣候処、浅但馬（浅野長晟）ノ人ト同心ノ遣候ヘト、又仁左衛門尉モ暇乞、堺ヘ越ト、一今里・御所内村ヘ遣人、一陽明（近衛信尹）同篇ト、一冷泉（為満）一昨々日上洛ノ由今日聞之故以使者申候、一夕ニ川信ヘ遣使者候、一堀川ノ流勝院遠行ト、遣人、一喜左衛門（三宅）ニ暇ヲ遣、堀忠兵ノ者ト堺ヘ下

十四日　天晴、行水、一十念寺礼ニ使僧、一昨日久我大（敦通）ヨリ預状、今日返札、又古今モ返進候、此方本見候、一藤懸三河（永勝）ヨリ預状返札候、一飛中（飛鳥井雅庸）預使者候、一川信濃守（川勝広綱）来義、於此亭食振舞候、一抄物書之、一栄宅来義也、一久我殿ヘ陽明（近衛信尹）見舞、進藤修理（長滋）ニ対顔、一十念寺ヨリ預物之義被申、同心候、一氷上ヨリ後室（川勝秀氏室）上洛候、文ヲ遣候、若上（西洞院時直室川勝氏女）ハ柳原ヘ被越候、一院（後陽成院）御所見廻申候、及夕無御対面候、一舟橋（国賢）ヨリ客人来義候、一昨日アチサイ栽替候、一木村左衛門尉門迄来、捨丸カ事被申ト」（64ウ）

十五日　天晴、一行水・祓、一土居壊、一川信（川勝広綱）乃出陣、茨木面ノ加勢也、藤懸三蔵（永重）ト一列ニ立、何モ暇乞行、見定テ帰候、一真如堂詣、又夜モ詣、法談聴聞、一於堺市正（片桐且元）者共ヲ大坂衆取懸、ナヤノ宗クン（今井宗薫）宿ニノ焼打ニ候ト後ニ聞、一昨日ノ事欤、一端坊ノ阿古来義、▨鰹一連被持候、予ハ不会、了忍同心ト、一乙丸来、一十念寺ニテ髪剃ヲ借用、一平松（時興）ハ御番勤之、一今日加勢村上（吉正）・長谷川式部（守知）等ト、一堀四郎右衛門（作蔵）息ヲ使ノ小屋ノ事被申候、一陽明（近衛信尹）同篇ト

西岡ノ年貢
茨木表ノ儀ヲ聞ク
丹波衆城入ス
以心崇伝上洛

十六日　天晴、一土居壊、一西岡へ年貢ノ義ニ長左衛門・久蔵ヲ遣候、一喜多嶋木工上洛ト、預状、則宿へ行テ対面候、一久我錯庵ヨリ入物之義被申候、一諾候、又十念寺ヨリ長持二被持候、一▨(院)御所(後陽成院)ヨリ被召候、八条(智仁親王)御成也、御相伴御振舞在之、午刻ヨリ及夜種々▨(御)▨(物)語共聴聞、▨(夜)又田▨(楽)アリ、山科(言緒)・安倍泰重(土御門)等被召候、一茨木表ノ義取々ニ聞ユ、但丹波衆無事ニ城へ入ト有便、一十念寺礼ニ来義、門ニテ逢、又長櫃被持候、一陽明(近衛信尹)同篇ノ義ト、一伝長老(以心崇伝)昨日上洛ト、一下襲広大(広橋兼勝)ヨリ使者相添テ右衛門佐(高倉永慶)ヨリ被相渡候、是先日ノ夏ノ分也

常陸紙
鮎ノスシ
西岡ノ百姓出合
春日・八幡・将軍塚鳴動

十七日　天晴、夕雨、一土居壊、一嘉通司来義、柚廿果被持候、冷飯ヲ進候、」(65オ)一冷泉中(為満)納言常陸帋三束被贈、状返事候、一材木屋ノ二衛門来、樽一上候、一院御所(後陽成院)西ノ屋敷ニ小屋懸ノ道具持セ候、一川信(川勝秀氏室)ノ母義来義、鮎ノスシ十ケ・双瓶ヲ給、於端盃ヲ出、一高台院殿(豊臣秀吉室杉原氏女)へ内義ハ御見廻也、一南禅寺へ雖誘引、各指合候衆飛中(飛鳥井雅庸)・同少将(飛鳥井雅胤)・六条(有広)・竹内(孝治)等也、一長左衛門西岡ヨリ帰京候、百姓出合ト、一宗慶来、又帰、一先日幾日ソヤ、春日・八幡・将軍塚モ鳴動ト、一夜続松ニテ芦墻申付候、雨降出、一見哲(西洞院時慶女)来泊

豊国社へ参ル
豊楼門ノ前ノ小屋焼失

十八日　雨降、午天晴、一斎坊主如例、一清水寺・六波羅・豊国へ社参候、▨(神)▨(龍)院(梵舜)ニ逢候、暫語、御子屋ニテ茶ヲ喫メ下向、一夜前豊楼門ノ前ノ小屋一間焼失、于今煙、照門(照高院興意)・妙門(妙法院常胤)へ以使者申入、寿徳(曲直瀬玄由)へ寄人、一高台院殿(豊臣秀吉室杉原氏女)へ見廻、与一兵衛・茶湯坊主ニ逢、奥へ申入、御祝着ノ

土居ヲ壊ス
伏見・大津へ諸勢到着
西ニ火ノ如キ星降ル
将軍塚鳴動

由候、トチモ局ニ在之ト、孝蔵主(川添氏女)ノ道具共先ノケス、一土居壊ニ日用二人雇候、但依雨先帰也、一大雷一声電、其間六波羅堂ニテ雨ヲ通ス、一川信(川勝秀氏室)ノ母義来義候、一御番時直(西洞院)勤候、一喜左衛門(三宅)無事ニ帰、一堀四郎兵ヨリ小屋ノ事申来、一木村(左衛門尉)来義、又捨丸ヵ事被申ト、一昨今伏見・大津へ諸勢着上ト、一西ニ▨(如)火ノ星降、怪異ノ義也、今朝モ将軍鳴動、一木村左衛門尉来義、一義申置ト」(65ウ)

茨木無事

十九日　朝天少時雨〆晴、一大工三人、但一人ハ午帰、東ノ屛・小屋ヲ申付候、日用二人遣、一ヲ辰(西洞院時慶養女)ノ道具被預、日用ヲ遣候、一藤三河(藤懸永勝)ヨリ孫二人ノ事被申候文可給申遣候、又小屋ニ可置由申候、無返事、一開炉局(西洞院時子)ノ方在之、田楽アリ、此方ニモ明初、一近衛殿(信尹)へ以使者申候、御気相同前ト、一堀ノ四郎右衛門小屋ノ事被申候、乍所窄可渡由申候、一九左衛門尉上候、茨木無事ト、一御所内村・今里モ少運上候、一久我錯庵切紙又預物ノ請取遣候

松平忠直六条辺ニ陣取
亥子・御厳重
炉ヲ開ク
初氷

廿日　天晴陰、時雨村々也、一大工三人、一人ハ午時ヨリ帰、如昨日、同所遣、一三河守(松平忠直)六条辺陣取ト、一亥子也、家ニモ祝申付候、御厳重如先日、但院御所(後陽成院)ヨリ予斗ニ給、一四郎左衛門(葛岡四郎左衛門尉)女中(女房)ハ小屋へ被移候、一平松(時興)当番勤候、一昨日開炉候、今夜田楽候、局(西洞院時子)・少納言(西洞院時直)等寄、宮御(アテ宮)方ハ早御寝也、了忍・多阿ハ草臥トテ不被出、一銀子孔方代申付候、一氷初結

臨時ノ霊符行祓等アリ

廿一日　天晴、大工二人、屛・戸以下出来、今日ニテ相済、一灵符行祓等臨時在之、祝也、一

徳川義利入洛

牡丹栽様ノ談合

惣構入口ノ出入ハ夜停止ス

徳川頼将上洛ハ明後日ト

抄物ヲ取置ク

里村紹巴発句帳院御所ヨリ返ル

十念寺隠居光明寺ヨリ蜜柑五十被贈、一トチヨリ杉原十帖被送、先日薬ノ礼心也、一尾張(徳川義利)ノ
対各下馬候、鳴瀬(成瀬正成)隼人後見申候、
宰相入洛、粟田口迄迎ニ広大(広橋兼勝)被出候、三西(三条西実条)・西園内府(西園寺実益)・同中納言(西園寺公益)・日大納言(日野資勝)・広中(広橋総光)・飛中(飛鳥井雅庸)・
烏中(烏丸光広)・冷泉中(為満)・予・柳弁(柳原業光)・飛少将(飛鳥井雅胤)・華山大(花山院定煕)・同少将(花山院定好)・万里宰(万里小路孝房)、以上十五人、広大」(66オ)酒
ヲ被持、各へ被進候、一女御殿(近衛前子)御使、牡丹栽様ノ事御談合、御使長十郎対面〆申渡候、一惣
構入口ノ出入及夜□停止ノ由番頭ヨリ被相触候、御番ノ義暮テ則可参之旨也、一葛四郎左(葛岡四郎左衛門尉)ヨ
リ雪魚一被送候、一陽明(近衛信尹)御煩如何無御心元旨以使者申入、少ソ汁ヲ被飲入ト、一入江殿(昌隆尼)文給、
他行旨返事候、政所殿(近衛信尹母)センへ千被召直候義也、及夜参上候、御盃拝、沈酔候、一飛中預使者、今
日御迎へノ義也、一唯心(日野輝資)上洛ト、仍尋候処大覚寺殿(空性)へ被越ト、一按察(西洞院時慶女)来義〆被泊候

廿二日 天晴、霜深寒、午暖気、一駿河宰相(徳川頼将)上洛ノ由候間各迎ニ如昨出候処明後日ト、烏丸酒
ヲ被持、又粟田口ノ於小家傾盃テ帰、広大(広橋兼勝)・中(広橋総光)・西大(西園寺実益)・華大(花山院定煕)・日大(日野資勝)・飛中(飛鳥井雅庸)・同少将(飛鳥井雅胤)・華少(花山院定好)・
烏中(烏丸光広)・同弁(烏丸光賢)・柳弁(柳原業光)・冷泉中(為満)・舟橋息(秀相)・一斎(堀河親具)・庭田(重定)・徳大(徳大寺実久)・西園中(西園寺公益)、以上、帰リニ伝長老(以心崇伝)へ
寄、飛中・同少将・広中(広橋総光)・予同心候、他行ト、云置也、一陽明(近衛信尹)見廻申、一両日ハ飲水、透ト、
飛少将・滋野井(冬隆)同参也、平臥ニテ無対面、局(西洞院時子)屋敷ノ小屋懸ヲ見、長右衛門尉対談候、一抄物
共取置候、一内義ハ御屋敷へ被出候、一道印・道具同心〆来義、酒ヲ進テ返、一壁ヲヌラセ
候、一棒庵(下津宗秀)上洛ノ由聞之、及夜故人モ不遣候、一多阿・了忍ハ二(七カ)条へ被帰候、一紹巴(里村)発句帳

経師へ外題ノ事申遣ス
家康ノ上洛ヲ山科マデ迎フ
古今集抄・顕注密勘ヲ返上
書懸ノ抄物ハ拝借
歌ノ口伝
家康ノ迎ニ洛中町人出ル
長野七右衛門遠行
二条城へ二十人バカリト同心シテ行ク
徳川義利ト対面ス

ヲ院(後陽成院)御所ヨリ御返候

廿三日　天晴、暖気、一多阿へ皮籠持セ遣候、一経師へ外題ノ事申遣候、一大樹(徳川家康)上洛ノ由俄ニ従広大(広橋兼勝)中来間、急山科迄迎ニ出、長原(永)ヨリ被立ト、其間待候、阿弥陀寺ト云寺へ入、暫休、広大持セアリ、傾盃、到午刻大樹被着候、各道へ出入見参、常陸殿(徳川頼将)相待処、遅〻間先各帰京、其間ニ入洛アリト、一院参、詠草得御意候、御合点也、又古今集抄八冊、次ニ顕注密勘モ三冊返上候、書懸候抄物一冊斗ハ其儘拝借ノ分也、一塗シノ壁(残脱カ)」(66ウ)申付候、一院御所ニテ御酒給、哥ノ口伝共被仰聞、一及夕間清書ハ明日可仕由、和哥奉行三西(三条西実条)へ申遣候、一女御(近衛前子)殿へ見廻申候、右衛門督ハ咳気煩也、一柳原後室(川勝秀氏室)来義〆被帰ト、一朽河内守(朽木元綱)陣所飛鳥(飛鳥井雅庸)ヨリ被尋候処不知ト、一大樹迎ニ洛中町人十人組共各罷出ト、諸万人路次不分、一長野七右衛門遠行ノ由告来、女中モ勝モ四郎左衛門(葛岡)ノ小屋ニ被居候、一番時直(西洞院)勤候

廿四日　天晴、夜ハ大時雨、一御月次清書詠進、少納言(西洞院時直)同前也、一二条城へ常罷出衆廿人斗同心〆出、広大(広橋兼勝)・飛鳥(飛鳥井雅庸)へモ尋候処無進物ト、長袴ノ躰也、時直(西洞院)ト同心〆城へ入、広大・三西(三条西実条)ハ御使也、如例各モ罷出候、暫御前ニ伺候候、本田上野(本多正純)各伺候也、対顔候衆、大沢(基宿)・朽木河内(元綱)・片▨(市)正(片桐且元)等也、川信濃(川勝広綱)被召テ参上ト、乍与所見之、尾州(徳川義利)ノ宰相被出ニ対面、一孝与来義、一堀四郎右衛門預状、他行ノ間ニテ不及返事、一古屋太郎兵衛来、入物二つ取テ帰、松平筑(前田利光)

前守へ出候ト、一密柑樹、其外木共栽直、一酒添醸、一棒庵(下津宗秀)へ寄候処他行、云置、一川信(川勝広綱)ハ
（酒ヲ添テ醸ス）

上ノ柳原ニ被居ト、少納言行見廻ト、一於二条記録共諸家へ可被出由内々伝長老(以心崇伝)ヲ以被申出
候書立在之、一飛鳥ヨリ孝蔵主(川添氏女)ノ文共被届候、一院御所(後陽成院)ヨリ古今外題早々被染御筆被下候、
（記録ヲ諸家ヨリ出サス由伝長老申出ラル）
（古今集外題）

忝旨御返答申入、一阿野(実顕)預使者、大樹(徳川家康)へ明日御見廻ニ可出歟ノ由候、今日早出候旨返事候」
（家康ノ見舞）

（67オ）

廿五日　天晴、霜深、地震午下刻太動事帯多々シ、暫不静、一早朝棒庵(下津宗秀)へ見廻、暫語、今日伏
見迄被越、直ニ下国ト、一神龍院(梵舜)ヨリ被預古叓記三冊被取候、状アリ、一松村宗有来義候、
少時語、一今日ヨリ諸勢城ノ辺へ寄ト、上方衆先手ノ由候、一山城トノヨリ密柑・姜三把上
候、一壁塗残シ申付候、一大津へ薪取ニ一人遣候、一人ハ丁々申付候、一地震ノ御見舞ニ
禁中(後水尾天皇)・院中(後陽成院)・女院御所(勧修寺晴子)・女御御方(近衛前子)へ以使者申入、無御別義ト、政所(近衛信尹母)へ以使者申候、一乗院殿(尊勢)
御座候由候、又以使者申候、一八幡ニハ森ニ鵜共皆々大坂へ移ト、可尋之、切々将軍塚鳴動、
一平松(時興)御番也、一棒庵へ行、見廻、今日下国ト
（地震）
（古事記）
（諸勢大坂城ノ辺へ寄ル）
（禁中等へ地震ヲ見舞フ）
（八幡ノ鵜大坂へ移ル）
（将軍塚鳴動）

廿六日　天晴、斎坊主如例、一女御殿(近衛前子)へ被召、牡丹分テ栽替、新御所▨(ト)両所也、食ヲ給、御酒
アリ、午刻ヨリ及黄昏、広大納言(広橋兼勝)モ伺候也、謡一声、予発声也、壁塗残申付候、一三西(三条西実条)・飛
鳥井(雅庸)ニ会、古今伝▨(授)ノ事被申候、其分ト返答、一久八ハ西岡へ差遣候、一水無瀬(ママ)、一未刻時
（牡丹分テ、栽替ル）
（古今伝授）

雨

牡丹ヲ女院御所ニ植エル
記録ノ儀談合

廿七日 天晴、一女御殿(近衛前子)へ被召、牡丹又分女院(勧修寺晴子)御所ニ植之、一宿ノ壁ノ裏ヲ申付候、一十念寺使札、長持ノ内被明義也、光明寺ノ用也、一記録ノ義ニ広大(広橋兼勝)へ為談合行」(67ウ)

二条城ニ家康ヲ見舞ウ

廿八日 天晴、二条将軍家(徳川家康)見廻、飛中(飛鳥井雅庸)同心ノ出、次兵衛殿(徳川義利)・常陸殿(徳川頼将)見廻、又禅高(山名豊国)へ尋候、他出也、多阿へ寄候、一院(後陽成院)御所参上候、御膳御スヘリヲ載候、於御前被下候、山科(言緒)同参候、閑話アリ、同心ノ退出、及夜、一御番ハ時直(西洞院)勤之、一大聖寺殿(恵仙尼)牡丹分テ栽替、及夜、一了忍朝食相伴候、一飛女中(飛鳥井雅庸室)腫物ノ薬所望候間遣之

腫物ノ薬

家康ヨリ公卿補任ヲ書ク事諸家ニ仰セアリテ、料紙ヲ分ケラル
無塩ノ鮭

廿九日 天晴、大樹(徳川家康)ヨリ公卿補仁(任)諸家へ可書旨被仰出、料紙ヲ被賦、広大(広橋兼勝)へ行、老眼ノ理申、伝ノ少ヲ替テ請取候、一山科(言緒)へ遣状、一一台へ密柑二百一折遣候、一朽木河内守(元綱)・同兵部(朽木宣綱)へ樽一ツ宛遣候、礼状アリ、一小紅花屋来、鮭無塩一尺持参候、於四畳半対面、盃ヲ進候、一飛中(飛鳥井雅庸)ヨリ昨日薬礼ニ預使者候

十一月大

二条城ニテ本多正純等ニ会ウ

一日 戊酉 天晴、暁天ハ雨也、行水・祓、飛鳥井(雅庸)へ遣人、二条へ御礼ノ義也、一唯心(日野輝資)へ礼ニ行、鮭一尺持参候、平松(時興)同心候、革タヒ一足携之、対面候、一少納言(西洞院時直)出事遅ゝ故両人斗連、二条城へ出候、乍去両人斗出、▨仕合能大沢(基宿)送テ被出候、龍雲(飛鳥井雅春男)ニ逢候、一本田上野守(本多正純)(介)ニ逢一礼、

院ノ御物語ヲ記ス

外様番結改

公卿補任筆立

壁塗

地ノ高下ヲ直ス

樹共植替、大普請

久年母

初鮭・茶口切

又宿へモ行、一城和泉(昌茂)宿へ音信候処ニ早陣へ出ト、」(68オ)大沢宿ハ不尋当メ帰、山岡主計(景以)尋候、他出ト、後預礼状候、一玄益(曲直瀬)へ尋候処有酒、数盃也、道印・玄仲(里村)・道具出合、心静也、江戸ニテ延寿院(曲直瀬正紹)・元鑑(今大路親清)仕合無心元義申談候、一朽木河内守(元綱)・同兵部(朽木宣綱)宿ヲ尋候処、何モ対面、有酒、一院御所(後陽成院)へ参、暫御前ニ候、御物語共ヲ記候、阿野(実顕)同参候、於番所有盃、一陽明(近衛信尹)へ参候、少御気相能ト、一乗院(尊勢)殿今日南都へ御帰リ、為御見廻参候処、陽明ノ奥ニ御座候而、不能御対面、一政所殿(近衛信尹母)ニテ御盃給、一女院御所(勧修寺晴子)ニテハ按察(西洞院時慶女)迄御礼ノ義申置候、時直(西洞院)・時興(平松)同前、一女御殿(近衛前子)ハ御所へ御成ト、一姫宮(アテ宮)御方御盃給、於少納言(西洞院時直)方夜有酒、一外様番結改今日ヨリ在之、一公卿補仕(任)筆立候

二日 天晴、壁塗残申付候、又地ノ高下ヲ直、一樹共栽替、大普請也、一久年母実ヲ取、同柚等上所々、先 禁裏(後水尾天皇)へ五ケ、大乳母人へ三、 院御所(後陽成院)へ同、大二殿へ三同、一女院御所(勧修寺晴子)へ同、按察(西洞院時慶女)へ二ケ、大聖寺殿(恵仙尼)へ五ケ、一アテノ宮ノ御方へ五ケ、又柚同、少納言(西洞院時直)へ同、一女御殿(近衛前子)へ五、一上ノ柳原ヨリ柚廿ケ給、一堀四郎右衛門ノ息玄伯来、入物三被預、一虎カ里ノ長持一取返ニ来、則返候、一六条中納言(有広)へ牡丹一カフ与吉ニ一遣候、一木村左衛門尉尋ニ三西(三条西実条)へ遣候、一喜多嶋木工へ状、堀四郎兵へ認置、一局(西洞院時子)ニ夜振舞、初鮭・茶口切丁寧也、少納言家中等不残

久年母
桶湯ニ入ル
二条城へ公家衆諸礼
大黒御火焼・子祭
町ノ汁
借銀口入ニ小紅花屋来ル
院ヨリ公卿補任拝借

三日 雨天、夜ヨリ降、明テ止、一昨日栽残ノ樹共植、地形直、一丁々申付候、一公卿補任少書、一多阿来義メ被帰、一久年母五政所殿(近衛信尹母)へ進入、柚五ケ・芍薬モ相添候、一明日諸礼ノ」(68ウ)(頭書)「将軍(徳川家康)」由従伝奏(広橋兼勝・三条西実条)被相触候、一桶湯ニ入、一月ハ雖拝不明、一朽河(朽木元綱)・同兵部(朽木宣綱)へ遣状、振舞ノ義ニ付也、一平松(時興)ハ依結改御番参勤候、一川後室(川勝秀氏室)来去

四日 天晴、二条城へ公家衆諸礼、飛中父子(飛鳥井雅庸・雅胤)同心候、堂上七十人斗在之、摂家ニハ陽明右府(近衛信尋)・桃花坊(一条兼遐)二人斗也、御礼様子ハ太刀一腰斗也、肩衣・袴也、将軍(徳川家康)ハ筒(胴)服・袴也、当番ハ内々・外様之内、一人ハ予代時直、内々ハ菊亭(晴季)・庭田(重定)相詰故、礼ニ不出、公卿衆ハ礼メ其儘座ニ着、殿上人ハ座ヲ(其侭)立候、地下ノ者迄礼アリテ惣一同ニ立候、法師礼可在之処、早将軍座ヲ被立入御也、陽明ハ簀子迄被送出候、一朽木河内(元綱)・兵部(朽木宣綱)へ遣状、返事在之、一公卿補任書写之、一明障子張、一酒添ヲ入、一大黒御火焼・子祭等祝之、一川後室

五日 天晴、暁ハ雨也、一長左衛門町ノ汁トテ夕ニ出、一薮墻申付候、一朽兵部(朽木宣綱)へ状遣、返事候、一水無瀬宰相(氏成)・侍従(水無瀬兼俊)へ遣状、無返事、一川信乃(川勝広綱)へ遣状、昨日出京ト、有返事、一公卿補任書、一宗慶昨日去来、一多阿来去、一小紅花屋来、借銀ノ事口入也、及夜酒ヲ進候、一院御所(後陽成院)御本公卿補任拝借

六日 天晴、一公卿補任書写、一清月来義、進酒、一龍雲(飛鳥井雅春男)へ遣状、有返事、徳利送遣候、内々

霊符祭

茶ノ口切

摂津国ニ池田忠継勢寄セル

天海上洛シ二条城ニ出仕ス

秀忠ハ路次ニ逗留

伊達政宗ハ大津ニ上ル

照高院・三井ノ衆徒無実申懸

二条城へ出ル、家康ハ表へ出ズ

雖呼、無来義、一按察(西洞院時慶女)来義、女院御所(勧修寺晴子)ヨリ仰ノ義談合候、一少納言(西洞院時直)ヨリ鯛一来、一虎松(西洞院時慶男)因幡堂詣

七日 天晴、一灵符祭、一公卿補任書、一前栽ノ樹辺土ヲ置セ高下ヲ直、一四郎左衛門(葛岡)来義、少時語、一柳原へ出、川信乃守(川勝広綱)見廻、夜深テ帰、壺到来、」(69オ) 茶ノ口切也、一後ニ聞、摂津国中嶋上嶋へ寄勢被打渡ト、池田左衛門佐(左衛門督忠継)手ト也、一玄琢(野間成岑)・寿徳庵(曲直瀬玄由)ハ他行、亨徳院(曲直瀬盛孝)へ尋候処、各客人之砌ニテ云置候、一長左衛門娣ノ亀来、一江戸・駿河へノ状藤懸(永勝)三河縁者衆下向ニ云伝候、一御所内・今里へ遣候者共帰也

八日 天晴、一公卿補任書写、一巽ノ雑部屋隣ヨリ土壊入ヲ取捨掃除申付候、一孝与来義、一二条城ニハ南光坊(天海)上洛ニテ出仕ト、一江戸将軍(徳川秀忠)ハ昨今相待候処、路次ニ有逗留ト、一伊達政宗ハ大津迄被上ト、一冷泉(為満)へ見廻、閑話而帰、一昨日左近丞(板屋)来、今里ノ義ヲ申候

九日 天曇、霜太降、一朝急龍雲(飛鳥井雅春男)へ行、他出、云置、一伝長老(以心崇伝)見廻、綿帽子三持参、於岩上寺対顔、申談、三井ノ龍花院・法地院等此所ニテ物語候、照高院殿(興意)ノ事無実申懸、同三井ノ衆徒七人等也、何モ中分門主ノ義無別義ト、光浄院ニモ対顔、山岡主計(景以)へ遣人、一身田(尭秀)昨日上洛ト、対顔、城へ同心〆出、但前将軍(徳川家康)ハ表へ無御出、各退散、但予・大炊(大炊御門経頼)ハ早参候事、奥へ竹林院(賢盛)申達由候、烏丸(光広)・土御門(久脩)・山科(言緒)ハ遅参ニテ無其儀、各一同退、各参会候、昌琢(里村)・玄(里

(村)仲等モ立候、一山▨(名)禅高(豊国)へ尋、対顔候、一高台院殿(豊臣秀吉室杉原氏女)見廻、清月・永春被出候、御茶ヲ給、盃ハ可被出処、理申而立、一川信(川勝広継)被呼候、内義・平松(時興)同、少納言(西洞院時直)同、女中(西洞院時直室川勝氏女)等也、茶口切、鶴ノ振舞也、一政所殿(近衛信尹母)ヨリ文給、密柑百給、御礼ニ参候処有酒、又入江殿(昌隆尼)モ御座候、酒数盃也、典薬ノ弟初而対顔候、一朽木父子(元綱・宣綱)被尋候由候、他出ノ間ニテ不逢、」(69ウ) 一延寿院(曲直瀬正紹)従江戸預状、一将軍(徳川秀忠)ハ明日上洛トモ、明後日トモ聞、但▨▨(今日)ハ膳所へ被着ト、一当番時直(西洞院)勤候、一伝(以心崇伝)長老ノ奏者勝(松)首座(堅操元松)ニ革沓一遣候

〔頭注〕茶口切、鶴ノ振舞

〔頭注〕秀忠膳所へ着ク

十日　(朝)天大霧、巳刻ニ晴、晩少陰、夜晴、一江戸将軍(徳川秀忠)至伏見着城、追分迄迎ニ出、入見参、堂上大略越候、時直(西洞院)・時興(平松)同心候、於芝広橋(兼勝)酒ヲ被持候、各へ被進候、禦寒、今日人数六万斗歟、不鎧筒(胴)服斗也、旗棹斗馬験在之、先鉄放、次鑓・弓等前へ万々越、又跡ニモ在之、輿ノ廻ハ歩立、前後馬也、キ麗ノ義也、伊達(政宗)ハ前へ被越歟、多人数ノ由候、一勝照高院殿(興意)へ少弐(佐々木長守)殿遣状、門主(照高院興意)御機遣之義相済、珍重ノ旨申入候、少弐返事在之、一女院御所(勧修寺晴子)へモ参、照門(照高院興意)ノ義相済申候、珍重申入、一三級預状、則院御所(後陽成院)へ参上候、御対面也、将軍(徳川家康)御間ノ義相済、珍重ノ御事申入候、又御物語候、数刻伺候申候、御機相悪由承候処、御物語候中御快気ト、南(天海)光坊御馳走申入候、一身田(克秀)へ遣状、返事在之、一朽河(朽木元綱)ヨリ返事在之

〔頭注〕秀忠伏見着城、人数六万バカリ

十一日　天晴、伏見へ早天ニ時直(西洞院)ト越、少遅々ニテ将軍(徳川秀忠)ハ早御出ノ事ニテ於藤森南山ニテ懸御

〔頭注〕伏見へ行ク

秀忠ト藤森南山ニテ会フ
天海ヲ訪ヌ
伏見ノ諸礼ナシトノ触

目、仕合能也、一二条ノ城ヘ前将軍(徳川家康)御対顔ノ為ニ御出京ニテ又被立帰ト、一南光坊(天海)ヘ尋行、対顔候、院御所(後陽成院)ノ義肝煎珍重之義申候、一延寿院(曲直瀬正紹)留守ヘ見廻候、玄益(曲直瀬)ニ逢候、江戸ニテ父子(曲直瀬正紹・今大路親清)息災之義珍重申候、一公卿補任書之、一於少納言(西洞院時直)晩炊ノ汁在之、一伏見ニテ諸礼在之由候処、又無之ト有触、一吉田(兼治)ヘ▨重服ノ事尋之、有返事、一水無瀬(氏成)預状、又返事候」(70オ)

庚申
平野御火焼
御所内村年貢
蘿蔔
料紙水打
宇治上林預物

十二日 天晴、庚申也、桶湯ニ入、平野御火焼也、左近丞(板屋)ヲ申付差越候、如例御酒・黒木等ノ物ヲ申付候、一公卿補任終日書、一了忍来義而即被帰、飛中(飛鳥井雅庸)・花山中(花山院定好)ヘ遣人、明日陣替ニ将軍(徳川家康)見立可申欤ノ事為談合也、一御所内村ヨリ年貢少入、一左近丞蘿蔔七百本上候、一川信乃守(川勝広綱)ヘ遣使者、明日暇乞ニ不行理申候、朽木(元綱)ヘ同、方々ヘ見廻可申義忩也、一料紙水打申付候、一宇治ノ上林ノ預物之事無之、如何ト番頭ヨリ被相触候、曽以不知通有侭返答、一宮御方(アテ宮)ニ御田(楽脱カ)在之テ夜各候、一芍薬ヲ左近丞ニ遣候

家康ノ陣替延引
御所内・西岡ノ年貢

十三日 天晴、寒、初雪、今日前将軍(徳川家康)陣替相延、未二条城、当将軍(徳川秀忠)ハ同伏見ヲ被替由、一終日将軍(徳川家康)ヨリ承公卿補任書写、一御所内ノ者少年貢運上、西岡モ少、一平松(時興)番、一水打紙打セ候、昨今、一水無瀬(氏成)出京ト、預使者、又以使者申候、一夜ハ詠吟、一局(西洞院時子)感冒頭痛ノ由候

日次記ノ儲ニ法古ヲ撰ブ

十四日 天晴、一身田(尭秀)ヘ以状無音ノ理候、一法古共撰、日次記ノ儲候、一上ノ(川勝秀氏室)柳原後室ヘ薬・文等遣之、一当番時直(西洞院)勤候、請取ニテ持セ在之ト、一公卿補任書写、一夕ニ川信乃守(川勝広綱)見舞、

前将軍(徳川家康)明日陣替ト、日野唯心院(輝資)へ見廻、大納言(日野資勝)出合、門ヨリ帰、一水無瀬(氏成)見廻、他出ト、一飛中(飛鳥井雅庸)へ遣人、明日二条城迄見廻ト、一大炊(大炊御門経頼)預使、此方ヨリモ返答候、明日二条へ之義也、予ハ咳気故不可出、一光照院(尊貞尼)殿へ以使者此中怠ヲ申理候」(70ウ)

家康二条城ヨリ奈良へ陣替
秀忠河内へ陣所立

十五日　天晴、一陣替、二条城ヨリ至木津ト、後聞、奈良中坊(秀政)本陣ト、木津ニテハ無之川信乃守(川勝広綱)ハ後陣、外野ニ陣取、朽木父子(元綱・宣綱)・長井右近(永井直勝)一所ト、今朝朽兵部(朽木宣綱)預状、返事遣、一若将軍(徳川秀忠)ハ河内▨(地)へ被立陣所、一終日公卿補任書写、一紙打セ候、一トチヨリヌリ文箱緒迄相添テ給、礼文遣候、一松村宗有来義、対面候、一玄益(曲直瀬)遣状、明日振舞兼約、一肴物□(共)買得、一伝長老(以心崇伝)へ遣人、為暇乞也、但明後日ト、重而南禅寺へ遣人、双紙取寄ニ遣候、一南禅寺へ思侭日記トリ返ニセウ首座(堅操元松)へ遣状、返事在之

思侭日記取返シ

十六日　雨天、晩晴、一公卿補任書写、一延寿院(曲直瀬正紹)留守為見廻小漬持セ候、玄益(曲直瀬)・道信・玄冶(岡本諸品)・東陽・道具、清庵(柳沢)ハ初也、道朝・玄勝モ初也、家中不残申刻ヨリ及夜、清庵上句候、予入韵候、道因・玄仲(里村)等也、一紙打

陣ヨリ騒動アルモ鎮マル
久年母
今里ヨリ年貢ノ銀子上ル

十七日　天晴、昨礼ニ玄益(曲直瀬)・道信等各来義也、一公卿補任書、一陣ヨリ掻(騒)動メ▨(来)、雑説ニテ一時斗ノ内ニ鎮、一紙打、一夕ニ持明院(基久)見廻、久年母三果持セ候、飛鳥井(雅庸)へモ見廻、同二果遣候、何モ酒アリ、一水無瀬(氏成)へ見廻、門ニテ語候、一女御殿(近衛前子)・女院(勧修寺晴子)御所へ遣使者、見廻申候、一今里ヨリ年貢代良子百五十匁取テ左近丞(板屋)上、一喜左衛門(三宅)・久八ハ御所内村へ年貢急ニ遣候、

御所内村年貢ノ使者遣ス
豊国社参
公卿補任書果ツ
家康住吉ニ至ル
御所内ヨリ年貢上ル
御霊御火焼
大坂堀以下支度
春日祭上卿ノ儀
古今抄書写
院ヨリ口伝、不審ノ御意ヲ得ル

一少納言（西洞院時直）モ飛中（飛鳥井雅庸）へ出、一了悟ヨリ小屋ノ義被申候、同心候」（71オ）

十八日 天晴、一斎ニ比丘尼如例来義、嵯峨ノ物語ヲ聞候、一豊国社参、清水寺・六波羅如例、神龍院（梵舜）へ寄人、萩原（兼従）ハ神前行法半也、一妙法院殿（常胤）見廻申候、御盃ヲ給、一照高院殿（興意）見廻、盃・吸物以下在之、沈酔候、一平松（時興）ハ請取番也、飯酒ヲ持セ候、一公卿補任書果、一前将軍（徳川家康）ハ今日至住吉被寄ト、可尋之、一門迄似運来義、一一昨日ノ衆礼ニ来義ト、一乳母人親類ヨリ両種・樽ヲ上候、小屋ノ礼也、一御所内ヨリ年貢少上候、一御▨〔灵〕御火焼也、宮御方（アテ宮）、又私ニモ、一平野番ノ者出候、久六代ニ丁〻申付、▨〔久〕六ハ輿舁ニ雇候、一大坂堀以下□〔支〕度ノ由聞ユ

十九日 天陰、一主殿（小野国忠）土左入道子（小野友忠）来、縲出来、酒ヲ進候、春日祭二三年上卿ノ義尋候、日次記ヲ見テ撰之、酒ヲ進候、一御所内村ヨリ両人帰、藁ヲ引持セ出候、彦二郎走跡ノ分也、一古今抄書写、一紙打セ候、一御番宿時直（西洞院）勤候、一端へハ上ノ柳原ヨリ後室（川勝秀氏室）・田舎殿同心〆来義、宵間行、田楽アリ、一院（後陽成院）御所参、御対面、久御前ニ候、種〻口伝、又不審共ノ義得御意候

廿日 天晴、寒、一方〻へ折ノ用意申付候、藤懸三河（永勝）ノ息女スウへ内義ヨリ被遣候、一紙打セ候、今日ニテ先▨〔当〕年ハ相済、一古今抄書写如昨、一詠草　上皇（後陽成院）へ上候、一七条ヨリ阿古・多阿同心〆来義、薬遣候、了忍へモ遣候、一北隣（白川雅朝）へ才煩見廻ニ遣候、一南光坊（天海）へ可行処他出ト、

別火

一小屋ニ四郎左女（葛岡四郎左衛門尉女房）中在之、始而内義奏者所迄呼、酒ヲ被進候、此中汚故也、今日モ未火ハ別也、一長左衛門昨今乙丸モ泊、一宇治ノ福（堀新作女房）」（71ウ）ヨリ小袖取ニ来

天海ヲ訪ヌ

廿一日　天晴、行水・祓、一南光坊（天海）移徙ノ後初而行、折一・綿帽二ツ遣候、盃ヲ出シ懇志也、仏眼院馳走也、其後仏眼預状、綿帽一遣候、一終日如昨抄ヲ書候、一延寿院（曲直瀬正紹）留守へ遣人、便宜ノ事尋候、一萩原（兼従）・藤右衛門佐（高倉永慶）ヨリ陣へ見廻ノ義被尋候、不同心

板倉勝重ヲ見舞ウ

廿二日　天晴、暁雪少降、寒、一板伊賀守（板倉勝重）へ見廻ニ出、飛鳥井父子（雅庸・雅賢）同心、先此亭ニテ酒ヲ進、暫アリテ行、鴨三ツ遣候、対面也、被送出候、一夕ニ陽明（近衛信尹）見廻申、同篇ト、広大納言（広橋兼勝）御見廻也、女御（近衛前子）御方・光照院（尊貞尼）殿モ奥ニ御見廻ニテ御座ト、一菊亭（晴季）へ見廻、中納言（菊亭宣季）ニテ有酒、久語候、阿野少将（公福）同席也、入夜、一昼ハ抄ヲ書候、一詠草又余分ヲ上候処ニ　上皇（後陽成院）御筆被染、別紙ニ具被仰下候、時直詠草モ被出来也、一局（西洞院時子）ハ按察（西洞院時慶女）へ昼被出、一延寿院（曲直瀬正紹）ノ使長右衛門来、云伝共義ヲ聞、進盃、状共返事、又方々へ云伝共候、孝蔵主（川添氏女）へ文遣候、道因ヨリ預状候、一大膳職来、長左衛門春日祭ニ暇ノ義申候、進酒候、一古屋太郎兵衛ヨリ薬ノ懸ノ義ヲ申候、一昼少眠、△後ニ聞、去十八日有楽（織田長益）ノ子（有閑）愛岩へ在之ヲ、大坂へ本田上野（本多正純）異見〆被遣ト

愛宕ニアル織田長益ノ子、本多正純異見シテ大坂へ遣ス

廿三日　天晴、一懐紙清書〆　禁裏上、時直（西洞院）同、一平松（時興）御番勤候、一予終日抄ヲ書、一御所内・今里へ年貢急ニ遣候、久八、一御所内村・今里ヨリ年貢少出候、一政所殿（近衛信尹母）」（72オ）ヨリ

御所内・今里年貢急ガセ少シ出ル

冬至
公卿補任書写ヲ急グ
平胃散
地震
春日祭
安胃円
炒山桝
御所内村年貢
伝奏衆大坂陣所ニテ勅使門送ニ出ル
近衛信尹薨ズ
板倉勝重北野社へ御湯ヲ奉ル、託宣悪シ

文、桜ノ継穂ノ事高台院殿(豊臣秀吉室杉原氏女)へ御所望、則申入テ進上候、△冬至也、一広大(広橋兼勝)ヨリ公卿補任書写事被急候、夕ニ彼亭見廻旁ニ行、三西(三条西実条)へモ行云置、一八条殿(智仁親王)御不例ノ由候、見廻申候、無対面、一飛中納言(飛鳥井雅庸)へモ見廻、他行也、先日頭中本ニ被借候、夕ニ被返候、一五条中納言(為経)見廻、暫語候、御所内村之事申談候、一長左衛門ハ夕ヨリ暇ヲ遣候、遣紙ノ代云伝候、又一乗院殿(尊勢)へ状ヲ進入、一平胃散調合、一多阿来義、一蕖一昨日感得、春用意申付候、一焼物一貝 女院(勧修寺晴子)御所ヨリ御所望、句(匂カ)ヲ被聞度旨也、一亥刻過ニ地震動

廿四日 天晴、一春日祭上卿中御大(中御門資胤)、大膳職ハ長左衛門ヲ雇テ差也、一飛中(飛鳥井雅庸)へ安胃円一貝遣候、明日陣見廻ニ被越候、朽木父子(元綱・宣綱)・川信乃(川勝広綱)へ平胃散廿包ツヽ、又炒山桝㭘桶一ツ、三人へ同遣候、飛中へ云伝候、一広大(広橋兼勝)へ安胃丹一貝遣候、一御所内村年貢持出、一終日抄物書、一御番ハ時直勤候、一七条(西洞院)了忍文御返事、古阿(阿古カ)薬調進候、一今里村ヨリ久八晩ニ帰、左近丞(板屋)同前

廿五日 天晴、伝奏衆両人広大(広橋兼勝)・三大(三条西実条)於大坂陣所 勅使▨(門)送ニ出、於清荒神有酒、同下向ノ衆日野大(資勝)・飛鳥井中(雅庸)・烏中(烏丸光広)・藤右衛門佐(高倉永慶)、又女院(勧修寺晴子)御使粟津美作等也、送衆広□(中)(広橋総光)・日野宰相(光慶)・持明院(基久)・竹屋(光長)・頭弁(広橋兼賢)等、水無瀬少将(兼俊)・飛少将(飛鳥井雅胤)等同心也、一山科(言緒)・冷泉(為満)・六条(有広)」(72ウ) 遣使者処、此度無同心ト、一陽准后(近衛信尹)今暁□(被)薨、急見舞候処早被替候ト、滋野(滋野井冬隆)同心〆帰、女御御方(近衛前子)・政所殿(近衛信尹母)吊申而帰也、一北野御湯板倉伊賀守(勝重)□□[ヨリ]奉ト、詫(託)宣悪由聞、可尋之、一終日抄物ヲ書、一

生薑

大豆買得、一葛四郎左(葛岡四郎左衛門尉)ノ小屋へ遣人、一山城ヨリ生薑一桝、駒カ里ヨリ上候、一仏眼院へ遣状、一夕ニ陽明ノ門外迄為見廻尋申候、葬礼不相定、来廿八日迄常亭ニ安置之由也

古今抄拝借

廿六日　天晴、一早朝玄琢(野間成岑)預使、北隣(白川雅朝)迄過由也、一院(後陽成院)御所へ被召候、古今抄共拝借、無御出、三級各ニ逢〆帰、一終日抄物書、一斎坊主如例、一向ニテ桶湯ニ入、一与吉雇、明障子張、

東坡

近衛信尹葬礼ノ儀物語

一東坡煮、一長左衛門上リ出仕、一進藤修理(長滋)来義、陽明(近衛信尹)葬礼等ノ義物語也、一女御殿(近衛前子)へ以使者御見廻申候、一栄夢来義、診脈、薬遣候、一川信(川勝広綱)陣へ便宜遣状、一長左衛門錫ヲ上候、一奈良ノ御酒ノ心也、

時直・平松ニ抄物ヲ書ス

一抄物少納言(西洞院時直)ト平松(時興)ニ書セ候、一昨今宇治ノ福(堀新作女房)ヨリ入物取ニ来、又今日モ取テ帰、

黄楊ヲ栽替ル

奈良紙取寄ス

近衛信尹野送リ

一黄楊栽替候、一奈良紙取寄候、一竹内刑部(孝治)ヨリ預使、陽野(近衛信尹)送へ可出ト

廿七日　天晴、暖気也、一終日古今抄ヲ書写、一河端(直益)ヨリ里ノ息女事申来間、又申遣□(候)、一長左衛門ハ御所内へ遣候、一朝玄琢(野間成岑)預使者、一女御殿(近衛前子)見廻申候、青海苔一折進上候、一光照院(尊貞尼)殿・入江殿(昌隆尼)へ陽明(近衛信尹)ノ御事ヲ以使者申入、政所殿(近衛信尹母)へモ以使者□□(申入)、一飛鳥中(飛鳥井雅庸)・同少将(飛鳥井雅胤)・三西(三条西実条)・広橋(兼勝)へ以使者申、一宵ニ葛四郎左(葛岡四郎左衛門尉)呼語□(候)「　　」、(73オ) 一於□(少)納言方(西洞院時直)宵ニ小漬振舞候、

東坡

一喜(三宅)左衛門□(報カ)ヲ書候、一東坡又申付候

寅松食初・色直

廿八日　天晴、行水・祓、内義ハ因幡堂詣也、一孝与来義、徳利・浅漬一重持セアリ、食ヲ進□(候)、一内侍所ヨリ神供并双瓶・餅一盆被持候、煩モ少験ト、局(西洞院時子)ト分テ戴之、△寅松(西洞院時慶男)食初、色直、

鶉・鳩

子祭
古今抄下巻筆立

御所内村ヘ年貢催促

古今抄上巻書了

御所内村ヨリ百疋ト粟・米三俵

歯黒

時直古今集恋部一冊出来

古今抄一冊返上

祝餅・吸物ニテ祝之、今ニハ内義ノ常衣ノ黒綾被遣候、一終日古今抄ヲ書也、一宮(アテ宮)御方御礼申入、御盃ヲ給、一林侍者来義、一夕ニ白川才(雅朝)ヘモ今朝ノ礼申遣候、一川信(川勝秀氏室)ノ母義来義、鶉一・鳩一給、一宗慶来泊、一子祭也、一古今抄下巻筆立候、一夕ニ雨降、一古今抄上巻一昨日御所内村ヘ催促ニ長左(長左衛門尉)ヲ遣候

廿九日 雨天、止テ曇、一御番時直(西洞院)勤候、一広橋(兼勝)・三条(三条西実条)・飛鳥中(飛鳥井雅庸)ヘ留守為見舞遣使、一玄琢(野間成岑)来義、少時語候、一古今抄昨夕筆立候テ今終日、一古今抄上巻書了、一柳原後室(川勝秀氏室)来義、白壁十丁・双瓶被持候、宵ニ菜飯振舞候、局(西洞院時子)・林侍者等也、田楽候

卅日 天晴、一昨日御所内村ヨリ久蔵帰、百疋ト粟・米三俵取テ来、今朝又与五郎ト与吉ヲ差遣候、夕ニ帰京、一終日抄物書、時興(平松)同、一円山内匠(章辰)ノ娘茶々初而来義、鮭一(尺)人被持候、福モ同心也、了忍又同心候、小漬振舞候、一サカヤキ剃、歯黒、一左近丞北(板屋左近丞女房)□(呼カ)、久八カ身上ノ義申出候、一昨夜南方焼ト、所ハ不聞」(73ウ)

十二月小

一日己卯 天晴、行水・祓如例、一飯後宮(アテ宮)御方御礼、御盃給、一古今抄半日書写、七枚、時直(西洞院)モ古今集恋部、一冊出来、一御礼ニ出所々、院(後陽成院)御所、先御次ニテ御酒ヲ給、其後御対面、古今抄一冊返上、数刻御物語ヲ承、一女院(勧修寺晴子)御所ハ按察(西洞院時慶女)迄御礼申置、女御(近衛前子)御方モ無御対面、政所(近衛信尹母)殿

当帰六根
柳沢清庵遠行
御所内村ヨリ百疋余上ル
近衛信尹法名
公卿補任ヲ広橋へ持参
伝奏衆上洛
今里ノ儀ニ付花山院へ使者

モ中置テ退出候、夕ニ少納言(西洞院時直)方ニテ盃、又此方ニテ同前、一石カ母来

二日　天晴、北野詣、宮(アテ宮)御方、局(西洞院時子)・内義モ御供也、朝也、午ニハ清水寺へ局ト内義被詣、一了忍・阿古同心ノ来義、焼餅一重被持候、一小五ウカ里ヨリ当帰一片上候、六根アリ、一柳沢宗把来、先日薬ノ礼ト百疋ト樽一上候、清庵(柳沢)ハ遠行ト、去十月十一日ト也、一御所内村ヨリ長左衛門帰、百疋余上候、与兵衛門雇遣候、一同ニ帰、一堀ノ忠兵従紀州密柑二百被上候、又薬共所望候間調進候、一仏眼院預切紙候、陽明(近衛信尹)ノ法名ヲ被注事候、返事候、夕ニ参、右府(近衛信尋)懸御目候、暫候、滋野井(冬隆)モ在之、忌ノ中籠候ト、一公卿補任広中(広橋総光)へ持参候、他行也、一刀袋ノ段子切感得候、一古今抄終日書候、一左近丞(板屋)カ北来、宗慶来、一栄無来義、脈ヲミル、一川信(川勝広綱)ノ状ヲミル、一按察(西洞院時慶女)モ北野へ詣由ニテ輿舁遣候処ニ不詣ト

三日　天晴、月明拝、一伝奏衆(広橋兼勝・三条西実条)昨夜上洛由候間、以使者申候、又自身モ行候、」(74オ)　広大(広橋兼勝)ニ逢、三西(三条西実条)ハ門ニテ云テ帰、飛鳥井(雅庸)へ行、対顔、物語ヲ聞、鷹司殿殿下(信尚)、又大閤(鷹司信房)見廻候、一今里ノ義ニ華山(花山院定熙)へ以使者申候、文返事在之、一西園(西園寺実益)へ以使者申候、陽明(近衛信尹)葬礼ノ義也、一長左衛門遅出仕候、明日肴用意申付候、三級・岩波(倉)木工(具堯)・大弼(秋篠忠定)等へ明日茶可申由同心候、曽磧へモ申候、同心也、一堀忠兵返事取ニ来、遣之候、一一乗院殿(尊勢)状ヲ南都へ進候、一古今抄終日書候、一平松(時興)ハ禁中御番也、一林侍者御寺ノ御所へ参候、一酉カ乳母来

将棊・碁

公卿補任後柏原院ノ上ヲ広橋ヨリ賦ラル

茶口切

大坂城攻アリ寄手多ク損ズ

東福寺ノ近衛信尹葬送ニ出ル

四日 天晴、当番時直（西洞院）勤候、一院御所之衆依兼約三級・木工頭（岩倉具堯）也、為相伴大弼（秋篠忠定）・少弼（桜町秀雅）・曽磧・兵部（高倉永孝男）・大膳大夫（雅楽（花園公久））・朝山宮内（幸綱）・鳥井大路（鳥居大路詮平）大膳大夫、以上九人、其外モ雖呼無来義、図書モ当番ニテ無来儀也、将棊・〻（碁）等ノ義遊也、於竹内刑部卿（孝治）ニテ棊石・棊レ将ノ盤借用候、三級・大弼・雅楽頭（花園公久）ハ早被立候、其外ハ留ニ被残、有将棊、又酒、一公卿補任武家ヨリ仰ニテ後柏原院ノ上ヲ従広橋中納言（総光）本ヲ被賦候、少納言（西洞院時直）ヘモ別本被持候、一宮御方（アテ宮）・局（西洞院時子）等、若上（西洞院時直室川勝氏女）勿論振舞進入、一明日之義ニ広中（広橋総光）・五条中（為経）・阿野（実顕）ヘモ以使者申候、陽明（近衛信尹）葬礼ヘ各可出事也、一夜ハ徳岡長左衛門茶口切トテ吸物ヲモ上候、一竹門（曼殊院良恕）御使、陽明ノ事ニ付也、一柳原今日振舞ノ事申処、兼約ト、一後ニ聞、大坂城責アリテ寄衆人数多損ト

五日 天晴、早朝ニ東福寺ヘ越、三藐院（近衛信尹）殿葬送ニ出、於南昌院ノ小屋支度、父子三人（西洞院時慶・同時直・平松時興）同心候、又竹内（孝治）・舟橋（国賢）等此小屋ヘ同心也、広橋父子三人（兼勝・総光・兼賢）、又竹屋（光長）等、柳原（業光）・中御門（宣衡）相公・」（74ウ）藪（嗣良）・阿野（実顕）・五辻（之仲）・持明院（基久）・堀河（康満）・冷泉為頼・藤谷（為賢）等、十八人□□滋野井（冬隆）ハ牌ヲ持候、色也、各ハ狩衣、広橋ハ直垂也、南上西面ニ立候、右府（近衛信尋）各ノ前ヲ被過候時ニ尊踞候、各一同也、下火ハ柔長老（剛外令柔）也、澄長老（月渓聖澄）（ママ）・藤長老（集雲守藤）、此分也、帰ニ藤長老ヘ寄人、永安ヘ同、今日供ニ左近（板屋）丞召連、上下也、一留守中ニ昨日ノ衆ヨリ礼状共在之、三級・大弼（秋篠忠定）・木工（岩倉具堯）・雅楽（花園公久）・兵部（高倉永孝男）・曽磧等也、一紙ニ礼申候、七条ヨリ了忍、又多阿ノ文到来、返事持遣候、昨日昌（矢野）出来義、不逢

安田下女ノ腫物ヲ刺ス
大弐殿年忘
鼠穴ヲ塞グ
近衛信尹悼ミノ詠歌
陣見舞ノ談合
勘左衛門息女ヲ刺ス
御所ヨリ姫宮還御、御下行賜ル
丹波百姓走ル
訴状披見
伊勢物語抄
小寒ニ入
平茸
天水ヲ直ス案内

候事中理候、一安田下女腫物見之、刺之

六日　天晴、抄物五六丁書、忩シ、一姫宮(アテ宮)御方院(後陽成院)御所へ御成也、大弐殿御年忘ノ由候、一四畳半ノ押入鼠穴ヲ塞、書物取置也、一平野弥介来、小屋ノヤネノ事申渡候、釘共渡候、一局ノ(西洞院時子)方ニ大工在之、一陽明三藐院(近衛信尹)殿痛ノ詠哥、院(後陽成院)御所へ懸御目候、御合点也、清書候、寿量品ニ添テ献候、右府(近衛信尋)御対面也、進藤修理(長滋)披露候、仏眼院馳走也、経遅到来故、別ノ経ニ取替候、一一身田ノ(堯秀)使者喜介ト号、対面、進盃候、陣へ見廻ノ義為談合也、一多阿来義候、晩炊相伴候、一昨日了悟ヨリ薬脈ノ義被申間、同心之義申候、一勘左衛門息女来、刺メ遣候

七日　天晴、一姫君(アテ宮)御方御所ヨリ還御、御下行方被賜、院(後陽成院)御所ヨリ被参候、」(75オ)一大工来、御座所ノ妻戸ヲ作、一於局(西洞院時子)方精進汁在之、一小紅花屋へ長左衛門ヲ遣候、一終日古今抄ヲ書、一柳原へ遣人、後室(川勝秀氏室)来義、丹波百姓走様共、又訴状披見候、一平野小屋ノヤネ葺、奉行ニ左(板屋)近丞遣候、一伊勢物語抄見了テ少納言(西洞院時直)へ返遣候

八日　天晴、小寒ニ入、一平松(時興)御番、請取也、持セ共用意候、一終日古今抄ヲ書、一二条城へヲ亀(徳川家康室志水氏女)・ヲア茶(徳川家康室神尾氏女)・一台等へ折ノ用意申付候、一昨日御賜方ノ残、於院(後陽成院)御所請取候、一一昨日久八ニ布子、局(西洞院時子)ヨリ被遣候、一予ニ肩衣・袴、局ヨリ給、一女御御方(近衛前子)ヨリ平茸一折給、一昌出(矢野)来義、盃ヲ進候、一大炊(大炊御門経頼)ヨリ預使、天水ヲ直スル□(案)内也

二条城へ折箱遣ス
平茸
新シキ綿帽

九日 天晴、二条城へ折箱遣候、ヲ亀号御袋(徳川家康室志水氏女)、アチヤ(徳川家康室神尾氏女)・一台三人へ遣候、小紅花屋ニ云伝候、使長左衛門遣候、一寿徳庵(曲直瀬玄由)来使者、状アリ、陣へ見舞ノ由候、▨(文)云伝候、木工(喜多嶋)又新八(喜多嶋)へ遣候、一御番請取也、時直(西洞院)勤候、一平茸八条殿(智仁親王)へ献候、帯刀(津川)迄状遣候、有返事、一局(西洞院時子)ノ方ニ有桶湯而入、一古今抄書、一サカヤキ剃、一昨今平野ノ小屋ノヤネ葺セ候、一女御御方(近衛前子)へ夕ニ御礼ニ参候、御対面、広橋大納言(兼勝)伺候也、有酒、退出、路次歩行、両人同心候、月明也、一宗慶来泊、一局ヨリ明日年忘之義有使、無用欤ノ由申候、新綿帽ヲ着、一多阿ヨリ使、阿古ノ薬遣候」(75ウ)

時子方ニテ年忘
当帰
牛房
五条ノ知行所務成難シ

十日 天晴、一終日古今抄ヲ書、一寿徳庵(曲直瀬玄由)陣へノ状ヲ認遣、他行ト、同玄琢(野間成岑)へモ長左衛門ヲ寄候、一局(西洞院時子)ノ方ニ年忘在之、無用ト内々雖申遣、早按察(西洞院時慶女)・林侍者等来義也、一二条城ヨリ昨日音信ノ返事、文三人ヨリ、小紅花屋持セ来、ヲ亀号御袋(徳川家康室志水氏女)・一台・ア茶(徳川家康室神尾氏女)、一川勝千菊母義ヨリ鯉一被贈候、則夕ニ脈ニ行、柳原ニ被居由候、直ニ行、診脈、栄無同前、於後室(川勝秀氏室)信乃守(川勝広綱)へ状ヲ認、陣へ明日便ニ云伝候、一宗音来義而被泊、一コナハ長池ヨリ迎来テ帰也、当帰二片・牛房五把上候、此方ヨリ雪魚・酒ヲ遣候、一五条中納言(為経)知行所務難成義ニ付、預使者候、一八条殿(智仁親王)ヨリ津川帯刀状、昨日平茸ノ御礼也、返事申候、一明障子次間ノ三本張セ候

臨時ノ霊符祭

十一日 天晴、行水・祓、霊符祭臨時也、一少納言方(西洞院時直)ニ年忘在之、昨日ノ衆各也、柳原ノ後室(川勝秀氏室)

モ被出候、丁寧之義也、一晩ニハ此亭ニ不取敢又各呼候、鮭・生雪魚斗之義也、後室ヨリ鯛一双・瓶被持候、及夜陣ヨリ小左衛門帰京候、陣屋ノ躰共語ヲ聞也、一今日之衆、北・左近(板屋)丞(板屋左近丞女房)・乙丸・乳母等、又宗音同、先宮御方(アテ宮)へ御膳ヲ上候、一按察(西洞院時慶女)ハ女院(勧修寺晴子)御所へ被帰候、一朝ノ間ニ抄物ヲ書写、一平野弥介来、宮ノヤネ修、又小屋ノヤネ葺直ト、与兵衛来、則料理ニ雇候

十二日 天晴、陰、一長野殿・勝モ四十九日明候精進直ニ四郎左衛門(葛岡)・同女中(葛岡四郎左衛門尉女房)、其外家中共呼候、」(76オ) 多人数也、予ハ精進ナカラ相伴ニハ出候、一古抄書写、一爪切、一乙丸ハ逗留候、一宗音・宗慶ハ午刻石屋へ被出、一晩ニ女御殿(近衛前子)へ牡蛎一鉢進上候、御客人之刻ニテ御祝着ト、一政所殿(近衛信尹母)へ以使者申候、一寿徳庵(曲直瀬玄由)へ遣長左衛門遣候処、今朝陣へ下向ト、一又陣ノ事柳原ヨリ聞、城中事外強ト、一蜜柑籠へ入置、久年母等也、一服薬候、一十念寺ヨリ長櫃二棹被取返候、一薬剤製

十三日 雨天、一妙円忌日十三回ニ当、兼日ニ斎寮一斗寺へ遣、添斎候、一日次記紙ヲ閉、一平松(時興)当番、五番詰、一舜乗坊へ従内義文ヲ遣候、祈念ノ事申次ニ陣之義ヲ聞、又清月ヨリ内義へ文ノ返事ニ大坂扱ノ由候、二条へア茶(徳川家康室神尾氏女)ヲ大坂ヨリ京極ノ宰相後室(京極高次室浅井氏女)ヨリ被呼ト、有▨楽(織田長益)・伊藤丹波守(伊東長次)・堀田図書(盛重)・青木民部(一重)四人出テ和与ノ義申ト、委事ハ不聞、板倉伊賀守(勝重)ヘノ説ト、一古注書写、

時直方ニテ年忘

陣屋ノ躰

平野ノ宮ノ屋根修ス

長野殿等四十九日明ケ、精進落トシ

寿徳庵陣へ下向

陣ノ事ヲ聞ク、城中事外強シ

妙円十三回忌

日次記紙ヲ綴ヅ

二条城へア茶大坂ヨリ呼バル

大坂和与ノ儀ニ四人出ル、

板倉ヲ説ク
トキ屋刀ヲ拭ウ
院御所陣説ノ御物語
伝奏衆扱ノ心ニテ陣見舞ニ大坂下向
御所内村へ泊懸ニ使者ヲ遣ス
親王宣下八宮ト号ス
陣ノ説

一暦大経師ヨリ為嘉例上由申候、一トキヤへ刀・脇指ヲミセ候

十四日 雨天、朝霧闇、午晴、一トギノ孫右衛門呼、刀ヲ拭、〇サヤヲ細(白)、朝食申付候、次ニ川信(川勝広綱)ノ刀共拭、一古今抄書写、一晩ニ院(後陽成院)御所御見舞申候処御対面、御酒被下、暫候、陣説共御物語アリ、△伝奏衆(広橋兼勝・三条西実条)陣へ為見廻扱ノ心ニテ下向候由候間、以使者広大(広橋兼勝)へ申遣候、明日ト、一禁中御番久不参候間参勤、▨(宿)同、菊亭中納言(宣季)持セ在之テ酒数盃、小漬種々、肴在之、一神龍院(梵舜)へ遣状、為見舞、又借米ノ義理申候、一伊佐清介入道寿徳へ見哲(西洞院時慶女)カ事ニ遣状、返事在之、一宗音又来義、一女御殿(近衛前子)(ママ)「」(76ウ)

十五日 天晴、番ヨリ退出、先看経候、一両伝奏(広橋兼勝・三条西実条)へ以使者申候、門送ニ少納言(西洞院時直)・時興(平松)等出候、日野唯心(輝資)へ状ヲ云伝遣候、一古今抄終日書、一平松(時興)ハ禁中御番、坊城(東坊城長維)代也、一宗音ハ長門ノ方へ被帰、一御所内村へ長左衛門ハ泊懸ニ遣候、下人二、一局(西洞院時子)ハ感冒煩也

十六日 天晴、△親王宣下、庭田(日野〻庭田)ノ局ノ腹、八宮(大覚▨(寺カ))ト号、尊▨(直輔)ト号、上卿大炊(大炊御門)大納言経頼卿也、奉行弁柳(柳原)業光朝臣、〇中御(中御門資胤)大(弁烏丸光賢也、〻〻(具子))見廻ト、今朝渡ハ時直(西洞院)番ヲ渡スト、一終日古今抄書写、一与兵衛馳走ニテ刀・脇指▨(感)得、召仕者ノ用也、一陣ノ説葛四郎(葛岡四郎左衛門尉)左物語候、朽木(元綱)ハ無事ト、一内義ハ御屋敷へ見廻ニ被出、清月へ重箱・双瓶被持候、一昨日飛中(飛鳥井雅庸)へ广香スリ借遣候処、今朝被返候、

一入夜雪寸許

常庵ニ古今抄ヲ誂ウ

十七日　天晴、一終日古今抄ヲ書写、又別之抄ヲ常庵ニ誂候、来義、直ニ渡候、一法皇寺来、美濃紙一束上候、在所之義モ入魂之分ニ申候、一川後室(川勝秀氏室)来義、於端亭対顔、又診脈、薬調進候、夕ニ信乃守(川勝広綱)へ状認、陣へ明日ノ便宜ニ云伝候、一宗慶来義也、一七条ヨリ文到来、阿古薬調進候、一常庵ニ古今抄一冊誂、一乳母人ノ里八幡ヨリ出京、夜ニ来義、進酒候

煤払

御所内村ヨリ使者帰京、鳥目二百疋・五百文ヲ取ル

大坂ニハ鉄炮ノ音夥シ

久八ニ給分遣ス

十八日　天曇、不降、一煤払、御所内助三・孫丞カ子―・人足一彦二郎代、以上三人出仕、又干姜水ヲ持出、彦二郎奔候跡ノ也、未刻ニ仕舞、宮(アテ宮)御方ノ煤ハ自身払、長左衛門尉ハ」(77オ)御所内村ニ逗留メ夕ニ帰京、漸鳥目二百疋、又五百文取テ上、左近丞(板屋)モ夕ニ来、祝酒ヲ進候、午刻於少納言(西洞院時直)方、宮御方小漬上候、予モ行テ給候、局(西洞院時子)ノ方ニハ与吉ヲ被雇候、一桶湯ニ各入、下人共男ハ銭湯へ代ヲ申付テ遣候、一平松(時興)ハ禁宿ニ参候、一古抄二三枚及夕書写、一大坂ニハ鉄炮ノ音帯(夥)多々敷、朱雀辺へ聞、少モ無隙ト、御所内村ヨリ長左衛門帰テ申候、一久八ニ鳥目給分ニ百疋遣候、一干姜水ヨリ上候

トギ屋へ刀・脇指ヲ拭ワス

飛鳥井へ陣ノ事尋ヌ

十九日　天晴、一古今抄終日書、一当番時直(西洞院)勤之、一近衛殿(信尋)見舞ニ以使者申入、一トキ屋へ刀・脇指拭ニ遣候、一平松(時興)腋指ヌシヤへ急ニ人ヲ遣候、一宗慶来、一飛鳥井(雅庸)へ遣人、陣ノ事尋候、一常庵へ遣人、一古抄平松一冊、又一冊喜左衛門(三宅)書了

津軽信建忌日

廿日　天晴、津軽宮内(信建)忌日、仏供・誦経・念仏、一藤懸三河(永勝)ヨリ預使者、六兵衛門ト号、陣ノ

陣ノ事ニ付藤懸永勝ヨリ使者
檜扇
伊勢物語抄ノ落字等ヲ見改ム
大坂ニ鉄炮ノ音夥シ
豊国社参
大坂扱ノ沙汰ニ板倉勝重ヘ人ヲ遣ス
西岡ヘ年貢催促
煤払
白散ノ三種・安神散・木香丸
古今抄書写・朱引公卿補任筆立
地震

事ニ付也、又遣使者、又扱ノ説高台院殿（豊臣秀吉室杉原氏女）ヨリ承、則上ノ柳原、又藤三河（藤懸永勝）ヘ申遣候、先院御（後陽成院）所・女院（勧修寺晴子）御所・女御殿（近衛前子）等ヘ申入候、飛中（飛鳥井雅庸）ヘモ申遣候、一冷泉（為満）ヨリ檜扇ノ事被申候、借遣候、一伝奏衆（広橋兼勝・三条西実条）留守ヘ見廻ニ以使者申候、未上洛ト、一玄益（曲直瀬）ヘ以使者申候、留守無事ト、二三日以前ニ江戸ヨリ有便ト、一預栄無状、薬調進候、薬種昨今製、一終日古抄書写、一平松（時興）俄ニ御番参、祭主（大中臣種忠）相博、宿斗也、一時直（西洞院）ヨリ田楽持セアリ、伊勢物語ノ抄見申候、落字等ノ義ヲ見改也、」（77ウ）大坂ニ鉄炮ノ音帯多ミ（夥）シト

廿一日 天雪散寒、豊国社参、萩原（兼従）ヘ音信、神龍院（梵舜）ヘ寄、煮餅・酒等在之、物語、又、一照高（興意）院殿ヘ見廻、吸物・酒、又是庵茶持参之節ニテ啜之、数刻也、一関長門守（一政）ヨリ平松（時興）ニ衛府ノ太刀被出之由候、袍モ夏被出候、一大坂扱ノ沙汰在之ニヨリ板伊賀守（板倉勝重）ヘ遣人候処未相聞ト、一宵ノ間葛郎左（四脱カ）（葛岡四郎左衛門尉）・長野清兵衛来語、進酒候、一薬屋ヘ沈ノ義ニ遣人、又朱モ感得候、一丁ミ申付候、与五郎仕、一左近丞（板屋）西岡ヘ催促ニ行ト

廿二日 雪寸許降、一関長門守（一政）ヘ昨日礼ヲ宗音迄申遣候、一女院（勧修寺晴子）御所御煤払相延、女御（近衛前子）御方ニハ在之ト、局（西洞院時子）ヨリ歳暮ノ御樽被上候、一薬共調合、白散之三種、又安神散・木香丸等也、長野清兵衛雇候、薬研、一古今抄二冊ノハ書満、又七巻ノ抄朱ヲ引、又公卿補任筆立三枚、後柏原ノ院上也、一午刻地震動、一晩炊葛四郎左（葛岡四郎左衛門尉）呼、相伴候、清兵衛（長野）同前、一六ヵ刀ノメヌキ

調ニ長左衛門ヲ遣候

古今抄校合・朱引
下人給分半分ヲ渡ス
木香丸
大坂無事ノ儀
鰯

廿三日 天晴、一院(後陽成院)御所へ果子折進上候、予ハ不召、重而御隙之時ニ可被召旨也、大弐殿迄上候、一禁中へハ夜田楽照門(照高院興意)ヨリ被進上候ト、一平松(時興)御番参候也、」(78オ)一古今七巻抄ヲ校合、自身又朱ヲモ引、平松ニモサセ候、一少納言(西洞院時直)方へ葛四郎左(葛岡四郎左衛門尉)・長野清兵ヲ振舞、予モ雖呼理候、但酒ノ時ニ行、肴種々也、一下人給分先半分渡、艮米ノ出入ニ延引、一長野殿ハ小屋ヨリ宿へ被帰、一木香丸末粉不成、一玄琢(野間成岑)使者大坂無事之義被告候、一松村宗有折一被送候、礼状遣、一政所殿(近衛信尹母)へ折箱進上候、一材木屋二兵衛石シ(鰯)五十上候

陣ヨリ朽木宣綱ノ状到来
大坂無事、人質取交シ、誓詞アリ
古今抄校合

廿四日 天晴寒、方々文到来、一三原イトヨリ三十郎状添候、返事候、棒庵(下津宗秀室)内義文到来、朽兵部(朽木宣綱)状陣ヨリ到来、返事候、少納言(西洞院時直)方へ状ニテ返事、予中遣候、一大坂無事説慥聞、人質取カハシ在之、誓詞等ノ義在之ト、一大坂無事珍重旨持明院(基久)へ申遣、一五条中納言(為経)へモ無事珍重申遣候、一両奏(広橋兼勝・三条西実条)伝へモ未上洛候為見舞申遣候、一延寿院(曲直瀬正紹)留守へモ見廻ニ遣候、玄仲(里村)・道因へモ遣人、一晩ニ飛中(飛鳥井雅庸)同心〆板伊賀守(板倉勝重)へ見廻候、革襪三足遣候、一終日古(今脱カ)七巻抄ノ内一冊校合了、一御番時直(西洞院)勤候、一宗慶ハ午過ニ帰リ也、一桶湯ニ入、一刀袋縫、一積善院(尊雅)へ借米ノ事理中候、又河端(直益)へモ申遣候、返答不快、一(ママ)

伊勢物語ヲ時直聞書ス

廿五日 天晴、一斎・誦経・念仏、一伊勢物語時直(西洞院)聞書、聞書正之、一玄仲(里村)来儀候、延寿院(曲直瀬正紹)ノ

家康二条城ヘ入ル、秀忠ハ大坂ニ逗留ス

御所内村ヘ年貢催促

大坂大蔵卿等ヘ書状

当帰・地黄

時子方ニテ餅突

大樹ヨリ仰ノ公卿補任書ク

唐納豆

久年母

丁子ヲ撰ブ

嘉例ノ餅突

霊符祭

事無事、又大坂下向ノ時云伝ノ義申談、道因ハ八幡ヘ越ト、」(78ウ) 一大樹(徳川家康)帰陣、二条城ヘ被入、若将軍(徳川秀忠)ハ未大坂ニ逗留ト、飛鳥(飛鳥井雅庸)・華山(花山院定熙)雖誘引不出、両人モ遅〆早城ヘ被入テ不目見ト、一方〻ヘ遣使者、帰陣珍重申候、川信(川勝広綱)・藤懸(永重)三蔵等、又唯心(日野輝資)ヘモ申候処、唯心ハ未ト、一多阿来義、牛房十把被持候、小漬ヲ進候、一長左衛門ハ御所内村ヘ昨日ヨリ催促ニ逗留也、一大坂ヘ状共云伝候、大蔵卿(大野治長母)・玄玖・上志广(上野志摩守)・図子万介・川添六兵衛等ヘ也、一江戸ヘ文共認候、一当帰二片・地黄一片辰カ里ヨリ来ス

廿六日 天晴、一局(西洞院時子)ノ方ノ餅突也、祝重畳賜、一朽兵部(朽木宣綱)預使者、一紫宸殿御取置、予ハ咳気故時興(平松)参勤、及夜畳以下此方ノ青侍ニ申付候、大釘在国ノ由候故也、非例也、一大樹(徳川家康)ヨリ仰ノ公卿補任書、一川信(川勝広綱)乃守来義、対顔、一喜多嶋木工来義、及夜、善兵衛同心也、盃ヲ進候、一今朝斎坊主如例也、十念寺ヨリ唐納豆一桶・昆布一把・指樽被持候、一雪魚二西カ乳母持来、一コナヨリ久年母十・密柑十来ス、一鞍馬戒光院毘沙門天次炭俵一被持候、初尾ハ不遣、一見哲(西洞院時慶女)喝食寺ヘ帰、一二条殿(昭実)・関白殿(九条忠栄)等各伝奏衆(広橋兼勝・三条西実条)モ参 内ニテ節会以下ノ御談合在之ト、可尋之、今日者禁中御取置在之、廿八日大樹参内ノ義ニ付也、一長左衛門・久八ハ一昨日ヨリ御所内ヨリ不来、一丁子撰フ、一水無瀬(氏成)ヨリ炭二荷給、昨日出京ト」(79オ)

廿七日 天晴、一餅突嘉例也、一灵符祭如例、一ヲタツ(西洞院時慶養女)ヨリ昆布五十本給、一万カ乳母ノ姉ヨ

鼠不入ノ棚
禁中ノ条数アリ、官位・諸家学問ノ事等アリ
御所内村年貢ハ一円不納
節会ノ触
宿紙払底
伊勢物語聞書時直清書ヲ見ル
公卿補任ヲ書ク
家康参内、堂上残ラズ出ル
アテ宮へ御賜ノ米ヲ渡ス

リ大鉢一・雪魚二ツ上候、一芋頭卅金衛門、又卅助三カ上候、一鼠不入ノ棚孝蔵主(川添氏女)ノヲ取寄置、一水無瀬(氏成)来義、対談候、院御所(後陽成院)へ二条御見廻義ニ内義申入、三級返事アリ、又申遣候、一堂上各　禁中へ被召、条数共在之ト、官位ノ事延喜式ノ例可然歟ノ由、又諸家其〳〵ノ学問ノ義等ノ事ト、時直(西洞院)・時興(平松)両人参候、予ハ咳気故不参候、一御所内村ヨリ長左衛門帰、年貢ハ一円不納、一唯心(日野輝資)へ遣人、一節会ノ御触在之、宿紙払底ノ理折紙也、元日ノ外弁加奉、一朽兵部(朽木宣綱)預状、明日着用直垂ノ義也、又玄琢(野間成岑)ヨリ□□申候、出納豊後(平田職忠)ニテ借用〆遣候、一伊勢物語聞書時直清書見之了、一公卿補任書

廿八(日脱カ)　天寒、雪晩散、一早朝礼、孝与来義、一前将軍(徳川家康)参　内、堂上不残出、肩衣・袴ニテ、ツリ輿ニテ長橋ノ門ニテ被下候、迎ニ唐門へハ各不出、輿ヨリ被下事ヲ思テ内ニ待候、於長橋衣冠也、山科(言緒)衣紋由候、進物艮子百枚・白綿三百把、女御御方(近衛前子)へ三十枚、女院御所(勧修寺晴子)へ三十枚、綿百把、　院御所(後陽成院)へ五十枚進上也、長橋へ廿枚歟、献二ー、御所ニテ三献ト、其間ニ朽兵部(朽木宣綱)・川勝信乃守(広綱)・谷雅楽(衛成)へ盃ヲ進候、男末へア茶ニ酒肴所望候、一院御所・女院御所・女御へ珍重申而帰、一神龍院(梵舜)ヨリ書物箱取ニ来、三ツ皆返遣候、有状、一▨(堯カ)慶院殿ヨリ入物皆被取候、又杉原十帖賜之、一宇治ノ福(堀新作女房)ヨリ入物一被取候、一六カ預ヲカラク脇指・肩衣・袴ヲ遣候、腰刀同、一アテ宮御方へ御賜ノ米被渡候、一買物共申付候、一平松(時興)請取番勤之、一紫

白散
綿帽子
時直ヨリ餅突祝共到来
鏡ヲ方々へ遣ス
注連以下申付ル
元日節会習礼
二条城へ伝奏衆等出仕、家康ト対面ス
白砂糖
物乞多シ
古今抄ヲ常庵ヨリ取返ス
日次記ノ紙経師ニテ切ル

宸殿明置候処無御覧、一延寿院(曲直瀬正紹)留守ヨリ白散ノ事被申候、遣人処早被上ト、一大工弥左衛門ツルヘ一・箸ノ木サシ□一上候、十疋遣候、一川後室(川勝秀氏後室)来義、百疋・鱈二ケ給、」(79ウ)一若上(西洞院時直室川勝氏女)ヨリ美濃紙三束・綿帽子給、一少納言(西洞院時直)方餅突祝共到来

廿九日 天晴、一鏡方々へ嘉例遣、ヲ辰(西洞院時慶養女)・按察(西洞院時慶女)・見哲(同上)・林侍者、孝蔵主(川添氏女)ノハトチ迄遣之、注連以下早々中付候、又買物以下ニ長左(長左衛門尉)ヲ町へ遣候、一川後室(川勝秀氏後室)へ鮭一尺・白散遣候、又白散方々へ遣候、一西園寺(実益)ニテ元日節会ノ習礼ニ被呼、異位重行ノ不審共在之、二条殿(昭実)へ尋申候処ニ被相定候、別ニ図ヲ▨(記)メ置也、於内府(西園寺実益)振舞在之、一陽明(近衛信尋)へハ平松(時興)ヲ以歳暮申入、御袋(近衛信尹母)へ同、彼方ヨリ鯉一給、一川信濃(川勝広綱)ヨリ鱈五ケ給、栄無ヨリ鰤一給、後室(川勝秀氏後室)へ鮭一尺遣候、一中ヨリ小鯛廿給、来義ト、　一二条城へ伝奏衆(広橋兼勝・三条西実条)其外殿上常ニ被参候衆出仕ト、前将軍(徳川家康)御対面ト、大覚寺殿(空性)・智恩院(八)宮(直輔親王)等礼アリト、　一アテ宮御方院御所(後陽成院)へ歳暮ニ御参也、一飛鳥井(雅庸)ヨリ帯一筋給、一内侍所ニ預置候装束ノ櫃取寄候、一多阿ノ小屋ノ者九兵衛白砂糖一桶上候、一西岡法皇寺ヨリ状ヲ持来テ返事モ不取、銀モ取テ帰也、一御所内村ノ侍一人召仕、一方々物乞多候、忩事也、一古抄常庵ヨリ取返、又日次記紙於経師切候、一当番時直(西洞院)勤之、一玄琢(野間成岑)来テ帰、一方々義ニ草臥、咳気迷惑候、一杤兵部少輔(杤木宣綱)ヨリ直垂・白張被返、則長左衛門へ返、一出納豊後(平田職忠)へモ直垂返之、

一万歳〻〻」(80オ)

（表紙）
「元和四歳戊午雑略記　□」　○縦三三・九㎝×横二六・〇㎝

（表紙見返し）
「正小　二大　三小　閏三小　四大　五小　六小　□記ハリ付□ハ久六
七大　八大丁巳　九小丁亥　十大丙辰　十一大丙戌　十二大丙辰

（朱印）○印文「写字台之蔵書」」

時慶、六七歳
参議、従二位
時直、三五歳
少納言、正四位下
時興、二〇歳
侍従、正五位下
時良、九歳
侍従、従五位上

正月小

行水

時直亭ニテ節アリ

一日壬戌　天晴、従旧院出、行水・祓・看経、未拝、塩梅茶・臛アリ、宮（アテ宮）御方へモ奉也、勘解由局（西洞院時子）ヲ始少納言（西洞院時直）方ノ衆各不残祝之、其次ハ於少納言亭有節、各行、家礼ノ衆各来、祝、局（西洞院時子）ヨリ樽二荷・鯛五・昆布二束、此方ヨリスルメ五連・昆布二束・樽二荷、宮御方へ塗間鍋一上候、少納言ヨリ鰤二尺、此方ヨリ鯛三・昆布二束・錫徳利ヲ遣、一橋本内膳（実村）扇二本、与兵衛二本、北二本、盃ニテ祝之、　一禁中ニハ平座被行、上卿華山（花山院定熙）大納言・日野宰相（光慶）、弁ハ烏丸（光賢）、少納言ハ遂長（西坊城）也、先日時直（西洞院）可参勤之旨候処、素服ニテハ下具以下俄ニ不具之由、□申候処、坊（西

女院御所ハ長谷ニ閑居ス
試筆
愚亭ニテ節祝
会始ノ題
鏡ヲ祝ウ
縫金剛
平松禁中御番初ニ参仕

城(坊城遂長)へ被仰出ト、大膳職ハ饗膳調進候由候、一樽ハ女御殿(近衛前子)へ献申候、両種二荷如例、一女院御(勧修寺晴子)所ハ長谷閑居之御住居、御樽以下之事、御停止ニテ不献、　一試筆　海山のあなたに暮し年なみのこゆれは四方にあふく日のかけ　発句ハ私[三]　春たちてかすみたにせよ藤衣　私ノ述懐也

二日　行水・祓、先少納言(西洞院時直)亭ニテ茶・羹如例、其次節ハ於愚亭祝之、宮御方(アテ宮)へモ御膳ヲ献、一乙丸来、備後守(徳岡)・女房以下来、節ヲ祝、昆布一把、内義へ折・重箱、北来、家中者共各盃ニテ祝之、」(2オ)一御所内村金右衛門鳥目十疋如例上候、盃ニテ祝之、三介ハ不出、扇斗上候、一養運礼、香炉灰一包、ケンリハイト号、不対面、一鶏丸・ヲテヽ・弥兵□(衛)初而対面候、扇子一持参也、盃ヲ給サス、同阿茶双瓶・大根・鰕一連上候、青侍両人ハ扇子一本ツヽ上候、一飛鳥井(雅胤)ヨリ会始ノ題被持候、梅花久薫、一女御殿(近衛前子)へ御礼ノ事、右衛門督局迄相尋候処、今日ハ女中衆処也ト、男衆御礼未也ト、御樽・両種二荷拝領、一竹門(曼殊院良恕)へ両種二荷献之、一山田六右衛門尉内義瓶・鰕一連・豆腐五丁上候、一鏡ヲ祝、又局ノ方(西洞院時子)・少納言方へモ遣候、又此方へモ各ヨリ給、一林侍者ヨリ御膳トテ被送、一阿茶〻御乳人礼ニ美濃紙十帖・扇二、ヲヤ、ヨリ扇五、内義へ縫金剛一足、内義へ御乳人茶碗・水引也、何モ盃祝之、一サカヤキ剃、一平松(時興)ハ禁中御番初ニ参仕、一少納言ハ院之御番也

陽明参内

堂各御トヲリ

女御へ内々堂上衆御礼

菱花平

数寄屋タヒ

禁中御番初宿ニ参勤

三日　天晴、寒、祓・看経如例、陽明(近衛信尋)参　内可罷出由、広大(広橋兼勝)ヨリ被申候、則参上、三人(西洞院時慶・時直・時良)先御亭へ参上、時興(平松)同心、御盃給、其後御所ノ番所へ参候、広大父子(広橋兼勝・総光・兼賢)三人珍重申候、陽明御遅参也、唐門ノ内迄出迎、広父子三人・竹屋(光長)・冷泉中(少)将(為頼)、滋野井(季吉)ハ御沓、山科(言総)直ニ長橋へ被入、二献アリ、一条殿(兼遐)モ御参、是ハ五ノ宮(大覚寺尊性)御方ニ被相待、後ニ長橋へ御出也、献ノ後御参也、堂各御トヲリアリ、御供衆進藤(長滋)、先諸大夫北少路(俊記)丨・斎藤、以上此衆斗也、杓ハ非蔵人、路不自由也、蔵人衆不参故、児和泉(土御門久脩男)仕也、御礼過テ、一女御殿(近衛前子)へ内々堂上衆御礼、次ニ予モ申入、各一同ニ吸物、各御相伴也、御盃銘々ニ各ニ給、廿二人歟、三西(三条西実条)ハ不参也、庭田(重定)ハ所労ト、外様ハ竹屋与予」(2ウ)三人斗也、菱花平御次ニテ各給之、一陽明モ各以前ニ御礼也、献過テ各急退出、御前ナル故ニ吸物・鳥ヲ食、一月ハ明ニ拝、一礼者大炊(大炊御門経敦)侍従、寿徳庵(曲直瀬玄由)ハ数寄屋タヒ一足、右火掌(座田重次)扇二本、一了忍ヨリ縁布一端文ニテ給、一政所殿(近衛信尹母)御礼、御盃給、御樽二荷・両種御返也、一竹門(曼殊院良恕)両種二荷御返也、一女三宮(清子内親王)御方へ両種二荷、長橋へ両種二荷、一大工ノ道和初而来、久左衛門尉一同ニ来、六右衛門尉(山田)手引也、葛岡四郎左(四郎左衛門)盃ニテ祝也、奇斎(三宅亡羊)扇二、不対面

四日　天晴、禁中御番初参勤、宿同、日野大納言(資勝)持セアリ、先宰相(日野光慶)モ被参上候、五条為適・久我通前以上、久脩(土御門)ハ御理不参也、御銚子出、非蔵人両人杓、玄蕃・采女初而対顔、晩炊、退

人参
丁子

内儀初寅ニテ
御霊等へ詣ヅ

延齢丹

高倉永慶女中
胎中ノ下

時子ニテ節

延喜式抜書

薬共調合

出ノ時延寿院(曲直瀬正紹)来入、人参三両給、平松(時興)へ丁子一斤、少納言(西洞院時直)へ同前、盃ニテ心静祝之、留守ニ玄琢(野間成岑)五十疋、平松へ帯一筋、榎並忠左衛門尉(賢隆)扇一、一今里忠兵衛十疋、九左衛門尉十疋上候、柳原ノ忠衛門尉扇二、友甫扇二、樽進上ノ所、光照院殿(尊貞尼)両種二荷、大御乳人両種二荷、一女(清子内親王)三宮御方ヨリ三種二荷拝領、一勘局(西洞院時子)ハ大聖寺殿(恵仙尼)へ御礼、能時分ト

五日　天晴、内義ハ御灵・毘沙門寅ニテ被詣(初)、又荒神へモ、一三宅勘左衛門尉息男来、革単皮一足上候、煎薬遣之、一院御番也、一道僖扇三、一啓迪庵(岡本諸品)扇五本、延齢丹二貝、玄益(曲直瀬)スキヤ単皮二、何モ番ノ中ニテ不会、一矢嶋讃岐礼、扇、役人衆・伝　奏衆へ行ト、一大御乳人ヨリ両種二荷御返也、」(3オ) 一照高院殿(興意)へ両種二荷上、一大聖寺殿(恵仙尼)ヨリ御樽返アリ、一右衛門(高倉永慶室)佐女中ノ義雑説後ニ聞、女中胎中ノ下ト

六日　天晴、一勘局(西洞院時子)ニ有節、不残被呼、丁寧之義也、一照門(照高院興意)ヨリ三種二荷御返也、御使対面候、一小川之小三郎来義、扇一・皮袋・火打袋持参、対面候、盃ニテ祝之、一玄琢(野間成岑)預状、延喜式抜書返納候、一新中納言(西洞院時慶女)ハ中御灵詣候、一内義ヨリ脇坂女中(脇坂安治室西洞院氏女)へ御膳・徳利被遣候、使ニ引アリ、晩ニ御礼所々、竹門(曼殊院良恕)・伏見殿(邦房親王)モ御座候、御盃給、大聖寺殿(恵仙尼)ニテモ御盃給、八条殿(智仁親王)へ可参処、長谷へ御越ト、女御殿(近衛前子)モ御越ト、一肥後国へ文共認候、一薬共調合候、一水沢織部来義、扇二、不会

霊符祭
人参

七日　雨天、一灵符祭、羹如例祝之、其後内義モ石屋へ祈禱ニ被呼、予同、宗珠へ吉野二束・蠟燭廿挺、因幡入道(宇野)へ人彡(参)一両・扇子五、内義ヨリ革単皮一足被遣候、御礼ノ所〻、光照院(尊貞尼)殿御盃給、八条殿(智仁親王)へ父子三人(西洞院時慶・時直・時良)御盃給、同参ノ衆、広大父子三(広橋兼勝・総光・兼賢)・竹屋(光長)等、冷泉父子等(為満・為頼)、玄琢等(野間成岑)也、摂家方不残、但板伊賀守(板倉勝重)へ御出ト、鷹司殿(教平)御方斗御対面也、又一条殿(兼遐)モ御盃給、一玄由(曲直瀬)

鷹鳥ノ鷺

来義、参　内之望也、対談候、広大(広橋兼勝)へ遣状〆申試候、一清閑寺(共房)ヨリ鷺二羽、鷹鳥トテ給、一光照院殿両種二荷給、御返也、一十念寺へ両種二荷遣候

牛王・香水・壇供ヲ給ウ
コノ腸・人参・油烟墨
板倉勝重へ八条殿行ク

八日　天晴、寿昌庵(野間成岑)状・寿徳庵(曲直瀬玄由)状之返事広大(広橋兼勝)ヨリ被持候、則何モ相添テ延寿院(曲直瀬正紹)へ遣候、」(3ウ)
一柳坊来義、牛王幷香水・壇供ヲ給、雖留門ヨリ被帰、一紫宸殿御取置ニ被召、時直(西洞院)参勤候、不手間入ト、一肥後国へ下物共、コノ腸弐升入桶一・人彡(参)一両・当年ノ文・油烟三、亀へ二挺、文棒庵(下津宗秀)へ同、旧冬ノ状斗遣、助丞(横地)迄□(伏カ)見へ□(遣)候、請取由候、一板倉(勝重)へ八条殿(智仁親王)御出ト、玄琢(野間成岑)・寿徳庵御供ト、晩ニ寿徳庵来入、御礼ノ義相談□(〆)帰也、一十念寺来入、如例扇五被持候、盃ニテ祝之、一飛中(飛鳥井雅胤)ヨリ両種・樽給、安田宮内使也、対面候、一三西(三条西実条)へ以使者先祝義申伸候、鷹鳥鷺二・扇五進入、使者ニテ預礼、一方〻薬共遣候、又初而薬種製

諸家参内

九日　天晴、諸家参　内、摂家・門跡ノ次ニ堂上、其次諸寺法中、其次○医者衆、於御元服間御対面也、延寿院(曲直瀬正紹)・○好庵・寿命院(秦徳隣)・玄益(曲直瀬)此分也、友竹院(半井)・同江庵(半井)也、其次清水寺・善法

寺・新善法寺、其次医者衆也、御礼ノ後、二条殿(昭実)・鷹司殿ハ大閤(鷹司信房)・諸門跡、女御殿(近衛前子)へ御礼也、平松(時興)ハ兼而被召、御陪膳御用也、予モ御見舞申候、白川(雅朝)・広大(広橋兼勝)・富少路(秀直)・中御宰相(中御門宣衡)・阿(実顕)野・姉少路(公景)・櫛笥(隆朝)等也、八条殿(智仁親王)・伏見殿(邦房親王)・梶井殿(最胤)・大覚寺殿(尊性)・妙法院殿新宮(尭然)・円満寺(院)殿(常尊)・実(義尊)相院殿・竹門(曼殊院良恕)也、照門(照高院興意)ハ無御出也、一延寿院へ礼ニ行、

熨斗蚫

熨斗蚫二百本、玄益へ錫一対、玄冶(岡本諸品)へ単皮二足遣候、法印(曲直瀬正紹)ハ他出、両人御出逢、門ヨリ帰、一玄忠来、扇三土産、盃祝、一榎並忠左(賢隆)へ諸白樽一遣候、一小紅花屋来、入夜進酒候、一女御殿ヨリ二条殿御帰候刻、各送出申候処、輿ヨリ被下、各ヲ被送返候、各又立帰送申処、又被下候、鷹大閤(鷹司信房)同前」(4オ)

板倉勝重へ堂上年頭礼

十日 暁ヨリ雪頻降、午止、院ノ請取番ニ参テ、青侍ヲ置テ先出、竹内刑部少輔(孝治)モ同前也、広(兼勝)橋各行、間鍋二ツ、平松(時興)ハ帯一筋、少納言(西洞院時直)ハ盃斗也、一板倉伊賀守(勝重)へ堂上各年頭礼、同心候、広大(広橋兼勝)ヨリ直也、於伊賀守機嫌能、謡アリ、酒久、酒中ニ良久物語在之、各礼物ハ百疋也、八(川那部)右衛門ニ二十疋、金子八郎兵衛(祇景)へ革単皮二足、板三郎左衛門(板倉)へ同二足、都築次左衛門尉へ同

万里小路入道ノ輿柳原ノト行当リ口論

竹屋ノ者ト伊賀守内衆口論

二足、恕庵へ扇五、万里入道(万里小路充房)ノ輿ハ柳原(業光)ノト行当、口論候、其後竹屋(光長)者与伊賀内衆口論ノ由候、一晩ニ院参、番勤之、持セヲ各へ進候、田楽等也、北面衆モ呼

節分

誕餅

方違

十一日 天晴、節分也、星多誂取寄、祈念候、五条ノ天神代参、誕餅等ヲ用、一方違、宮御方(アテ宮)ハ局(西洞院時子)同心申、報恩寺へ御出也、少納言(西洞院時直)・平松(時興)・内義モ同心也、一予ハ清荒神ニテ年ヲ取、指

立春 入湯 棗箱 公宴御会始ノ詠草 読上ノ作法ハ常ノ如シ

樽・両種遣候、雑煮・入麺等重畳御祝也、常智坊馳走也、一平松ハ院御番也

十二日 天晴、寒、立春、来客、孝与・報恩寺ヨリ昨日忘之理被申候、一水沢織部来義、祝之、清荒神ノ常智坊来義、扇子五土産、入湯テ不会、泉涌寺ノ楽音院来義、墨三挺持参候、雖呼従門被帰、又法音院扇十被持候、他出ノ間ニテ不合而返候、一仏光寺(存海尭昭)へ両種二荷遣候、有返事、一松橋(尭円)へ両種二荷嘉例遣候、」(4ウ) 少納言(西洞院時直)ハ院御番参、一平松(時興)ハ 禁中御番、一林侍者礼来義、棗箱一内義へ、銘々ニ土産アリ、此方ニ泊也、一勘次ハ宿へ出候

十三日 天晴、一仏光寺(存海尭昭)ヨリ樽返ノ礼在之、状返札候、松橋(尭円)同返礼在之、一勘局(西洞院時子)ハ女御殿(近衛前子)へ御礼ニ被参、一泉涌寺両所へ昨日礼、為理以使者申候、常智坊へモ同前、△公宴御会始、詠草、三西(三条西実条)へミセ候、則清書、参勤時分晩炊、急テ出仕、時直(西洞院)同、御会席ハ御元服ノ間也、出御、南面御座、陽明(近衛信尋)御参、其外ハ広大納言(広橋兼勝)・中御門大納言(資胤)・日野大納言(資勝)・烏大納言(烏丸光広)・冷中納言(冷泉為満)・正親三(正親町三条実有)中納言・菊中納言(菊亭宣季)・下官・四辻宰相(季継)・中御門宰相(宣衡)・阿野宰相(実顕)・日野宰相(光慶)・中院宰相(通村)・頭弁広(広橋兼賢)・柳頭弁(柳原業光)・時直朝臣(西洞院)・滋野井中将(季吉)・伯中将(白川顕成)・冷泉少将(為頼)・飛鳥井中将(雅胤)・高倉少将(藪嗣良)・竹屋(光長)・北畠(親顕)・五条少納言(為適)・綾少路(高有)等也、○不参之衆、三条西大(実条)・広中(広橋総光)・庭田前中納言(重定)・白川(雅朝)・五辻右兵衛督(之仲)・阿少将(阿野公福)・烏弁(烏丸光賢)等也、読上斗也、但其作法ハ常ノ如シ、読師広橋大(兼勝)、講師柳業(柳原)光朝臣也、読損度々ニ及、懐紙重義ハ冷泉中納言為満卿也、読上ノ時、読師懐紙ヲ一枚ツヽ、

肴ハ当年ヨリ無塩鯛小串

瘡癰

ビイドロノ瓶

粥祝

三毬打ニテ吉書ヲ誇カス

日待

砂糖桶

文台ノ上ニ置事、常ノ講称（須）ノ時ノ如シ、近比珍敷儀也、読上畢テ入御、其後盃出、二献メハ五度出之、当年ノ希、折ハ如常、但肴ハ無塩鯛小串也、往昔鮑塩ノ也、当年ヨリ鯛ニ可被定ト、亥刻以前ニ各退出也、一行水、サカヤキ剃、爪切

十四日 天晴、御番□（八）昼時興（平松）、宿ハ時直（西洞院）也、一七条門跡（准如光昭）ヘ礼ニ越、間鍋三献、興門（准尊昭玄）ヘ同、何モ無対面、瘡癰ノ由候、興門ハ咳気ト、此方ヘ門跡ヨリ預使者、太刀一腰・馬代艮子一枚也、少納言（西洞院時直）ヘ同前、」（5オ）時直モ同心〆下也、端坊（明善）ヘ礼、美濃紙一束、多阿□（ヘ）吉野二束、左近扇五、龍見ヘ五、川那部豊前（元敬）ヘ五、一信成院（宣如光従）ヘ引合一束、ビイドロノ瓶一対進入、時直同心候、他行ノ由候、不被逢、松ノ左近ヘ寄人□（候）、一照高院（興意）殿六角堂勝仙院ニ御座候所ヘ参、御盃給、御懇也、今日御参　内ノ御帰リト、一曇花院（聖秀尼）殿参、御留守ト

十五日 雨天、粥如例祝之、一御茶々局ヘ礼ニ参、二荷両種進候、吉宮御方ヘ線香一包献、御盃給、御茶々被出候、一聖護院殿ヘ参、吸物・御盃給、伏見殿（邦房親王・貞清親王）御両所ヘ御礼、何モ無御対面、一院御番参、請取ハ竹内刑部少輔（孝治）也、一三毬打ハ吉書ヲ誇カス、一興門（准尊昭玄）ヨリ昨礼ニ使者口上斗、一薬剤製、玄琢（野間成岑）ヘ五十疋、茶碗鉢一・鰤一礼返ニ遣候、寿徳庵（曲直瀬玄由）ヘ鰤一・扇五遣候、以使者中候、一飛鳥井（雅胤）ヘ日待ニ時興（平松）被呼テ行

十六日 天晴、行水・祓、看経別而也、一不二菴（集雲守藤）来義、錫鉢一・沙（砂）糖桶一、平松（時興）ヘ単皮一足、

試筆

盃ニテ祝之、試筆、詩共ヲ尋候、一榎並忠左衛門尉(賢隆)遣人処、預状、返事候、一水沢織部正ヨリ昨日預状、又今日同返事候、一宗音初而長門ヘ礼ニ被出候、一玄琢(野間成岑)昨日礼状ニ返事候、一寿徳庵(曲直瀬玄由)預状、口上返事候、一ヤ、ノ姉小五ゥ礼、ヌリ盃一持参候、酒ニテ祝之、一後藤源左衛門尉内義ヨリ指樽二荷・両種、使松持来義候、一桶湯ニ入、一平松院御番参、」(5ウ)一能

聞書ヲ書集ム

札礼ニ来、扇二本上、吸物・盃ヲ進、発句ヲ語、予モ語候、一延寿院(曲直瀬正紹)幡州へ状遣候、一聞書共書集候、一来廿日詠草ヲ書、一榎並忠左返事候、明日可来ト、一林侍者乳母・善六来、盃ヲ進候

十七日 天晴、水沢織部正同心〆立入右京(康善)来義、孝蔵主(川添氏女)へ用之義在之、仍文認遣候、吸物・酒ヲ進候、ヌリ盃二持参候、近日江戸下向ト、一善喆寺ヘ返候、見挙ニ頭巾一持セ候、礼状ア

連歌手尓於葉ノ口伝

リ、一妙真ノ嘉通寺来義、蜜柑五十ヶ被持候、吸物・盃ニテ祝之、一榎並忠左(賢隆)来義、連哥手尓於葉ノ口伝共ノ一冊被持候、又口伝共尋候、終日也、晩炊申付候、一少納言(西洞院時直)ハ院御番、平松(時興)ハ禁中御番勤之、一延寿院(曲直瀬正紹)留守へ状持遣候

十八日 天晴、斎ニ往生院比丘尼来義候、慶順也、一清水寺ヘ詣、六波羅堂等群集也、急下向、妙門(妙法院常胤)ヘ御礼ニ参候、御煩ニテ無御対面、新宮(尭然)ハ御出京ト、一身延ヨリ梅松カ状到来、使宗順

禁中連歌一巡ヲ給ウ

ト云由候、一禁中御連哥一巡給、七句目也、御発句八条殿(智仁親王)也、得尊意記付、次阿野(実顕)へ遣候、

山薬・荒巻　一光浄院来義、山薬・荒巻二被持候、盃ヲ進候、一道因来義候、扇二、盃ニテ祝之、一
伝長老参内シ　玄治（岡本諸品）へ遣状、延寿院（曲直瀬正紹）へ可申越義也、一伝長老（以心崇伝）参　内、講尺被申由候、錦綉段也、平松（時興）参、聴
錦繡段ノ講尺
テニヲハノ大　聞申候、一榎並忠左（賢隆）へ請文認置、テニヲハノ大事相伝候義ニ付也、一明日懐紙清書候
事相伝ノ請文
厄神参　**十九日**　雨天、厄神参、御初尾十疋云伝候、子孫為祈禱也、一阿□□（茶々）□□□（乳母御）人被参候、皮沓
二足遣候、」（6オ）□□勝ノ為雇参候□□不下向□（為カ）ニ依也
禁中御講尺　**廿日**　天晴、院御番参、禁中□□（御講）尺伝長老（以心崇伝）被申、錦綉段平松（時興）モ聴聞、陽明（近衛信尋）モ御参ト、一陽明
陽明亭和歌会　御亭和哥会始各参勤、初晩及夜半過、酒満、読師冷泉中（為満）、講師頭弁兼賢朝臣（広橋）、発声五辻右兵（之仲）
始
衛督也、参集之人数、広大（広橋兼勝）・同弁（広橋兼賢）・冷泉中納言・同少将（為頼）・五辻右兵・同左馬（五辻奉仲）・飛鳥井中将（雅胤）、又
諒闇中講声ニ　発声滋野井中将（季吉）・柳頭弁（柳原業光）・予父子（西洞院時慶・時直）・時興（平松）等、其外進藤修理斗（長滋）地下也、無当座懐紙斗也、今度講声
付申入
ハ如何、諒闇中可有用捨事欤ノ旨内々申入候処、苦カル間敷由広大被申ニヨリ、酒中謡、剰
乱舞、順舞　乱舞、後ハ順舞ニ成候
手尓於葉ノ奥　**廿一日**　天晴、榎並忠左衛門（賢隆）来義、手尓於葉ノ奥義相伝候、次ニ知人ニ少納言（西洞院時直）・平松（時興）成候、振
義相伝
舞候、終日語候
公宴御連歌始　**廿二日**　天晴、公宴御連哥始、御席御元服ノ間也、御発句御製、　うら若き柳や色も青角髪（ミツラ）池
の氷りノノ氷りとく庭（鏡々々々）　式部卿宮（智仁親王）也、第三照門（照高院興意）、四句メ竹門（曼殊院良恕）、五句メ陽明（近衛信尋）、六句日野大資勝

卿、下官、阿野(実顕)、時直(西洞院)〻、季吉(滋野井)〻、孝治(竹内)、通式(久世)、以上十二人、執筆ハ初而時興(平松)ニ被仰出テ勤之、夜半過ニ満、平松(時興)ハ御番其侭、」(6ウ) 一阿茶〻御乳人帰京候

廿三日 天晴、一寿徳庵(曲直瀬玄由)来義、盃ヲ出候、一道億来義、扇二、一ヲ鳥年頭礼、錫瓶一対、内義物裁二ツ、雑煮・吸物・食振舞候、及夜テ被帰、一平松(時興)ハ懐紙清書、一長谷ヘ帥殿ヘ文遣候、御礼之定日相尋候、未知之

廿四日 天晴、御番時直(西洞院)勤之、平松(時興)懐帋清書持参候、一久八私ニ愛岩山ヘ詣、日高ニ下向也、大群集ト

般舟院へ詣ヅ

廿五日 天晴、雪散、一院御番勤之、一般舟院ヘ詣、御焼香仕、扇十本院ヘ遣候、盃被出候、一北野ヘハ不詣、能札ヘ遣人、白綿一把遣候、一萩原(兼従)ヘ墨三挺遣候、盃出、暫語アリ、一番所ヘ持セ、飯以下申付候、如例、北面衆モ呼、無炭、寒天各怣(迷)惑、蟄居候、一速水安芸守(良益)ヘ間鍋一遣候

泉涌寺へ詣ヅ

砂糖桶

高台院煩

[廿六日　天晴]□□□□、□(寒)風、□□[雪散]、一斎坊□[主]如例、又嵯峨ノ比丘尼(慶順)□来義也、一泉涌寺ヘ詣□□盃□□(音カ)院ヘ沙(砂)糖□[桶]一□方□酒□□両人馳□[走]也、竹内刑部(孝治)□輔(少)□」(7オ)□□行□一御廟ヘ詣拝之、一□□[東福]□□(寺ヘカ)行、先ヘ□□□[御]煩ト、仍不□メ備後守(徳岡)ヲ遣候□□三束、沅首座(湘雪守沅)ヘ□束、能注□(ヘ)革単皮一足遣候、一高□[台]院殿(豊臣秀吉室杉原氏女)御煩ト、驚、内義御見舞申候、及夕□[帰]宅

連歌手爾於葉ノ奥義抄

候、△榎並忠左（賢隆）へ□（小）袖一遣候、又夕ニ遣状招之処、他出ト、一平松院（時興）御番也、一連歌手爾於葉ノ奥義抄少納言（西洞院時直）書写之、一勘解由局（西洞院時子）ハ大聖寺殿（恵仙尼）御誘引ニテ般舟院被詣候、輿遣候、一速水安芸守（良益）へ遣備後守（徳岡）、門ノカケ板ノ事申遣候、広大納言（広橋兼勝）へ可相尋由候

高台院ヲ見舞ウ

廿七日　天晴、雪散、寒、一木下宮内（利房）へ年頭礼、間鍋五ケ遣候、一高台院殿（豊臣秀吉室杉原氏女）御見舞申候、被得快気ト、又丞出逢、懇ニ申候、清月へモ一言申候、一二位殿へ見廻、徳利一・雪魚三、少納言局（西洞院時子）へ雪魚五・徳利送候、二位殿・局一所ニテ盃祝在之、一榎並忠左（賢隆）ヨリ昨書返事在之、又招之、無来義

北野へ初テ詣ヅ
洗米・神盃ヲ戴ク
高台院ノ煩悪シ

廿八日　天晴陰、寒、北野へ初而詣、能良へ扇五・御初尾十疋、能札出候、本社斗へ詣、洗米幷神盃ヲ戴候、一宮御方（アテ宮）御盃給、一内義ハ高台院殿（豊臣秀吉室杉原氏女）御見廻也、又御煩悪ト、一木下宮内（利房）昨日之礼ニ使者口上斗之義也、一榎並忠左（賢隆）来義候、先日請状清書メ遣候、今日口伝具又聞候、少納言（西洞院時直）同前、一三大郎ノ今夜ニ入、ヲツヂ与局（西洞院時子）へ来義也、一長野ノヲ勝来義候、一後ニ聞、大御乳人へ前ノ□（久）我ノ家ヲ被遣、岩波木工頭（俊完）ハ小川坊城ノ所先借屋ニメ俄道具ヲ運被移ト、又▨（久）我へハ上乗院ノ□（里）坊ヲ」（7ウ）被遣ト

内儀嵯峨虚空蔵へ詣ヅ
三番ノ寅

廿九日　天晴陰、一内義ハ嵯峨ノ虚空蔵詣、作介ヲ供ニ申付候、長野殿同心也、一鞍馬寺へ三番ノ寅ナル故、多左衛門尉ヲ代参申付候、御初尾良子二匁奉、尊像ヲ坊ヨリ給、一西岡灰形

慶春ノ跡目
准尊昭玄初メテ来義
時子ノ門ノ儀
禁中御講尺
勧修寺尹豊二十五回忌
下京火事
アテ宮当年初テ時慶亭へ御成
吉良義弥上洛
連歌ノ注ヲ作ル

ノ慶春カ跡目ヲ遣迎院ノ慶範同心メ来義、指樽一荷・白壁十ケ・昆布二把上候、再三雖辞、慶範ノ携ニメ給候、無是非候、茶ヲ出候、一興正寺(准尊昭玄)来義、初而ノ義也、太刀一腰、馬代ハ三百疋也、於端亭盃・吸物ヲ進候、祝之、少納言(西洞院時直)両人出、又鶏丸(西洞院時直男)ヲモ出候、進酒、有興、心静也、板倉(勝重)ヘ礼ノ次ト也、一内義ハ早下向候、鞍馬ヨリモ午刻下向候、一昨日速水安芸守(良益)状返事申遣候、勘解由局(西洞院時子)ノ門ノ義ニ付而也、一桶湯ニ入、一勝被帰候、今朝八条殿(智仁親王)茶々御乳人ヨリ息女西カ事ヲ被申候、一禁中ニハ御講尺アリ、平松(時興)参上候、御番時直(西洞院)参、一二位殿ヘ長寿院(勧修寺尹豊)二十五回忌ノ吊ニ指樽・壁廿・牛房三贈候、祝着之旨文アリ、一榎並忠左(賢隆)ヘ遣状、沈酔トテ無返事、一爪切

□(二月)□大

□□□(一日辛卯) 雨天、午晴、一今晩下京何辺(ヲ)□焼失、可尋之「□□院殿為御見舞以使者申入」(8オ)□宮(アテ宮)御方愚亭ヘ当年初而御成、銀子一枚拝領、内義ハ一分判□□□也、先御盃・雑煮、則引替□□ヲ奉、少納言(西洞院時直)・同内義(西洞院時直室川勝氏女)・孫共不残参集、極晩ニハ少納言方ヘ御成也、二献進候、各御相伴ニ参候、一平松(時興)ハ院御番、一吉良左兵衛(義弥)上洛之由預使者候

二日 天晴、吉良左兵衛(義弥)宿、後藤源左衛門尉裏町西也、見舞ニ行候、参 内明日ト聞、一内義ハ石屋ヘ被出候、晩ニ被帰候、一宇野因幡来入、盃ニテ祝之、長野殿・宗音取持也、一終日

女御ノ御殿作事

連哥ノ注ヲ作、一少納言(西洞院時直)ハ院御番、平松(時興)ハ　禁中御番参也、一御所内村久蔵出、相詰候、一女御殿(徳川和子)御殿ハ江戸ヨリ入　内候者此御屋敷ニ御作事ト、又国母(近衛前子)へハ院御所へ移給ハントノ様躰、粗聞ユ

将軍年頭之御礼

三日　雨天、午刻晴、将軍(徳川秀忠)年頭之御礼ニ吉良左兵衛(義弥)、如例銀子百枚也、御対面、御盃被下、又後ニ御太刀目録拝領、　女御殿(近衛前子)へ被参候、予モ出、被持候例年ハ三十枚、雖然当年ヨリ五十枚被進ト、盃モ無之、予モ御見廻之由、右衛門督局迄申入、禁中ニ源氏物語被読候ヲ被聞食ニ御参、光照院殿(尊貞尼)御同心ト、御理也、一連哥ノ注ヲ作

源氏物語

日次記料紙綴切ヲ頼ム

鯨ノ桶

四日　天晴、風立、予咳気、一連哥ノ注ヲ作、一日次記料紙閉切事ヲ平松(時興)ニ頼テ作之、端少」(8ウ)清書候、一一身田ヨリ年頭之物共被差上候、但侍之使者ハ無之、如例年鯨ノ桶与三十疋、当門(尭秀)・隠居(尭真)ヨリ二十疋給、文アリ、当門ヨリハ分入文也、一近衛殿(信尋)へ如例年進物、状ハ予当所也、則陽明(近衛信尋)へ持上候、一吉良(義弥)へ遣状、返事候、六日茶堅約也、一榎並忠左(賢隆)返事候、一神泉苑ノ奉加ノ事、広橋(兼勝)ヨリ使者被相添候、板伊賀守(板倉勝重)ヨリ各へ勧進可申旨在之テノ義也、各員数被定テ則書付遣候、銀子十匁、御方分ハ五匁申付也、一久八暇乞、大津迄出ト、一備後(徳岡)守ハ伏見へ一昨日越、今日帰京候

神泉苑奉加

五日　天晴、時々雪散、風寒、吉良左兵(義弥)へ遣状、返札候、明日可有来儀由兼約候、大炊御門(経敦)へ

数寄ニ吉良義弥ヲ呼ブ

火箸

酒天童子ヲ彫ス

クワイ

数寄屋単皮

モ申遣、同心也、振舞之用意申付候、一院御番申刻ニ参勤候、竹内刑部（孝治）食持せ在之、請取也、
西坊城（遂長）隙入、遅参也、但予ハ宿ハ理申而退出候

六日 天晴、早朝数寄ニ吉良左兵（義弥）ヲ呼、蠟燭五十挺・諸白一桶給、平松（時興）へ百疋、少納言（西洞院時直）へ百疋
与、（ママ）大炊御門（経敦）初而来義候、池坊（専好）同道也、火箸二具土産、初而来義候、酒快出来、大炊（大炊御門経敦）
ヨリ多門ニ末撥一本被遣候、一晩ニ南禅寺伝長老（以心崇伝）へ年頭礼ニ行、酒天童子兼約ニテ掘セ遣、
又間鍋三ケ遣候、竹内刑部（孝治）少輔同心候、従先刻吉良左兵被居、風呂半ニテ、予ハクサリノ間
へ呼入、長老被話候、風呂上、吉良・智（知）足院（光誉）・勝仙院（澄存）等鎖間ニテ有湯漬、及極晩帰宅候、一
五（語）心院（有雅元賡）へ火箸二具遣候、寄人惣七雇輿舁、但進物持欤」（9オ）

七日 天晴陰、昨日十念寺へ遣使者候、明朝茶兼約同心候、大福庵（金国）モ同心候様ニト申候処、隙
入ト、一桶湯ニ入、サカヤキ剃、一内義ハ高台院殿（豊臣秀吉室杉原氏女）御見廻被申候、クワイ一折進物也、一平（時
松（興）ハ禁中御番参勤、一時直（西洞院）ハ院御番也、一吉良左兵（義弥）へ少納言（西洞院時直）・平松同心〆礼返ニ行、他出
也、予ハ入夜テ行、餞別ニ数寄屋単皮三足遣候、有酒、勝仙院（澄存）・池坊（専好）・官務（壬生孝亮）等在之而物語久、
夜中雨也

八日 天晴、十念寺長老数寄ニ呼、与所衆無之、キヤウカン一人被参候、少納言（西洞院時直）・予与四人斗
也、心静ニ酒モ能上、和尚機嫌能、晩預使僧候、又此方ヨリモ以使者申候、一江戸へ状共数

通認ニ苦身、一延寿院(曲直瀬正紹)へ幡州へ状認、夜中ニ遣候

禁中御一巡ヲ賜ル
手尓於葉ノ不審ヲ校合
手尓於葉ノ抄物ヲ見ル

九日 天晴、一禁中御一巡賜、吟案、吉(苫)身及夜、書付而草ヲ八条殿(智仁親王)へ献、長谷へ御越ト、今日無御返事、一吉良左兵(義弥)へ江戸所々ノ状云伝候、朽牧斎(朽木元綱)・脇坂淡路守(安元)・道三法印(今大路親清)・道春(林信勝)・孝蔵(川添氏女)主等へノ文共也、一榎並忠左(賢隆)遣状而来義候、手尓於葉ノ不審共校合候、又愚詠共モミセ候、晩炊申付、心静語候、一禁中御番時直(西洞院)勤候、一近衛殿(信尋)ヨリ一身田(尭秀)返事、遊様礼節違故ニ御理申入候、遊直候、一終夜手尓於葉ノ抄物ヲ見」(9ウ)

日次記立春ヨリ今日マデ書ク
壺皿
遷宮ノ役者ノ事
般舟院へ愚詠清書シテ遣ス

十日 天晴、院御番参、日次記立春ヨリ今日迄書候、西坊城(遂長)請取ニテ有持、一竹内刑部少輔(孝治)ハ雖参勤、小児痘瘡出由候間、為各出候、一一身田(尭秀)返事認、持セ遣候、ツホ皿十・状分入へノ状書候、隠居(尭真)へ間鍋一・直状ヲ進、使ニ扇三遣候、一一巡八条殿(智仁親王)ヨリ是非ヲ不被仰候間、達而申入、定之テ記付、長橋迄上、一宗珠へ少納言(西洞院時直)・同女中(西洞院時直室川勝氏女)、局ヲ始内義(西洞院時子)・新中納言(西洞院時慶女)・平松(時興)等モ為礼ニ又被振舞、終日ノ義也、一吉良(義弥)へ云伝、南隣ノ九衛門尉ニ申候、昨日候哉、遷宮ノ役者ノ事被申上候ト、可尋之、一啓迪庵(岡本諸品)来義候、呼入、少対顔候、延寿院(曲直瀬正紹)薬相当候由候、一榎忠左(榎並賢隆)へ彼一冊返納候、無返事、一般舟院へ去年愚詠一巻清書メ遣候、請取ト有返事、一二位殿ヨリ文給、又杉原厚ヲ十帖給、一日野唯心院(輝資)江戸返札幷帯筋給之、一此辺築地ツク、一追分ノ亀来、逗留候

霊符祭
炒山椒

十一日　天晴、行水・祓、灵符祭、八日ニ失念故ソ、一平松(時興)ハ聖廟へ詣、一吉良(義弥)下向候、炒山桝コカシ壺ニ入テ遣候、一二位殿へ昨日返事候、一晩ハ局(西洞院時子)ニ振舞アリ、一入夜竹内刑部少輔(孝治)連哥為談合来義候、一世俗又一冊閉切ッム

世俗一冊綴切ツム

寅日
霊夢ニヨリ因幡堂へ詣ヅ
大仏師
沈香

十二日　天晴、寅日也、依灵夢因幡堂へ詣、御初尾十疋、柳坊へ扇五遣候、一大仏師(康正)へ文殊誂、艮子手付三匁遣候、予呼入テ茶・酒・吸物ヲ出候、一二条ノ薬屋清左衛門尉へ寄、沈香五両感得候、一鞍馬へ代参、他左衛門詣候、一姫宮(アテ宮)御方ニ宵程内義モ」(10オ)同前ニ伺候、一蜜柑ノ覆半分取、一款冬花□干、一服薬候、一板伊賀守(板倉勝重)へ広橋(兼勝)へ被出、対談ノ由候、▨江戸ニ東勝(照)権現勧請ノ義ト聞

江戸ニ東照権現勧請ノ儀

北野釈迦堂へ詣ズ
連歌手尓於葉ノ儀不審アリ

十三日　天晴、飯後、北野釈迦堂詣、未経始而、徒ニ本尊斗拝メ下向、一局(西洞院時子)ノ屋敷築地見舞、一陽明(近衛信尋)見廻申候、午刻御相伴ニテ有食、心静御物語在之、連哥手尓於葉ノ義共御不審在之、一ヌリ輿ノ事進修(進藤長滋)理迄内々申試候、次一身田(尭秀)へ返事義、請取之義申請、一常智坊与水沢織部へ遣状招候、榎(榎並賢隆)▨遣書書(忠ヨリ状)状到来、同懐帋返ル、一寿徳庵(曲直瀬玄由)広大(広橋兼勝)へ礼相済テ来義、他出ノ間也

荒神ノ常智坊奉加ノ事対談

十四日　天晴、夜雨、一荒神ノ常智坊来義、奉加ノ事対談候、柏・ノリ伊勢ノヲ給、盃・吸物ヲ出シ候、一似運来義、盃ヲ進候、一泉涌寺へ旧冬ノ一巻・愚詠ヲ遣候、法音院返札在之、一東福寺へ藤長老(集雲守藤)見廻ニ他左衛門ヲ遣候、快気ト、西堂ハ上洛ノ沙汰不知ト、一平松(時興)へ客ア

リ、兼日ノ振舞約束也、柳原(業光)・飛鳥井(雅胤)・冷泉少将(為頼)・竹屋(光長)・久世(通式)・樋口(信孝)此衆也、少納言(西洞院時直)相伴、予ハ不出、後ニ高倉モ来義也、入夜予モ少時出会候、謡久、一局(西洞院時子)ハ茶々局へ被呼テ被出候、頓而被帰候、一(ママ)

禁中ヨリ一巡
新勅撰ヲ校合
荒神ノ奉加帳

十五日　雨天、晩晴、院御番請取ニ参、食以下持セ如例、炭木以下申付候、西坊(西坊城遂長)ハ休息也、寺詣モ不成故ニ誦経・念仏候、一禁中ヨリ一巡給、御製次也、吟案候、一「雪山之事」(10ウ)牧山ト別所ノ由、十念寺へ相尋テ得其意候、一竹内刑部少輔(孝治)与新勅撰ヲ校(校)合候、一荒神ノ奉加帳ヲ持セ付之、予専肝煎候、竹内モ付之、柳原(業光)へ申遣候、一十念寺ヨリ来十八日茶兼約候、同心申候

清荒神奉加帳
連歌新式・指合式

十六日　天晴、早朝八条殿(智仁親王)へ参、一巡得尊意候、御対面也、則記付而次日野(資勝)へ遣候、一宗慶孫女来、診脈候、薬遣候、小鳥十産也、一水(水沢)織部来義候、対面候、身上之事被申候、一清荒神奉加ノ帳持セ、飛中(飛鳥井雅胤)へ遣候、一竹内刑少(孝治)ヨリ連哥新式ノ外指合ノ式ヲ被持候、礼謝候、一十念寺へ礼状遣候、一高台院殿(豊臣秀吉室杉原氏女)御煩無御心元旨、清月・ヲ鳥へ文遣候、一局(西洞院時子)ニ振舞アリ、一少納言局ヨリ雉三羽給、礼返也

時慶女ノ西初メテ八条殿へ参ル

十六日(七ヽ)　天晴、晩風、△西(西洞院時慶女)八条殿(智仁親王)へ初而参、銀瓶二対進上、御簾中(智仁親王室京極氏女)へ御樽三種・桶樽二ツ、御乳人へ十帖・畳帋一具、茶々御乳人へ十帖・帯一筋、乳母相添候、百疋被遣ト、勝相随テ被

日本紀八冊ヲ貸ス
賦物遍ノ一冊
荒神奉加

引付候、勘局(西洞院時子)ヨリ紅梅小袖一、少納言(西洞院時直)ヨリ半長持一、新中納言(西洞院時慶女)ヨリッヽラ箱一被出候、一飛中(飛鳥井雅胤)ヨリ日本紀点被借候間、点付候分八冊借遣候、一竹内刑部少輔(孝治)再返為談合来儀候、於少納言小漬振舞在之、一賦物遍ノ一冊尋出候、一荒神奉加、五条(為適)・西園(西園寺実益)・華山(花山院定煕)被付候、常智坊へ遣候、一広橋中納言(総光)・日野大(資勝)へ申候処、以面可申由候、一平松(時興)ハ禁中当番参勤候、一見性坊へ遣備後守(徳岡)候、本満寺へノ義相尋候、一夕ニ常智坊礼来義候

茶振舞
碧巌録ノ中ノ法語ヲ尋ヌ
西ノ召仕ノ子煩
禁中怪意ノ事

十八日 天晴、霰・雪散、余寒、一十念寺へ午刻ニ行、兼約茶振舞アリ、及夜テ退散、」(11オ)少納言(西洞院時直)同心、平松(時興)同、又色紙一束遣候、福庵(金国)相伴也、次間へ備後(徳岡)モ被呼入、碧岩ノ中ノ法語共少〻尋候、一西ヵ召仕(西洞院時慶女)夏ヵ子煩トテ宿へ出、一禁中恠意ノ事ヲ聞、一禁中御一巡再〻返ヲ照高院殿(興意)ヨリ給、八条殿(智仁親王)へ得御意テ、一嵯峨ノ往生院ノ比丘尼(慶順)来義、斎如常也、一延寿院(曲直瀬正紹)預使候、一玄琢(野間成岑)預使、中御(中御門資胤)へ脈ノ由候、一宗慶来義

高台院少験
板物

十九日 天晴、一内義ハ高台院殿(豊臣秀吉室杉原氏女)へ御見廻也、少験ト、一禁中御番時直(西洞院)勤之、一本満寺前〻住持日重へ諸白樽二、日乾へ板物一・杉原十帖遣候、当住日(住)へ間鍋三遣候、三人本坊へ出逢、酒種〻アリテ帰、一十念寺へ遣使、一礼申候、此方へモ人ヲ給候、一夕ニ延寿院(曲直瀬正紹)へ行、対面、有酒、一広橋(兼勝)へ茶可申由延寿院被申候、予ヵ方へノ状ヲ持セ遣候、返事ハ追而可申由也、一女院(勧修寺晴子)御所ヨリ延寿院へ鶴一羽被拝見候、一与一ニ暇遣候、三日ノ間ト申

竹内孝治息女ヲ失ウ
与州松山ノ杠桶麺子

廿日　天晴、院御番参仕、竹内(孝治)ハ息女ヲ失候故、不参也、西坊(西坊城遂長)ト両人斗也、持セアリ、一本満寺当住(日住)来義、諸白樽一・帯三筋、日乾ハ諸白二桶・白壁廿・昆布(アキママ)束・与州松山ノ杠桶麺子、日重ハ扇子廿本被持候、対面、雑煮・吸物等ニテ進酒候、相待事一時斗也、其故ハ烏丸大納(光広)言へ行、法談アリ、簾中モ受法ト云々

公宴連歌御会
時興執筆

廿一日　雨天、△公宴連歌御会出座、斎急出仕候、辰下刻ニ初、々夜ニ満、御人衆十一人也、〵八条殿(智仁親王)・」(11ウ)〵陽明(近衛信尋)・〵照門(照高院興意)・〵竹門(曼殊院良恕)・〵日大(日野資勝)・〵予・〵四辻(季継)・〵阿野(実顕)・〵時直(西洞院)・〵久世(通式)以上、執筆ハ時興(平松)也、食ハ則御会席、御元服ノ間ノ北ニテ給之也、一水無瀬宮御法楽、昨日短冊給、哥ハ照門へ懸御目テ定之也、留守ノ中ニ広大(広橋兼勝)ヨリ返事在之、延寿院(曲直瀬正紹)ヨリ状モ在之

水無瀬宮御法楽ヲ上ル
八専

廿二日　雨天、夜前ヨリ入神事、今朝清書メ△水無瀬宮御法楽ヲ上候、時直(西洞院)モ同前、一八条殿(智仁親王)御書ヲ給候、廿五日延寿院(曲直瀬正紹)被召候、予モ可参旨被仰下候、御請申入、一延寿院へ広大(広橋兼勝)ノ返事遣候、又定日ヲ尋候、為返事被申候、午刻来義候、進酒候、其後広大へ行、此ト申候、弥定日ヲ聞、中納言(広橋総光)へモ申候処、隙入由候、其通申遣候、速芸(安)(速水良益)へモ申遣候、長門(速水光益)へモ申候処、南都へ越由候、一身延へ状ヲ認候、△八専入、一平松(時興)ハ禁中へ参候、昨日ノ懐紙清書指合共直之、御製ニ在之ヲハ、予カ句ヲ直也、一少納言(西洞院時直)ハ院御番へ参候、一蜜一斤斗少納言ヨリ到来、一大膳亮(長印)へ雉三羽遣候、礼返也、一与一帰

平胃散・牛黄円

水無瀬宮御法楽ノ短冊清書

碧巌録ノ代物銀子渡ス

灸治

聖廟御法楽ノ短冊ヲ給ウ

端坊上洛

聖廟御法楽ノ短冊清書

御番結改

廿三日 天晴、一桶湯ニ入、一身延へ状共持セ日乾へ遣候、平胃散廿包・牛黄円二貝遣候、又身延へハ帯三筋遣、梅松へ焼物一貝、勝光院へ扇子十本、何モ状遣候、内義ヨリモ踏皮、局(西洞院時子)ヨリ銘帯等被遣候、一高台院殿(豊臣秀吉室杉原氏女)見舞候、清月へ諸白一遣候、ヲ鳥へ樽一・鰕三連遣候、於清月有酒、永春・ヲ鳥又ヲ岩来入ニテ酒久、木下宮内(利房)へ逢候、一延寿院(曲直瀬正紹)へ茶ノ礼ニ行、門ヨリ帰、一八条殿(智仁親王)へ廿五日ノ御礼ニ参候、茶々御乳人被出会候、」(12オ) 一冷泉黄門(為満)ニ於途テ対顔、暫語候、江戸下向ノ事等也、一今朝水無瀬宮御法楽ノ短冊清書メ上候、一玄琢(野間成岑)被尋候、中御(中御門資胤)見廻ト、一中御へ見廻ニ人ヲ遣候、又白川(雅朝)へ同、内義煩大事ト、一碧巌ノ代物銀子十六匁渡遣候、△新中納言(西洞院時慶女)灸治アリ、尻ノ腫ヨリ膿太ニ出

廿四日 天陰、夜ハ雨也、明テ止、一聖廟御法楽ノ短冊ヲ給、一平松(時興)ハ北野へ詣、一他左衛門ハ愛岩山へ詣、乞暇候間遣候、一玄琢(野間成岑)昨日礼ニ遣人、一昨日聞、端坊(明善)上洛ト、二三日以前ト、遣状候、一聖廟御法楽御短冊平松ニ初而被下候、一詠吟未了、冷泉(為満)へ題ノ心尋ニ遣候事両度也、及夜得其意候

廿五日 天晴、△聖(廟)御法楽短冊清書、名号奉掛、供香花・洗米・御酒、公宴へ上、△御番結改、予参勤候、烏丸(光広)相番也、但院御番西坊城(遂長)一人ナル間、可参旨候、則参上候、其後平松(時興)ニ与奪メ出、一八条殿(智仁親王)へ被召、兼約申入、延寿院(曲直瀬正紹)被召、一番謡在之、十番也、大夫ハ下村・延寿

院・沼二（塩瀬紹二）・内侍原宗順、脇ハ生嶋玄蕃・隼人・道石・玉屋ノ〻等、地ハ各謡、予モ加也、

順舞

阿野（実顕）等也、酒久、午刻ヨリ及夜、順舞等在之、一院ノ御番ノ持セ申付候、宿モ時興（平松）也、予夜見廻申候、一高台院殿（豊臣秀吉室杉原氏女）為御見舞、清月迄文遣候、於鳥へ同、又梅花一枝上候、一慶範来、門

柑類ノ蓋ヲ取

ヨリ帰リ也、一柑類ノ蓋ヲ取

廿六日　天晴、一斎坊主如例、留守ヨリ文給、一御礼ニ八条殿（智仁親王）へ以使者申入、又御乳人へモ文ニテ申候、」(12ウ) 長谷へノ義ヲ申試候、一慶範来義候、西岡ノ義対顔候、延寿院（曲直瀬正紹）ノ長石□□、

陽明詩歌ノ会
院御番ハ今日
ヨリ上ル

一陽明（近衛信尋）ニ詩哥ノ会在之、予モ被召、依所労御理申入、不参、△院御番ハ今日ヨリ上ル由候テ、平松（時興）モ帰ル也、一少納言（西洞院時直）ハ般舟院へ詣候、一速水長門守（光益）ハ此門迄来ルト、延寿院へノ義也、

当帰

則以使者申堅候、一速安芸守（速水良益）ヨリ生鯛二送候、状返事候、一保庵・道億へ礼返ニ当帰一斤・

方違、鶏鳴

鯛二ツ遣候、一芍薬ノ中草ヲ掃セ候、一方違、荒神へ詣、鶏鳴ス、常智坊馳走也、一局（西洞院時子）ハ報恩寺ニテ方違

生雁

廿七日　天晴、独吟案、一二月中也、一端坊（明善）ヨリ生雁一羽給、返礼候、了忍ヨリ文、返事候、

雁

一脇坂中務（安治）へ年頭礼ニ行、薫物・香箱一・雁一羽遣候、対顔、診脈候、盃出候、一少納言（西洞院時直）ヨ

鮒

リ鮒二ケ到来、則受用候、平松（時興）ハ　禁中御番参勤候、一孝与来義候、進盃候

廿八日　天晴、一清水寺へ局（西洞院時子）ハ被詣、内義同、宮御方（アテ宮）御忍ニテ御詣也、少納言（西洞院時直）御供候、徳備後（徳岡）

願果

守相添、久八長太刀持セ遣候、一他左衛門ハ局ノ願果ニテ百味進候、代参申付候、一イ茶来、西ヵ方（西洞院時慶女）へ人相添遣候、林侍者ノ乳母ヲ相添候、一高台院殿（豊臣秀吉室杉原氏女）へ人ヲ進候、先刻此方へ与一ヲ給、

長谷盗人囚ワル

長谷盗人隠テ在之ヲ見付、囚之由候、女院（勧修寺晴子）御所御留守、又八条殿（智仁親王）へ尋之候処、長谷へ御座ト、他左衛門尉ヲ申付テ長谷へ差越候、万入（万里小路充房）・中川（貞秀）へ宛所状遣候、帥殿・越後殿へ文遣候、有返事、一夕ニ茶々御乳人ヨリ有返事、卅日ニ長谷へ可参旨也、忝□□〔旨八〕条殿へ申入、一玄琢（野間成岑）へ遣状、」（13オ）口上ハ徳備後（徳岡）ニ申含、一延寿院（曲直瀬正紹）へ遣状、長谷へノ義申談候、有返事、一内義高台院御見廻被申、

宮御方還御
独吟ヲ綴ル

一宮御方還御、取肴・重箱・瓶ヲ上候、一独吟綴之

慶春跡目ノ儀
栄螺・若和布

廿九日　雨天、早辰玄琢（野間成岑）昨書返事被持候、慶春ヵ跡目ノ義ニ付也、一晩天晴、長谷へ御樽持セ越候、諸白桶二ツ、鶴福院也、栄螺百ヶ・若和布一折三十把、帥殿へ吉野一掉、万里入（万里小路充房）へ間鍋二ツ、中川（貞秀）へ鍋一ッ遣候、越後殿迄文遣候、請取由候、一延寿院（曲直瀬正紹）ヨリ長谷へノ義被申談候、又寿徳庵（曲直瀬玄由）へモ同前、一独吟案、

禁中ニハ江戸ヨリ進上ノ鶴ノ御振舞アリ

一禁中ニハ江戸ヨリ進上ノ鶴ノ御振舞在之而、内々衆被召、八条殿（智仁親王）御参ト、法中御衆モ御座、御鞠アリト、照門（照高院興意）御座候

長谷へ行ク
優曇

卅日　天晴陰、一長谷へ越、今朝八条殿（智仁親王）預御使、又往来ニ参上、前へ御越候、寿徳庵（曲直瀬玄由）へモ遣人候、延寿院（曲直瀬正紹）モ前へ被越候、万入（万里小路充房）ノ宿へ先被着候、予モ同所へ参候、御茶・優曇・酒アリ、数刻〆御対面也、又予出候、次延寿院也、御脈、延寿院・寿徳庵見申候、其後御盃給、各同前、

理中円
謡・物語ノ口実ヲ聞ク
庚申

直ニ此中ノ御礼被仰候、御盃過テ、又万里（万里小路充房）ノ宿へ出、御振舞被仰付候、酒数盃也、一二位殿煩、診脈候、一姫宮（アテ宮）御方ノ御事御懇ニ被仰候、中川（貞秀）ヲ以テ御返事申入、一万里へ理中円一貝遣候、各一同ニ退出候、歩行ニテ、狐坂迄帰、其ヨリ乗物也、謡・物語口実ノ事共ヲ聞候、

一御樽ハ今日披露也、」（13ウ）一庚申也

三月小

初桜

一日辛酉　天晴、女御殿（近衛前子）へ参、初桜一枝上候、御盃給、良久候、中御宰（中御門宣衡）・阿野（実顕）・大弼（秋篠忠定）・富少路（秀直）等也、一政所（近衛信尹母）へ桜一朶進候、御盃在之、一八条殿（智仁親王）御盃給、桜一朶、一陽明（近衛信尋）ハ女御殿へ御出ノ刻ニテ、奏者所ニテ懸御目、一竹門（曼殊院良恕）ニテ御盃、大聖寺殿（恵仙尼）同、一広大（広橋兼勝）へ遣人、三西（三条西実条）へ同、一明日ノ義、速安芸（速水良益）・長門（速水光益）事申遣候処、未定ノ返事也、則延寿院（曲直瀬正紹）へ申遣候

大梅ヲ継グ
観仏祖ノ墨跡
金ノ柄杓立
鶴ノ振舞
鷹ノ雁
優曇

二日　天晴、一大梅ヲ継、二口、一華山大（花山院定熙）ヨリ預状、梅ノ継ホ二種進候、一長谷へ昨御礼ニ他左衛門ヲ差越候、帥殿へ文、万入（万里小路充房）・二位殿等也、一延寿院（曲直瀬正紹）へ兼約、数寄、広大（広橋兼勝）為相伴藤右衛（高倉永慶）門佐・予・同少納言（西洞院時直）、以上四人也、床ニハ観仏祖ノ墨跡也、後ニ花入、仙洞（後水尾天皇）ノ御物、当今ヨリ拝領金ノ柄杓立ニ白椿与糸桜入、有興、角少円方盆ニ台天目スエメ出、茄ニ茶入、棗ハ銘物也、智遅持タル物也、鶴ノ振舞、鷹ノ雁等金銀ノ義也、勝手へ出、薄茶アリ、優曇□酒久、謡アリ、及晩テ立、沈酔也、一平松（時興）ハ御番参勤候

霊符祭
口宣調ウ
終日客繁シ
鶏闘
因幡へ文返事

三日　雨天、灵符祭、一女御殿(近衛前子)へ御□〔礼〕、□〔以〕使者申入、少納言(西洞院時直)・平松(時興)ハ参上候、一玄益(曲直瀬)礼ニ来入、予宿酒□〔ニ〕テ不会、以使者申候、午刻、礼ニ門迄行、法印(曲直瀬正紹)□〔ニ〕対顔〆帰、延□(寿)院(曲直瀬正紹)・玄益へ同、」(14オ)時直(西洞院)同□ニ玄琢(野間成岑)来義候、八条殿(智仁親王)□□〔ニテカ〕大酒アリト、少納言・平松モ伺候申候由候、一□〔一〕乗院殿(庶愛親王)御見廻ニ門迄参入、雖被呼、予ハ急帰、一二条殿(昭実)へ以使者申入、広大(広橋兼勝)へ同、一玄治(岡本諸品)来義、口　宣相調、寄□、一終日客繁シ、一アテ宮御方へ御礼□□御盃給、少納言方へ晩ニ行、此方へ頓而来義、一鶏闘ハ雨故時刻遅々、午刻ニ成候欤、一長次(徳岡)来、各ニ盃ヲ指、進酒、△因幡へ文ノ返事、又薬共調テ遣之、喜多嶋木・同新八・▨内義等ノ文也、一平松ハ飛鳥井(雅胤)代ニ禁ノ宿ニ参勤候

口宣ヲ預ル
槿ノ実
糸桜
織田信良室夏ヲ差上サル
ニタ山絹
姫宮御方ヒイナ遊ニ行ク

四日　天晴、延寿院(曲直瀬正紹)昨為礼来義候、此方ヨリ又以書状一礼申候、今朝玄治(岡本諸品)預口　宣、早速被遣ト、一酒添申付候、一七条端坊(明善)へ遣状、又仏師へ文殊急ニ遣候、一女御殿(近衛前子)ヨリ槿ノ実御所望候、献之、此方ニモ蒔候、一沢ー平右衛門扇二本持参候、盃ヲ進候、甚右衛門来義也、一寿徳庵(曲直瀬玄由)へ昨礼ニ遣人、又糸桜開欤否ヲ備後(徳岡)ニミセニ遣候、一内義ハ高台院殿(豊臣秀吉室杉原氏女)御見舞也、清月・ヲトリ・於鶴へ重箱、何へモ被持候、△織田兵部内義(織田信良室下津氏女)ヨリ夏ヲ被差上候、予文アリ、一分判二ツ給、内義へニタ山絹一疋、其外銘々ニ文共在之、此方ニ留テ置候、一御番時直(西洞院)勤候、一局(西洞院時子)ハ女御殿へ参入、茶々ハ同心候、一姫宮御方(アテ宮)ヒイナ遊ニ被召、御酒ヲ給、一備後宿へ出

夏ハ御霊殿ニ参ル
独吟シ四畳半ニ籠

五日 天晴、辰刻ニ晴(雨)、夏ハ御灵殿参、輿申付候、午刻帰也、一局ハ女御殿へ被参候、一終日独吟、四畳半ニ▨(籠)、一備後守(徳岡)ハ宿ニ居」(14ウ)

禁裏袖中抄
和漢ノ発句
康正法印荒作ノ文殊持参
独吟百韻満ツ
彼岸結願

六日 天晴陰、一独吟、四畳半ニ籠、終日、一禁裏袖中抄被返下、勾当内侍ノ文アリ、御返事申入、又有文、和漢ノ発句可申入旨也、御返事申入、一孝与来義、其中百韻満候、一文殊荒作ヲ康正法印持参候、扇二本持参也、酒ヲ進候、十六善神ノ尊名ヲ一ミ注メ得之ス、又冠ノ名所ヲ一ミ所望候、注メ遣候、一長谷へ帥殿へ為御見廻文ヲ遣候、万里(万里小路充房)へモ遣候、一玄冶(岡本諸品)へモ遣状、法印(曲直瀬正紹)下国ハ可為延引、高台院殿(豊臣秀吉室杉原氏女)へ薬進上候故ト、一平松(時興)ハ寄斎(三宅亡羊)へ振舞ニ被呼、烏丸(光広)相客ト、一独吟百韻薄暮ニ満、少納言(西洞院時直)ニ一反読テ聞ス、一備後守(徳岡)ハ宿ニ居也、一玄琢(野間成岑)へ平松礼返ニ行、一寿徳庵(曲直瀬玄由)へ遣状、返事、一彼岸結願也

歯ノ煩ヲ見ル
大仏師朱印ハヅレノ儀
土筆
孔方百疋借用ノ儀

七日 天晴、朝霜、一林侍者来義、歯ノ煩見之、薬遣候、飯後帰也、一備後(徳岡)宿ヨリ出、乙丸▨来、一大仏師(康正)へ遣切紙候、一備後守ヲ速安芸守(速水良益)へ遣候、朱印ハツレノ義ヲ板倉(勝重)へ可申義也、他行ト、一発句吟案不出来、一庭前ノ土筆、姫宮(アテ宮)御方御遊ニ被取採、一鶯宿梅開、交紅白、一局(西洞院時子)ハ寺詣、一平松(時興)ハ当番也、持セ在、一久左衛門ニテ孔方百疋借用義申候処無之ト、一ハツ煩悪而、下ノ屋敷へ出、乗物申付候、一暖気也、一入夜灸治候

八風日

八日 天晴陰、雨降、晴度ミ也、八風日也、寒、一発句吟案不出来、一少納言(西洞院時直)・平松(時興)ハ東福」

中御門宣衡古歌ヲ望ム
一分判孔方代ニ遣ス
神壇ノ内鼠巣土以下掃除
唐紙
糸桜盛過
四条隆昌ノ息一昨日元服
歯ノ養生
霊符祭
連歌ノ不審ヲ尋ヌ
日本紀八冊請取

(15オ)不二庵(集雲守藤)へ年頭礼ニ出候、一延寿院(曲直瀬正紹)へ遣状、返札ノ文遣候、下国相延由候、一中御門宰(宣衡)相ヨリ短冊一枚、古哥ヲ所望候間、乍斟酌遣候、一サカヤキ剃、一一分判孔方代ニ遣候、一沢レ水織部預状、返事候、一神壇ノ内鼠巣土以下掃除候、一一昨日文ノ返事、長谷ヨリ在之、帥殿ノ文也

九日 天晴陰、一昌琢(里村)へ年頭礼、次ニ発句共尋之、定之、三十疋樽代、有茶・盃、心静ニ語候、作事半也、一昌俔(里村)へ扇子五本遣候、八条殿(智仁親王)御会出座ト、一玄仲(里村)へ二十疋遣候、他行ト、玄陳(里村)へ唐紙三枚遣候、玄的(里村)へ扇子五、何モ他出ト、一発句持参ノ長橋迄尋申候処、何成共ト仰也、八条殿へ持参候、是又其分候条、重而申入、相定記之、長橋へ進候、一陽明(近衛信尋)へ参、糸桜盛過、少散候、発句ヲ申候、脇御作、暫伺候、風呂ニ可入旨雖仰、理申而立、四条隆昌ノ息八才(ノチ四条隆術)一昨日元服、陽明へ被参候、予馳走ノ御対面也、御盃アリ、冷泉中(為満)与藤谷(為賢)同心也、一高台院殿(豊臣秀吉室杉原氏女)御煩、木下宮内(利房)迄相尋候、又清月へモ申候処、同篇ト、一駈(驢)庵(半井成信)へモ江戸へ人ヲ被遣候由候、一勘局(西洞院時子)ニ花見ノ振舞ニ被呼候、端奥ノ衆各同、一林侍者歯ノ養生ニ来義候、一女院(勧修寺晴子)御所ヨリ勘局へ有拝領、三連也、△灵符祭」(15ウ)

十日 天晴、一新中納言与内義(西洞院時慶女)北野詣之、従昨夜神事也、一昌琢(里村)使ニテ預礼候、又遣状、連哥不審ノ事共尋候処、有墨付、一ゝ得其意候、一飛鳥井(雅胤)ヨリ日本紀八冊被返、請取之、一速水

御朱印ハヅレノ儀
土筆
熊谷桜散ル
拾遺愚草筆立
公宴和歌御会ノ触
清荒神奉加
款冬
ハツ果ツ
連歌抄物
法古撰
双紙書写

安芸(良益)ヘ遣状、御朱印ハツレノ義ニ付而理申候、広橋(兼勝)闘事在之ト、如何、可尋之、一御番時直(西洞院)勤之、一昨今備後守(徳岡)相詰候、一新中納言為見挙土筆一折給、一熊谷桜昨今散也、開事ハ廿八日リ(ヨ脱カ)、今鶯宿梅盛也、一不二庵(集雲守藤)ヨリ預状、返札候、一平松(時興)延寿院(曲直瀬正紹)ヘ年頭礼返ニ出、一拾遺愚草筆立候、一公宴和歌御会来十四日、御当座御触アリ、三西(三条西実条)ノ折紙也、加奉、一広橋亜相(兼勝)ノ娘松ヘ祝言ト

十一日　天晴、暖気、行水・祓、清荒神詣、予奉加持参候、又爰元ノモ肝煎候、五条(為適)被持遣候、又井家摂津守(豊家)ヘ勧修寺(経広)ヘモ申試候、合点也、中御(中御門資胤)ヘ申候処、同心候、一拾遺愚草終日書候、一少納言(西洞院時直)ニ晩ニ有振舞、款冬ノ義也、一広大(広橋兼勝)ヘ昨日珍重申候、一延寿院(曲直瀬正紹)ヘ遣状候、返事候、又遣候、北野ヘ詣義也、一与兵衛来、一内義ハ石屋ヘ被出、即時帰宅候

十二日　雨天、巳刻ヨリ晴、一終日拾遺愚艸書候、一平松(時興)ハ禁中御番也、一内義ハ高台院殿(豊臣秀吉室杉原氏女)御見廻也、一広大(広橋兼勝)預使候、昨礼也、一ハツ午前ニ相果ト、与兵衛申候、取置事申付候、一延寿院(曲直瀬正紹)預状、能札ヘ可出由、十六日□兼約候、同心候、一連哥抄物一冊、時興(平松)書之、」(16オ)一榎並忠左(賢隆)ヘ遣人、昨日ヨリ伏見越ト、一陽明(近衛信尋)御書給候、御返事申入、発句ノ義也、一内義ハ灸治、一女院(勧修寺晴子)御所ヘ延寿院御見廻ト

十三日　天晴、法古撰、詠草集可書用意候、一障子修申付候、朝余寒、一双紙如昨日書写、一

清荒神勧進帳十宮南都ニ下向

サカヤキ剃、一政所殿(近衛信尹母)へ清シ荒神勧進帳持セ遣候、一十宮(庶愛親王)御方南都御下向ト、後ニ聞之、一井家(豊家)清シ荒神奉加帳持参メ門迄来、帰リト

三月ノ節
禁中和歌御会

十四日 天晴、未下刻ヨリ雨、三月ノ節ニ入、一禁中和哥御会御当座也、御参ノ衆、陽明(近衛信尋)・八条殿(智仁親王)・九条殿(忠栄)・一条殿(兼遐)・青蓮院殿(尊純)、其外堂上御月次ノ衆也、不参ハ白河父子(雅朝・顕成)・飛鳥井(雅胤)三人也、五十首ノ題也、予上、中納言分、正親三(正親町三条実有)・菊亭(宣季)ハ一首也、予ハ二首仕、下次ニハ阿野(実顕)・中院(通村)・水無瀬(氏成)・冷(冷泉)少将兼(為カ)頼斗也、以上三十三人也、三西(三条西実条)へ談合候、又八条殿へ得御意、上(後水尾天皇)へモ奉テ後書之、七過也、各硯ノ蓋ニ被置テ後入御、各其侭退出候、御振舞丁寧之義也、虎ノ間ニテ在之、被置次第、上首ヨリメ各置畢テ、　御前へ硯ノ蓋上候テ被置之、近日如此也、一時直(西洞院)ハ又被召テ夜参仕、　一広大(広橋兼勝)へ状ヲ献、江戸へノ義也、一能札来、十六日ノ義兼約候、此方ヨリモ遣人候」(16ウ)

啓迪庵法眼成
双紙ヲ書ク

十五日 天晴、夜中風雨荒、明テ風残、一延寿院(曲直瀬正紹)状、明日彼亭へ可来由候、北野へノ事兼約候、一玄琢(野間成岑)預使、中御(中御門資胤)迄来義ト、一啓迪庵(岡本諸品)　禁中御礼、長迄法眼成トテ参候由ニテ来義候、広橋(兼勝)馳走ト、一双紙終日書候、一女院御所二位殿(勧修寺晴子)ヨリ薬ノ義、明日所望有度由候、一局(西洞院時子)ヨリ先度ノ借用ノ為ニ諸白二桶被返由候、一広橋へ昨日返事義尋候処、相意得由候、一明日持セノ重箱用意申付候

北野へ詣ヅ
魚受用故外ヨリ心中ノ祈念
道益ト知人ニナル
時直亭ノ花見
陽明御腹中気
陽明庭前ノ花盛リ
朱印ハヅレノ儀
伝奏江戸着座ノ役者
菊ノ苗

十六日　天晴、一二位殿へ脈ニ行、一延寿院(曲直瀬正紹)依誘引北野へ出、先法印(曲直瀬正紹)ニ振舞、茶過テ出、能札所落付、各持セ、又亭主振舞也、先塩本ニテ酒アリ、其ヨリ神前法印被詣、予ハ魚受用故、外ヨリ心中ノ祈念、予発句ヲ作、能札ニ語之、脇ハ法印也、第三ハ能札也、四句目玄益(曲直瀬)也、食ノ後振舞謡・酒アリ、連哥ハ一折程在之、有其興也、道益初而知人ニ成候、紹津・紹正・寿徳菴(曲直瀬玄由)、〻〻其外玄琢(野間成岑)等・虎屋紹意等謡候、秉燭ノ後宴了テ立候、延寿院ハ先へ輿ニテ返、各ハ歩行ニテ誹諧ニテ帰也、一少納言亭(西洞院時直)ニ花見在之、又有振舞、陽明(近衛信尋)ヨリ再返ヲ給候、夜案之

十七日　天晴、北野へ礼ニ他左衛門尉ヲ差越候、延寿院(曲直瀬正紹)へ同、又此亭へ振舞ノ事申試候、両度中候処、同心也、一二位殿脈診、一陽明(近衛信尋)見舞申候、御腹中気、今日ハ御快気ト、庭前ノ花盛也、会之義」(17オ)廿日兼約候、大蓮坊参会候、一女御殿(近衛前子)見廻申候、長谷へ昨日ヨリ御越ト、一飛鳥井(雅胤)見廻、所労被得験気ト、一広橋大納言(兼勝)へ行、対談共候、江戸下向ノ事、同用意ノ義共、又御番ノ事、又平松(時興)御番ノ事等、又朱印ハツレノ義申試候、何モ合点也、一両伝奏(広橋兼勝・三条西実条)ヨリ両使江戸着座ノ役者ニ可被仰出候、則御請申入、一能札礼ニ来候、進酒候、一宇野因幡入道来義候、湯漬ヲ進候、一与一兵衛来、屋敷ノ事申候、一菊ノ苗一二茎植之

十八日　天晴、玄琢(野間成岑)・寿徳庵(曲直瀬玄由)へ遣使者候、今晩ノ事堅約候、玄冶(岡本諸品)へ同、道九へ同、此亭へ来義候、猶〻今夕事申候、一水無瀬亭(氏成)へ遣人、在所へ可帰欤ノ由候、一久左衛門尉カ妻来義候、

茶ヲ引
訳和集書立テ到来
生椎茸
曲直瀬正紹ヲ振舞ニ呼
萩原兼従ノ祈禱
禁中御連歌
陽明連歌会
誹諧

人ノ事ヲ申候、一少納言(西洞院時直)ヨリ提錫ノ中色〻ヲ贈候、一茶ヲ引、一長次(徳岡)雇候、一訳和集書立テ到来、一嵯峨ノ比丘来義候、桜一枝持参候、一玄琢ヨリ諸白樽一・生椎茸五十入籠一到来、△延寿院(曲直瀬正紹)兼約振舞ニ呼候、玄益・玄冶・寿徳庵・玄琢、此分也、道九雖兼約、俄ニ隙入テ無来義、及夜当座発句法印(曲直瀬正紹)被申、予脇候、少納言モ相伴也、戌刻過程ニ被帰候、酒ノ間モ久機嫌能、一榎並忠左衛門尉(賢隆)来義候、進酒、独吟ヲミセ候、一一巡ヲ陽明(近衛信尋)ヨリ給、又禁中ノモ給候」(17ウ)

十九日 天雨、夜前ヨリ降、一昨日礼ニ使者又状共在之、返札候、延寿院(曲直瀬正紹)・玄益(曲直瀬)・玄琢(野間成岑)・寿徳(曲直瀬玄由)庵等也、此方ヨリモ以使者申候、一一巡八条殿(智仁親王)得御意候而、則書付、保長老(有節瑞保)へ遣候、又陽明(近衛信尋)ノ一巡玄仲(里村)へ遣候、記付而直ニ次へ伝ト、一内義ハ高台院殿(豊臣秀吉室杉原氏女)へ御見廻也、従昨日萩原(兼従)御禱御祈禱、護广(摩)アリト、一六右衛門尉(山田)ヲ呼、出仕、傘ヲ可被作談合候、一禁中御連哥、七人連衆急取ト

廿日 天陰、夕ニ少降テ止、一陽明(近衛信尋)連哥会、予発句申入、出座、九人ノ連衆ハ、脇ハ御所(近衛信尋)、第三玄仲(里村)、四句メ阿野(実顕)、五句メ紹由(灰屋)、其外宗順(内侍原)・了倶(石井)・祐甫・宣滋、以上、秉燭以後、満〻メ誹諧アリ、謡ハ一声アリ、桐カ谷盛也、諸白樽一・重箱・折等ヲ献、斎了ニ出座畢、麺子アリ、晩ハ魚類也、何モ無御相伴、一時直(西洞院)御番参仕候、一延寿院(曲直瀬正紹)預状、下向相延、長谷へ可御

見廻申、同心可申由候、兼約候

外科ノ友甫ト新中納言漏ノ療治ヲ談合

廿一日　天晴、陽明(近衛信尋)御礼ニ以使者懐紙申出、又自身モ参候、御対面候、保長老(有節瑞保)モ伺候也、参内ノ為ト、暫語候、又外科ノ友甫参会候、新中納言漏(西洞院時慶女)ノ療治談合候、一石薬師ノ屋敷見廻、一二位殿診脈候、一明日長谷へ用意申付候、一少納言方(西洞院時直)へ宮御方(アテ宮)御成、御振舞在之、予モ参候、但今日終日精神進ノ義、看経、拝大師、一少納言方ニ夷昇在之、」(18オ)延寿院(曲直瀬正紹)へ明日ノ□[儀]ニ以使者申候、一諾ゝ

時直方ニ夷昇アリ

長谷へ行ク

饅頭

廿二日　天晴、朝寒、一食急、長谷へ女院(勧修寺晴子)御所御見廻申候、先延寿院(曲直瀬正紹)被越、予ハ少遅、万里入(万里小路充房)道ノ方へ落付候、則被召参上、御対面、予先申入、延寿院・寿徳庵(曲直瀬玄由)同心候、御盃給、饅頭ヲ給、ヲトリノ間ニ八条殿(智仁親王)御成也、先刻予カ以使者申入云ゝノ由告申候故ト、御酒数盃、謡アリ、御前ノ花残テ見事也、退出ノ跡ニ予被留テ又一盃給、忝義也、万入(万里小路充房)ノ方ニテ又有、御振舞ヲ給、又八条殿御成ニテ有謡、酒久〆立、八条殿ハ鞍馬へ明日直ニ御越ト、各一同心ニテ退出、山へ上、歩行、花園村ノ南迄歩テ輿ニ乗候、披講ヲ路次ノ間ニ法印(曲直瀬正紹)ト吟〆帰、一在所ニテ左近二郎出、茶ヲ出候、一今朝玄仲(里村)へ一昨日礼申遣候、一北野七日詣代満候、願書能良方ニ在之テ不返、如何、一一条殿(兼遐)御移徙ト、仍諸白樽・生鯉一進入、一延寿院ヨリ生鯉一・諸白樽一給、一二位殿へ以使者申候

一条兼遐移徙

生鯉

遷宮下向ノ儀
連歌双紙ヲ返ス
産平安ノ礼
石薬師ノ壁塗
茶々局へ移徙ノ祝儀
連歌新式ヲ見ル
公宴和漢発句ヲ申上グ
牡丹色々咲ク
多門藪中ニ一人遊ビ折檻
公宴御和漢ノ御会

廿三日 天晴、晩雨、一広大(広橋兼勝)へ諸白二送候、今度遷宮下向ノ義馳走候、下心ハ其礼ノ心、花ニ事寄候、速安芸守(速水良益)奏者ノ由候、一水沢織部正へ状遣候、一榎並忠左(賢隆)へ連哥双紙一冊返進候、一二位殿ヨリ人ヲ給、昨日使者ノ礼ト、一文校感得候テ、一二、又提食籠ヲ延寿院(曲直瀬正紹)へ」(18ウ)遣候処、脈ニ外へ被出ト、仍不行状ノ返事也、予モ其分ニテ暇乞ヲ済候、一新中納言(西洞院時慶女)二位殿へ見廻被申候、提食籠被携候、一宮(アテ宮)御方へ内義ヨリ小重箱・小瓶献、一玄忠出京トテ尋候、後ニ聞、不会、一先日産前ノ薬遣候、産平安トテ礼、鯛二ケ上候、一右兵衛東下国供望ノ事中来、一石薬師ノ壁塗候、一茶々局へ移徙ノ祝義ニ諸白一・鯛二・昆布二束遣候

廿四日 天陰晴、一玄益(曲直瀬)預状、返札候、一二位殿御文給、昨今ノ礼中伸候、一小川小三郎へ遣状、一連歌新式周覧、△明日公宴和漢発句依仰申上、仍御樽諸白・両種・鯉二ケ・昆布三把、念ヲ入テ奉、長橋ヨリ但大乳母人被申次候、一茶々局ヨリ両種樽ニ桶ニ入ヲ給、一牡丹ノ色々昨日ヨリ咲也、見事也、一水沢織部預状、廿七日ニ可来由候、一多門藪中ニ一人遊、折檻、一サカヤキ剃

廿五日 天晴、暖気、△公宴御和漢ノ御会、予発句、入韵保長老(有節瑞保)、第三左大臣殿近(近衛信尋)、四句〆御製、五藤長老(集雲守藤)、六古澗(慈稽)、七益長老(友竹紹益)、八句八条□[殿](智仁親王)、九阿野(実顕)、十時直(西洞院)、十一柔長老(剛外令柔)、十二元良(最岳)、執筆永慶(高倉)、以上、初夜ニ満、於虎間有御振舞、予終日精進候、一延寿院(曲直瀬正紹)へ遣人、今日モ延引ト、一

内儀等二百度願果ツ

内義・新中□[納]言(西洞院時慶女)・林侍者ハ清水寺へ被詣候、二百度願果ト、」(19オ)一玄琢(野間成岑)使者アリト、花ノ事被申候ト□□人□候而、不□之ト、一玄治(岡本諸品)ヨリ折被送ト、一一条殿(兼遐)ヨリ御樽・二種給ト、樽ハニ桶ニ入ト

連歌テニヲはヲ相伝ス
小紅屋ヘノ借銀
訳和集読合ス
饅頭

廿六日 天陰、一斎坊主如例、又嵯峨ヨリ局(西洞院時子)ノ方へ比丘来義、一連哥テニヲ波ヲ一二少納言(西洞院時直)へ相伝候、一コヘニ屋へ借銀ノ事申遣候、合点也、一訳和集読合、一小川小三郎へ遣状、一啓(岡本諸品)迪庵へ昨日折ノ礼、飛鳥井(雅胤)へ重箱ノ礼状申遣候、有返事、一菊亭(宣季)へ見舞、諸白一・重箱・折三重持参候、盃ヲ給候、一日野宰相(光慶)へ折一饅頭入送之、一去年詠草五見候

牡丹結立
拾遺愚草書写
セテン
棊アリ

廿七日 天晴陰、午過雨、一延寿院(曲直瀬正紹)首途可送処早由候条、山科迄追懸、人ヲ遣候、一牡丹結立、草ヲ引、掃除候、一水沢織部・小川勝三郎ヲ呼、常住躰振舞候、次ニ訳和集読合、又予ハ拾遺愚艸二三枚書写、勝三郎ハ早帰也、一平松(時興)ハ当番参勤候、一唐物屋ヨリセテン取寄候、」(19ウ)一宗意ヲ呼、晩炊相伴、織部モ極晩帰リ也、有棊、一荒神棟上明日トテ慶範来、装束借候間遣候、同冠・貫レ指・檜扇等也、一奉加共備後(徳岡)ニ持セ相渡候、一内義ハ灸治候、一関長門守(一政)へ牡丹二枝遣候

荒神ノ棟上
東福寺不二庵へ時興学問ニ初メテ行ク

廿八日 雨天、一荒神へ詣、巳刻棟上ト、御供、御酒ヲ於神前給、又此方へモ指樽一荷・強飯ノ桶一・昆布等被送候、使ノ坊主ニ対面〆返候、一水沢織部正昨日礼状アリ、返事候、一東

長櫃ノ内土産物取入テ持ス
江戸下向帳
桐壺巻ヲ貸ス
詠草書集ム
頭巾
因幡堂詣デ立願
女御殿へ行ク

福寺不二菴（集雲守藤）へ初而為学問平松（時興）越候、案内ハ昨日申遣候ト、予カ方ヨリモ状遣候、一長櫃一ノ内土産ノ物共取入テ持セ候、備後（徳岡）ヲ相添候、後ニ平松行、一女御殿（近衛前子）へ晩ニ参上、一姫宮（アテ宮）御方御礼、御盃如例給之、予カ方へモ各奥端衆礼ニ来義候、一ィ茶両人□□テ、一二位殿へ見舞候、茶々御乳人モ局（西洞院時子）ニテ対面、西カ（西洞院時慶女）事具申候、一江戸下向帳書、又詠草共ヲ書懸

廿九日 雨天、一竹内刑部少輔（孝治）へ桐壺巻河内本借遣候、此方へ又拾遺愚草下巻借用メ書写ノ事、水織部正（水沢）へ遣候、同心也、一終日詠草共書集、同発句等也、一延寿院留守（曲直瀬正紹）へ遣人、同玄益（曲直瀬）へモ、一勘解局（西洞院時子）ヨリ汁ヲ給、又頭巾ヲモ給、」（20オ） 一少納言（西洞院時直）ハ高倉ニ有連歌ト、遅満

閏三月小

一日庚寅 天晴、一因幡堂詣、立願、一玄冶（岡本諸品）有状、又使者、八条殿（智仁親王）へ御礼ノ事也、則参候処、寿徳庵（曲直瀬玄由）同心候テ、早御礼相済ト、予モ奏者ニ逢テ帰也、一冷泉へ暇乞ニ出、云々ノ事共相尋テ帰、一水無瀬（氏成）預使、八条殿へ同心有度由候処、御内義方（智仁親王室京極氏女）牡丹見有之由候間、其通申遣候、一女御殿（近衛前子）へ御礼ニ参候、御対面、御盃給、巳刻ヨリ到薄暮迄御酒アリ、謡アリ、富少路（秀直）・大弼（秋篠忠定）先伺候、其後予、又万里入道（万里小路充房）等参、重大御酒也、長橋・大御乳人・久我（敦通）ノ兄ノ妻等也、其後帥殿・茶々御乳人等、又右衛門佐（高倉永慶）・時直（西洞院）モ参、久成候、御座敷所々へ替、常御殿、又寝殿、又御里御所、浅水ノ前茶屋ノ花御覧候、一入夜アテノ宮御方御礼、御盃給、少納言（西洞院時直）ニテ祝、

其後、一玄琢（野間成岑）有使、従草津帰京ト

因幡堂参籠
牡丹過半散ル
高台院少験
沈香・丁子・檀香
江戸進物ノ用意

二日 天晴、晩雺メ止、一速安芸（速水良益）へ遣人、江戸下向ノ事共尋候、一因幡堂参籠、新中納言（西洞院時慶女）・内義同前、一牡丹過半散、一女御殿（近衛前子）へ諸白樽二進上、右衛門督局有返事、江戸下向ノ事モ申入候、」（20ウ）一内義ハ高台院殿（豊臣秀吉室杉原氏女）御見廻也、少験ト、茶子持セ進上也、一香具感得、沈香・丁子・旦（檀）香等也、一平松（時興）番代、時直（西洞院）相博也、一大聖寺殿（恵仙尼）へアテ宮御方・勘局（西洞院時子）被参候、晩ニ被帰候、一錫ノ鉢誂、江戸へ進物ノ用意也、一榎並忠左（賢隆）預状候、一御所内村金右衛門出候、久蔵カ事申遣候、又久八モ遣候

時子因幡堂御百度
四条富小路通火事
霊符祭
江戸下向ノ日記ヲ撰ブ

三日 天晴陰、晩雺、夜雨、一局（西洞院時子）ハ因幡堂被詣、御百度ノ由候、一水沢織部正来義候、対談候、一玄琢（野間成岑）預状、返事候、一東福寺へ遣人、平松（時興）返事在之、一因幡ヨリ喜多嶋木工内義ヨリ文到来、無事ト、一身延へモ便宜ノ由、見正坊ヨリ申来、一姫宮（アテ宮）御方ニテ有小漬、局ノ留守ノ中也、一拾遺愚草六丁書写候、一此暁四条富少路通焼失、一三西（三条西実条）ヨリ使者、色紙可急由候、又以使者申候、一水無瀬（氏成）へ遣使者候、他出ト、一柳原（業光）へ見台返遣候、平松借用也、一勢田備前（多）ヨリ二八明題書写請取候、又此方ノ拾遺愚草ヲミセニ遣候、一霊符祭、一白檀磨ス、一因幡へ喜多嶋内義へ返事、富少路（秀直）ヨリ便宜ニ下候、一夜ニ入江戸下向ノ日記共撰出、備後（徳岡）ハ日中ヨリ宿へ帰、一御所内ノ久蔵出仕

刀ヲ拭ワス
知行朱印ハヅレノ儀申状
仮遷宮ノ陣儀
朱印ハヅレノ儀板倉勝重へ申ス
新在家北町半間ヲ焼ク
拾遺愚艸書写
色紙ヲ書ク
石薬師普請ヲ見舞ウ
生鯛

四日　雨止、天晴、一速水長門守(光益)へ遣状、水沢織部正事ニ付也、口上有返事、一トギ孫左衛門尉来、刀共拭、又サメヲ付サス、香具ノ用也、一知行朱印ハヅレノ義申状ヲ調書候、一三西(三条西実条)ヨリ被申候色紙四枚書、又詩ハ平松(時興)ニカヽセ遣候、一葛四郎左(葛岡)来義候、姫モ後ニ来義候、」(21オ)一見正坊来義、盃ヲ進候、一因幡堂ヨリ各下向、祝之、一助一召置候、一少納言(西洞院時直)ハ連哥ニ竹内(孝治)へ出座ト、一二条殿(昭実)見舞申候、御煩ト、無御心元旨申入、小梅干一桶献、一広橋(兼勝)へ見廻次ニ東国下向ノ事対談、又朱印ハツレノ義申候

五日　天晴、一陣義アリ、上卿日大(日野資勝)、柳原(業光)奉行、参陣竹屋(光長)、仮遷宮ノ義也、次着陣、広大(広橋兼勝)・三西(三条西実条)同前珍重申候、一広大ヨリ速安芸守(速水良益)ヲ被申付、伊賀守(板倉勝重)へ朱印ハツレノ義被申遣候処、伊賀守高槻へ越、草臥之由候間、不面上候ト、一禁中御番参上、請取ハ竹屋也、有持、五条(為適)・竹内(孝治)等参会候、一新在家北町半間焼亡候、驚、人ヲ差遣候、所々、又自身モ御所へ参候、一文共所々へ多書候、一薬治多、一拾遺愚艸書写候、一帥殿局ノメイ被相煩、診脈ニ行候、一三西ヨリ被申候色紙書遣候、一石薬師普請見廻、人足一遣候

六日　天晴、一堀忠兵衛従紀州預使札、鰹十連被贈候、息災ト、一徳長左女房(徳岡長左衛門女房)衆礼ニ来、徳利一・諸白・生鯛五、一装束潤色出来、一陣義正遷宮、華山大(花山院定煕)也、参陣弁(広橋兼賢)(ママ)、一華山(花山院定煕)見廻、水無瀬(氏成)ニ逢候、」(21ウ)一中御大(中御門資胤)へ徳利・鰹一連持参候、盃給、一久我大(敦通)へ諸白徳利一・生鯛三

西岡・今里ノ儀

御所内ノ者ニ東国下向ノ供ヲ申付ク

八風日

ツ、ラ感得

霊符祭

渋紙

新式ノ外条々書写

表紙屋へ訳和集遣ス

シトドメ

鮒鮓

持参候、一白川(雅朝)へ徳利一・鰹一連遣候、他出ト、一平松(時興)東福寺ヨリ帰、不二(集雲守藤)ノ状給、能忠来、一西岡・今里ノ義申分在之、檜山ヲ頼候テ同前ニ可済由申渡候、一石薬師普請ニ人遣候、一沈香剉事、局与(西洞院時子)新中(西洞院時慶女新中納言)頼之、一白川預使者、入夜テ行、盃被出、久語、又詩哥合一冊芳借候

七日 天晴、拾遺愚草書写候、書残ハ瀬田(勢多)ノ備前来、筆功書ニ頼候、一御所内村ノ者呼、東国下向供ノ義申付候、一平松(時興)ハ当番参仕候、一広大(広橋兼勝)次ニ速安芸(速水良益)へ遣使者候、東国下向ノ義ニ付申候、今日板伊(板倉勝重)へ被出由候、一平松モ拾遺愚艸ノ中韻字ノ辺書之、一石薬師普請下人一遣候、一晩ニ帥殿局へ行、采女ノ診脈メ帰、一神龍院(梵舜)へ可行処、晩雨ニ成故ニ不出、風立、気色変、

八風日也

八日 雨天、終日也、夜ハ荒シ、一終日薬剤製、東関用意候、一桶湯ニ入、一ツ、ラ感得、一中御門大納言(資胤)ヨリ小鯉一双給、一広大(広橋兼勝)へ以使者申候、明日南都下向ト、一新中納言(西洞院時慶女)ヨリ杉原」(22オ)上二束給、又手燭台

九日 雨天、晩止、一灵符祭、一広大(広橋兼勝)南都下向、東北院(兼祐)立義、　一渋紙申付候、四条富少路トヲリ七兵衛ト号、三枚仕、一新式ノ外条々書写候、一表紙屋へ訳和二冊切閉ニ遣候、写本ハ烏丸弁(光賢)へ返進候、一シト、メ(鵄目)片誂、一対、六分四リン也、孫衛門尉取次也、一与一従大津帰京、鮒五十二ケ取テ帰、鮓申付候、一麝香三両感得候通ニ付、一法古撰之

麝香
法古ヲ撰ブ
佐竹
紅花・タバコ
ツヽラ張
雲林院へ茶ヲ摘ス
丑日ニ北野へ詣ヅ
御千度
数奇屋襪
当帰
丁子

十日　天晴、一藤長老(集雲守藤)来義、扇子五本入箱ニ給之、進盃、暫語候、一平松(時興)東福へ行、善喆ニ佐竹三帖遣候、一端坊(明善)来義候、振舞申付候、内義へ紅花・タハコ等在之、了忍へ今朝文ヲ遣候故也、一日野宰相(光慶)来義候、江戸下向ノ事対談候、茶斗ヲ出候、一少納言(西洞院時直)ヨリ単物一・帷子一、内義ヨリ革単皮五足給候、一渋紙又七兵衛ニ申付候、一御所内村加衛門出テ仕候、一帥殿ノ母義ヨリ采女煩大験ノ由被申、鮎一折・白酒双瓶被贈候、一美濃帋一束感得、通アリ、一渋紙申付候、又三枚也、薬所望候間遣之」(22ウ)

十一日　天晴陰、一渋紙申付候、中伝ト号、七右衛門尉ハ不来、一ツヽラ張一人、善四郎ト号、一終日連歌新式ノ外、紹巴(里村)作ノ者侍書写、一水(水沢)織部状使、一湯殿ノ中修理少ゝ、一女御殿(近衛前子)長谷ノ御所へ御見廻ニ御越ト、一門内ノ土ヲ少、裏堀セ、持セ置、一東福寺ヨリ久蔵出、長老一両日隙入ト、一能良ヨリ笋五本上候、一雲林院へ茶摘セ候

十二日　天晴、一北野へ詣、丑日也、為御暇乞也、一ツヽラ張弟子モ連テ来、張、一中伝ハ不来、一今朝ハ北野ニテ能良へ不申、能札呼、御灯明又御千度ノ艮子二匁進上候、一女御殿(近衛前子)へ笋十本上候、未御留守ト、一神龍院(梵舜)へ年頭礼ニ出、スキヤ襪三足又当帰一把遣候、一棒庵(下津宗秀)内義ヨリ中居ノ女房上洛、文共到来、例樽代艮子十匁給、ヲ亀ヨリ丁子五両給候

十三日　雨天、一ツヽラ張善四郎・同弟子共来、但泊テ在之、一一身田(尭秀)上洛トテ来義、表ノ四

逍遙院ノ文・古今ノ儀
沈香

畳半ニテ盃ヲ進候、中折三束給、分入来義、逍遙(三条西実隆)ノ文・古今ノ義在之ヲ三通ミセ候、則写留候、其後礼ニ又行、スキヤ襪二束持参候、盃ヲ給、本誓寺馳走候、一三通状写・沈香一両相添テ分入へ遣候、返札在之、又一身田ノ礼状在之、一八条殿(智仁親王)参(へ脱カ)候処、長谷へ御越ト、又三西(三条西実条)へ尋候処、他出ト、白川(雅朝)へ音信、内へ入、逍遙院(三条西実隆)ノ状ヲミセ候、」(23オ) 一勘局(西洞院時子)ハ方違ニ被出、内義同心候、一与兵衛見廻ニ来、薬研、一予服薬

方違
薬研
時子移徙
鮒

十四日 雨天、一ツ、ラ張来、同弟子一、一大工二人ツ、ラノ足ヲ作、一勘局(西洞院時子)移徙也、樽諸白二・両種進入、内義ヨリ二桶二荷・両種也、新中納言(西洞院時慶女)ヨリ鮒・サケ進入、祝ニ参候、夕食、又有振舞、一予ハ方違ニ清荒神へ出候、一焼物二合、粉合候、一少納言(西洞院時直)ハ禁中御連哥出座候、及鶏鳴退出候、一小川ノ小三郎来義候、革感得候、ナメシ一枚七匁也、一久蔵出仕、但昨日ヨリ与兵衛来仕、一長野ノ清兵衛初而対面候、於石薬師也、一右兵衛見廻也、一長次(徳岡)モ見廻候、一拾遺愚草、配巻メ筆功者へ誂候、瀬田(勢多)ノ備前取次也、一服薬候

方違
焼物ノ粉合
禁中御連歌
ナメシ革感得
拾遺愚草
紙ニ渋ヲ引ク
丁子
六波羅堂開帳
豊国社ハ詣デズ

十五日 天晴陰、晩雲、ツ、ラ張善四郎泊、弟子同、又中伝モ来、紙ニ渋引セ候、大工二人又ツ、ラニ遣候、一端ノ庭材木取直、一葛(葛岡)四郎左与長野清兵衛同心メ来義、一久蔵ニハ薬研申付候、丁子昨日(ヨ脱カ)リ未在之、一清水寺へ御暇乞ニ参候、六波羅堂ハ御開帳也、拝之、七月迄ト也、三尊ヲ拝、一豊国ハ不詣、心中看経斗也、一東福寺栗棘庵・藤長老(集雲守藤)見廻、諸白一持セ候、

水泉
禁中御連歌
方違
渋紙
鵙初音ヲ聞ク
漆ヲ塗ラス
訳和集表紙出来
八条殿姫宮誕生、則亡ス

水泉・吸物等在之、此寺小(松)月ノ寺ト、後ニ粟田口ヘ出奔〆ハ招月ト号ト、正徹(正徹)ノ事也、能登ノ暖(ヌクヰ)井(温井)建立ノ寺□(ト)、後ニハ国主ノ分ニ成候、一平松(時興)同心〆帰京候、一誓願寺ヘ御暇乞ニ参候、」(23ウ)一禁中御連□(哥)ト、時直(西洞院)参上候、又御番請取也、鶏鳴ニ満ト、一薫物粉合五両分如昨日、一平松方違也、一飛鳥井(雅胤)預状候、返札候

十六日 天晴、朝寒、ッヽラ張二人如昨、又大工一人ッヽラノ用也、一錫ノ香合薫物ノ用ニ卅余(五)感得候、同錫ノ鉢ハ昨日持来、十五也、一渋紙仕舞、中伝手間遣候、一久蔵ハ晩ニ在所ヘ帰、一了忍来義候、年頭也、鯛二ケ・錫ノ代被持候、又蠟燭十五丁給候、晩炊申付候、一ヲ勝来義候、一夕ニ日相公(日野光慶)ヲ尋候処、大納言(日野資勝)ノ所ヘ被出ト、先刻預状候、其礼旁(也)候、一飛鳥井(雅胤)ヘ寄候、盃・肴以下在之、久語候、一焼物大概合立候、一表ノ座敷モ大概取置掃除候、△鵙初音ヲ聞、曙也、数声也、一老蔵主(孝カ)ヨリ文給

十七日 天晴、此中ノ珍シ碧天也、一ッヽラノ善四郎来、ウルシ塗也、又輿モ召寄テ塗之、一広大(広橋兼勝)迎ニ行、人ニ状云伝候、速安芸守(速水良益)(ハ)上洛、一勘局(西洞院時子)ヨリ三種三荷給、使内義ヘモ樽給候、一少納言御方ヘ連哥一折在之躰也、是庵、一薫物▨▨▨(合)進物ノ用意候、一大炊(大炊御門経敦)ノ奏者所借テ轅ヲ入置、一訳和二冊表紙出来、一水沢織部正ヘ遣状、返札候、双紙ノ義申候、合点候、△八(智仁親王)条殿御産、姫宮ノ由候、雖然則亡之ト、仍茶々乳人迄内義ヨリ今乳ヲ進之候」(24オ)

朱印ハヅレノ事

十八日　天晴、晩雨、一斎ニ嵯峨ノ比丘ヲ呼、如例、一ツ、ラノ善四郎未遣候、内張ヌリ等ノ義也、又別新ヲ張、平松(時興)用也、一菊亭中納言(宣季)ヨリ預使者、又此方ヨリモ申候、江戸下向可有同心之由候、一薫物練合少ゝ香合ヘ入、一入夜速水安芸守(良益)来義候、朱印ハツレノ事申談候、一勘局(西洞院時子)為御見廻来入、夜被帰

十九日　一文共方ゝ(ママ)ヘ書、肥後国棒庵内義(下津宗秀室)ヘ、又亀ヘ返事、一小川小三郎ヘ遣状、肥後ヘ便宜事尋候、一ツ、ラノ善四郎泊テ今朝ヨリ塗之、一稲田喜左衛門(正勝)ヘ遣人、無来儀、一局(西洞院時子)ヘ遣状、又ヤ、ヘモ遣候、一橋本ノ祖母(立野)ヘモ遣候、一榎並忠左(賢隆)ヘ遣状、一広大(広橋兼勝)ヘ昨今以使者申候、江戸下向ノ趣

廿日　天晴、宇野因幡ヨリ預状、鯉一被贈候、一榎並忠左衛門尉来義、暫語、進酒候、一晩ニハ稲田喜左衛門・一与来義、夕食振舞候、入夜、一御番時直(西洞院)勤之、一広亜相(広橋兼勝)ヘ行、速水ニ逢テ具様躰ヲ聞、一(ママ)　」(24ウ)

手尓於葉ノ不審ヲ尋ヌ

朝倉山椒

荒巻・コチ

廿一日　天晴、宇野因幡入道ヨリ鯉一被送、状返事候、一榎並忠左衛門(賢隆)来義、手尓於葉ノ不審共尋候、一晩ニ稲田喜左衛門(正勝)初而来義、扇　本土産(ママ)、一与初而来義、朝倉山桝一袋被持候、夕食振舞候、一三原ヨリ下殿上洛候、文共在之、錫ノ代ヲ給、又薬ノ代等ヲ給、食申付候、一善喆出京、不二(集雲守藤)ノ返事候、一書担子(箪笥)九ツ五条ヘ預候、一一身田(尭秀)ヨリ文給、又荒巻一給、コ

チ十入ト、一玄琢（野間成岑）預使候

安神散

半長持・棗箱等ニ漆ヲ塗ラス

廿二日 天晴、昌琢（里村）へ独吟ヲ遣候、少納言（西洞院時直）与読合、一長谷へ御見廻候、安神散進上候、二位殿へ同、女御殿（近衛前子）御成候、広橋（兼勝）被参候、内々 禁裏（後水尾天皇）ヨリ女院（勧修寺晴子）御所御帰京ノ事被仰候処、御意次第ト御返事也、有御酒又晩炊ヲ被下候、謡アリ、一左近女御殿へ被召置候、一今朝陽明（近衛信尋）ヨリ御使、平松（時興）可有御届旨也、夕ニ参、同心ノ御返事申入、時興（平松）同参也、進藤（長滋）ヲ以申入、一政所殿（近衛信尹母）ヨリ諸白一、又折一給之、一高台院殿（豊臣秀吉室杉原氏女）ヨリへ諸白二・大折ヲ進入、清月ニ逢候、宮内（木下利房）ハ奥ニ居テ不出、使ノ口上斗也、一勘局（西洞院時子）来義候、袋一給、一ツ、ラ張善四郎呼、又漆塗之、半長持棗又棗箱等也、一平松ハ御番也、一脇坂中書（安治）へ遣状、一阿野（実顕）預状、留守ノ間也、一竹門（曼殊院良恕）ヨリ薫物三・香箱拝領候

八専

板倉勝重へ朱印ハヅレノ事ヲ申ス

白豆

上気丸

廿三日 天晴、八専ニ入、一菊亭中納言（宣季）預使者、江戸下向ノ事申談候、笋一束給、一広大（広橋兼勝）へ遣使者、又笋一束送、板伊賀守（板倉勝重）客ト、一伊賀守へ朱印ハツレノ事申試候、有返札、又金子」

（25オ）八郎兵衛（祇景）へモ状遣候、返事候、不相済返事也、一帥殿へ昨日御礼、又御出京ノ義・吉日等ノ事承度旨申入、一十念寺来義、白豆一桶給、次ニ先度縁起ヲ返進候、進盃候、一久左衛門来仕ユ、内義初テ対面候、一昌琢（里村）ヨリ独吟ノ草案到来、清書メ又遣之、一上気丸ヲ申付候、丸、一広弁（広橋兼賢）ヨリモチノ肩衣三被送候、一陽明（近衛信尋）へ参入、平松（時興）同心候、御対面、一一条殿（兼遐）御

移徙以後初而参上、御盃給、一女御殿（近衛前子）参上候、陽明御座候、於江戸頼思召由仰也、一勘局（西洞院時子）ニ振舞アリ、一大御乳人へ暇乞申候

廿四日　暁天ヨリ雨、曙ニ下京烏帽子屋ノ町焼失、一雨ハ晩ニ止、風立、一ツ、ラノ善四郎来、平松（時興）用也、一路銭ノ切手渡候、各一組ノ衆申談、請取ニ遣、晩ニ渡候、次伝馬ノ切手モ速水安芸守（良益）持参候、直ニ請取候、則菊亭（宣季）へ遣候、一長野清兵来義、終日手チ多（タ）イ候、一御所内ヨリ久蔵夕ニ出、加衛門ハ明朝可出ト、一昌琢（里村）へ諸白一樽遣候、独吟ミセ候礼ノ為ソ、一友甫へ初而礼ニ雁一遣候、一速水安芸守へ雁一遣候、一コベニ屋ニテ又艮子百匁借状ニ認直メ借状候、晩ニ来義、小鼓ノシラメ一筋、又皿ニ紅花一持参候、一大聖寺（恵仙尼）ヨリハサミ箱二拝領、」(25ウ) 一女院御所（勧修寺晴子）ヨリ帷子三拝領、帥殿へ御文、御礼申入、一女御殿（近衛前子）ヨリ艮子一包拝領、平松へ同前、先御礼ニ参候、予ハ後ニ参候、御対面、御盃給、并芍薬被見候、陽明（近衛信尋）モ大聖寺殿モ御座候、一禁裏へ御暇乞ニ参上候、御番ノ事ハ女御殿へ申入候、一広橋中納言（総光）ヨリ扇幷単皮一足給、一八条殿（智仁親王）ヨリ唐布五端給、御礼ニ門迄参上候、一首途勘局（西洞院時子）へ参候、一石屋へ行、大略荷物共包セ候、一白川（雅朝）ヨリ単皮二足、状返事候、一三宅勘左衛門ヨリ単皮一足、一与兵衛終日仕、一水沢織部正重箱・双瓶被贈候

廿五日甲寅　天晴、一江戸下向、先朝ニ板倉（勝重）へ伝馬人足ノ朱印取ニ遣人、一旦人数多トテ帰、又

下京烏帽子屋ノ町火事
路銭・伝馬ノ切手
雁
小紅屋ヨリ銀子ヲ借用
小鼓ノシラメ・紅花
禁裏へ暇ヲ乞ウ
時子へ参ル
江戸下向
板倉勝重ヨリ伝馬人足ノ朱印ヲ取ル

朱印ハヅレノ儀
首途ニ時子へ参ル
毛氈
荒神へ暇乞ニ詣
十念寺御廟ヲ拝ム
石部ニ泊ス
土山ニテ昼食
召仕者腹中煩
亀山ニ泊ス
石薬師ヨリ乗馬

理申而遣相済、一広大(広橋兼勝)へ行、対面、朱印ハツレノ義モ申候、一速水長門守(光益)馳走、一速安芸(速水良益)夜前来義、板伊(板倉勝重)へ如理相済、一首途於勘局(西洞院時子)ノ故ニ今朝モ参、宮御方(アテ宮)御盃ヲ給、祝之、一棒庵上(下津宗秀)洛トテ預状、忠次郎使也、内記(下津宗政)モ預状、双紙〻五束被送候、門出ノ節ニテ口上ノ返事候、一木下宮内少輔(利房)預使者、年頭ノ返ノ心旁也、毛氈二枚給之、一荒神へ御暇乞ニ詣、一十念寺へ百疋持参候、御廟ヲ拝、一粟田口迄少納言(西洞院時直)持セ在之、平松(時興)同心候、惣兵衛モ重箱持セ候、菊亭中納言(宣季)・姉少路(公景)□□□故ニ此所ニ相待候、別所ニ有送酒テ、此方へ遅〻也、其中此方盃廻候処、来義ニテ一盃進候、」(26オ) 大津辺ニ滞留行故ニ、予ハ先へ行、石辺(部)ニ泊、菊中(菊亭宣季)ハ草津ト、一飛鳥井(雅胤)来義候、予モ亦□□三□モ行、□(今)日ノ道十里

廿六日 天晴、石辺(部)ヲ立、日出以後也、一京へ文認置、ハリ(針)ト云在所ニテ久左衛門カ町ノ者ニ云伝ヲ巳刻ニ遣、一菊中(菊亭宣季)ハ昨日ヨリ後テ跡也、各〻ニ成也、一土山ニテ昼食、下人日用与十郎、与五郎(召仕者)腹中相煩、薬共遣候、一亀山ヨリ京へ文、又伊勢参ノ道者云伝候、久左衛門カ辺ノ者ト、一日高ニ亀山へ着候、泊、菊中待故ソ、京酒ヲ出、今日ノ道十一里、一坂ノ者輿舁二人増候故ニ四人ノ中へ十疋遣候

廿七日 天晴、立亀山、宿主九兵衛帯一筋遣候、一京へ文云伝候、寺沢志广(摩)守(広高)家臣ノ者ト、道喜□□所へ行者ト、後藤源左衛門迄可届ト、又久左衛門カ町ノ者ニモ云伝候、一石薬師ヨリ

四日市ニテ日次記ヲ書ク
桑名ヨリ船ニテ熱田宮ニ着ク
八王龍王雲中ニ現ル
池鯉鮒ニ泊ス
当所ノ社ノ謂ニ馬市ノ事、鍋多買取事等ヲ聞ク
浄瑠璃ノ冢ノ薬師アリ
義経ノ影開帳
赤坂ニテ中食
白須賀ニ泊ス

馬ニ乗、輿舁ヲ休、一四日市ニテ日次記ヲ書、一桑名船奉行岩瀬六兵衛ト号、船請取書テ遣候、申下刻ニ熱田宮着、向風ナリシガ直テ順風ニ〆平ニ着船、八大龍王現㆓雲中㆒加護ノ義奇意〔異〕事共也、可信可仰、宮ヘモ先御初尾十疋上、宿□〔主〕橋本甚右衛門ト号、帯一筋遣候

廿八日　暁天ヨリ雨風甚、智鯉鯉〔鮒〕（池鯉鮒）迄越、其間ハ不降、今日ノ道四里半ニ〆泊、問屋也、喜左衛門ト号、家広新、帯一筋遣候、一サカヤキ剃、服薬休息候、一宿ヨリ餅ヲ出、又侍共ニ中酒ヲ出候、予」(26ウ)前ヘ呼、盃ヲ進候、暫話、当所ノ社ノ謂ヲ聞候、馬市ノ事、鍋多買取事等ノ義也、一詠吟

廿九日　天晴、風立、智リウ（池鯉鮒）ヲ立、岡崎ニテ馬次、城ノ三丸ニ浄瑠璃ノ冢トテ有薬師、又四ケ年以前ニ義経（源）ノ□〔影〕夢告ニヨリ、此所ヘ被移ト、今日依命日開帳ト、拝之、此道三里、到藤川、二里、馬次、到赤坂、二里、岡崎与藤川ノ間ニ大ビラ川ト云、染川ト云ヲハ馬ニテ越候、水ハ犢鼻ノ辺ヘ付也、浅シ、今日途ニテ詠哥ヲ案ス、先年百首ノ残分也、一赤坂馬次、中食、二里、五井（御油）ヘ半里、馬次、吉田ヘ二里半、馬次、二川ヘ二里、二川ノ上大岩ニテ人足次、又京ヘ文云伝、白菅（須賀）ヘ二里半行而泊、今日道十四里半也、一大岩ハ旧冬焼失ト、吉田ノ者ニ餅ヲ与、二川ノ者ニモ与之

四月大

浜名ノ橋床ヲ見物ス
乗船シ舞坂へ
天龍川渡ル
見付中食
掛川泊

一日己未 天晴、行水・祓如常、一早辰ニ立白菅(須賀)、盃ヲ祝、一浜名橋床ヲ見物候、有古松、戯ニ、
松かねを浜名の橋の桁にして昔の跡とみえわたる哉、今切へ一里十五町也、乗船、前坂(舞)へ
追風ニテ即時ニ着、浜松へ三里、馬次、天龍渡、広サ十町斗、船頭ニ十疋遣、見付へ三里、
馬次、中食候、袋井へ一里半、懸(掛)川へ二里半、此宿ニ泊、行水、休息、入物共入替、一網ノ
青魚ヲ求、受用、カケ川ノ上ノ路傍ニ在所アリ、革袋竹ニ懸テ有ニ戯ニ、 ○城近キ町ニテ
知リヌサヤ袋ツカノ袋モ懸川ニシテ」(27オ)

嶋田ニテ昼食
小弓ノ矢根
駿府ニ泊ス
庚申

二日 天晴、懸(掛)川ヲ日出以前ニ立、半道程ゞ京へ文云伝候、久左衛門尉ヵ町ノ者也、到新(ニイ)(日)坂、
二里、馬次、懸川ノ者ニ餅ヲ与、金屋(谷)へ二里、馬次、嶋田へ一里、馬次、昼食、広助出、盃
ヲ飲ス、一菊川ニテ小弓ノ矢根三手誂、一(広)助刀・脇指誂候分上候、但代之事新義ニ高直ニ申
候間、在所之者扱断申候間、先取テ行、長刀一枝上候ト申候、何モ江戸ニテ各目次第ニ疵在
之分モ有無ノ事重而可返事間置候、於藤枝馬次、二里、到鞠子、二里、此川ニテ、 ○沓を
はく馬ハありとも鞠子川け上る水をかゝりはしすな、駿府へ一里、薄暮ニ着、岩倉木工頭(具堯)ニ
不意ニ会、此辺ノ事相尋候、宵ノ間語、庚申也

胡桃
伊豆海台

三日 天晴、京へ文、岩木工(岩倉具堯)へ云伝候、又広亜相(広橋兼勝)へモ、一駿府ヲ立早朝、江尻へ三里、此間ニ
テ身延ノ文到来、梅松丸状アリ、胡桃ノ箱到来、又上人ノ文モ在之、伊豆海苔箱一到来、於

原ニ泊ス

途中□□〔返事〕認遣、一清見寺へ一里、馬次、由井（比）へ二里、馬次、清見寺ノ人足酒銭ヲ遣候、神（蒲）原へ一里、芦（ヨシ）（吉）原へ三里、馬次、原（浮嶋カ事也）へ二里、馬次、爰ニ泊、宿一段広シ、神原ノ人足緩怠者也、富川一段深、船折角也、三度ニ渡、一昨今詠草共大方出来、一月ハ曇、拝之、一夜中ヨリ風雨荒、宿小左衛門ト号、帯一筋遣、女房衆胎前相煩、薬所望候、遣之、又診脈候

女房衆胎前煩ウ

霊符祭

三嶋ニ泊ス

四日 風雨荒、少時雨ノ間ニ立原、三板枚橋へ一里半、馬次、一灵符祭、一棒庵（下津宗秀）へ状認置候、到三嶋、一里半、是泊、不遭雨、奇妙也、巳刻ニ着也、去年ノ宿也、主水助ト号、単皮一足」（27ウ）遣候、久物語ヲ聞、一召仕者共ニ烏帽子□〔ノ〕本取ノ取様ヲ教、宵久在之、一当所水上へ汲ニ遣メ用、一与一煩以外、昨日ヨリ服薬候、一当社へ服故不参、下人共見物之由候

烏帽子髻ノ取様ヲ教ウ

与一煩ウ

箱根越テ昼食

八大龍王

小田原ニ泊ス

五日 天曇、雨止、晩晴、奇異ノ義也、越莒（箱）根、昼食候、下湯本ノ川太出、川渡ヲ令渡、酒銭少遣候、予ハ輿ヲ肩へ上而渡、危義也、今日風雨ノ祈念抽丹誠、天八大龍王納受マシマスカ、雲太雖多、雨不降、不思義ノ叓也、又観世音妙智力可仰可信、一小田原ニ泊、申刻ニ着、山上寒、宿新酒屋太郎右衛門ト号、帯一筋遣、行水以下清

船ニテ酒匂川ヲ越ス

虎ノ岩屋ヲ見ル

六日 甲子、天晴、立小田原、半道程メサカワ（酒匂川）ヲ船三艘ニテ越候、一路中詠吟、大磯へ四里、馬次、古ノ虎カ（虎御前）岩屋見物候、道ヨリ三町余北方ノ山尾ニ在之、窟内四畳半ヨリハ少窄、平塚へ半里、ハニウト（馬入）云船渡メ藤沢へ三里也、七里半メ昼食、富塚へ二里、人足輿ニ四人増也、

神奈川ニ泊ス

腹中瀉下
江戸へ着ク
孝蔵主ノ宿へ行ク

歯黒

京ヨリ持セノ茶ヲ点テル

仏誕生、心中手向拝ム

町奉行

御城ノ御万等ヨリ文ヲ給ウ

雁・鮒鮓等贈物

程萱(保土ヶ谷)へ二里、馬次、一カノ川(神奈)へ一里、泊此所、無薪而宿難借、仍茅屋ノ小屋一宿、〻主ニ扇
五本遣候、□[漸]洗足斗ニテ不行水、今日道詠吟少出来

七日 雨天、カノ川(神奈)ヲ立、五里、品川へ着、腹中瀉下故、爰ニテ朝食ヲ用、雖雨江戸へ着、宿
ハ□□[去年]ノ宿ニ札ヲ被打候、則可行処ニ、竹田法眼(定賢)先ニ在之由候、依理先孝蔵主(川添氏女)宿へ行、優曇
又食色〻アリ、ユザ新左衛門(遊佐高教)初而知人ニ成候、相伴候、孝蔵主ノ宿ノ端ニ去年ヨリ在之ト、
今夜ハ爰ニ泊候、明日宿可明ト、竹田理也、一照高院(興意)殿へ以書状申入、有返事、一冷泉中納(為満)
言有状、返事候、滋野井(季吉)状返□[事]候、」(28オ) 一川信州(川勝広綱)状返事候、一歯黒、サカヤキ剃、一哥詠
吟、一京ヨリ持セノ茶立

八日 天晴、行水・祓如例、仏誕生、心中手向拝之、一照高院(興意)殿見舞申、御盃給、御懇也、被
送出候、有間敷事也、一孝蔵主(川添氏女)ノ宿ニテ朝飯ヲ受用、一海津殿此宿へ来入トテ人ノ出入多之、
一川信□[州](川勝広綱)為見舞来入也、一竹田法眼(定賢)ヨリ預使者、宿ノ義也、町奉行勘兵衛(米津田政)ト号、一南部ノ万(西
洞院時慶女)ヨ□[リ]□□到来、返事候、一御城ノ御万ヨリ文、ヤ、又イトモ文給、一午刻冷中(冷泉為満)ノ宿へ出、其
後宿明由竹田被申候間、行也、荷物共明候、一延寿院(曲直瀬正紹)来儀候、進酒、数刻語、又其後ニ七種
贈物在之、諸白一樽・雁一・干雪魚五ケ・塩引一・鮒鮓五ケ・鰕三連・蠟燭廿挺、一大沢少(基
宿)将折箱一・同侍従(基重)鯛二、一木部藤左衛門(直方)ト云仁賜者ニ被仰付候トテ、切麺・小瓶一双被持候、

孝蔵主ト対面
城ノ御万ヨリ重箱等ヲ給ウ
生鯛
吉良義弥ヨリ使者
年寄衆ノ宿へ礼ニ出ル

一着ノ衆ニハ茂兵衛・左平次等来、久兵衛来

九日 天晴、孝（孝蔵主川添氏女）へ出候、対面候、京へ便宜候、状板伊（板倉勝重）へ、又宿へ文共云伝候、一城へ云伝文共、予音信共遣候、別有目録、方々ノ義也、南部（利直）へモ遣候、一織田兵部（信良）へモ云伝文共届候、一川（川勝広綱室）信内義ヨリ重箱三重、則菊中（菊亭宣季）被着由候間送之、姉少路（公景）モ参着ト、以使者申候、此方へモ、使者三右衛門也、一城ノ御万ヨリ重箱三重、干魚三□〔計〕・諸白一樽給也、一朽牧斎（朽木元綱）ヨリ八木二俵・干鯛三ヶ被送、」（28ウ）一立入右京（康善）生鯛一ヶ持参候、一孝へ八木二俵遣候、一一斎（堀河親具）来義候、蠟燭十挺給、進酒、冷中（冷泉為満）モ来義也、一サカヤキ剃、一木部藤左衛門初而礼、太刀・馬代孔方三貫、一夜ニ吉良（義弥）預使者候、札、土井大炊助（利勝）へ礼ノ義也、又菊中預使者、姉少路使、一南部ノ万（西洞院時慶女）へ遣使者候、京ノ云伝文共遣候

十日 暁天小雨、明テモ晴、菊中（菊亭宣季）使、年寄衆へ可礼ニ出由候間、彼宿所辺へ出候処、遅々間、早各登城ト、仍帰、予ハ吉良（義弥）へ以使者申候、一脇坂淡路（安元）与主水正（脇坂安信）云伝文共遣候、有状、一菊中飯後ニ年寄衆ノ宿へ礼ニ出候、〇同心先土井大炊（利勝）スキ屋単皮十足、酒井雅楽頭（忠世）へユカケ十具、板倉周防守（重宗）へ帯十筋、何モ奏者ニ申置候、安藤対馬（重信）ハ出テ対顔候、太刀目録・馬代ハ三百疋、姉少路（公景）モ同心也、帰ニ宿所へ寄候、菊（菊亭宣季）ハ方々へ被寄候、一延寿院（曲直瀬正紹）へ以使者申候、一新城越前（新庄直定）へ竹内刑部少輔（孝治）云伝状相届候、知行所へ相煩テ在之ト、一意庵法橋（吉田吉皓）預状、鯛二ヶ被贈候、返

事候、一織田兵部女中(織田信良室下津氏女)ヨリ樽一荷・昆布二束・鯛二ケ被送、様子共聞、一川信(川勝広綱)へ樽二、爰元

懸鯛

酒・昆布二束・鯛二ケ贈候、一唯心院(日野輝資)へ扇箱五入一持参、一一斎(堀河親具)へ沓・単皮三足・鯛一・懸二ケ遣、持参也、一大沢少将(基宿)へ寄候、盃ヲ被出候、一入夜吉良左兵(義弥)被尋候、後ニ聞、一立入右京(康善)来、暫語候

吉良義弥来ル

十一日 天晴、行水・祓、一吉良(義弥)被尋候、朝食於此方被用、木部藤左衛門(直方)初而盃ヲ指合、下戸ト、□〔役〕人ノ小野筑前(友忠)来、盃ヲ進候、一朽牧斎(朽木元綱)へ行、門ニテ逢、但与五郎(朽木友綱)留守ニ被居、茶ヲ喫

セテン
唐布
タバコ

□一斎(堀河親具)へ」(29オ) セテン一巻・薫物一器、内義へ唐布一端、与五郎へ薫物一器、民部少輔(朽木稙綱)へサゲ緒一具、一織田兵部(信良)へ太刀・馬代ハ一分判一、内義(織田信良室下津氏女)へ唐布一端・帯一筋・タハコ三包、

ヒイナ

又薫物一器、虎へヒイナ三人、茶ツキ内台香炉一遣候、局へ女房タヒ二足、此分也、兵部ノ局・茂衛門(大橋茂右衛門)ハ湯治ニテ留守ト、一吉良へ遣使者候、一広大(広橋兼勝)下着也、則宿へ行、対面仕合能、日野宰相(光慶)へモ行、柳原(業光)□〔へ〕遣人、山科(言総)へ同前、一牧斎使者来義、状返事候、一延寿院(曲直瀬正紹)へ行、他行、重而土産ヲ遣、扇子五本入、又薫物竹門(曼殊院良恕)ヨリ拝領ノ三器、其侭養庵(曲直瀬玄理)へ一器、亨徳院(曲直瀬盛孝)へ一器、道三法印(今大路親清)へ木綿タヒ五足、藤蔵(藤懸永重)へ薫物二・香合遣、先刻此方宿へ来義候、一京へ文、備後(徳岡)縁者衆へ云伝候、十三日ニ上洛之由候、一川信州(川勝広綱)状返事候、一広大へ又夕ニ行、栄螺十

栄螺

山椒皮漬
辛皮

ケ・山桝皮漬・小籠ヲ携、一織田兵部ヨリサヾイ十五・辛皮ヲ給

馬代ノ銀子ヲ包マズ

小鼓ノシラベ
タバコ

和歌ノ作法
歯黒

陽明ハ八日ニ出立ス

十二日　天晴、一延寿院(曲直瀬正紹)・道三(今大路親清)・亨徳院(曲直瀬盛孝)・養安院(曲直瀬玄理)預礼状候、一馬代ノ銀子共包セ候義申付候処、隙入テ不包ト、一涅槃寺小折一送、一西三(三条西実条)被着候、以使者申候、又自身モ行、折一送、広大(広橋兼勝)モ見廻候、一菊中(菊亭宣季)見舞候処、村瀬左馬(重治)菊(菊亭宣季)へ御使也、久不対面由互ニ申述候、一唯心院(日野輝資)被尋候、来十六日風呂兼約也、一冷中(冷泉為満)へ行、一飛鳥井(雅胤)下着トテ先来入、其後予行、一川信州(川勝広綱)へ行、木綿タビ三足、内義へ薫物一ツ・唐布一端持参、三七郎(川勝)小鼓ノシラヘ一具、シイヘタハコノコリ二ツ遣、予ハ晩炊後トイヘトモ夕食被出候、一朽兵部(朽木宣綱)預状、其行、帯五筋遣、他出ニテ云置、又薫物一器相添候、」(29ウ)一藤懸三蔵(永重)へ薫物一・香合申置候、一伊丹喜介(康勝)為見廻来義候、則対面候、一木部藤左衛門(直方)宵ノ程物語アリ、方々用繁多也、一賀固豊前守(賀古正利)為見廻来義候、暫一時斗語、和哥之作法共被尋候間申聞候、一孝(孝蔵主川添氏女)ヨリ付帯出来テ到来、一歯黒

十三日　天曇、サカヤキ剃、一朽兵部(朽木宣綱)預礼状、一延寿院(曲直瀬正紹)来入、進酒・茶等也、又一斎(堀河親具)来入、一梶井殿(最胤)見廻申候、折一上、一賀古豊前(正利)へ杉原十帖・焼物・香合一持参候、他出、云置、一南(天海)光坊へ薫物二、伝長老(以心崇伝)へ同一遣候、他行也、南光ニテハ有酒、永井右近大夫(直勝)モ同参也、一久我大(敦通)見廻、暫語候、一留守ノ間ニ被尋朽兵部少輔(朽木宣綱)、一孝蔵主(川添氏女)文給、京ヨリ四日ノ文到来、一陽明(近衛信尋)ハ八日ニ被立ト、一照高院殿(興意)御上洛ト、但未相延欤、一サカヤキ剃、一織田兵部内義(織田信良室下津氏女)ヨリ見廻ニ文給、一南部ノ万(西洞院時慶女)ヨリ文到来、可来由候、先相留候、一吉良左兵(義弥)見舞ト、明日御目

城ニテ真言新義ノ衆論義アリ
斎部ノ奉幣使ノ役ノ事
将軍御礼ニ各出ル
箔ノ帯
金ノ一分判
東照権現へ行ク
仮遷宮
西丸へ御礼ニ行ク

見ノ事可急由候、一於城真言新義ノ衆論義在之ト、一冷中(冷泉為満)来入、明日用意共ノ義被助、大方拵出来、一孝蔵主(川添氏女)来入、初而ノ義也、爰元用共ノ義申談、進酒祝之、其後広大(広橋兼勝)へ同心候、盃ヲ被出候、三西(三条西実条)トモ対顔候、一左火(官)掌(小野氏房)来、暫語候、一斎部(インヘ)ノ奉幣使ノ役之事ヲ尋ニ来間、申聞、松続美濃(真継康利)カ息也、初心ノ間能々習礼候、一藤右衛門佐(高倉永慶)へ遣人、一永喜(林信澄)来義候」(30オ)

十四日 天晴、朝ハ陰、△将軍(徳川秀忠)御礼ニ各出、予ハ腹悪故ニ少遅参、進物ハ太刀・馬代銀子一枚、此所ニテ兼包セ用意、錫之鉢十、御台(徳川秀忠室浅井氏女)へ箔ノ帯五筋・杉原二十帖、女御(徳川和子)へ杉原二十帖・薫物二・香合也、若公(徳川竹千代)へハ今日ハ無御礼、如例伝奏両人(広橋兼勝・三条西実条)ノ跡ニ各次第ニ出候、菊中(菊亭宣季)ノ次也、予次ハ日相公(日野光慶)也、其次柳原(業光)等、雲客何モ無事御礼相済候、一留守ニ脇坂淡路守(安元)ヨリ預状、返札候、薪二千把給ト、但従是左右可申間、其方預候由申遣候、一伊丹喜介(康勝)へ礼ニ出、太刀・馬代艮子一枚也、他出ニテ云置、木部ノ藤左(直方)同心候、何へモ案内者也、酒井備後守(忠利)へ太刀、馬代ハ金ノ一分判一、青山伯耆守(忠俊)へ同、何モ登城由候、一午刻東照権現見廻、又奉幣ノ覚悟ノタメ也、一楽人山井安芸(景治)来、進酒也、一身延ノ勝高院来義候、姫胡桃ノ莒一持参候、盃ニテ祝之、△夜権現仮遷宮へ両伝(広橋兼勝・三条西実条)・梶井殿(最胤)・伝長老(以心崇伝)等参、畳ヲ敷テ在之、其所へ各着、見物アリ、初夜ニ初ル、四半時ホトニ満ス、月明也、一川信乃(川勝広綱)来義、一吉良左兵(義弥)ヨリ重箱被持候

十五日 天晴、晩雨、朝冷中(冷泉為満)へ出、一西丸若公(徳川竹千代)御礼、午刻ニ参候、時分朝ノ間、先広大(広橋兼勝)へ行、一時

優曇
三条西ト歌道ノ儀ヲ語ル

斗話候、酒・優曇等在之、三西(三条西実条)ト心静ニ語候、哥道ノ義也、一息女万(西洞院時慶女)ヨリ文并塩引一・双瓶
ヲ来、一西丸(徳川竹千代)進物ハ、予ハ太刀、馬代ハ銀子一枚斗也、各ハ太刀ニ物共相添トミユ、無㒵儀、
各御礼斉(済)退出、一小野兵部(氏行)来、奉蓍ノ事内々申候、一脇坂淡路(安元)へ行、唐布二端・焼物・大香
合一遣、内々」(30ウ)衣冠ノ義、衣文可尋トテ被招候、存知候旨・云々旨申候、又中書(脇坂安治)ノ状ヲ
ミセ候、又主水正(脇坂安信)へ薫物・大香合一・帯三筋遣候、則淡路守宿へ被出、一所ニテ語、有振舞、
一織田兵部(信良)へ棒庵(下津宗秀)明日可有来義、予モ被呼、同心候、一広大ヨリ鱸一折給、則柳原(業光)へ送、一
備後(徳岡)カ射手内甥権十郎初而礼ニ来、扇子三本持参候、盃ヲ進候、一松ギ(真継)衛士来、予留守ノ中也、
一徳岡備後守御城へ御礼申[上]旨内々広大へ申候処、申ツケ又者ハ難成由候

奉幣使ノ習礼

十六日　雨止、天晴、一奉幣使ノ習礼ニ斎部小九郎(真継康利)ト号、松キ美濃(真継康総)カ子也、父子来、小野兵部(氏行)
来、衛士源兵衛ト号、同子モ来、衛士カ幣ヲ取、斎部ニ立向、斎部(真継康利)拍手二〆幣ヲ請取、傍ニ
候、次役人坐ノ揖〆神前ノ坐ニ進着、幣ヲ取、作法過テ又斎部へ渡、忌部(真継康利)幣ヲ僧正ニ渡欤、
又自身神前置スマシテ役人ニ気色〆拍手、又役人拍手二〆一揖〆坐ヲ立、次第別ニ在之、
一棒庵(下津宗秀)・織田兵部(信良)へ被呼テ振舞アリ、予モ行、棒庵へ対顔、刀ヲミス、兵部他出、被帰テ

宗峰妙超ノ墨跡

数寄屋ニテ大灯(宗峰妙超)ノ墨跡又茶入肩衝ニ似テ無肩ヲ被出シヲ見候、雖有風呂理申而先立、一唯心(日野輝資)

風呂焼

院・伝奏(広橋兼勝・三条西実条)ヲ初而風呂焼被呼、振舞丁寧也、酒・謡、宴久、一板倉周防(重宗)来入、一孝蔵主(川添氏女)ノ松ヨ

洗髪、行水、神事
奉幣ノ作法
菊亭腹中気
遷宮ハ満ツ
誠晴ノ儀式

リ重箱ノ中瓶アリ被送、一木藤左(木部直方)ヨリ小折一被送、一賀古豊前(正利)ヨリ絵(檜)ノ折一被送、則」(31オ)事行官(行事)(宗岡朝治)へ遣候、一重箱ハ右衛門佐(高倉永慶)へ送、一脇坂主水(安信)ヨリ装束着セ様頼由候、備[後]□□(徳岡)申付テ遣候、一歩行ノ侍・雑色ノ事、牧斎(朽木元綱)又織田兵部へ雇候、一諸候、一矢野兵部宿漸尋当候、状アリ、一洗髪、行水、神事ニ入

十七日 天晴、忌部(真継康利)ノ父美乃守(真継康総)来、奉幣ノ作法申渡候、一明日可出仕欤否ノ事内々尋ニ、孝(孝蔵主川添氏女)へモ遣候、又賀古豊前(正利)へモ申処、如去年ト也、一菊亭(宣季)へモ見廻、腹中気ト、広大(広橋兼勝)へ見廻、晩景ノ事示合候、一冷中(冷泉為満)へ出、申談、一ヲ松へ文遣、昨礼申候、一行事官(宗岡朝治)来、昨日礼申候、一社頭へ伝奏(広橋兼勝・三条西実条)為見合被出候、予ハ雖遅々行テ見之、付所等ノ事覚悟候、一朽[牧]□斎(朽木元綱)来入、下人七人雇候、織田兵部(信良)ニテ雖雇之、各返之、侍三人也、別ニ記之、○布衣一人、侍六人、白張六人、笠持一人、松明持又一人、以上、一初夜過ニ出仕、冷中衣紋、則遷宮ハ満ト、宣命使進、予ハ其間中門ニ少相待、雲少降、先着座間、沓也、然而畳ニ着、忌部参仕ノ間、座ニ相待事暫也、其忌部来テ神前ノ坐へ遷着テ役ヲ勤之、諸人見物、如白日、誠晴ノ儀式也、雖然無事ニ勤之、後ニ見物ノ衆被称美謹之云々、一近所ニ酒井雅楽頭(忠世)・土井大炊助(利勝)・本多上野(正純)等、永井右近大夫(直勝)、不知其数、社内ニ所セキ也、」(31ウ)一留守ニハ孝蔵主(川添氏女)ノ茂兵衛・久左衛門来居、一朽兵部少輔(朽木宣綱)預状、返札候

将軍御社参延引、法事ナシ
鮎鮓
御城ヨリ孫ノヤヽ・息女糸ト会ウ
鮊
鮒ノスシ

十八日　雨天、又風吹、今日ハ将軍（徳川秀忠）御社参被相延、無法事、夜ノ中ニ冷中（冷泉為満）へ行、束帯・衣紋候、又朽兵部（朽木宣綱）へ衣紋ニ被呼、竹中采女（重義）宿所也、襲斗也、花籠・被物ノ役者衆集也、其外赤井豊後（忠泰）守・一尾淡路守（通春）・片桐□□〔出雲〕守（孝利）等也、但今日相延故、予ハ先帰、一伊丹喜介（康勝）ヨリ鮎鮓一桶被送候、礼状遣候、一従御城孝（孝蔵主川添氏女）ノ同心ニテ孫ノヤヽ・息女糸同心メ宿へ被下、則行而対面、肴以下持セ遣候、鮊二色・鱒一尺・瓶等持セ候、糸ヨリ諸白樽二、ヤヽヨリ料紙二束被持候、一ヤヽハ川信（川勝広綱）へ被出候、糸ハ孝ニ逗留、一木部藤左（直方）鱒一尺被送、此方ヨリ鮒ノスシ五ケ遣候

御社参延引
小鷹ノ大緒
吉良義弥ヨリ茶ヲ送ラル

十九日　天曇、午晴、広大（広橋兼勝）へ見廻、孝（孝蔵主川添氏女）ノ云伝候文返事在之、一孝へ行、有食、朝草（浅）へ糸ヲハ列テ孝被参候、万（西洞院時慶女）ヲハ南部（利直）被帰、一予爪切チマニ憑、一牧斎内義（朽木元綱室）ヨリ重箱三重給、則山科（言総）へ遣候、一冷中（冷泉為満）へ行、閑話久、一京（豊臣秀吉室京極氏女）へ松丸殿便宜ニ文云伝候、平松（時興）へモ又飛脚ニ状遣候、一牧斎（朽木元綱）状返事候、延寿院（曲直瀬正紹）へモ返事候、一サカヤキ剃、一今日モ御社参相延ト、一織田兵部内義（織田信良室下津氏女）へ文遣、一昨日礼申、」（32オ）又棒庵（下津宗秀）へ遣人候処、肥後守（加藤忠広）へ礼、明後日可然□〔ト〕、一道春（林信勝）来義、一万ハ立寄候、一南部へ礼ニ行、太刀・馬代ハ金一分也、小鷹ノ大緒五筋□〔遣〕、母義（南部利直母泉山氏女）へ杉原十帖・薫物・大香合一、局（南部利直室蒲生氏女）へ爰杉原二十帖・単皮三足、万へ白帷子一・薫物一器遣、権平（南部重直）対面候、局被出候、奏者蔵人（一色）ト号、盃・吸物被出候、事外懇也、一吉良左兵（義弥）ヨリ茶極ヲ引テ被送、礼状遣候、又其後門迄来義ト、留守ノ間也、一留守ノ中ニ南部権平ヨリ帷子二之内単一・諸白

土産物・買物等用意
上野砥
将軍社参・法事アリ
五疳円・気付
陽明宿ニ渡ル

二桶・塩引十、局ヨリ塩引五被送、一土産物共用意申付候、革タヒ・ユガケ等之物共也、又買物等用意申付候、塩鳥・雁・鴨又上野砥等也、一権十郎来、キセル吸口持参候

廿日 天朝曇、午晴、将軍(徳川秀忠)有社参、法事在之ト、予ハ不見之、依無役不出仕、一冷泉中衣紋(為満)ニ内々被申候間、心懸候処、人不給、此方ヨリ尋候処、早出仕ト、貫衣紋ト、一永喜(林信澄)へ沓三足、道春(林信勝)へ同三足、状何モ遣候、一牧斎内義(朽木元綱室)ヨリ三重々箱被送、今日明テ返候、一南部権平(重直)昨報一式蔵人(色)へ沓三足遣、権平母義(南部利直室蒲生氏女)へ五疳円三百粒遣、万(西洞院時慶女)へ気付二色遣候、一行水・神事、衣冠、社参、私ノ奉幣、但社人誰モ無之故、笏斗ニテ聊作法斗ニテ敬首候、 一南部権平ヨリ又預状、局(南部利直室蒲生氏女)へモ万へモ返事候、一吉良(義弥)へ出、又広大(広橋兼勝)・三大(三条西実条)へ行

廿一日 天晴、今朝誓願寺へ出、陽明(近衛信尋)御宿ニ渡候、為内覧也、平松越中守(ママ)(松平定綱)奉行也、初而逢、知人ニ成候、平松侍従(時興)宿モ被渡候、花楽院ト号、一加藤肥後守(忠広)へ見廻、比良遠江守(平野長泰)所へ被出ト、袷一・単一・帷子一」(32ウ) 遣候、棒庵(下津宗秀)へ単物一・帷子一、内記(下津宗政)へ同、久物語メ湯漬等ノ物アリ、一早辰ニ陽明御迎ニ久蔵ヲ申付而、品川・カノ川(神奈)辺迄差越候、於棒庵一尾淡路守(通春)・左大夫・津軽弁ニ逢候、一宿へ木部藤左衛門(直方)・冷中(冷泉為満)・吉良左兵衛(義弥)来義候、一山科(言総)ヨリ強飯・法界一・重箱等被送候、又梶井殿(最胤)ヨリ折一、姉少路(公景)ヨリ提錫一被贈候、方々尋在之、久各与語候、一南部ヨリ万(西洞院時慶女)来義、チマ供也、 一後ニ聞、矢野兵部入夜来義ト、一加肥後守(加藤忠広)預使、

大鮎

棊アリ

登城、御目見

江戸へ陽明到着

牛黄清心円

御虫気

陽明へ御見舞ノ衆多シ

藤堂高虎初メテ参上ス

早川四郎兵衛ト号、状返札候、一京へ状上候、山科ヨリ便宜也

廿二日 天陰、朝東風、亦雨天、一早天吉良左(義弥)へ提食籠遣候、滋野井(季吉)へ折一遣候、一木部藤左(直方)ヨリ大鮎一鉢被贈候、延寿院(曲直瀬正紹)へ則送遣候、一禅高(山名豊国)預状、返札候、一重而延寿院預状、今夕可料理ト、冷中(冷泉為満)へモ申、各行、藤右衛門佐(高倉永慶)等也、朽牧斎(朽木元綱)モ客也、有棊、一徳備後守(徳岡)ハ品川へ差越候、陽明(近衛信尋)御迎也、非今日トテ帰

廿三日 天晴、晩風立、時雨ノ如シ、一登城、御目見、各同参也、一品川へ陽明(近衛信尋)御着也、御迎ニ越候、広大(広橋兼勝)・柳大(弁々)(柳原業光)・山科(言総)、予ハ先へ行、御供ノ江戸へ着、誓願寺御宿成候、各捷径ヲ行、御迎ニ出候、御見舞ノ衆多之、冷泉中(為満)・禅高(山名豊国)・日野宰相(光慶)・姉少路(公景)等也、滋野井(季吉)等、吉良左兵衛(義弥)、入夜酒井雅楽頭(忠世)参候、松平越中守(定綱)肝煎也、御年寄衆へ先御案内在之、雅楽頭へ礼ニ被遣人、夜半ニ予ハ帰宅候、一見廻衆多之故、夜更テ帰也、一施薬院(宗伯)ヲ尋候、牛黄清心円二貝給」(33オ)

廿四日 天晴、誓願寺見廻申、為御使御城へ出、雅楽頭(酒井忠世)対顔ノ云々旨申入、御虫気由聞、但為御隠密、医師衆各被相詰候、予只今参候、送而被出候衆、延寿院(曲直瀬正紹)・道三(今大路親清)・薬院(宗伯)・上地院(坂洞庵)等也、又本多上野(正純)・酒井備後守(忠利)・青山伯耆(忠俊)等被出候、松平越中守(定綱)駄走也、一事多而洩了

廿五日 天晴、誓願寺へ出、一陽明(近衛信尋)へ御見舞之衆多之、藤堂和泉守(高虎)初而参上候、銀子五枚・

袷・小袖十・蠟燭百挺進物也、酒久、御所（近衛信尋）へも泉州（藤堂高虎）盃ヲ被召候、堅固内々ノ義也、一年寄衆

年寄衆三人参上

三人、本多上野（正純）・土井大炊助（利勝）・安藤対馬（重信）参上候、門ヨリ可帰由候処、予出、是非共ト袖ヲ引入、御盃又上下取カハシノ義在之、御酒出来候、一入夜梶井殿（最胤）御座候、有御酒、一織田兵部（織田信良室下）内義（津氏女）ヨリ山桝皮・瓶被贈候

陽明御登城

廿六日 雨天、巳刻ノ間不降、一陽明（近衛信尋）御登城轅ニ召候、式正也、予父子（西洞院時慶・平松時興）ハ御先へ出、車寄ニ相待候、広橋（兼勝）ヲ始三西（三条西実条）其外ノ衆皆々御先へ出テ被待候、堂上今度之役者衆大略出候、歴々ノ躰也、年寄衆各被出候、堂上各モ御目見メ退出候、陽（近衛信尋）御進物ハ袷十・小袖十・御太刀・馬代、各又車寄迄送被出候、一礼メ爰ニテ輿ニ被召候、エン（縁）迄将軍（徳川秀忠）被送出候、一若公（徳川竹千代）へ御礼ハ今日

天台衆ノ論義アリ

ハ無之、論義在之、天台衆ト、」（33ウ）一陽明へ御見廻衆多之、禅高（山名豊国）・一斎（堀河親具）・加古豊前（賀古正利）・吉良（義弥）等、松平越中守（定綱）等、冷中（冷泉為満）・道春（林信勝）同心、予申次、入夜酒久、有謡、一平松侍従（時興）ハ年寄衆へ一礼ニ出、五人ノ衆又上野（本多正純）ハ先日申候、一川勝清左衛門音信、折一給、一出雲殿へ先行、御礼、珍重申候、一松キ美濃守（真継康総）来義

悪風ノ心アリ火焼テ快気

若君へ陽明御礼

廿七日 天陰、霎、一行水・祓、悪風ノ心アリ、焼火而快気、一京へ文認、孝（孝蔵主川添氏女）へ遣候、一広大（広橋兼勝）預使、今日若公（徳川竹千代）へ御礼ノ義也、陽明（近衛信尋）御出也、若公陽明御送、車寄迄ノ分也、雖然各申留テ三

座敷鞠ヲ見ル

度被出候、一御礼ノ後、各被留鞠御見物候、座敷鞠也、各烏帽子・直垂ヲ改、肩衣・袴也、

予袴遅〻故、大沢少将(基宿)ニ借用〆候、チイサ刀モ同前、有御振舞、大御酒也、青山伯耆守(忠俊)馳走也、前場半入(勝秀)・永井右近(直勝)等取持也、有謡、広大・三西(三条西実条)・冷中(冷泉為満)・菊中(菊亭宣季)・予・日宰相(日野光慶)・右衛門佐(高倉永慶)・飛鳥井(雅胤)・姉少路(公景)・極﨟(壬生忠利)等也、一朽牧斎(朽木元綱)先日返事候、又預状返事候、晩炊ニ被呼、飛鳥中(飛鳥井雅胤)同心候、酒又久及夜、与五郎(朽木友綱)・民部(朽木稙綱)等取持也、於数寄屋掛物、達磨、照(勝定)常院殿(足利義持)一山(顕)ノ自画自讃也、円壺ノ茶入也、一陽明へ又参

数寄屋ニ達磨ノ掛物
円壺ノ茶入

登城、御目見
廿八日 天陰、雺、登城、御目見、各一同也、一孝(孝蔵主川添氏女)へ寄、暫語候、一晩ニ陽明(近衛信尋)へ藤堂和泉(高虎)参上、又堂上各被召、昨日御台(徳川秀忠室浅井氏女)ヨリ被進候金ノ大折二・御酒ヲ被披候、和泉モ持参金大折・法界・食籠等、種〻也、」(34オ) 若衆・小姓共左京ヲ初而召具、乱舞アリ、二番舞候、江口・三輪、一堂上ニハ広大(広橋兼勝)・三大(三条西実条)・冷中(冷泉為満)・日相公(日野光慶)・飛鳥中(飛鳥井雅胤)・右衛門佐(高倉永慶)・極﨟(壬生忠利)・清蔵人(伏原賢忠)等也、一武家ニハ山名禅高(豊国)・藤堂和泉守・松平越中(定綱)・竹中采女(重義)・赤井豊後(忠泰)・舟越(永景)・加古豊前(賀古正利)等

金ノ大折
乱舞

地震
山名禅高へ二冊返ス
廿九日 地震寅刻、天晴、不慮之天気故無御能、一京殿(左脱カ)陽明(近衛信尋)へ被参、予モ先行、対面候、孝蔵(川添氏女)主同心〆伺候也、一禅高(山名豊国)へ二冊返進候、一平松侍従(時興)宿へ見廻衆在之、一夜風呂へ入、一事多而漏之

御能アリ
卅日 暁雷鳴、雨少降、午晴、有御能、各出仕、巳刻ニ初、能クミ・役者付、別ニ記之、但脇ニ玉ノ井〵観世大夫(身愛)、二番ニエビラ〵杜若金春大夫(重勝)・船弁慶〵皇帝〵天鼓ハ大大夫(金春安照)、ソラ腹〵海〵

式正ノ御振舞

「（金春）人、祝言・養老」、五番過テ有御振舞、式正也、御相伴、奥ノ上壇中▨央将軍（徳川秀忠）・左陽明（近衛信尋）、下壇広（広橋兼勝）大・冷中（冷泉為満）・予、右方梶井殿（最胤）・三西大（三条西実条）・菊中（菊亭宣季）・日相公（日野光慶）、以上、七膳迄也、湯漬皆金也、三献メ御

御盃毎ニ一盃

盃一ヽ給、御肴モメイ「」ニ給、上壇進候、御盃毎ニ一盃ト強テ宣フ、果子・御茶迄通テ各罷立候、殿上人衆ハ別ノ座敷一所ト、能果テ将軍御座ノ間ノ障子明候、陽（近衛信尋）御立候、被送候、諸大名衆ハ其侭被置、堂上退散ノ後ニ可被出ト、諸人静也、大夫以下ノ者禄ヲ給事ハ不見、御振舞ノ間也、可尋之」（34ウ）

五月小

泄瀉

登城

一日 己丑 天晴、夕雨、朝ハ吉良左兵衛（義弥）ニ振舞、両伝（広橋兼勝・三条西実条）其外衆参会、唯心院（日野輝資）・日相公（日野光慶）等、予泄瀉無力トモ依兼約行、直ニ登城、」御目見、一御戸（水）ノ少将殿（徳川頼房）へ礼、則被振舞候、太刀・馬代銀子一枚、平松（時興）同前、中山備前守（信吉）奏者也、被取持候、両伝奏（広橋兼勝・三条西実条）其外衆大略也、但相煩衆ハ不出、中山備前へ（ママ）

夢想ノ頭字歌

一朽木兵部（宣綱）・脇坂主水（安信）来義候、進盃、心静也、一冷泉（為満）来義、カンノ刑部（神尾守世）夢想ノ頭字哥三首所望候、難意得義也、乍去先令掌候、一夜ニ入、万（西洞院時慶女）来義、右（左ニ改）京殿同心也、留守ト云者供也、一永井右近大夫（直勝）へ錫鉢三遣候、預礼状候

紅花
タバコ

二日 雨止、天晴、夜中風荒、一朽兵部（朽木宣綱）預状、可振舞ト、理申候、一宿ニ終日在之、方ヽヨリ文、又来客、一脇淡路守（脇坂安元）ヨリ紅花三十袋ハ六十斤也、賜之、礼状遣候、一木部藤右（左）衛門（直方）タハ

陽明ニ土井・本多・藤堂等参入

コ・蠟燭三十挺被送、一松平〔毛利ハ〕長門守(毛利秀就)ト号、帷子三之内単一、有間玄蕃頭(有馬豊氏)へ帷子一・単一、本多備前守(紀貞)へ帷子一・単一、各へ遣状、返札在之、永井弥右衛門(白元)へ錫鉢二・焼物一器遣候、左京殿へサラシ帷子一、下ニ仕者ニ美濃帋一束、又万(西洞院時慶女)ノ供候留守ト云者ニ紙一束・扇遣候、一爪切、一夕ニ陽明(近衛信尋)へ参上候、土井大炊助(利勝)・本多上野(正純)・藤堂和泉(高虎)等参入、大御酒也、予又取持候、」(35オ)□(久カ)我大来入、進酒候、一陽明御使者アリ、一左京殿飯後被帰候、万ハ留候、一陽明御宿ノ振舞也

陽明御暇ス

月拝

夢想ノ詠草ヲ定ム

三日 天晴、川信乃(川勝広綱)ヨリ状、可振舞由候、理申候、一陽明(近衛信尋)御暇出候、酒井雅楽頭(忠世)御使者也、銀子五百枚・白綿五百把被進候、水野監物(忠元)・井上主計正(正就)・菅刑部(神尾守世)等伺候也、酒一盞進候、伝長老(以心崇伝)・知足院(光誉)等伺候也、予ハ未力付候、一平松(時興)験気也、一月拝、明也、遅宿へ帰、一夢想ノ詠草三西大(三条西実条)へ談合ノ定也、平松詠モ相済、清書、冷泉(為満)へ申談候

陽明出立

方々ヨリ音信

四日 天晴、巳刻ニ陽明(近衛信尋)御立候、品川迄送也、松平越中守(定綱)此所送申古寺屛風幕曼(幔幕)ヲ引、振舞、金銀ノ義被申付候、大御酒也、予ハ日ノ中ニ帰也、直ニ広大(広橋兼勝)へ行、一孝(孝蔵主川添氏女)ノ宿へ又直ニ行、有酒、又出雲殿同参也、湯漬ヲ用、一方々ヨリ有音信、永井右近大夫(直勝)蠟燭百挺、本多備前(紀貞)ヨリ蠟燭百挺、ミトノ少将殿(徳川頼房)ヨリ太刀・馬代銀子十枚給、一吉良左兵(義弥)ヨリ粽十把、一川信乃(川勝広綱)ヨリ粽五把、久左衛門ヨリト申来

登城
女御殿屋敷ノ指図
方〻ヨリ粽、客多シ

五日　天陰、登城ノ間ニ晴、御対面ノ後、久城ニ伝奏（広橋兼勝・三条西実条）相待候、女御殿（徳川和子）御屋敷ノ指図ニ隙入ト、西丸（徳川竹千代）へ参、御対面、一方〻ヨリ粽被持候、客多、一晩ニハ広大（広橋兼勝）・孝（孝蔵主川添氏女）へ行、クルニ逢、祝詞申伸」（35ウ）

登城シ御暇ス

六日　天陰、霎而晴、一松平越中（定綱）へ礼ニ出、段子二巻、同河内守（定行）へ太刀・馬代三百疋・単一・帷子一遣候、他出、不会、越中ハ対面也、吉良左兵（義弥）手引也、彼宿所へモ先行テ同心候、一牧（朽木元綱）斎へ行、他出也、一登城、御暇出、両伝（広橋兼勝・三条西実条）・菊中（菊亭宣季）・予・日宰相（日野光慶）・藤右衛門佐（高倉永慶）・山科等也、極﨟（壬生忠利）ハ遅参ニテ対面ニ不合候、拝領ノ義如去年、帷子五・単物五・銀子百枚也、各退出ノ刻霎、

セテン

一吉良左兵ヨリ帷子二、永井弥右衛門（白元）ヨリ嶋ノ単一・帷子一、安藤対馬守（重信）ヨリ単一・帷子一、状各返札候、一織田兵部内義（織田信良室下津氏女）ヨリセテン二巻給、一万ハ孝（孝蔵主川添氏女）へ来泊候、チマ供也、万𠮷万ノ事憑由申候、万ニ銀子一、チマニ予白（古）帷子一遣候

荷物コシラへ忩シ

七日　天陰テ晴、荷物コシラへ忩シ、一織田兵部（信良）ヨリ帷子三ノ内単一、又内義（織田信良室下津氏女）ヨリ茶ヲ給、一ミトノ少将（徳川頼房）ノ侍従殿来義候、干飯小袋二十・塩引一尺給、滋野井（季吉）ノ事ヲ被申候、又駿府へノ事ヲ被申候、一延寿院（曲直瀬正紹）来義候、盃ヲ進候、一川信（川勝広綱室）ノ女中ヨリ板物一端給候、久左衛門使也、

山名禅高へ楽ノ名ヲ仮名付シテ遣ス

一冷泉（為満）来入、一暇乞ニ飛鳥（飛鳥井雅胤）・織田兵部内義有盃、一禅高（山名豊国）へ楽ノ名共仮名付〆遣候、門迄行候、所労ニテ不被会、一牧斎（朽木元綱）以使者申候、後ニ来義、白魚一給、同兵部（朽木宣綱）ヨリ蠟燭五十挺入ノ箱一

給、品川迄被持候、返札候、一日唯心(日野輝資)へハ以使者暇乞申候、伝奏(広橋兼勝・三条西実条)へ暇乞ニ行、一松平越中守(定綱)ヨリ使者、江戸町ノ端迄給、途中故、口上返事候、隠岐守(松平定勝)へ状モ給、一到品川、直木部藤左(直方)衛門ヨリ海上寺ト云所ヲ借、屏風□ヲ構テ振舞也、一宿候、同藤右衛門(高倉永慶)越□□□□□也、一今(日カ)□被立衆モ当所ニ被泊ト、広大(広橋兼勝)・三大(三条西実条)・日宰相、一藤左衛門息万菊来義候、」(36オ)一宿カ手判不見、仍此方ノ者(ヲカ)□南部殿(利直)迄差越候、不□(日野光慶)ト、又申遣候、別ニ手判可取由申越候、一孝(孝蔵主川添氏女)へ留守ニテ、万(西洞院時慶女)ヲ従昨日留、暇乞候、牧斎来入、次ニ知人ニ成候牧斎ノ下人先日雇候者ニ百疋・御酒ノ代□□、一右兵衛(鳥屋尾)ハ送ニ品川迄来□□(由候カ)

品川ニ泊ス

八日 天朝曇、午晴、藤右(左)衛門(木部直方)馳走也、万菊ニモ盃ヲ進候、振舞念入、一寺へ百疋遣候、鳥屋尾右兵衛ハ江戸へ返候、孝蔵主(川添氏女)へ文遣候、右兵(鳥屋尾)身上ノ義申遣候、南部万(西洞院時慶女)へ遣文、手判ノ義申越候、カノ川(神奈)へ五里、馬次也、昼食、一餞別ノ物共日記ヲ改、一程萱(保土ヶ谷)へ一里、馬次也、此所へ甚五郎江戸ヨリ追付、万カ文ヲ見、一富塚、馬次、二里、一路次ニ薬種多、馬鞭草・蓬・冬葵子・卞畜(萹蓄)等也、一藤沢ニ泊、此所ニ姉少路(公景)・菊亭(宣季)モ被泊ト、姉侍従(姉小路公景)預使、従是モ遣使者候

神奈川昼食
餞別ノ物共日記ヲ改ム
路次ニ薬種多シ
藤沢ニ泊ス

九日 天晴、藤沢ヲ立、江ノ嶋詣、此間一里半歟、荷物ハ直ニ先へ遣候、嶋へハ塩干テ歩行也、(春清)岩本坊ト云所ノ小僧春清(教巡)ヲ雇、案内者候、海ノ景気、嶋岩ノ躰、昔見シヨリ異、驚目斗也、

江ノ嶋へ詣ヅ
嶋へハ潮引テ歩行

金亀山与願寺江嶋院
弘法ノ臥跡
頼朝能ヲサセラル、事
大磯昼食海人
小田原ニ泊ス
饅頭
駄賃馬

山号ハ金亀山、寺号ハ与願寺、院号ハ江嶋院ト号ト、山下ニ三宝荒神アリ、下(シモ)ノ宮・上(カ)ノ宮二所アリ、窟ノ内ハ弘法(空海)被開ト、金剛界・胎蔵┃両部アリ、○金┃ニハ瀧ノ不動　明王(ママ)・弁才天・師子アリ、」(36ウ)弘法ノ臥跡石腹也、宝珠、石ノ板ハ尊像也、○胎┃天照太神、富士、浅間、摩利支天、護广鉢、此等ノ奇妙ノ物共アリ、平ミタル石海へ指出タリ、昔頼朝(源)能ヲサセラル、事有ト、岩ノ間ニ浄清ノ真水アリ、窟ノ内へ一町半ホトアリ、社壇アリ、柱金ニ成候、奉加ニ入、銀子一両奉、　一平塚へ着、馬次馬無之而、亦乗物舁モ無之、手物ニ中付候、一大磯へ着、昼食、海人ヲ雇、蚫ヲ取、見物候、海人ニ十疋、宿へ二十疋遣候、一人馬先へ各被越候、故ニ無之、仍遊覧候、長次(徳岡)ハ馬中付テ供候、久蔵ハ歩、其外ハ荷物ニ付置候、大磯へ半里〆無馬人、乍去予ハ馬ニ乗テ小田原へ着候、山田太郎右衛門春ノ宿ハ旅人在之テ、並ノ屋与左衛門ニ宿ヲ取、則前ノ宿主引付候、平松(時興)も此宿ニ一昨日泊由文アリ、一当所ニ西(三条西実条)三・菊亭(宣季)中・姉少路(公景)等被泊、広大(広橋兼勝)ハ莒(箱)根ニ今夕被泊ト、一前宿太郎右衛門ヨリ枇杷一鉢送候、又与左衛門ヨリハ相煩トテ子ヲ礼ニ出候、指樽・饅頭ヲ上候、一サカヤキ剃、一蚫二・枇杷三西(三条西実条)へ送、一蚫二・饅頭一籠菊中(菊亭宣季)へ送候

十日　天晴、夕雨、一小田原ヲ立、役ノ馬人無之、仍駄賃馬人ヲ才覚、前ノ宿馳走、与衛門ニ二十疋・扇子三遣、太郎右衛門(山田)ニ二十疋遣、伝馬一疋・人足二人出、其外ハ駄賃馬九疋調、

箱根ニテ昼食
三嶋ニ泊ス
三嶋本町火事
打撲ノ薬

役人衆ニモ申付候、一莒(箱)根下、茶屋ヨリ予ハ歩行、二里上也、昼食候、湖水ニテ石塔積、長坂ヲ下ニ、新在家ニテ輿ヲ立、茶喫、三嶋申刻ニ着、当所去八日ニ本町焼失、相残分□也、□[此]宿ハ社本近□(所カ)也、一大明神へ□(御カ)鈴代十疋奉、宿主藤十郎女房打撲ノ煩薬所望、遣之」(37オ)

鼻紙
江戸ニテ進物・拝領物ヲ逐一記ス
雁・生鮎

十一日 天風雨、終日不止、後ニ聞、水洪ニ出ト、一逗留、鼻紙感得候、一菊中(菊亭宣季)・姉少路(公景)来入、進酒又湯漬ヲ出、増水等申付候、宿ノ杓取出候、一於江戸進物又拝領物共逐一ニ記之、一晩ニハ菊中へ被呼、丁寧之振舞アリ、一茄子・雁・生鮎・塩引等在之、一宿へ二十疋、又仕女共ニ十疋・扇子二本遣候

半夏生

十二日 半夏生、天未陰、午晴、一立三嶋到沼津、一里半、三西(三条西実条)此所ニテ対談、三嶋ノ元宿主水へ焼失ノ訪ニ良子二匁七分、有ノ侭遣候、路へ出、一礼申候、到浮嶋原、一里半、馬次、荷物相待候、一菊中(菊亭宣季)ヨリ前へ越候、芦(吉)原馬次、此所ニ無馬而相待、三西ハ前へ被立、一サカヤキ剃、一荷物ヲ解、半長持二ツ・入物共入直、文共取置、菊中両度見廻

富士川ヲ渡ル
由比へ越テ昼食
徳川頼宣ヨリ使者
駿府ニ泊ス

十三日 天晴、菊中(菊亭宣季)・姉少路(公景)同心〆富(士)川ヲ渡、無事也、一神(蒲)原馬次、各ハ此所ニテ休息、予ハユイ(由比)へ越テ昼食候、　里ノ名ヲ問へハ答モ芦墻ノユイカヒ無ト引籠リケリ、一清見寺へ二里、馬次、下人昼食ノ間少睡眠、一江尻へ　里(ママ)、此途へ駿府中納言殿(徳川頼宣)ヨリ」(37ウ)使者、芦川(正吉)権大夫、宿奉行被申付候、賜ノ義等、宿ハ八文字屋長兵衛ト号、則是へ着候処、三上玄蕃

宿ニ風呂ヲ焼ク
洗髪
家康室へ礼ヲ申入ル
徳川頼宣ヨリ使者
藤枝ニ泊ス
掛川ニ泊ス
卯日
今宮祭礼

ヲ使者ニテ御懇也、又水野出雲守(重仲)・(ママ)丹波守(久野宗成)等来義、為見廻也、一権大夫振舞申付、丁寧之義也、不相伴候、喜兵衛(徳岡)・備後守(徳岡)呼出、宿主長兵衛給仕候、菊亭(宣季)及夜□□〔被着〕故、御礼不申入相延候、出雲所(水野重仲)迄漸以使者申候、竹田慶(定賢)庵(安)来義候、宿ニ風呂焼、心静也、洗髪候、一極﨟(壬生忠利)・清蔵人(伏原賢忠)・官務(壬生孝亮)来義候、進物共用意申付候

十四日　天晴陰、雺候、御袋(徳川家康室正木氏女)御礼申入、杉原十帖・箔帯二筋・焼物大器一、中殿へ箔帯二筋・文遣候、礼文アリ、御袋ヨリ御使者、袷一・帷子二・文給、御返事候、一其後又中納言殿(徳川頼宣)ヨリ御使者渥味(アツミ)(渥美友真)太郎兵衛ト号、単二・帷子三・艮子十枚給之、御礼ニ水野出雲守(重仲)迄参候、城へハ御煩御煩(衍カ)ノ中ナレハ無用ト、宿ノ長兵衛依昊見不参、丹波所(久野宗成)へハ行、一礼斗、中納言殿へハ太刀・銀子一斗也、出雲守へ太刀・馬代三百疋、別ニ物ハ不添候、一藤枝ニ泊、雨故也、此路二里、今日之道五里

十五日　天晴、風立、一立藤枝、此所ニ三西(三条西実条)・藤右衛門佐(高倉永慶)等被泊、先ノ馬指合故、立事遅、到嶋田、二里、馬次、一広助雖来、慮外故不会、大脇指斗一召置、銀子一枚也、嶋田ノ宿九十郎ニ二十疋遣、輿舁長八ニ茶銭ヲ、両人ニ遣候、一於金屋(谷)馬次、従嶋田一里、新坂(日)へ二里、馬次、休息、湯漬ヲ用、坂ハ大略歩行、新坂ノ宿へ、一善(小左)兵衛被尋候、懸(掛)川馬次、日暮、又久蔵与他左衛門ヲハ金屋ニ」(38オ)残置テ此所ニ泊、一卯日也、八幡宮別而祈念候、今宮祭

礼拝之

十六日　雨天、長持ヲ明、ハサミ箱へ尾州ノ進物以下取置、太刀目録等ヲ認置也、又長持之金物ヲ鍛治屋へ遣、打直、一銀子孔方替ノ事申付候、一宿主ノ女房衆相煩テ薬所望、遣之、一ツヽラ二ツノ中ヲ改入直、一歯黒、爪切、サカヤキ剃、此上テノ小川大水出テ通無之故、晩迄逗留、一金屋(谷)ニ置候荷物久蔵与他左衛門同心ﾒ持セ来、棒庵(下津宗秀)云伝ノ蠟燭箱ノ釘ヲ打置(直)ﾒ能入直、一宿ヨリ餅二重・双瓶ヲ出候、薬ノ礼ト、一今日祈念ノ日ニテ看経、一袋井へ二里半越テ泊、原川又在所ノ出口ノ川大水ニテ及夕出也、官務(壬生孝亮)又極﨟(壬生忠利)・清蔵人(伏原賢忠)等ハ三付(見)へ前へ越候、又菊中(菊亭宣季)へ無心元由申、以飛脚申候、有喧嘩ト、一輿舁ニ茶銭ヲ少遣、一菊亭(宣季)へ状、於途上テ飛脚ハ袋井へ帰也

十七日　朝ハ霎、巳刻ニ天晴、一曙ニ袋井ヲ立、天龍渡、水大也、三付(見)馬次也、一里半、一荷物遅々、自身ハ先船渡候、極﨟(壬生忠利)・清蔵人(伏原賢忠)・官務(壬生孝亮)等同心ﾒ行ニ又逢、同船候、一於浜松馬次、宿へ寄、暫相待、此道三里、前坂(舞)へ三里、乗船、荷物ハ遅々也、風迎テ船遅、但後ハ片等ニ引也、荒井(新居)ニ暫待テ遅立、宿ノ小童ニ孔方少遣、一白菅(須賀)へ一里半、馬次、二川へ二里、日暮故ニ二川」(38ウ)ニ泊、座敷新ク広シ、南カワ也、一河海ノ難ヲ遁、一袋井ニテ荷ヲ付ニ鬮ヲ取□(テ)、一駄馬ノ次第ヲ相定候

尾州ノ進物
歯黒
小川大水出テ通レズ
祈念ノ日ニテ看経
袋井ニ泊ス
喧嘩
天龍川渡ル
舞坂ニテ乗船
迎風
二川ニ泊ス
駄馬ノ次第ヲ定ム

十八日　天晴、立二川、吉田へ二里半、此所ニテ三西（三条西実条）・右衛門佐（高倉永慶）等ニ逢、馬次、五井（御油）へ二里半、馬次、一旅人ノ上レハ下ル道中テナラハ〳〵ト暇コヒスル、赤坂へ半里、一ハタコ屋ニ人ヲトムレハ鶏モコツカコウトソウタフアカサカ、赤坂ニテ昼食、下人モ申付候、此間ノ道遠、一藤川馬次、二里、岡崎へ二里、此所ニ、一近衛殿（信尋）御煩ニテ御逗留アリ、則見舞申候、痘出、先御脈ヲ見候、智鯉鮒（池）へ可通処、無是非泊也、一本多豊後守（康紀）預使者、其後又八木一俵・薪二［駄］被持候、其後予礼ニ行、帷子一・単一・太刀・馬代艮子一枚、平松（時興）ハ匂袋十□（遣カ）候、金銀ノ振舞アリ、有茶、先元（玄）関迄迎ニ被出、又送ニモ、一徳勝院（禅昌）遣人、生鯉一被贈、又見舞ニ行、煩也、了雪モ煩也、見舞之、一菊中（菊亭宣季）被着候、見舞、姉少路（公景）一所也、一官務（壬生孝亮）・極臈（壬生忠利）・清蔵人（伏原賢忠）見廻来義候、一伝奏衆（広橋兼勝・三条西実条）モ今日爰ヲ被透ト、一夜又礼ニ豊後（本多康紀）来義候

赤坂ニテ昼食
近衛信尋ニ痘出ル
本多康紀ヨリ使者
生鯉

十九日　雨天、痛ハ不降、一陽明（近衛信尋）見廻申候、一本多豊後守（康紀）預使者、両度、馬以下可申付由候、伝馬有之由申而不請之、一智鯉鮒（池）ニテ馬次、三里、今朝陽明へ御理申候、名護屋為御礼越候、先度之宿へ寄、人馬肝煎候、二十疋遣候、一鳴海馬次、三里、宮へ一里、□□ノ宿也、昼食候、」（39オ）備後（徳岡）遅着、久待、此所ニテ馬三疋・人足四人代官へ理申而調□（候カ）、一京へ荷物共先へ大形遣候、喜兵衛（徳岡）・長次（徳岡）・小吉等相添テ上候、韓・長持・半長持二［ツ］・ツ、ラ二、其外蠟燭箱・塩引雁等ノ物ヲ上候、一名護屋へ越、伝奏衆（広橋兼勝・三条西実条）ハ御礼相済、日宰相（日野光慶）・柳弁（柳原業光）・藤右衛（高倉永慶）

宮ニテ昼食
京へ荷物先ニ遣ス
塩引雁
名古屋へ越シ御礼

徳川義直ヨリ飯米五俵

徳岡備後煩

名古屋城へ出ル

家康ヨリノ高麗茶碗

門・山科(言総)等也、予一組ハ未済、竹越山城守(竹腰正信)一礼、帷子一・単一、他出ニテ申置、極﨟(壬生忠利)・清蔵(伏原賢忠)人・官務(壬生孝亮)等同心候、御袋(徳川家康室志水氏女)へ杉原十帖・箔帯二筋、少将ト云老女ヲ礼ニ被出候、有茶、一龍雲(飛鳥井雅春男)へ単一・帷子一、内義へ板物一端、壱岐守(一色孝治)へ帷子一、五郎八へ帷子一ツ遣候、一中納言殿(徳川義直)ヨリ飯米ト〆五俵ハ三斗入也、持給八木奉行ノ名ハ松井勘兵衛ト号、請取ヲ遣候、一両伝(広橋兼勝・三条西実条)へ見舞、一菊中(菊亭宣季)預使、又以使者申候、一従龍雲内義指樽・重箱一入夜持候、雖臥起出、対面、各ニモ進候、一宿へ見舞、来入ノ衆、龍雲・清水甲斐守(志水忠宗)・市辺出羽守(正好)・竹越山城守、翌日門迄礼ニ行、一及夜使者、大崎七郎右衛門(昌好)ト号、遙々越候事祝着被申由候、一徳岡備後前後モ不知相煩、平臥候

廿日 天晴、行水、サカヤキ剃、名護(古)屋城へ出、菊中(菊亭宣季)同心候、極﨟(壬生忠利)・清蔵人(伏原賢忠)・官務(壬生孝亮)同心候、姉(公景)少路ハ少遅、座敷へ入テ礼ノ後ニ礼也、元(玄)関迄中納言(徳川義直)被出迎候、又送ニモ被出候、振舞結構ノ義也、中納言方ニハ因幡内匠助・龍雲(飛鳥井雅春男)両人出候、堂上ハ座敷ノ中也、極﨟ヨリ末ハ広椽ニ候、先盃出テ各賜之、其後振舞出也、御茶アリ、茶碗高麗也、前相国(徳川家康)ヨリ被参タルト、一宿主七間町東カワニテ」(39ウ) 新十郎ト号、此宿へ帷子五之内単二・銀子廿枚、御便(使)佐々又左衛門ト号ヲ給、請取ノ切手所望候間、雑掌判ヲ〆遣候、則立候、宿へ五俵、其ゟ遣置候、一龍雲へ以書状一礼申候、宿へモ、又朝ニ来義候、五郎八同心候、一輿舁四人ニ十疋遣候、一

熱田社へ参ル
御師ヲ頼ム
八剣宮ニ祈念
陽明遅ク到着
干瓜
蟹・ガウナ
匂袋
白瓜・コチ
熱田社ノ神職・石高・年中行事等ヲ尋ヌ

宮へ帰着、岡崎へ飛脚ヲ差越候、与一使也、日用甚五郎ハ存分申而不応、徳備後（徳岡）以外相煩、
雖然馬ニ懸リテ宮へ着候

廿一日 天晴、社参門外迄也、祈念候、百疋奉、本社宮内大夫ト云ヲ御師ニ頼、八剣宮モ祈念、一玄琢（野間成岑）従京都被越候、板伊州（板倉勝重）肝煎之由候、宿へ行テ委様子語、又京都モ無事ト、午刻ニ各陽明（近衛信尋）御先へ被越候、滋野井（季吉）・平松（時興）・徳松院（勝）・進藤修理（長滋）等也、徳勝（禅昌）ハ此方ニテ常住振舞、平松同心候、一陽明遅ク御着也、一飛鳥井（雅胤）参着、快気ト、一徳備後（徳岡）少ハ人心ニ成候、一干瓜申付候、一肴共少買得、蟹・ガウナ等也、一龍雲（飛鳥井雅春男）へ遣状、各御礼ニ可参之由案内申候、一今日久脩（土御門）御見廻ニ下向ト、於御前対顔候、一徳備後煩同前、一ナコ屋へ飛脚、久八ヲ遣置候

廿二日 天晴、朝雯メ止、一名護（古）屋へ各被越、為御礼又陽明（近衛信尋）御使進藤修理（長滋）也、滋野井（季吉）・平松（時興）・徳勝院（禅昌）等也、龍雲（飛鳥井雅春男）へ遣状、御礼仕合能様ノ為ソ、雖然平松ハ銀子不出、如何ノ義也、一玄琢（野間成岑）ヨリ匂袋十所望候、又杉原モ一帖給、雖然□［五］六枚置テ皆返進候、一入物共取置相認候、一松□［平］越中守（定綱）へ状認置候、」（40オ）一陽明へ白瓜三十・コチ五ケ進上候、一亀斎（三宅亡羊）・兼与（猪苗代）御見廻ニ下向候、一予腰痛甚故、服薬候、一サカヤキ剃、△当所之事相尋候、一祢宜馬場左京（光仲）ト号、五郎（大喜）丸・下総（大喜）・但馬・伊与、但馬ハ内神ノ役ヲ勤ト、三千七百石熱田分ト号メ在之ト、神事初、正月十一日、二月祭巳午ニ御供備、三月ハ無神事、四月八日花ノ頭（トウ）アリ、頭人開ヲ仕、五月

津嶋祭
名古屋ヨリ使者
夜ニ伝馬船ニ乗ル
順風ニナル
松平定勝ヘ一礼
仏眼院ノ廟参
関ニ泊ス
八専
蓬ヲ採ル

五日神行ナリ、大服殿(福田)ト号、其ヘ御幸、六月五ハ町ノ神事アリ、タイシリアリ、津嶋祭ハ十五日也、七月七日神宝・御剣等ハ御殿ニ納、被拭ト、八月八日神行、○西ノ門ヘ御幸ト、十一月卯辰ニ御供参ト、海蔵門南・春叩(ママ)東、西ノ門、北、一名護屋(古)御使者一式(一色孝治)壱岐守銀子三十枚・単帷十、壱岐御対面、帷子・単物被遣候、壱岐ニ文云伝、龍雲ヘ遣候、一入夜乗船、予ハ伝馬船也、陽明ハ跡ヨリ御越ト、風向ナリシカ、乗移リテ順風ニ成候、奇特之義、神仏之御加護、不堪感涙也

廿三日 天晴、舟平ニ着、曙也、城ノ近辺ニ宿ヲ取、行水・休息、一隠岐守(松平定勝)ヘ一礼申候、銀子一枚・太刀・帷子二之内単一、取次久松清左衛門尉(勝直)ヘ帷子二遣候、隠岐ハ昨夜参　宮ト、久清左(久松勝直)ハ十日斗腹中煩ト、遣状申候、又越中守(松平定綱)ヘ状二通遣置候、一船頭ニ二十疋遣候、一仏眼院ノ廟参候、二十疋香典、坊主出、盃候、急立、一四日市ヘ三里半ト、四里ヨリ遠程也、石薬師三里、馬次也、亀山ヘ二里半、関ヘ一里半、皆馬次也、関ニ泊、兼与(猪苗代)・奇斎(三宅亡羊)ト語、石薬師」(40ウ)ニテ茶ヲ立、両人ニ進、今日途ハ乗馬候、一夜陽明(近衛信尋)御前ニテ久閑話アリ、十二郎ト云者戯言共一興ノ義也、一明日早々京ヘ文認、松梅院(禅意)飛脚ニ云伝候

廿四日 天晴、少曇、涼気也、八専ニ入、一陽明(近衛信尋)ヘ先参候処、未御寝ト、平松(時興)モ其分也、予ハ急立、於坂馬ニ乗、鈴鹿ヘ御初尾奉、又参宮ノ道者ニ云伝、十疋奉、一採蓬、一土山馬次也、

水口ニテ昼食
夜盗ノ用心
草津ニ泊ス

一水口馬次、爰ニテ昼食候、又馬ニ乗、一里半程〆輿ニ乗、土山(石部カ)馬次、又乗物也、兼与(猪苗代)・奇斎(三宅亡羊)跡先ニ行也、陽明ハ遅御宿へ参、久候、一夜盗ノ用心候、在所之者共夜番ニ置候、草津泊

玉水ニテ手ヲ洗ウ
御所へ入ル

廿五日 天曇、立草津、陽明(近衛信尋)遅被着候ニ付而、予モ遅シ、一御前小漬・酒ヲ給、瀬田橋ニテ相待、御供〆大津へ着候、一玉水ニテ手洗、又浮草ヲ取、一善(膳)所ニテ御迎ノ衆、菊坊其外一条(兼遐)殿ノ衆等各不残、又民部・左近等参候、一従大津前へ上、清シ荒神詣、直ニ鶏鳴候、又道へ出、御供〆御所へ入、広大(広橋兼勝)被出間、於粟田口広中(広橋総光)・阿宰相(阿野実顕)・四宰相(四辻季継)・時直(西洞院)・竹内(孝治)等也、予迎ニ六右衛門(山田)等出候、女御殿(近衛前子)へ前へ珍重申入、晩雨天、一此亭へ勘局(西洞院時子)モ来入、姫宮(アテ宮)御方へ直ニ参候」(41オ)

廿六日 天晴、陽明(近衛信尋)以使者申入、女御殿(近衛前子)へモ右衛門督局へ珍重申候、一少納言(西洞院時直)へ見挙遣候、一斎坊主ハ無之、上下者共草臥候

禁中へ蠟燭百挺ヲ上ル
佐竹
紅花

廿七日 天晴、禁中へ蠟燭百挺上、長橋局迄参上候、局(西洞院時子)へ佐竹一束・物タテ二対進候、対面候、女御殿(近衛前子)へ紅花廿斤・塩引三尺上、右衛門督へ佐竹一束・毛抜二・ハサミ一・一分判一遣候、椿蔵主へ同、一女院(勧修寺晴子)御所へ紅花廿斤・塩引三尺、帥殿へ塩引一、二位殿へ色紙二束、一アテ宮御方へ紅花十斤・ハサミ一・毛抜二、勘局(西洞院時子)へシユチン一巻・豆蟹一桶、一陽明(近衛信尋)ヨリ粽百廿把・雁二・大樽一拝領、一少納言(西洞院時直)方ニ有連哥、及深更、予ハ霍乱故不出

霍乱

高宮布

廿八日　雨天、不出、一小川小三郎来、天蓼一折上候、高宮一端・大蠟燭十・小刀二遣候、棒(下)庵(津宗秀)ノ事咲止ノ物語候、一高台院殿(豊臣秀吉室杉原氏女)へ粽五十把・雁一・諸白一進入、文ニテ有礼、一二条殿(昭実)御留守へ樽進上候処、停止トテ不被納候、無是非、一鷹司殿(信房)大閤御留守へ粽五十把・干鯛五・諸白一進上候、此町次見挙遣候分、白川(雅朝)・五条(為適)・広中(広橋総光)・同弁(広橋兼賢)・竹内刑部少(孝治)等、一平松(時興)ハ公宴

公宴御一順

御一順ヲ被下ト」(41ウ)

江戸路次中銀子・銭ノ算用

廿九日　天晴、一五条少納言(為適)ヨリ書担子九取寄候、礼状遣候、一算用ニ孝与ヲ雇、但早帰也、又山田六右衛門ヲ雇候、今度江戸路次中銀子・銭共ノ分申付候、一御所内村三介白瓜三、喜三郎山蘋三根上候、一宇因幡(宇野)ヨリ有状、又不二菴(集雲守藤)モ、一薬籠へ薬剤共取入、一竹門(曼殊院良恕)へ蠟燭卅挺・小刀大小二、一榎並(賢隆)忠右(左)衛門来義候、白地対面

東国御物語共、文殊開眼ノ事ヲ申入ル

セテン

板倉勝重所労

高宮布

六月小

一日□(戊)午　天晴、陰、竹門(曼殊院良恕)御礼状、飯後参上、御盃給、東国御物語共申入、次ニ文殊開眼ノ事申入、御同心也、一大聖寺殿(恵仙尼)御礼申入、御膳ノ半ニテ先退出候、セテン一巻・小刀等進上候、一板倉伊賀守(勝重)上洛已後、為見廻ニ帷子二之内単一遣候、所労トテ不会候、一川那部八右衛門へ高宮二端、金子八郎兵衛(祇景)ニ同二端遣候、対面候、陽明政所殿(近衛信尹母)見挙進入、女御殿(近衛前子)・八条殿(智仁親王)門迄参申置、一条殿(兼遐)御盃給、女院(勧修寺晴子)御所殿上、両伝(広橋兼勝・三条西実条)へ以使者申候、一飛鳥井(雅胤)ヨリ朽牧斎(朽木元綱)状被届候、

一棒庵（下津宗秀）へ便宜、蒔絵屋宗清便宜也、一勘局（西洞院時子）来入

二日　天陰、神龍院（梵舜）来入、杉原十帖・団扇一給、麺ヲ出、久次供也、呼出、一玄益（曲直瀬）法眼来義、盃ヲ進」（42オ）

東国下向ノ算用
久蔵・備後日記ヲ仕ル

三日　天晴、算用申付候、今度東国下向遣銀子・銭等ノ義也、一孝与・六右衛門尉（山田）等ヲ雇、久蔵・備後（徳岡）両人日記仕候

干鰆
曲直瀬玄由薩摩へ下ル

四日　天晴、葛四郎左（葛岡四郎左衛門尉）・長野清兵衛来義、又宇野因幡又永応寺来義、干サハラ二尺被持候、麺又小漬ヲ振舞、一夕ニ神龍院（梵舜）へ行、蠟燭廿挺遣候、神光寺見物候、涼又社頭モ見物候、越後・丹後ト云神人二在之、一寿徳庵（曲直瀬玄由）今日薩州下向ト、帷子・単物遣候、状返事在之

北野詣
能良ノ曲事ヲ免ズ

五日　天晴、暑天甚、一北野詣、御百味又三十三灯ヲ奉、能札出、馳走、神前久相待候、朝間案内備後（徳岡）ヲ遣候処、遅々也、能良先度曲事此度免之而呼出候、一夕ニ能良来、麺二把持参候、一明日肴用意申付候、神光院迄長持一枝先遣候、一曼一ツリ新調、段子也」（42ウ）

終日遊興
東ノ山へ上ル

六日　天晴、暑太、一吉田神光院座敷ヲ借、終日遊興、アテノ宮御方成申、勘局（西洞院時子）各不残、新中納言（西洞院時慶女）其外少納言（西洞院時直）ノ衆不残誘引、神龍院（梵舜）ヨリ新重箱三重被贈候、宿へ後ニ遣候、此方ヨリ諸白樽一・判瓜三相添遣候、一徳岡長次名ヲ替、十左衛門ト号、大折一・諸白上候、盃ヲ飲祝之、一夕ニ東ノ山へ上、白川・鹿谷景ヲ見候、中山葬人躰在之、一雷鳴夕立、入夜帰京候、一神

高宮布
土長
佐竹
十念寺ノ廟へ詣ヅ
祇園会
霊符祭
徳日
禁中御虫払・双紙目録ノ触
虎ノ間ニテ終日御振舞アリ
禁中参仕、目録ヲ合ス
清水寺等へ御灯明等ヲ奉ル
禁中漢和御会

光寺へ高宮一端遺候、一土長・小魚ヲスクハセ興之、一今朝十念寺へ細蠟燭廿挺・佐竹一束
持参、廟へ詣、一賀茂ノヲタ阿モ局(西洞院時子)ノ同心也
七日 天晴、炎暑甚、一祇園会為見物脇坂中務(脇坂安治室西洞院氏女)ノ内義四条ノ宿へ被呼テ、内義・新中納言局(西洞院時慶女)、
終日也、晩ニ被帰、一神龍院(梵舜)へ昨日遣礼状、他行ト、又神光院へモ遣、有返事、一霊符祭、
一一巡到来、端ノ月次也、一孝与来義、二時斗語、湯漬・麺ヲ進候、一昨書札十念寺、又榎
並忠(賢隆)右(左)衛門尉へ遣状候、一陽明(近衛信尋)ノ与右衛門(満木)来義、予平臥故不会候
八日 天晴、神事、所々可詣処、依徳日相延、一俄ニ禁中有御触、御虫払、双紙ノ目録□□、
中院(通村)・西園寺中(公益)・土御門中務(泰重)・菊中(菊亭宣季)等也、其外助之衆、但五条(為適)・両坊城(東坊城長維・西坊城遂長)等也、終日御振舞在
之、虎ノ間ニテ也」(43オ)
九日 天晴、如昨日 禁中参仕、又合目録、一開眼日取ノ事、中務(土御門泰重)へ申候処、則記之給、一江
戸へ状共多認、烏丸大納言(光広)下向ノ有増也
十日 天晴、清水寺詣、瀧詣、カネノ緒・御灯明ヲ奉、一六波羅堂カネノ緒・御灯明ヲ奉、一
因幡堂御灯明ヲ奉、一玄琢(野間成岑)へ盃台、又 禁中御灯籠ヲ誂、一禁中漢和御会、予ハ不参、兼日
去月ノ御会相延故也、一藤長老(集雲守藤)来義、盃ヲ進候、一夕ニ烏大納言(烏丸光広)へ暇乞ニ□(出カ)候、状共云伝候、
餞別ニハ錫湯続一双・香薷ヲ遣候

禁中御虫払ニ詰メル
景徳伝灯録ヲ上ル

十一日　天晴、禁中御虫払、各相詰、紫宸殿ノ奉行ニ又被相副衆、久我・西園中（西園寺公益）・倉橋（泰吉）・日宰（日野光慶）相・藤谷（為賢）・中務泰重（土御門）、以上十人、一出御、予ヲ召テ、伝灯録可上旨仰也、群書ノ内早速択出テ備叡覧、一玄琢（野間成岑）へ盃ノ台・諸白二遣候、又夕ニ退出後、見廻候、一青蓮院殿（尊純）御所へ御参候、一内義ハ宗珠へ被出候、一局（西洞院時子）ハ見廻ニ来義、一夜半ニ大風吹出、星ハ明也」（43ウ）

禁中御虫払ニ参ル

十二日　天陰、大風東也、細雨、禁中御虫払、各参上候、一玄琢（野間成岑）へ八条殿（智仁親王）申入、初而ノ御義也、予御相伴ニ雖兼約、禁中相詰故、無是非候、一九条禅閤（兼孝）瓜籠一給、後日ニ忝旨申入、一玄琢へ夕ニ以使者申候処、八条殿御機嫌能メ早還御ト、一稲田喜左衛門（正勝）ヨリ瓜廿送□、後日礼申遣候

遊仙窟ト貞観政要ノ勅許
虫払済ム

十三日　雨天、風不静、夕ニ雨甚降、一竹門（曼殊院良恕）へ瓜籠ヲ献、一出御、陽明（近衛信尋）御参也、遊仙窟与貞観政要ヲ申出、以長橋申入、勅許也、一虫払無㒵儀相済候、内々衆遅々故、南殿奉行衆相待候、及夜予ハ各ヨリ早退出可申由候条、其分ニ同候、各苦労ノ義也、一禅閤（九条兼孝）へ以使者御□〔礼〕申入、

匂袋

一匂袋如御嘉例三人ニ拝領候

陳皮・干姜
双紙ヲ筆功者ニ見セル
嘉通ノ下行

十四日　雨天、一稲田喜左衛門（正勝）へ一昨日礼申遣候、一匂袋共各へ相渡候、西園（西園寺実益）へモ相届候、一肥後国ヨリ□□（先度カ）被上候、陳皮、干姜ハ一斤、今日見之、一昨日双紙共ヲ筆功者へ相見テ定也、備前（勢多）肝煎也、一新中納言（西洞院時慶女）煩甚痛、一女院（勧修寺晴子）御所ヨリ嘉通ノ下行ヲ給、子共各へモ同、女御殿（近衛前子）ヨ

祇園会
陽光院三十三回忌ノ追善施餓鬼
山門衆
大原衆
新中納言痔ヲ煩ウ
嘉通ヲ献ズ
碁
月蝕
陽光院三十三回忌法事ノ聴聞
因幡堂ニ参籠

リ同、重而御礼申入、一後ニ聞、祇園会御見物ニ曇花院殿(聖秀尼)ヘ女御殿被申入ト」(44オ)

十五日　天陰、雨ハ止、竹内御門跡(曼殊院良恕)ニ陽光院(誠仁親王)御三十三回忌ノ御追善施餓鬼アリ、兼日ノ召ニテ参勤候、常ノ施餓鬼ニ替、太長事也、錫杖又懺法等モ交、粥・斎・大酒也、山門衆、常(浄)教(実善)坊・恵心院(良範)・密厳院(実円)・極楽院等、又大原衆、以上十二人、導師ハ門主(曼殊院良恕)也、願文殊勝ノ義也、一女御殿(近衛前子)ヘ参上、御対面、御酒給、久候ス、富新三位(富小路秀直)・岩木工(岩倉具尭)同参也、一陽明(近衛信尋)ヘ参、御他出也、宝樹院殿(近衛信尹母)ヘ参、久酒アリ、円満院殿御児(常尊)・実相院殿御出(義尊)也、一新中納言(西洞院時慶女)痔甚

十六日　天晴、十一日以来初而日ヲ拝、竹門(曼殊院良恕)ヘ昨御礼以使者申入、一嘉通方々ヘ献、如例年、当年ハ七条ヘ取ニ遣候者遅々而刻限相延、一アテノ宮御方又勘局(西洞院時子)ヨリモ端ヨリモ給、何モ祝之、此方ヨリ勿論遣之候、一榎並忠左(賢隆)来義、後ニ少納言(西洞院時直)ヘ被呼候、嘉定ノ衆也、及夕也、竹内刑部少輔(孝治)・英甫等也、其外ハ家中ノ衆・柳原ノ衆等也、謡・碁アリ、一月蝕、丑寅ノ刻ト、一忠左ハ身上ノ義談合也

十七日　天晴、照門(照高院興意)御使来廿日陽光院(誠仁親王)三十三回忌御法事可聴聞旨被仰下候、則御請申入、又晩ニ参上候、諸白二樽・香薷ヲ献、三宮御方(済祐親王)ヘモ薷(香脱カ)ヲ上、御酒給、一葛清兵衛来義候、香薷ノ助成也、一三田村善介来義候、昔物語ヲ聞、息男ハ小吉ト号ト、一因幡堂参籠候、御灯明前後日ノニ二十疋、又坊ヘ艮子三匁遣候、一高台院殿(豊臣秀吉室杉原氏女)ヘ内義ヨリ」(44ウ)瓜三十果献、一関

長門守(一政室)内義へ、小倉殿へ、宗音迎ノ次ニ内義文ヲ遣候、一新中納(西洞院時慶女)□(言カ)□[煩]甚

鞍馬へ竹伐ノ刻限ヲ尋ヌ

十八日　天晴、朝御堂参、柳坊同心候、従上斎ヲ持セ与兵衛来、一新中納言(西洞院時慶女)痛甚由候、一鞍馬へ他左衛門差越候、竹伐ノ刻限相尋候、夕ニ京帰、一少納言(西洞院時直)ヨリ双瓶・重箱被持候、一慶西夕ニ来義候、瓜二十被持候、左近同心候、暫語候、一柳坊へ晩炊振舞候、一備後(徳岡)ハ御下行ノ八木被渡由ニテ伏見へ越候処、未相渡ト、一少納言ハ紫宸殿奉行衆被召、伶人ノ装束風ハメ可申由候トテ参仕ト、後ニ聞之、一鷹大閤(鷹司信房)ヨリ強飯桶二・諸白樽二・鮊桶一拝領ト後ニ聞、一八条殿(智仁親王)・竹門(曼殊院良恕)へ香薷上、一終日〻次記書写

伶人ノ装束風ハメ

鮊桶

日次記書写

立秋

方違ノ鶏鳴

十九日　天晴、立秋、少納言(西洞院時直)又〻禁中如昨参上、一因幡堂下向、直ニ清荒神詣、則方違ノ鶏鳴〆帰、一鞍馬へ明日義申遣候、一徳勝院(禅昌)来義候、来廿四日陽明(近衛信尋)申入候、御相伴ニトノ義也、理申候、一万入(万里小路充房)ヲ呼、新中納言(西洞院時慶女)痔疾ノ様ヲ申聞、痔ノ口明快気也、薬師如来難有義也、一鷹(司信房)大閤へ以使者昨日御礼、又香薷散ヲ上、九条殿(忠栄)・鷹女三宮(清子内親王)へモ上、一照門(照高院興意)へ明日可参旨以使者申入、一日次記写、一勘局(西洞院時子)昨夜伯(泊)テ、今朝被帰」(45オ)

日次記ヲ写ス

陽光院御追善ノ論義

(廿日)□□　□□暑甚、一照門(照高院興意)ニ陽光院(誠仁親王)御□[追]善三十三回御吊、有論義、十四人、□[証]義一人其外也、人天有少善否題欤、兼約申入参候、但其以前ヨリ鞍馬へ立願ノ義御理申置候、聴衆、八条殿(智仁親王)・□門・照門御弟子三宮(済祐親王)御方・広大(広橋兼勝)・正親三(正親町三条実有)・雅楽頭(花園公久)・久世(通式)・岩倉木工(具堯)・中川(貞秀)等、不二庵(集雲守藤)・柔(剛)

長老・昌琢等也、其外紹由・慶純等之衆其次ニ候、一論問答ノ間久而、三人斗ニテ午刻ニ成候、粥・斎アリ、朝ヨリ御酒繁シ、予ハ午刻ニ立候、一鞍馬へ詣、八過ニ登山、先へ長野清兵衛トハサミ箱持一人遣候、竹伐ハ申事在之而遅〻、申刻斗ニ初候而、心静見物候、御初尾五十疋、坊主へ高宮一端・蠟燭十挺遣候、戒光院馳走候、御堂へ参、看経、心静拝、御宝物等ヲ頂戴候、其後法事初ル、而竹伐アリ、銭箱ノ上ニ毛氈ヲ敷テ、其上へ登居テ見物候、其後僧正像ヲ拝、蜈御福ヲ給、祝之、如意満足也、振舞在之、如五月笋アリ、奇特之義也、弟子モ出、号少納言、心静ニ見物メ下ル、山ハ白雨・雷鳴候、下向ノ路ハ不降、気色斗也、京ハ大夕立ト、帰着テ又降、一勘局来入、被泊、一新中納言快気也、一輿舁四人、ハサミ箱持一人・長刀持一人・侍以上三人也、一徳勝院来義ト、来二日陽明可申入ト、御相伴ノ事被申由候、一▨香薷散方〻へ遣候

鞍馬へ詣ズ

鞍馬ノ竹伐

高宮布

香薷散

廿一日　雨天、雷鳴辰刻ニ日出テ拝之、一荒神へ御初尾、江戸ヨリ御祈念也、銀子五匁、一八条殿御使、廿四日可参旨候、御請申入、一照門へ御礼、又八条殿へ以使者申入、一於少納言月次」(45ウ)連哥在之、九人也、日野大・高倉・竹内刑少・歓喜寺・山形右衛門丞・能札、同〻通此分也、薄暮□満、朝天ハ晴、一女院御所ヨリ文給、明日陽明御参候間、可参仕旨被仰下、可致参上旨申入、一板伊賀守ハ広大へ出、女御入　内ノ御用意ノ義共申談ト、後藤源左衛門

荒神へノ初尾

時直ニテ月次連歌

女御入内ノ用意

生花

同心ト、生花所望候間遣候

廿二日　天晴、暑甚、夕立、少雷鳴、一朝ノ間ニ八条殿（智仁親王）へ見舞申、諸白樽二持参候、一陽明（近衛信尋）へ又見廻申、則早御出候刻ニテ懸御目、先女御殿（近衛前子）へ御出ニテ、直ニ女院御所（勧修寺晴子）へ御参ト、一アテノ宮御方見廻申候、一女御殿へ先参テ、陽明御供〆出候、広大（広橋兼勝）同前也、常御所上壇ニ御座候、各簀子ニテ御礼申入、後ニ下段へ被召候、先御吸物参候、一献ヲトヲリアリテ被取、頓而御膳参候、御相伴、北ニハ大聖寺殿（恵仙尼）・女御殿（近衛信尹母）・政所殿、南ハ陽明・三宮御方（済祐親王）・広大・万入（万里小路充房）・正親三（正親町三条実有）・予・岩倉木工頭（具堯）・雅楽頭中川（貞秀）等也、其酒五反通テ端ノ御殿へ被出候、少焉　女院御所

水泉

出御也、御盃参、御酒ニ成候、又水泉出、御吸物等出、又御湯漬参候、切々ノ義也、御酒数盃也、薄暮ニ退出也、一二位殿少煩、予脈ニ被呼、薬モ調進候

日次記ヲ写ス

廿三日　天晴、暑甚、予咳気、煩平臥也、但午刻ハ日記（次）ヲ写候、折角養生候、服薬候、一新中（西洞院時慶女）納言ハ快気也、昨日御礼以使者帥局□（迄カ）申候、二位殿又薬所望候間遣候」（46オ）

聖廟御法楽ノ題ノ触

陽光院三十三年ノ御吊御八講

廿四日　天晴、公宴ヨリ聖廟御法楽ノ題ヲ今朝出候刻被触候、一八条殿（智仁親王）ニ陽［光］院（誠仁親王）御三十三年ノ御吊御八講アリ、山門衆也、人数ハ（ママ）　題者恵心院（良範）

一座　講師恵光房　問者正観院　問題　天女所散花、答可亘界内外ニ歟

二座　講師西楽院（舜政）　問者法輪坊　　三座　講師円満坊（豪祐）　問者吉祥院

四座　講師(ヤウ)栄住院　問者蓮蔵房(実盛)

五座　講師密厳院(実円)　問者福泉房　問題　法身説法　私ニ記、法身ニモ説法有与否ノ義也、有之ト云、落居也

六座　講師松禅院(慶俊)　問者正明房　七座　講師玉蔵房　問者一花蔵院

八座　講ー日光院　問者正光院(等誉)　問題　寂光三身　寂光土ニモ三身アルカ無歟ト云也、在ニ落着候

此外五座ハ引論義斗也、一聴衆、簾中ニハ御所(智仁親王)・三宮御方(済祐親王)・照門(照高院興意)・竹門(曼殊院良恕)・広大(広橋兼勝)・万入(万里小路充房)・正親(正親町
三中(三条実有)・予・○(阿野実顕)・五辻(之仲)等、殿上人ハ簾椽也、時直(西洞院)・阿野少将(公福)・雅楽頭(花園公久)・中川(貞秀)・久世(通式)等也、東福

新在家衆

藤長老(集雲守藤)・柔長老(剛外令柔)・玄琢法眼(野間成岑)・昌琢法橋(里村)、其外地下ノ衆・新在家衆等、又宗礀(篠屋)・紹由(灰屋)・慶純(橘屋)・

ハヤシ・能

了倶(石井)等也、講了テハヤシ五六番、又能アリ、遊屋(熊野)、二番アリ、其後各謡、乱酒ニ成候、朝ハ御粥、又斎・肴以下種々ノ義也、各取持之衆多之、薄暮ニ退出ト、一松禅院へ行、年月ノ怠共少時話、一高台院殿(豊臣秀吉室杉原氏女)ヨリ帷子三給、一ハ白、残ハ□□アリ」(46ウ)

聖廟御法楽

文殊開眼供養ノ事

廿五日　天晴、聖廟御法楽、短冊清書メ長橋持進上、少納言(西洞院時直)少遅々ニテ被急候、一竹門(曼殊院良恕)へ以使者申入、文殊開眼供養ノ事申入候処、則御加持シテ給、昨夕参上メ具申入、諸白両樽・錫湯続一対進上候、一高台院(豊臣秀吉室杉原氏女)昨日礼文上候、内義御礼ニ被参候、予父子三人(西洞院時慶・時直・平松時興)、又内義へモ給候、一内義ハアテノ宮御方御見舞也、一八条殿(智仁親王)以使者申入、一広大(広橋兼勝)へモ以使者申候、一二位殿文

日次記ヲ写ス

給、返事候、薬調進候、一水沢織部正へ状ニ帷子一相添テ遣候、一日次記写、終日、一葛四(葛岡四

包丁以下ノ老タルヲ磨ク

後陽成院尊儀文殊ヲ供エ拝ム

御所内ノ土長

土長汁

鞠・棊・将碁・双六

楊弓

郎左（郎左衛門尉）ノ息タクチヨ来義、団扇二給、盃ヲ進候、長野清兵衛同心也、清兵ハ包丁以下ノ老タルヲ磨テ好之、一薬種少製

廿六日 天晴、無斎坊主、一後陽成院尊儀文殊ヲ供奉拝、竹門（曼殊院良恕）御書給、夕ニ御礼ニ参上候処、御沈酔ト、御所へ御斎ニ御参ト、一服薬候、一陽明（近衛信尋）へ明日為御礼参上、御対面、鬢攬様、ヒ（鬢）ン服ノ義等御尋候、存之通荒〻申入、玄琢（野間成岑）同参、夜レ初ニ成候、盃出候、一アテノ宮御方見廻申候、○一松禅院へ行、帷二之内単物一遣候、又先年借銀三百匁持セ返弁候処、可閣旨也、雖然達而先置候、有盃祝之、一後ニ聞、東福藤長老（集雲守藤）・柔長老（剛外令柔）陽明へ御斎ニ被召テ参上ト、一御所内忠衛門尉カ土長ヲ上候、一壁破ヲ改テ芦墻ニ作」（47オ）

廿七日 天晴、凉気也、土長汁ヲ用、端へモ遣候、一松善（禅）院（慶俊）へ出、帷子二之内単・白綾一遣候、又先年借銀三百匁持返弁候処、可閣旨被申候、懇志之至也、雖然達而中而先置テ帰、盃ヲ出被祝候、一広大（広橋兼勝）へ遣人、陽明（近衛信尋）へ参候、短キ袴ノ義也、又遅参候条、遣人、予ハ急参上候、今度江戸御下向御見廻、又馳走申候衆等被召候義也、広大・同中（広橋総光）・冷中（冷泉為満）・菊中（菊亭宣季）・予・同少納言（西洞院時直）・四辻（季継）・日野宰相（光慶）・竹屋（光長）・極﨟（祢）（壬生忠利）等也、滋野井（季吉）ハ御陪膳也、午刻ニ参上、初夜ニ退出、種〻ノ御遊共也、鞠・棊・将碁・双六等也、御振舞ノ後、少時行水ニ出テ、則又参仕候、有（衍カ）楊弓アリ、矢数廿斗ノ内二ツ当、冷中二・少納言一也、其外ハ八十手斗ノ内不当、一久八ハ徳（徳岡）備後カ雇

テ八木請取ニ行、但不渡トテ帰、一平松(時興)御番勤之、病後ノ初也

遊仙窟ノ料紙

廿八日　天晴、涼気少アリ、陽明(照高院近衛信尋)へ以使者御礼申入、一遊仙窟ノ料紙ノ事申候間、経師へ申遣

浄満寺忌日、墓所へ詣ヅ

ソ、又筆者へ遣候、一三井寺へ浄満寺殿(照高院道澄)御忌日ニテ御墓所へ詣、直ニ浄光院(上)へ御焼香ニ参候、

優曇

香典二十疋、坊主一段馳走也、優曇・珍酒ヲ被出候、玉蔵坊ト云人知人ニ成候、相伴候、良

セテン

久語候、一光浄院へ行、セテン一巻・蠟燭二十挺持遣候、振舞アリ、供以下迄ノ義也、行水
等被申付、心静ニ話候、又玉蔵坊相伴也、論義ノ物語共ヲ聞、文句ノ四巻ヲ一見候、御堂へ
詣、鐘ヲモ突セ聞之、鳴事奇妙也、古ハ声不出、但破口ハ愈ト、一未下刻ニ帰京候、一大津
ニテ八木買得候、久左衛門与与兵衛ニ申付候、徳備後(徳岡)ハ跡ヨリ来、光浄院ニ在之、一晩ニ水
沢織部正来義、暫語［候］」（47ウ）

廿九日　天晴、暑気甚、一松禅院(慶俊)ヨリ先日之銀子ニ借状相添返遣候、又持セ遣候、懇志之至也、

高宮布

一冷中(冷泉為満)ヨリ檜扇被返候、新候間進候由申而(行カ)テ遣候、一東福不二菴(集雲守藤)へ餞別之返礼ニ行、高宮二

佐竹

端・蠟燭二十挺持参候、平松(時興)ハ単物一・帷一、元蔵主座(首)(湘雪守沅)へサ竹二束遣候、予ハ喝食ニ曝ノ帷
子一遺候、麺・酒アリ、暫語テ帰、午刻也、一新中納言(西洞院時慶女)今日ハ痛ノ忌也、一孝与来義候、麺
把(ママ)被持候、干飯ヲ進候、一前栽ノ梢ヲ洗候、茂タル草ヲ刈セ候、一徳備後(徳岡備後守)ハ八木請取トテ

法古ヲ箱へ入改ム

行候、一石薬師ヨリ風呂焼候間可入由被申候、不応候、一法古共箱へ入改候、一荒和祓如例、

洗髪

碁

徳岡備後守へ私ノ米請取ノ暇ヲ遣ス

灯籠

樹ノ枝ヲ洗サス

拍子

又瓜・麦餅ヲ祝、一洗髪、一御茶〻ヨリ折一給、一折一清閑寺(共房)へ遣候

七月大

一日丁亥 天晴、暑甚、一家内ノ祝過テ、一女御殿(近衛前子)へ参、御碁アリト、仍申置テ退出、一陽明(近衛信尋)へ参入、御盃給候、少納言(西洞院時直)・平松(時興)同前、当参之衆多之、山岡甫庵(景光)・信行院等ノ衆也、一アテノ宮御方へ参、ヲ盃給之、一長野清兵衛来義、盃ニテ祝之、一祐甫(友補)〻〻来義、新中納言(西洞院時慶女)ノ痔疾□、一東福栗棘ヨリ昨礼状ヲ給、返事候テ、一各来義、祝盃取カワス、一(橋本ノ)内膳(実村)来義、進盃、一徳(徳岡備後守)備守へ私ノ八木請取ニ暇ヲ遣、一ヤ、来義、一長橋本内膳来義候、一広大(広橋兼勝)へ以使者申候、又西三」(三条西実条)(48オ)へモ申候、飛鳥中(飛鳥井雅胤)〻へモ以使者申候、一道和へ灯籠ノ下地ノ事申候、一小川ノ小三郎来義候、棒庵(下津宗秀)身上之義具聞候、一川勝信州(広綱)ノ家臣平右衛門下向ニ文云伝候、又脇坂主水(安信)正へ遣状、榎並忠左(賢隆)身上之義申遣候、一勘局(西洞院時子)来入、一徳勝院(禅昌)へ諸白両樽遣候

二日 天晴、暑甚、一朝ニ(ママ)樹ノ枝洗サセ候、一徳岡備後出仕候、昨日八木請取由申候、一▨灯灯籠ノ用ニシト二丁買得、一平松(時興)ハ請取番也、一広大(広橋兼勝)へ遣使者、徳勝院(禅昌)へノ義示合候、午前ニ出、万入(万里小路充房)モ早午刻陽明(近衛信尋)御出也、拍子在之、良云・同弥一兄弟・平蔵、小鼓与衛門、笛丹波・同息(ママ)、、太鼓右兵衛、謡下村長左衛門・鶴屋和泉等、又観世カ息鼻声等也、稲辺モ候、其外座在之、 一御相伴ハ堂上斗也、陽明ハ結髪、袴斗也、各半袴、広大・万入・菊(菊

碁・将碁・双六
船斎
御所内村井手堤ノ切ヲ普請

中(亭宣季)・予・薮(嗣良)・滋野井(季吉)・飛鳥井(雅胤)、後ニ平松請取番ニ参仕候処、近衛殿(信尋)ヨリ御理被仰テ出、宿ハ
又参懃候、一碁・将碁アリ、又双六等也、一モンナイ・光永・証常坊等、船斎等之衆数人也、
初夜ニ宴了、一御所内村へ井手堤ノ切ヲ普請候、為上使備後(徳岡)ヲ遣候、一内義ハ宗珠へ目出度
事ニ被出候、一公宴御兼題ヲ内々飛鳥井被語候」(48ウ)

双紙虫払
霍乱
香薷散

三日 天晴、暑甚、一双紙虫払少々、一千勝院(鎮永)来義ト、不会、門ヨリ被帰候、霍乱ノ故理候、
一徳勝院(禅昌)へ礼状遣候、其後来義候、対面候、一陽明(近衛信尋)へ以使者申入、一月ハ早入テ不見、徒ニ
拝、一友補へ以状、他出ト、一香薷散方々へ遣候

御灯籠ヲ申付ク
啓迪集
明鑑
召仕者ノ給分
貞観政要

四日 天晴、炎暑、一御灯籠申付候、道和来、下灯籠二・スエ物二・又小灯籠一、以上物数五
出来、一少納言(西洞院時直)ハ竹内(孝治)ニ連哥会出座ト、一友補来義、暫語候、啓迪集ミセ候、又明鑑等也、
物語久、新中納言(西洞院時慶女)痔漏ノ治ヲ談合候、進麺・酒、一石塚庄兵衛端へ来義、対顔候、其後遣状、
返事在之、一肥後国棒庵(下津宗秀室)内義へ文、又棒庵同、織田兵部(信良)へ遣状、小川ノ勝三郎へ憑候、一徳(徳
備後(岡)出仕候、召仕者共給分申付候、一内義へ銀子百匁遣候、又平松(時興)ヨリ先度引替候艮子返弁、
請取候、一薬種共製、一多門相煩、一七夕御題被触、加ㇾ奉、一十念寺へ廟参之義申遣候、
同心也、一北来、一貞観政要四巻出来、又五巻ヲ遣候

灸治

五日 天陰、朝ハ日ヲ拝、雨降風立、一芍薬中払草セ候、一サカヤキ剃、一新中納言(西洞院時慶女)漏上ニ灸

廟参

治候、一詠吟不出来、綴申候、一廟参、誦経中雖雨止、於方丈仏供、焼香、□〔其〕後」(49オ)盃出、麺子等也、内義ハ直ニ廟へ被詣テ下向、予ハ其後各ノ廟逐□(一カ)ニ水ヲ手向、一御番時直(西洞院)勤之、一夕ニ林侍者来義〆泊、一懐紙ゝ感得候

七夕ノ詠歌
遊仙窟書写出来
時子ニ目出度事アリ

六日 雨天、甚降、午晴、一七夕ノ詠哥於尊前御鬮ニ任定之、一遊仙窟書写出来、持来、一雨故カチノ葉ヲ今日ヨリ取貯置候、一目出度事勘局(西洞院時子)ニ在之、朝先下人衆被呼候、一懐帋書之、一於石薬師目出度叓丁寧也、其後入夜麺アリ、宮(アテ宮)御方御盃ヲ給、従御屋敷ヲ鳥来義也、御局(西洞院時子)ノヲ多阿モ来入也、一内義ハ高台院(豊臣秀吉室杉原氏女)殿へ伺候也、饅頭百入持参也、一新中納言(西洞院時慶女)へ茶ゝ御乳人ヨリ鯖十五指被贈候ヲ則此方へ給

饅頭

霊符祭・二星ノ手向
梶ノ葉ニ古今ノ歌ヲ書ク

七日 天晴、行水・祓、灵符祭幷二星ノ手向如例、梶ノ葉ニ古今ノ哥七首書、其外書共ヲ曝(曝)、一飯後急先 女御殿(近衛前子)へ御礼ニ参上、万入道(万里小路充房)・岩倉木工頭(具尭)等、大弼(秋篠忠定)伺候也、御酒二時斗也、其後女院(勧修寺晴子)御所へ参、御盃給、時直(西洞院)同前、白川(雅朝)伺候也、今度上洛〆初而参会候、平松(時興)ハ直ニ陽明(近衛信尋)ヨリ政所(近衛信尹母)殿所へ参上候、予ハ時直ト陽明へ参、御盃給、又八条殿(智仁親王)・政所殿御盃給、其ヨリ予一人竹門(曼殊院良恕)へ参、八条殿御座候而御酒久、謡・拍子等在之、予取持候、御両御所御機嫌也、花七瓶ニ立、其外□〔砂〕ノ物等在之、大聖寺(恵仙尼)殿へ参、御盃給候、其後石薬師へ参、御盃給、又夕ニ此亭へ勘局(西洞院時子)来義候、新中納言(西洞院時慶女)局ニテ一所ニテ盃ヲ祝候、一懐紙ハ入夜テ上候」(49ウ)一道和

板倉勝重ヨリ贈物

来、盃ヲ進候、山田六右衛門同、一板倉伊賀守(勝重)ヨリ糒(ママ)袋・海鼠二十・諸白・両種被贈候、使者井上長三郎ト号、進盃、口上一礼申候、一粽一折(ママ)ヨリ、一橋本(立野)祖母へ単物一、内膳(橋本実村)へ帷子一遣候、一両伝(広橋兼勝・三条西実条)へ以使者一礼申候、飛鳥井(雅胤)へ同前、方々ノ礼者、一平松ハ当番参勤候、

ヲ久我遠行

一ヲ久我遠行ノ由聞之

痔ノ秘方
土長・香薷散
女御殿・宮々泉涌寺御廟へ参ル

八日 天晴、一板倉伊賀守(勝重)へ昨日礼ニ出状申候、一昨日懐紙清書改テ取替テ上、一友補法橋へ遣状、返事候、又痔之秘方記メ被送、一川信州(川勝広綱)ノ家臣長丞ヨリ土長被贈候、香薷散ヲ遣、一宗慶来在之、一連哥再返到来、能札へ談合ニ遣候、則記付テ来、一百首中書ヲ平松(時興)ニ書セ候、一箔屋・錫屋へ銀子少分相渡候、一備後(徳岡)ハ相詰候、一若水来、一孝蔵主(川添氏女)ノ文到来、一女御(近衛前子)殿・宮々達泉涌寺御廟参ト、万里少路(充房)・岩倉木工(具堯)等御供候ト

時直ニ目出度事アリ
立入康善身上果ツ

九日 天陰、夜雺、又大雨、一行水、サカヤキ剃、一少納言(西洞院時直)ニ目出度事在之、宮御方(アテ宮)ヲ始申入義也、此方ニハ当年略之、麺斗、吸物等取肴ニテ祝之、一立入河内守(康善)身上果由候、一徳長(徳岡)次来、灯籠ノ義対談候、一少納言百首与予カ読合等記ヲ直候」(50オ)

泉涌寺御廟へ詣ヅ
代々ノ御筆・勧進帳ヲ見ル

十日 天晴、△泉涌寺へ御廟へ詣、御焼香申、二十疋・蠟燭五丁持参候、於方丈小漬出、但飯後故気色ニテ有酒、御代々ノ御筆、又勧進帳ヲ披見候、一三宅勘左衛門カ病証ヲ見候、礼ニ麺一折上候、一灯籠ノ叓ヲ長清兵(長野清兵衛)与平松(時興)作之、一百首ノ内詠哥少々改候、一禁中御番時直(西洞院)勤

近衛稙家影前へ詣ヅ
宮々・御局衆泉涌寺御廟へ参ル
灯籠
渋柿感得シ渋ヲ申付ク
時直泉涌寺へ詣ヅ
大聖寺へ盗人刃傷ニ及ブ
霍乱

之、△夕ニ恵雲院(近衛稙家)殿御影前へ詣、智恵光院ニ在之、善貞他出、二十疋香奠上、不断光院へ参候処、恩蓮社初而馳走也、盃・吸物・干飯等被出候、不意ノ義也、智恵光ヨリ被袖引候故也、

一江戸ヨリ松平越中守(定綱)又賀古豊前守(正利)預状候、近衛殿(信尋)ヨリ使ノ帰リ也

十一日 天晴、一泉涌寺御廟参、アテノ宮御方ヲ始宮々達・御局衆也、輿副徳備(徳岡)後、又下人三人申付候、他左衛門申候処、宿へ出遅参也、但筈ニ合ト、勘局(西洞院時子)ハ〇(アテ宮御供申)泉涌寺ヨリ下向、局衆・宮達モ深草ノ━━院へ御参ト、一終日灯籠申付候、長清兵衛(長野)・平松(時興)等談合候、書籍重タル所也、晩ニ出来、下灯籠ハ長次(徳岡)ニ申付而張之、一智恵光院昨日礼トテ来義、扇子二持参也、予ハ他出、不会、夕ニ以使者一礼申伸候、恩蓮社へモ申遣候、一渋柿感得(五斗)メ渋申付候、二斗余在之ト、二番ハ其外也、一玄琢(野間成岑)へ帙ヲ返進候」(50ウ)

十二日 天晴、一少納言(西洞院時直)ハ泉涌寺へ詣、後ニ竹内刑部少輔(孝治)預使、同心シ度由候、一昨詣候由返答候、一薬箱ノ中掃除、又薬ヲ製、一七条了忍へ文又銀子三匁遣候、返事在之、布二端給候、一内義ハ石屋へ被出候、立帰也、一玄琢(野間成岑)返事候、今日ハ木下宮内(利房)殿へ伊賀守(板倉勝重)同心メ行由候、振舞ト、一大聖寺殿(恵仙尼)へ盗人、暁入テ及刃傷ト、以使者申、予ハ霍乱トテ理申不出、夕ニ参候、女御殿(近衛前子)御座候、御前へ不出メ退出候、一二条殿(昭実)御帰京、先以使者珍重申入、又自モ後ニ参上メ申置候、鷹大閤(鷹司信房)へ同前、中御門(資胤)へ以使者申候、又門ニテ対顔、粗様子物語候、清閑寺(共房)へ以

使者申候、広橋(兼勝)以使者申候、陽明(信尋)へ以使者申候、大聖寺殿ノ義ニ付也、一積善院へ以使者申候、下人暁隣ノ壁へ上候処ヲ大聖寺殿ノ侍｜作左衛門以鑓突由話候、無心元旨申遣候、一飛鳥井(雅胤)へ以使者申候、竹松(飛鳥井)霍乱気ト、無心元由申候

下人ヲ大聖寺ノ侍鑓ニテ突ク

十三日　天晴、暑太、一板伊賀守(板倉勝重)へ見廻ニ出候、鮎ノ鮓桶一持参候、数刻相待処不会、川那部八右衛門尉取次也、一友補へ以状新中納言(西洞院時慶女)煩ノ趣申遣候、有返事、一仏光寺(存海尭昭)ヨリ指樽・スルメ五連(ママ)　被送、有状、一灯籠如嘉例奉、本艸一部有帙、又素問一部ハ」(51オ)重タル所也、平松(時興)ハ金銀ノフンドウ三ツアリ、一アテ宮御方へ灯籠ハ蝶舞所菊三本、長次(徳岡)来作之、一多門ニ与兵衛灯籠キリコ一、予モ一昨日遣候、一泉涌寺ノ法音院将酉一桶被贈候、女院(勧修寺晴子)御所へ参候次ト、一井家摂津守(豊家)内々伊賀守(板倉勝重)へ同心シ度由申候処、今日隙入晩ニ可出由候、先刻早出候由返答候、一鞍馬戒光院状アリ、先度約束候梅木一段来、返事、又強飯ヲ進候、千(鎮永)勝院事ヲ被申候、使ニ不会候、一ヲス根来義、入夜也、内義対面、麺・吸物・肴以下馳走候、予モ可出由候条、初而見像候、進酒、夜更江戸物語共也、一方々懸ノ艮子乞多之、大方済之、一飛鳥井(雅胤)預使者候、一冷泉中(為満)へ以使者申候、伊賀守へノ義也、又五辻(之仲)へモ同前

鮎ノ鮓桶

灯籠ヲ奉ル

本草一部素問一部

醤油桶

懸ノ銀子

十四日　天晴、暑甚、一能札へ再々返遣候、則記付而到来、次日野(資勝)へ遣候、一昨・々両日怠慢候、一生㚑祭如例、一折懸二張、又キリコ常ノ一例也、一仏光寺(存海尭昭)へ昨書返事遣候、又有状、

生霊祭

折懸・切子灯籠

文殊平内経ヲ借ル
脚気
灯籠見物
醤油桶
爪切・毛抜
灯籠御返
書担子
双六盤
花火

一嵯峨往生院比丘来義候、一十念寺ヨリ文作来義、布施如例十疋、一禁中へ時直(西洞院)・時興(平松)参上、如例年、又持セ等在之

十五日 天晴、暑太、一女御殿(近衛前子)へ参上、白酒樽一上、御盃給、時直(西洞院)同心候、平松(時興)ハ遅参候、」(51ウ)女院(勧修寺晴子)御所御礼、無御対面、陽明(近衛信尋)御盃給、政所殿(近衛信尹母)同、アテノ宮御方御盃、八条殿(智仁親王)ハ御留守ニテ申置候、大聖寺(恵仙尼)□[殿]無御対面、竹門(曼殊院良恕)御対面、御盃給、次ニ文殊平内経ヲ借給、一条殿(兼遐)ハ申置テ通、其外ハ夕ニ参申置候、二条殿(昭実)・鷹司殿御父子(信房・信尚)等、広大(広橋兼勝)申置、三西(三条西実条)同、広大ハ脚気故無出仕ト、 禁中相詰御祝ノ御酒・粽等被出、西ノ廊泉ノ部屋ノ辺ニテ各盃アリ、一高台院殿(豊臣秀吉室杉原氏女)御礼ニ参、清月・永春・ヲ鳥被出候、有盃、木下宮内(利房)へ以使者申候、一祝ハ夜ニ入、強飯・盃等也、一宗以来義候、一橋本(実村)来義、門ヨリ被帰、一善喆迎遣ゾ来、御灯籠見物申候、一孝与来義

十六日 天晴、暑太、晩ハ曇涼、一照門(照高院興意)へ参、六角堂ニ御座候、将酉桶一上、御盃給、誓願寺へ詣、一送水手向、誦経・念仏、一道和来、桐ノ硯箱ヲ上候、出門ノ時分故外ニテ逢候、御酒ハ跡ニテ給サス、一光照院殿(尊貞尼)参、作(佐カ)竹一束・爪切二具・毛抜一具上、御盃給、麺・肴色々在之、右衛門督局同参也、医者ノ壱岐守伺候申候、福勝寺同参也、二時斗伺候申候、一御灯籠御返拝領、書担子也、平松(時興)ハ双六盤也、一花火ヲ平松[張]行、一ヲスネへ見廻、内義同前、

角豆

与五郎暇ヲ乞ウ

五人前ノ弁道持セ候、ヲスネノ兄▨（弟）衆多之、知人ニ成候、平松・善喆モ被呼、女御殿（近衛前子）ノ御▨（里）御所ニ被居候、一宗珠へ行、宇因幡（宇野）有合、食半ニテ角豆ノ食ヲ用、一勘次里へ遣候、一久蔵宿へ出、一与五郎ハ昨日ヨリ暇乞」（52オ）

中山親綱後室遠行

十七日　天晴、暑炎、少晩ハ風立、暁ハ霎也、一八条殿（智仁親王）ヨリ連哥御一巡給、四句目也、琢（里村昌琢）へ則遣候而記之テ上候、一内義ハ小倉（小倉良清室）ノ女中へ被出候、万カ（西洞院時慶女）身上ノ義ニ付而也、一光照院殿（尊貞尼）ヨリ御使、客人ノ薬ノ義被仰候、雖辞重而承間遣之、一中御門大（中御門資胤）ヨリ細蠟燭十挺給、一飛竹松（飛鳥井）ヨリ大折箱ヲ給、則二条殿（昭実）へ献候、一宗慶孫来、灸点ヲサシテ遣候、一友補へ一昨日礼以使者申候、一後ニ聞、仁和寺殿（覚深）ハ江戸御下向ト、中山後室（中山親綱後室）今日遠行ト、門跡（覚深）ハ無御存知ト

照門へ佗言ノ儀

香薷散

道明寺十袋

江戸へ状七通ヲ認ム

御霊祭礼

新中納言漏ノ煩治ヲ談合

十八日　天晴、一嵯峨ノ比丘斎来義、柚又山桝持参候、一生嶋宮内来義、先度京極丹後（高知）へ借遣候平緒新調ニテ可被返納由候、雖辞其分也、進酒候、対顔候、一鞍馬戒光院来義、炭四俵持参候、千勝院（鎮永）同心也、小紙三束被持候、照門（照高院興意）へ御佗言ノ義也、食振舞候、一ヲスネへ香薷散三十貼遣候、又庄太ニ帷一遣候、彼方ヨリ道明寺十袋被贈候、他行シテ不会、一光照院殿（尊貞尼）文アリ、客人煩ニ付而為脈被呼、夕ニ参候、月明ナル故被留盃ヲ傾候、一江戸へ状共認候、牧斎（朽木元綱）・吉良左兵（義弥）・松平越中守（定綱）・賀古豊前守（正利）・延寿院（曲直瀬正紹）・鳥屋尾右兵衛・孝蔵主（川添氏女）へ以上七通也、一御灵祭礼如例、無事也、一友補来義候、新中納言漏（西洞院時慶女）ノ煩治ヲ談合候、一玄益（曲直瀬）へ遣人、延寿院留守へ

以使者中候、玄冶（岡本諸品）へモ中候、又玄琢（野間成岑）へモ遣人、道具へ同、廿日晩ノ義兼約候、一栄宅来義、

貞観政要一冊出来

貞観政要一冊出来、持参候、又一冊遣候

薬ノ用繁多

十九日　天晴、暑太、一ヲスネヘ遣人、早立レ候、日岡迄遣人見送由候、一薬共用繁多也、」

（52ウ）明日肴用意申付候、一千勝院（鎮永）事ニ付而雑務（源春）へ以書状、又岩波内膳へ状遣候、又重而杉本（周為）坊・内膳両人宛所ニメ門跡（照高院興意）へ披露状遣候、千勝院預使候、一光照院殿（尊貞尼）ヲ客人薬文持遣候、一若水ヨリ黒木五十束上セ候、一善喆・喝食東福へ帰候、今朝ハ勘局（西洞院時子）へ食ニ被呼候、一柳原ノ中殿来義候、一玄冶（岡本諸品）・玄益（曲直瀬）へ遣状候

黒木

文殊平内経ヲ返ス

廿日　天曇、雺、一竹門（曼殊院良恕）へ文殊平内経返上候、持参候、女院（勧修寺晴子）御所へ御参ト、直　女院御所見廻申候、宮達各伺候ノ刻ハ予ハ依下姿殿上ヨリ申而退出、一延寿院（曲直瀬正紹）留守、振舞持セ出候、玄益（曲直瀬）法眼・玄証・寿庵・友補・道九等、其外留守衆皆〻也、食酒持セ候、各快謡在之、作衛門ハ出テ酒飲、長右衛門ハ腹中相煩不出、日入ニ帰宅候、一少納言（西洞院時直）ハ御番懃之、今日肴、雁塩引・鯉・鮎・鰻鮓・蒲ホコ等也、一二条殿（昭実）ヨリ諸白樽二・鱸ヲ給、一広橋（兼勝）へ鱸ヲ送

鰻鮓・蒲鉾

鱸

醤油桶・胡桃ノ箱

禁中花火多シ

廿一日　朝雺、午天晴、暑太、一女院（勧修寺晴子）御所へ御見舞申候、廿四日御法事御用意御取紛也、雖然食在之、花平ノ御用意候、予モ助之、一御樽諸白桶二進上候、将酉桶一・胡桃ノ箱一上、一二条殿（昭実）へ晩ニ御礼ニ参候、未御草臥トテ無御対面、昨日（今朝）以使者先申入、一禁中ニハ花火多、

従板伊賀守(板倉勝重)申付而懸御目ト、予ハ不出、南庭陣座ノ西也、一雑務(源春)坊・岩坊(澄孝)へ状遣候、」（53オ）

千勝院ノ侘言

千勝院(鎮永)御侘言、門主(照高院興意)申入義ニ付也、一女院御所ニテハ八条殿(智仁親王)・竹門御座(曼殊院良恕)、又其外ハ三汲(級)・雅楽頭(花園公久)・図書頭(桜町秀雅)・高倉兵部(高倉永慶)・右衛門佐・白川(雅朝)・五辻(之仲)等伺候也、一女院御所ハ無出御

水打紙

廿二日　朝雲而頓而晴、一孝与来義、宗珠煩ノ義被話、則内義見廻也、一似運来義候、漢和ノ事□(申カ)候、達而理申候、一友補来義候、暫語候、一白雨降、一水打紙申付候、一栄宅来義候、

貞観政要一巻出来

貞観政要一巻出来、一六波羅堂へ備後(徳岡)参候、戸帳ノ広窄ヲ斗ニ遣候、一ヤ、ヲ雇、金爛(欄)ノ感得候、戸帳ノ用也、一平松(時興)ハ御番参勤候、一宇因幡守(宇野)へ宗珠ノ煩ヲ問、一野間玄琢(成岑)預状、

板倉勝重尼崎へ行ク

尼崎へ板伊州(板倉勝重)被越候、同船之由候、　女院御所(勧修寺晴子)へ雖被召不参候、為理也、返事遣候

逮夜導師

廿三日　雨天、　女院御所(勧修寺晴子)見舞申、対屋導師(逮夜)青蓮院殿(尊純)、凡僧山門衆也、廿人也、早懴法也、斎・非時切々御振舞在之、一中御(中御門資胤)ヲ初而各被召候、着座ハ襲斗也、華山(花山院定熙)・転法輪(三条公広)・広中(広橋総光)以上、奉行ハ広弁(広橋)兼賢朝臣也、一石屋へ宗珠見廻ニ行、白地ニ帰、一水打紙申付候、一松禅院(慶俊)へ遣使者、明日出仕、刻限急可出旨申渡候、一千勝院(鎮永)ノ義ニ雑務(源春)へ遣状」（53ウ）

女院御所ニテ陽光院三十三年忌ノ御吊

廿四日　天晴、未明ニ出仕、直垂也、平松(時興)ハ早参、束帯也、　女院御所(勧修寺晴子)ニテ陽光院(誠仁親王)御三十三年忌ノ御吊也、庭儀ノ曼荼羅供也、楽人廿人、旗以下歴々ノ義也、十代弟子等在之、日出以前ニ初、九時分ニ了、其各退出、中御門(資胤)・予ハ相残、奥ニ御酒アリ、五辻(之仲)・中院(通村)等モ被召候、

御陽成院一周忌ノ内ハ謡ナシ

二条殿（昭実）・近衛殿（信尋）・鷹司殿大閤（信房）・八条殿（智仁親王）・伏見殿（邦房親王）・一条殿（兼遐）、其外照門（照高院興意）・竹門（曼殊院良恕）・三宮御方（済祐親王）・曇花（聖秀尼）院殿御師・弟子・光照院殿（尊貞尼）等、又宮々御方奥間ニ御座候、其席末ニ陪、有披講、五辻発声、白川（雅朝）・中御門大（資胤）・予等在之、謡ハ無之、　後陽成院御一周忌ノ中ハ無之ト、仍此義斗也、但此披講又唱歌等ノ事不可然義也、但広大（広橋兼勝）先日唱哥ヲ被申故今日如此ト、導師御布施、被物一唐織重華山大（花山院定煕）、又一重ハ三転法輪大納言（三条公広）、次僧正へ、一重ハ広中（広橋総光）、其次又華山（花山院定煕）被引、正学院僧正（正覚院豪海カ）、次恵心院（良範）僧正也、其外ハ雲客引之、凡僧廿人也、名家ノ衆雲客皆引之、其外ノ衆モ勿論也、道場ノ中南北四間、東西へ五間也、一衆会所巽ノ角ニ構之、是ヨリ執綱・執蓋也、執綱ハ堀川康（康満）（ママ）・阿野少将（公福）（ママ）　、執蓋ハ極﨟（壬生忠利）也、　一楽ハ（ママ）　」（54オ）

愛宕へ登山百味ヲ奉ル

嵯峨釈迦・北野へ詣ヅ

廿五日　天晴、又曇、一女院御所（勧修寺晴子）へ珍重申入、使者帥殿迄申候云々、一愛岩へ登山、百味ヲ奉、福寿院被出会、書院ニテ有振舞、茶アリ、馳走也、先宝前へ詣、祈念ノ間心静也、四方ノ山晴テ景遠、居茶屋ニテ暫休息候、紫竹二人出、兵三郎カ子与二郎・五郎、以上也、　一嵯峨釈迦へ詣、一北野へ詣、能札へ寄候、発句談合候、一女院御所へ御精進直ニ被召候へ共、愛岩へ上候由下向〆申入、中川（貞秀）・侍従状アリ、一似運状アリ、一八条殿（智仁親王）御一巡給、方々ノ用共相積

醤油

廿六日　天晴、斎坊主来義候、一千勝院（鎮永）来義、身上ノ義被申、対顔候、将酉一重被持候、不二（集雲守

（藤）菴来義、陽御斎（近衛信尋）帰リノ由候、盃ヲ出候、一八条殿（智仁親王）再返、昌琢（里村）へ遣候処指合在之而三度目□〔被〕留候、一似運へ昨日状返事ヲ持遣候、一宗意来義候、梅木ノ事馳走也、一内義ハ石屋へ見廻ニ

貞観政要出来

被出候、一栄宅昨日貞観政要出来、十巻目ヲ持参候、今朝又三巻メヲ一冊遣候、一今煩平愈（癒）

和漢ノ入韵

而起、一慈照院（有節瑞保）へ出、和漢ノ入韵談合候、蠟燭十丁遣候、干飯アリ、一宗珠へ見廻診脈候、

八専

脈能成候、一石薬師へ見舞申候、一雑務（源春）・岩坊（澄孝）へ尋、対談候、千勝院ノ義也、△八専ニ入

廿七日　天雨、夜中ハ雷電、一先行水・祓、サカヤキ剃、一東福へ遣人、一巡到来、乍去昨日之」（54ウ）句ニ有指合、改之、保長老（有節瑞保）来義候、一平松（時興）ハ当番ノ持セアリ、一石屋へ見舞ニ因（宇野）幡守迄遣状、弥宗珠快気ト、少納言（西洞院時直）御見廻ト、一稲田喜左衛門（正勝）ヨリ生鱸一被送候、一鷹大閤（鷹司信房）

生鱸

へ鱸ヲ上候、一玄冶（岡本諸品）折ヲ被送、返事候、則大聖寺殿（恵仙尼）へ進上候、一慈照院（有節瑞保）へ尋候処、片主膳（片桐貞隆）へ

漢句

被出ト、云置候、其後来義候、蠟先日被返相添柿一折持参候、進盃テ返候、漢句談合候、一

仏光寺煩ウ

仏光寺（存海克昭）以外煩候由、喜兵衛（徳岡）ヨリ被告候、則以使者申候

廿八日　夜中如昨大雨、也（明々）晴、一行水・祓、不二庵（集雲守藤）へ遣一巡、則吟案メ到来、次へ遣候、一昌（里村）琢へ出候、蠟燭廿挺・包丁一遣候、盃出候、少時話テ帰、作事見事也、一石薬師へ可来由候処、隙入由理申候、一礼ニ端ヨリ来義候、又阿茶々御乳人・ヤ、等来入、端□〔へ〕此方ヨリモ出、一戒光院来義、対面メ返、千勝院（鎮永）事被申候、一聖門三宮（済祐親王）御方□□〔ヨリ〕一巡給、琢（里村昌琢）へ尋テ記付進上

大白雨
八条殿御月次連歌会席
貞観政要一冊出来
禁裏へ御太刀ヲ上ル
葡萄
女御殿へ小錫上ル
醤油

候、琢礼状アリ

廿九日　天晴、暑太、六月土用ヨリ及晩大白雨、一八条殿(智仁親王)御月次連哥会席秋(常〻)ヨリ結構ノ義也、初夜過ニ満、大酒、謡アリ、御人数、御所(智仁親王)・照門(照高院興意)・予・久世(通式)」(55オ)・大弼(秋篠忠定)忠□(定カ)・仙厳・□昌琢(里村)・昌俔(里村)・玄陳(里村)・慶純(橘屋)・紹□〔由〕(灰屋)・了□〔俱〕(石井)、以上十二人也、　一留守へ常光院和漢ノ句為談合来義ト、次ハ大寧院(最岳元良)□〔へ〕遣候、一貞観政要一冊出来テ栄宅ヨリ到来、又一冊遣候、一友補(友竹紹益)へ帷子二ツ遣候、新中納言(西洞院時慶女)御礼也

卅日　雨天、太降、一昨日御礼以使者八条殿(智仁親王)へ申入、琢(里村昌琢)へ状遣候、一友補礼状候、返事候、一勘局(西洞院時子)来義候、朝食振舞申付候、少談合ノ義在之也、一明日用意共申付候、一陽明(近衛信尋)へ栗一折献、一アテノ宮御方へ栗・柿・柚等一ッ折上、一政所殿(近衛信尹母)へ栗・柿一折上

八月大

一日丁巳　天晴、△禁裏へ御太刀上、平松(時興)同上、御返則在之、戴之、△女院御所(勧修寺晴子)へハ錫鉢ニ葡萄ヲ入テ上、御返ハ鉄ノ手燭台三給、△女御殿(近衛前子)へ小錫二対上、御返檀紙一束・間鍋二ツ、当年初而献之、右衛門督へ将酉一桶遣候、何モ無御対面、御対面所ニテ予・時直(西洞院)ハ」(55ウ)御祝盃アリ、各ハ少〻無之、申置テ退出躰也、一陽明(近衛信尋)御対面、御盃、八条殿(智仁親王)同、政所殿(近衛信尹母)同、竹門(曼殊院良恕)同、二条殿(昭実)・鷹司殿(信尚)同、申置ハ九条殿(忠栄)、鷹ノ女三宮御方(清子内親王)、大聖寺殿(恵仙尼)ハ禁中へ御参ト、一条殿(兼遐)

同、両伝(広橋兼勝・三条西実条)へ申置、広大(広橋兼勝)へハ板倉伊賀守(勝重)、将軍(徳川秀忠)御使同心ﾒ被参候、為見参ニ行、対顔候、一五(イツ)(大覚寺尊性)ノ宮ノ御方御礼申、照門(照高院興意)へ以使者申入、大略礼、一アテノ宮御方御盃ヲ給、夕ニ此方、局ハ(西洞院時子)来義候、一高台院殿(豊臣秀吉室杉原氏女)へ少納言(西洞院時直)年頭不申入、同心候、清月・永春・尊周・鳥等取持ニテ有酒、良久及夜テ帰、一若上ヨリ末撥片金裏銀ノ一本、後ニ返、間鍋一・染紙一束遣、一道和方盆(北)ノ足付タル一、一御所内村金右衛門(西洞院時直室川勝氏女)十疋、助三茄子・(大豆)久蔵ハ土長、甚五郎○(柚)・青大豆枝一折等ノ物共持来、一昌琢(里村)・昌俔(里村)・玄的(里村)等ノ衆ハ於八条殿対面也、久我大(敦通)へモ逢、一宗意来義候、

染紙　土長

一長野清兵来義

二日　天晴、昨日ノ返共少々申付候、一宗珠へ弁道持午過ニ出、快躰也、遁世比丘尼共二三日在之、因幡守(宇野)ハ太秦寺へ被出候、晩ニ被帰、会ﾒ帰、一今暁ヤヽ、以外煩ニテ叩門テ告之、薬ヲ遣ﾒ少験、又見廻ニモ午ニ行、一栄宅来、本出来、酒ニテ祝之、(三日ニ)一鳥居大路(詮平)へ一巡遣候、一ヲ茶々へ白酒一桶・諸白一樽進、一大寧院(最岳元良)ヨリ新酒一樽給、状ニテ一礼、一下人共出候、一新中納言(西洞院時慶女)初立トテ内義へ被出、△隠岐国飛少将(飛鳥井雅賢)へ便宜有、単物綾石タヽミ肩スソ・佐竹一束・筆三・文

遁世比丘尼　ヤヽ煩ウ　本出来　隠岐国佐竹

三日　天晴、月幽ニ見テ拝、一少納言(西洞院時直)ノ方□(二)有月次連哥出座候、次ニ和漢ノ一巡モ」(56オ)能札へ談合ﾒ、又昌琢(里村)へ遣候、似運出座候、兼約候、又養運へモ可出座由申遣候、友補へモ一

月幽ニ見テ拝ム

鈴虫
方違
庚申
白朮
方違
久世ノ新米首納ヲ祝ウ
薬種ヲ色々製ス
貞観政要
高雲院七年忌
三日別時

昨日礼ヲ申遣候、一照門(照高院興意)へ一昨日忌申入、一御茶々ヨリ諸白二樽、昨日為御返給候、以使者一礼申入、一少納言へ嶋津(家久)ヨリ使者伊勢兵部少輔(貞昌)来義ト、一鴨ヨリ三河方ヨリ鈴虫一吹テ来、一涼気初而到、一薬種製、一局(西洞院時子)ハ方違

四日 天晴、涼気也、庚申也、一日野大(資勝)へ白朮一根午花遣之、有礼状、一宗意へ以使者申候、一石薬師ノ薬種昨今取寄候、一賀茂鳥居大路(詮平)ヨリ和漢ノ一巡被持候、記之、一伊勢ノ兵部(貞昌)上洛、少納言(西洞院時直)為音信訪之由候、一庚申ハ新中納言(西洞院時慶女)ノ方ニテ守候、一方違ニ清シへ出、常智坊馳走候、盃・吸物被出候、一庭ノ草少々払之、一少納言ハ石薬師ニテ守ト、一内義ハ石屋へ被出候、宗珠積少張ト、一久世ヨリ新米首納祝之、一友補来義候、次ニ平松(時興)脈診ニ暫語候

五日 天晴、陰、涼気也、一八条殿(智仁親王)御乳人ヨリ折一・諸白樽一給之、文返事候、一一条殿(兼遐)へ折ヲ上候、一薬種製、色々也、一一巡記付、保長老(有節瑞保)へ遣候、竹内(孝治)ハ可出座由候、一月次再返草ヲ能札へ遣候、一孝与来義、宗珠病証ヲ被語候、一長清兵衛(長野)雇テ」(56ウ)六波羅堂ノ戸帳ノ本ヲ取、一鍋屋へ遣人、急候、一日相公(日野光慶)ヨリ色紙二枚可○愚筆染旨候処、堅辞之、一阿茶々乳母人ヨリ上下・烏帽子等被借候間、目録而遣之、一昨今貞観政要急ニ瀬田(勢多)ノ備前へ申遣候、一両日中ニ可出来ト、一十念寺ヨリ使僧来七日斎ノ事被申候、高雲院殿(後陽成院皇女)御七年忌、三日別時御局(西洞院時子)ヨリ興行アリ、夕ニ詣、法談聴聞、観経ノ要▨(文)去此不遠、又阿弥陀経ノ文十万傍(億)土浄土

施餓鬼

ヲ立ル事ノ引詞ニ、唐モ夢ニ見しかハ近かりきヲ被引、能相叶ヘリ、猶可尋之、当日ハ施餓
鬼ノ料ニ五石、今夜香典ニ二百疋局(西洞院時子)ヨリ被遣、聴聞ニ被詣、端ノ若上(西洞院時直室川勝氏女)与内義モ同心也

十念寺ニテ法談ヲ聴聞

六角堂火事

六日 天晴、一東福へ以書状申候処、途ニテ逢テ作介帰、不二(集雲守藤)則来入、再返ヲ談合ニテ記之付
候、十五日ハ八条殿(智仁親王)ニ月ノ御発句和漢御興行ト、仍此方ノヲ十四日ニ寄候、為其常光院(友竹紹益)・元(最
岳)良へモ申越候、保長老(有節瑞保)ハ豊前へ下向ノ理在之、今朝ノ文ノ返事後ニ遣候、　一昨日富少路(秀直)
ヨリ便宜、因幡ノ文ノ返事認遣候、一勝太ヨリ返事モ因幡へ遣候、一十念寺詣法談聴聞、時(西
洞院)直モ同心候、内義持セアリ、新酒両樽・粽五十把、△夜半後六角堂回禄、言語道断也、人共
遣候、照門(照高院興意)へ尋申候、勝仙院(澄存)無事也、曇花院殿(聖秀尼)へモ以使者申候、門へ出、白川(雅朝)ト立事火事間
也

十念寺施餓鬼別時廻向

六角堂へ見舞ウ

本尊ハ取出ス

堂中ヨリ出火新造ノ門ヲ焼ク

七日 天晴、早天ニ十念寺詣、施餓鬼アリ、別時廻向也、御廟参候、斎ハ寺へ理申而不応、」
(57オ) 勧局(西洞院時子)へ参候、家中不残、一女院御所(勧修寺晴子)へモ六角堂ノ義申入、又後ニ自身御見舞申入、御
気相能要(悪)(ママ)ト、但早速ニ能ト、一六角堂へ見廻申、灰塵ノ躰驚目、照門(照高院興意)上(後水尾天皇)ヨリ御帰ノ砌ニテ懸
御目、御盃給御祝候、又女院御所御心悪シトテ上へ御上候、△池坊(専好)へ立寄、本尊ノ御事ヲ尋
候処、奉取出ト、一寸八分ト哉ランノ御躰ト、焼出様不思儀(ママ)ノ様也、今度後藤(庄)勝三郎(光次)修造仕
候、如何義候哉、方便ノ御叓難測、菟(兎)角堂中ヨリ出タル火ト、門モ今度新造候焼候、其外ハ

南ノ在家、坤ノ寺ヨリ北ヘ過半焼、一賀茂ヘ鳥井大路(鳥居大路詮平)ヘ再返遣候、終日被留

大鮒

八日一若水ヨリ大鮒三ケ送来、一榎並忠左(賢隆)ヘ状ヲ遣、江戸ノ便宜ノ義ニヨリテ也、一二位殿ヨリ白綿三把・杉原十帖給之、夕ニ礼ニ参候、又女御殿(近衛前子)ヘ見廻申入、宗意ヘ寄候、午刻被尋ト、一仏光寺(存海尭昭)竹松殿(飛鳥井)輿ノ義也

六波羅堂ノ願果、戸帳ニ裏書シテ掛ク

八日 雨天、暁ヨリ降、一六波羅堂ヘ詣、願果、戸帳奉掛、三所共也、但中尊ハ金鑭(襴)也、両脇ハ青キ段子、水引ハ皆紫地ノ金ラン也、裏ニ紙ニテ書付、奉掛戸帳、参議右衛門督平時慶(西洞院)敬白

元和戊午歳八月八日 ト記、一長野清兵衛雇、戸帳ヲカク、一清水寺ヘ詣、子安ニテ休息、内義モ同心候、雲而多ハ不降、下向ノ後多降也、日用二人雇候、一見生坊来義、身延ノ文ノ事被申候、少納言(西洞院時直)ハ本満寺ヘ日住見舞ト、一北来義候、此中背気嫌事アリ、今・小少将申直候、一備前(勢多)ヨリ貞観政要二巻写本共ニ請取候、一内義ハ宗珠ヘ為見舞ニ被出、泊也、一宗意来義候、普賢院ヨリ柿一折給候、状返事候、宗意ヘ梅木ノ事」(57ウ)申談、又餅ヲ進候、一滋野井中将(季吉)ヘ一巡ヲ遣候、出座相定候、一仏光寺(存海尭昭)ヘ昨日遣備後(徳岡)候、□(返カ)事今朝聞、新発(意脱カ)(経海尭聴)ヘモ即申遣候

貞観政要ヲ請取ル

鮒汁

抄物ヲ見ル
和漢ノ一巡

九日 雨天、一長野清兵衛呼、常住相伴候、若水ヨリ来鮒汁ヲ調味候、一内義ハ石屋ニ逗留、夕食以前ニ帰宅候、積同篇ヨリ結句張ト、一終日抄物ヲ見、聖門ノ一巡、又和漢ノ一巡ヲ吟

御番結改
茶壺
松茸ノ初物
仏舎利
親舎利
伊勢関ノ者ヲ召置ク
木蓮華
連歌新式・小双紙ヲ見ル
白鳥調味
抄物ヲ見ル
伊勢物語ノ歌ヲ読ム
地震
聖門月次連歌
時直発句

案メ次へ遣候、一乙丸昨今在之、一東福ヨリ龍眠菴(剛外令柔)ノ返事到来、再〻返到来也、不二庵(集雲守藤)ハ他出ト、一御番結改、番文中御(中御門資胤)ヨリ給、三番ノ組也

十日 天晴、一茶壺十念寺ヨリ取寄候、一松茸ノ初ヲ見、一内義ノ所持仏舎利分ス、奇妙ノ義也、親舎利ハ青黒ノ色也、分子ハ白シ、結句親ヨリ白ハ大也、拝之、一東福寺へ再返取ニ久八ヲ差越候、又常光院(友竹紹益)へモ遣候、又大寧院(最岳元良)へ遣候、刻付候、一初タル侍、伊勢関ノ者ヲ召置分也、勘次カ母取次也、一小川勝三郎来義、棒庵(下津宗秀)ノ状持参、仕合ノ様ヲ聞也、一宇(宇野)因幡ヨリ脇(脇坂安治)中書ノ書中被見、木蓮華所望ノ義也、一十四日ノ用意申付候、一仏光寺(存海尭昭)ヨリ板輿借ニ来、茶〻局へ申遣而相渡候、一内義勘局(西洞院時子)へ被出候、「晩ニ被帰候」一終日連哥新式、又小双紙周覧候」(58オ)

十一日 天晴(雨)、暁ハ晴、行水・祓如例、一白鳥調味、少納言(西洞院時直)二人呼、別人不呼、一巡鳥井大路(鳥居大路詮平)へ遣候、又似運ヨリモ再返到来、返事候、昌琢(里村)へ草ヲ為談合遣候、一暁抄物ヲ見、昨夜ハ伊勢物語哥奥十枚斗残メ読之、詞ハ平松(時興)ニヨマス、一サカヤキ剃、一長野殿昨日ハ宿へ被出、今朝来義候、一(ママ)

十二日 天晴、夜中大雨、寅刻ニ地震久動、一聖門御月次連哥出座、少納言(西洞院時直)発句也、照門(照高院興意)御出座、仙厳・華台院・慶純(橘屋)・紹由(灰屋)・了倶(石井)・久和(篠屋)・岩波内膳・｜内記、以上十二人也、初夜ノ前ニ満、酒久、謡在之、予発声、論義等在之、一興〻〻、度〻下官盃ヲモ被召候、一月明也、

松茸ノ初物

当月ノ初也、一龍西へ再〻返遣候、到来帰宅〆予案之、一宇(宇野)因幡来義ト、宗珠ノ義ヲ被申候、一少納言ヨリ松茸十本来、初物也、一今日照門ニテ松茸初ヲ受用、一五条(為適)へ門迄行、明後日執筆ノ賢兼弥申候、次ニ一礼候

霊符祭

松虫
鳥子

十三日　天晴、一霊符祭、一照門(聖)へ以使者御礼申入、一明日ノ用意申付候、一不二(集雲守藤)へ再〻返遣候、則草ヲ給候、善喆ヨリ松虫ヲ来、一新盃ヲ感得、十五、一鳥子十枚感得候、一宇(宇野)因幡へ昨日一礼申候、一栄宅来義、不対面、一五条少納言(為適)ヨリ諸白樽一・柿一折被贈、一勘局(西洞院時子)ヨリ諸白樽二給」(58ウ)

和漢興行

亀山酒樽・海松

後陽成天皇辞世ノ御製

十四日　天晴、月明也、興行和漢、早天先五条少納言(為適)来入、良西堂(最岳元良)・不二菴(集雲守藤)・常光院(友竹紹益)・龍眠(剛外令柔)来義、不二菴ヨリ亀山酒樽一・海松一折・柿一折、常光ヨリ蠟燭廿挺、鳥井大路(鳥居大路詮平)熟柿一折到来□、滋野井(季吉)、以上八人也、御発句大上天皇(後陽成)御辞世ノ御製ニテ為御追善ニ催之候、秉燭以後満、大寧院(最岳元良)早被帰、各ハ百梁蚵在之、月見興久、供之衆ニテ進盃、一勘局(西洞院時子)来入候、終日也、一新料理鍋出来

久八ノ妻産月

安神散

十五日　天晴、方〻へ礼状ヲ遣候、不二(集雲守藤)・常光(友竹紹益)・大寧(最岳元良)等也、龍眠(剛外令柔)へハ以書状(使)申候、一久八ハ妻カ産月ニテ送之行、江州也、安神散ヲ遣候、又銀子十匁相添候、一織田兵部(信良)ノ夏来義候、江戸ノ事物語ヲ聞、又兵部(織田信良)ヨリ去二日ノ日付ノ状▨(昨)日到来〆今日見之、返事遣候、明日下ト、

便毒ノ薬
八条殿腫物ヲ見舞ウ
児共御霊へ詣ヅ
セテン
韵花イニ韵付ノ字ヲ抜書ス
三聚韵
小双紙ヲ見ル
夢想ノ漢和
般舟院曼荼羅
黒麻紙袋

一大聖寺殿(恵仙尼)ヨリ被召候、十六日御斎ト、兼約ノ御理申候、一龍眠ヨリ状給、又句直度由候、則合点候、一江戸へ棒庵(下津宗秀)・織田兵部(信良)へ状認遣候、兵部ノ飛脚也、一大寧院(最岳元良)返事到来、一内義ハ宗珠見廻ニ被出、則帰宅候、一南隣ノ奴ヵ息便毒ノ薬所望候、遣之、一昨日下人ヲ置候、一八条殿(智仁親王)御腫物ヲ見廻、御乳人迄申置候、一勘局(西洞院時子)へ寄、月ヲ見、曇也、」(59オ)帰入テ祝アリ、月少見、一五条少納言(為適)来義候、懐紙清書ノ事談合候

十六日 天晴、残暑アリ、一児共御霊へ詣、一似運へセテン一巻遣、養運へ諸白樽二、又薫物貝一遣候、明日可出座由申遣候、有返事、又此方へモ有文、返事遣候、一宗珠へ見舞候、腫気足ニ甚アリ、ヤネ葺也、被祝之、予ニ薬ノ事被申、辞之、一明日韵花イ也、韵付ノ字ヲ抜書、時直(西洞院)ニ頼、三聚韵一冊、長上下ヲ切、閇事申付候、一織田兵部(信良)ノ夏泊、今日帰、一鳥井(鳥居大路詮平)大路へ先日出座ノ礼幷柿一折持参ノ事申遣候、一ナア優婆来、一小双紙ヲ周覧

十七日 天曇、朝ハ日見、早朝養運ニ夢想之漢和興行、出座、申刻満、連衆十人、漢ハ集雲(守藤)・友林(友竹紹益)・剛外(令柔)・英岳(景洪)・養運、倭ハ昌琢(里村)・昌俔(里村)・似運・能札・予、以上、慶純(橘屋)ハ一巡候処俄ニ煩ト、一般舟院曼荼羅有之、着座ニ菊亭中納言(宣季)・予可参仕旨候、奉行烏丸弁(光賢)也、一陽明(近衛信尋)ヨリ来廿日ニ懺法御興行、聴聞ニ被召候由候、一梅木伐セテ宗以被持候、三段也、一嘉通寺来義、柿一折・黒麻紙袋一被持候、一山城外野へコナノ事ニ作介□(差カ)越

御霊会華麗ニシテ人多ク渡ル

禁中御番結改

木練柿

白鳥
虫籠ト虫ヲ給ウ

後陽成天皇御周忌

十八日　天曇、時々雰、一御灵会当年ハ初而華麗ニ〆人多渡由候、下御灵ハ高台院殿（豊臣秀吉室杉原氏女）」（59ウ）桟敷門前ニ被構テ御見物ト、上御灵ハ八条殿（智仁親王）御門ニテ又有御見物ト、母羅・旗・鎧等渡ト、一禁中御番結改、十一日ヨリ在之、仍自身参懃、宿同、中御（中御門資胤）・正親町（季俊）・藤谷（為賢）・樋口（信孝）・予、以上、昼ハ烏弁（烏丸光賢）中御代ニテ閑話候、内々ハ正親三中（正親町三条実有）・中院（通村）・右衛門佐（高倉永慶）、以上、夜持セハ右衛門佐ヨリ、一硯文台桐ニテ道化ニ申付候出来、又梅ノ木ヲミセ候、一養運来儀、杉原十帖・沓一足持参候、一法皇寺来、木練鬚籠持参候、食申付候、予ハ不会、一宇野因幡入道へ遣状、宗珠快気ト、一長野清兵（清兵衛）祭ニ呼、一後ニ聞、コナ身上ノ事ヲ且聞、一懐帋ノ事ニ五条（為適）へ行、内へ雖被呼、番故不入、一養運・昌琢（里村）へ状ヲ遣候

十九日　雨天、一渡番〆出、一五条（為適）ヨリ懐帋清書〆給、礼ニ以使者申候、一柿鬚籠ヲ飛竹松（飛鳥井）へ遣候、内義ヨリヲ鳥へ一折被遣候、一女御殿（近衛前子）御見廻申候、未御気相然々共無之ト、一勘次昨

折檻

日宿へ暇乞捨ニ〆出候、母ヲ呼折檻〆口堅候、一白鳥ヲ受用候、一長清兵（長野清兵衛）ヨリ虫籠・同虫ヲ給、一時直（西洞院）経文ノ哥談合候、同前書等ノ義也、一宗意へ遣人一礼申候

廿日　天晴、暁ハ風雨荒シ、一陽明（近衛信尋）ニテ後陽成院（後陽成天皇）御周忌被執行、懺法東福衆廿人、」（60オ）長老四人、西堂五人、残平僧也、斎、僧衆与堂上相伴也、三方ノ用意候処、広中（広橋総光）与予談合〆平折敷ニ直〆僧衆ト同前ニ用之、以来引懸ニ不可成叓也、仍記之也、御所（近衛信尋）ニモ簾中へ予ヲ被召

テ御談合候処、此分ニ予中ニ付而、平折敷ニ被成候、粥ハ御内々ニテ三方ニテ給之也、堂上ハ広中・予・頭弁ハ広也(広橋兼賢)・滋野井(季吉)・飛鳥井(雅胤)・山科(言総)・大弼(秋篠忠定)・木工(岩倉具堯)等也、藪(嗣良)ハ兼日ニ可参仕処、

平松顕病

俄ニ故障被申候、時直(西洞院)ハ所労子細御理申入、平松(時興)ハ顕病也、地下ノ衆常ニ参上之者共参仕取持候、一帰ニ　アテノ宮御方へ見廻申候、一内義ハ石屋へ見廻ニ被出候、一大工茂兵衛へ昨

作事指図

今遣人候、作事指図ハ細工ニ作之也、木万入用惣算用積セ候、一小川小三郎来義、棒庵(下津宗秀)へ便宜ノ事知之

南土蔵ヲ壊ス
久世村請米ノ談合
松茸

廿一日　天晴、行水・祓如例、一江戸棒庵(下津宗秀)へ状、同内記(下津宗政)・織田兵部(信良)へ状、内義へ認、小三郎(小川)へ遣候、加藤常与下向明後日ト、先刻以使者申候、一南土蔵壊セ候、一久世ノ百庄ゝ(姓)(ママ)与人来、請米支談合候、一勘局(西洞院時子)ヨリ松茸五本給、賞翫候、一勘局へ風呂アリテ入、振舞アリ、内義モ被

時子ノ風呂へ入ル

出候、一作介ハ上山城外野ヨリ帰々云(云々)ノ趣申候

土蔵壊ス
伊与ノ新酒
アジノ鮓
久世村請米
黒日

廿二日　天曇、△土蔵壊、皆此方へ取置、一孝与来義、伊与カ新酒ヲ双瓶上候、吟味候、日用二人仕、五分ツ、也、一山田六右衛門ヨリ諸白双瓶・アチノ鮓ヲ上候、」(60ウ) 一久世村ノ者請米ノ事ヲ申候、依黒日状ハ未申付、一能札ヨリ廿九日会ノ事、延引ノ由申来、照門(照高院興意)ニ御会アリト、一宗以来義候、梅木ノ事申談候

楽屋
時興因幡堂ニ参籠ス

廿三日　天晴、サカヤキ剃、一林侍者来義、楽屋ノ事大聖寺(恵仙尼)迄申試候、一因幡堂へ平松(時興)参籠候、

作事ノ入用
中久世村年貢請米
塗屋
鼠茸
錫大香合
梅木代十五匁
雁
伊与ノ所ノ新酒

二夜三日也、一長清兵(長野清兵衛)因幡堂へ平松伽参也、一大工七右衛門呼、作事ノ入用対談候、山田六右衛門同参也、一山田六右衛門才覚ニテ中久世村年貢請米ニ今日申付、出状仕セ候、次御所内へ金右衛門呼状ヲ遣候、一小倉作左衛門後室(良清室)来義候、夕ニハ与所へ泊ニ被出候、一一巡到来、能札へ遣候、一身延ヨリ便宜文到来

廿四日 天晴、一硯文台塗屋へ遣候処、文台ハ金物出来次第可塗由申候、一勘局(西洞院時子)へ諸白樽二・松茸一折廿本送、一小倉後刻(室カ)今朝又来義、朝食申付候、一九左衛門来、大工ノ事申渡候、初而逢候、一鞍馬戒光院来ヨリ鼠茸ヲ一折被贈候、状返事候、一ネス(鼠)茸一折女御殿(近衛前子)へ上、一夕ニ木下宮内(利房)へ為餞別ニ行、袷一・薫物・錫大香合遣候、盃ヲ被出、茶アリ、懇志也、如庵モ在之而暫語候、及沈酔也、一小倉ノ女中(小倉良清室)被帰候、」(61オ)一水無瀬(氏成)被尋由候、以使者申候、一玄(野間成岑)琢被尋候、門ヨリ直通ト、一勘局ヨリ明夕非□(時)ノ事兼約候、一道和来、大工ノ義申候、一梅木ノ代十五匁宗意へ相渡候

廿五日 天晴、平松(時興)因幡堂ヨリ下向候、一十念寺へ遣状、明非時ノ義兼約候、一菊亭(宣季)ヨリ預使者、明日着座ノ義兼約候、此方ヨリモ以使者申候、一宗意ヨリ又梅ノ枝一段被持候、状礼申候、一長野清兵衛平松ト同心メ下向、飯後被帰候、一野間玄琢(成岑)ヨリ雁二ツ被送、礼状候、一伊与カ所之新酒初而通新申談候、一般舟院へ昆布三把・新酒樽二遣候、一内義ハ宗珠為見舞

久八近江へ妻ヲ見舞ウ

時子非時ニ家中残ラズ行ク

後陽成院一周忌ノ曼荼羅供

花籠ノ衆

寿渓忌日

茶ヲ引ク

時直方ノ物置作事

木練柿

十逆罪、弟子師匠ノ長老ヲ殺ス

精進

伊勢海老

ニ御出候、直ニ石薬師へ、一久八ハ近江へ妻ヲ見舞ニ出、一水(氏成)無瀬へ以使者申候、昨日被尋候、一勘局(西洞院時子)へ非時ニ被呼、家中不残行

廿六日 天晴、般舟院ニテ後陽成院御一周忌、曼荼羅供アリ、導(師脱カ)盧山寺長老也、卯之刻ト兼日被申ニヨリ急候処、法事日出以後辰刻也、着座菊亭中納言(宣季)与予両人也、道場ノ外、右方座敷也、西ニ当候、別ニ畳モ不構、常座敷ノ中央程ノ北上東面ニ着也、北ヨリハ間中程アリ、素服同襲也、襪ハ単也、檜扇無文也、寺ニテ衣紋候、先粥アリ、斎ハ不用而起也、焼香ハ仕候、花籠ノ衆時直(西洞院)朝臣・(ママ)・極﨟(壬生忠利)・清蔵人(伏原賢忠)・新蔵人(倉橋泰吉)、以上」(61ウ)五人也、又非蔵人衆撤之、院参ノ衆大略参上候、三級ヲ始、大弼(秋篠忠定)・木工頭(岩倉具堯)・鳥井大路(鳥居大路詮平)・森等、今里(ママ)雅楽頭(花園公久)・図書(桜町秀雅)等也、□(此)亭ニテ非時・御膳ヲ供、私ノ志ハ寿渓(西洞院時慶母)忌日也、十念寺長老非時ニ呼、文作両人ニ時直相伴也、茶ヲ引候、一飛中(飛鳥井雅胤)ヨリ預状、先日返事也、一少納言(西洞院時直)方ニハ物置ヲ作事、大工在之、一十念寺ヨリ木練一折給、一十逆罪ノ者ヲ被渡ト、後ニ聞之、師匠ノ長老ヲ弟子カ殺之義ト

廿七日 天晴、御精進直ニアテ宮御方・局(西洞院時子)皆〻申入、朝ヨリ到夕也、少納言(西洞院時直)ノ方ノ衆同前、一女院(勧修寺晴子)御所ヨリ御樽諸白二・鷺一双・海老(イセ)十五拝領、帥殿局ヨリ勝ヲ使ニテ給之候、左近(板屋)辱旨申入、則披之、及沈酔候、一似運ヨリ先日漢和ヲ来、返事候、一北来、餅一重持参候、一海老一

舎利講式

照高院ニテ連歌会

作事ノ談合

鯰

風呂

木練柿

禁中清祓

黒焼ノホウ禄ヲ求ム

折十広大（広橋兼勝）へ贈候、一昨日泉涌寺ニテハ━━舎利講ノ式等ノ法㕝ト、着座ハ広中（広橋総光）与日野宰相（光慶）両人ト、雲客ハ可尋之、△照高院殿（興意）へ能札被召、連哥在之ト、可尋之、席ノ様如何

廿八日 雨天、行水・看経如例、勝ハ今朝被帰候、帥殿へ人ヲ相添テ御礼申入、一新中納言（西洞院時慶女）ハ此亭へ来義ニテ朝食相伴候、時興（平松）同、長野殿同、一増田弥右衛門（益）息六大坂へ奉公ニ出候、□〔単〕物一、又□ノ帯一筋内義ヨリ被遣候、一道和来、作事ノ義談合候、盃ヲ傾候、一内義□□〔八宗〕珠」（62オ）見舞ニ被出候、又石薬師へモ、一石薬師ヨリ今朝文給、又此方ヨリ文ニテ御礼申入、一広（頭）弁（広橋兼賢）ヨリ預使者、明日禁中潔（清）ノ祓ノ義ト、内々可覚悟由也、又以使者申候、明夕ト也、中御（中御門資胤）へモ申処、少被相煩ト也、一橋本内膳（実村）来義候、門ヨリ被帰候、一女御殿（近衛前子）へ今日珍重申入、一久八今日帰、一陽明（近衛信尋）ヨリ平松（時興）へ鯰二ケ給、一勘局（西洞院時子）来義候

廿九日 天晴、内義ハ石薬師へ直ニ従宗珠被帰、有風呂、予モ被呼テ行、直ニ宗珠へ見廻、又直ニ冷泉中納言（為満）見廻、門ヨリ帰、又局（西洞院時子）へ行テ夕食ヲ給、一今里ノ忠右衛門出、木練十・紙袋一上候、一禁中清祓戌亥刻ニ在之、各可参勤覚悟也、奉行へ遣人、又自身モ行談合候、素服ニテ出仕候、五条（為適）預使者、参　内可同心段申談候、薄暮ニ出候、一神龍院（梵舜）へ遣人、出▨（京）ノ時モ又遣候、於禁中萩原（兼従）モ対顔候、一能札へ一巡ヲ遣候、一平松（時興）ヨリ陽明（近衛信尋）へ以使者申入、一黒焼ノホウ禄ヲ求候

下鴨ノ免ノ事
久八ヲ伏見ニ遣ス

卅日 天晴、清祓珍重ヲ▨、女院（勧修寺晴子）御所・女御殿（近衛前子）へ申入、一月次於少納言（西洞院時直）方在之、予頭ヲ務也、銀子十匁・諸白徳利一遣候、八人也、初夜ニ満、一六右衛門（山田）来義候、下鴨ノ免ノ事申候、云々旨申含候、一織田兵部（信良）ノ侍○（大橋）茂右衛門上洛、文持参候、久八ヲハ伏見へ兵部ノ用ニ遣候」（62ウ）

九月小

饅頭
一昨日ノ記ヲ書ク
女御殿気相悪シ
疔瘡
道和ヲ呼ビ作事

一日丁亥 天晴、行水・祓、掛白木綿、清祓ヨリ清也、一孝与来義候、平松（時興）へ饅頭一重被持候、長清（長野）兵衛来義候、盃ニテ祝之、一新中納言（西洞院時慶女）相伴候、一一昨日之記ヲ書候、一榎並忠左衛門（賢隆）来義、盃ニテ祝之、一養運来義、門ヨリ通也、一御礼所々へ出、女御殿（近衛前子）ハ未御気相悪由候而何へモ無対面、右衛門督（カウ）へ具申置候、一大聖寺殿（恵仙尼）へモ参候、無御対面、女院御所（勧修寺晴子）同、八条殿（智仁親王）・竹門（曼殊院良恕）同、政所殿（近衛信尹母）御盃給、松禅院（慶俊）下山ノ折節於途対面候、政所殿ニテモ、又赤井弥七郎政所殿ニテ対顔候、一アテ宮御方御礼、御盃給、一飛鳥井（雅胤）へ以使者申候、疔瘡出来由候、一於少納言（西洞院時直）盃ヲ祝、先愚亭勘局（西洞院時子）来義候、一久八ヲ山科ノ大工呼ニ遣候処、有兼約ト、一道和呼作事、対顔候、一内義アテ宮御方へ被参候

土用
蔵ノ壁下地ヲ解ス

二日 天晴、能札へ再返持遣候、一壊壁ノ下地ヲ解結集サセ候、一左近（板屋）カ北来、一土用ニ入、一内義ハ石屋へ宗珠見舞也、夕ニ被帰、一蔵ノ壁下地解セ取置、又木草堀セ、勘局（西洞院時子）へモ持セ、

木蓮華
御所内村ヨリ焼米上ル
楽屋ヲ借ル
久世ノ百姓請米
松茸
貞観政要代ヲ勢多備前へ遣ス
小双紙ヲ見ル漢和ヲ写留ル

夕ニ行栽之、有酒肴、終日精[進]也、」(63オ) 一宇(宇野)因幡へ遣状、有返事、脇坂臨松院(安治)へ木蓮華□(二カ)
遣事也、一能札へ再返持セ遣之、一少納言(西洞院時直)方ニ有大工、此中、一御所内村金右衛門来、焼米
ヲ上候、次ニ作事ニ付、縄ノ事人足□[ノ]義等申付候

三日 天晴、一女御殿(近衛前子)へ楽屋借申度旨申入、御合点也、一月明ニ拝、一材木為買得ニ藤右衛
門・市左衛門・道和終日行テ代付候、与兵衛相添候、又作介筆取ニ遣候、夕食ハ此方ニテ申
付候、一織田兵部(信良)ノ家臣(ママ)茂衛門(大橋)来、盃ヲ進候、与所ニ振舞アリト、一脇坂臨松院(安治)ヨリ折
一被贈候、返事候、則寿徳庵(曲直瀬玄由)留守へ遣候、一林侍者来義候、大聖寺殿(恵仙尼)ヲ以女御殿へノ義申入、
一久世ノ百姓請米仕ニ付而、来納不可荒旨申付候、出状候、一当番ハ時直(西洞院)勤之、一広中(広橋総光)へ遣
状、楽屋ノ義ニ付而也、一善喆相煩由聞候、一藤岡筑後守知行被取由有便宜、一十念寺へ紫(実生)
ノ牡丹一カフ遣候、一九左衛門午刻ヨリ暇乞、宿へ出、一大工ノ信濃(中井利次)へ昨日松茸一折従勘局(西洞院
時子)被遣候、今朝返事ヲ聞候、一貞観政要二冊代備前(勢多)へ遣

四日 雨天、一広中(広橋総光)ヨリ昨書返事在之、又遣候、楽屋ノ事也、一飛鳥井(雅胤)煩、冷泉煩相尋候、少
験ト、一東福寺へ不二庵(集雲守藤)へ遣状、平松(時興)ヨリ同前、又善喆煩尋候、大験ト、一文台ノ金物誂□(候カ)、
一内義ハ宗珠煩為見廻ニ石屋へ被出候、一サカヤキ剃、一小双紙周覧、」(63ウ) 一似運会ノ漢
和写留

月次連歌
西ノ乳イ出産ノ忌明
雲林院ノ下刈
下鴨ノ免合
半弓ノ矢ノ根
松茸
クレノ事談合
鼠不入
香白芷・冬葵子
木練柿
加藤忠広上洛

五日　天晴、一少納言亭(西洞院時直)ニ有月次連哥、出座、初而高倉右衛門佐(永慶)被出候、予ハ腹中以外□□(相煩カ)食不用、重湯少之躰ニテ切々座ヲ立、初夜過ニ満、一内義ハ石屋ヨリ午ニ被帰、一酉(ユウ)カ乳イ生産ノ忌明トテ来、樽ヲ上候、一雲林院へ下刈ニ日用二人遣候、此方ノ者二人・九左衛門付置、備後(徳岡)両度遣候、竹一束、又雑木共伐セ候、一似運へ懐紙返遣候処他出、養運返事在之、一材木手付少遣候、一少納言ニ未大工アリ、一孝与来義候、下鴨免合之義申候、一林侍者ヨリイ茶カ薬ノ事申候、遣候、一半弓ノ矢ノ根、烏丸(光広)ノ侍ニ云伝申上候、三手

六日　天晴、一松茸一籠三十入川信(川勝広綱)ノ命トテ石塚庄兵衛尉・成見太兵衛尉ヨリ状相添テ上候、則返札与又川信へ状遣候、一材木一所ノ取寄候、一平野ノ弥介来、クレノ事談合候、一久八帰ル、一鼠不入ノ事、六右衛門(山田)来、返事ヲ聞、一板伊賀守(板倉勝重)へ松茸三十本贈、状相添候、返札アリ、一加肥後守(加藤忠広)伏見〻(へ被)着由今日聞之、一腹中得少験、食事昨今不用、今夕少受用、一道和ニ轅輿ノ損タル所ヲミセ候、一友補へ香白芷、又種ヲモ冬葵子種ヲモ遣候、一橋本(実村)ノ祖母(立野)来義、木練四十被持候、又多門ニ小袖被遣候、入麺・盃ヲ進候、一夕ニ勘局(西洞院時子)来入、新中納言局(西洞院時慶女)ノ方へ田楽被持候、一烏丸(烏丸光広)上洛ト、以使者申候」(64オ)

七日　天晴、一伏見へ差越使者、加肥後守(加藤忠広)上洛候、珍重申候、状返事在之、次肥後へ□□小□文遣候、小三郎(小川)返事在之、九左衛門与久八ヲ遣候、明日出船ト、一女御殿(近衛前子)へ鳥飼部屋ノ事申

下鴨ノ免合
渋張リ
菱食
犬ハ山城ヨリ帰ル
虫薬
御所内年貢ヲ急グ
西岡ノ年貢
三順ノ年忌
公宴、重陽ノ和歌題ノ触
漆ヲ感得ス
木茸・木瓜

候処、有御理候、○（土山）駿河（武久）ヲ御使也、未御手前ニ無御請取旨也、伝奏ヘモ申候、其分ニテ可打止也、一孝与来義、六右衛門（山田）同心、下鴨免合ノ義也、則申付候、一内義ハ石屋ヘ被出候、輿舁ハ先ヘ返候、一道和呼、輿ヲ修、勘局（西洞院時子）ヘ預候、一烏大納言（烏丸光広）上洛トテ来義候、門ニテ対顔、文返事共ヲ被届候、又鰹十連給候、礼ニ以使者申候、一渋張ノ善四郎カ所ヘ人ヲ遣候、漆ノ事一諾候、一速水安芸守（良益）ヘ菱食一遣候、他出ト申候、一犬ハ山城ヨリ帰、一江戸ノ文共一見候、南部ノ内（南部利直室蒲生氏女）ヨリ文、孝ノ文（孝蔵主川添氏女）、朽牧斎（朽木元綱）・吉良左兵（義弥）・禅高（山名豊国）・賀古豊前（正利）等ノ也、一与兵衛ヘ遣人、一御所内村ヨリ忠衛門カ姉ノ虫薬所望ニ来、一福庵（大福庵金国）ヘ以使者申候、濃州ヘ被越由候

八日　天晴、一御所内村・七条ヘ久八ヲ差越候、年貢急義、又侍共出可仕事等申付候、西岡ヘモ年貢ノ事申越候、一端坊（明善）ヨリハ三順年忌トテ白壁・双瓶被贈候、多阿ヘ江戸ヨリ矢兵部（矢野）ノ状ヲ届候、一広中（広橋総光）ヘ遣状候処、使口上ノ違却之事等在之由ニテ口上ノ返事候、又以使者申候、女御殿（近衛前子）右衛□（門カ）□左近ヘモ理申候、土山（武久）ヘ以使者昨礼申候、一飛鳥井（雅胤）ヘ以使者申候、腫物験気ト、一棒庵（下津宗秀）□□処、昨日伏見ヘ被越ト、小三郎（小川）ヘモ尋候、一今日ハ少験也、食事在之、一南隣ノ垣、藪ノ中ニ申付候、」（64ウ）一公宴、重陽ノ和哥御題終日翫菊被触加奉、所労ノ衆ハ西三（三条西実条）・冷泉中納言（為満）・同少将（為頼）・庭田（重定）等、一漆感得候、一関長門女中（一政室）預ノ皮籠、昨今皆相渡済候、一行水候、一山科ノ亀□□□（ヨリカ）木茸一折・木瓜一折、為薬種ニ上候、紀伊ハ里ヘ出候、

一当番時直(西洞院)勤之

九日 天晴、行水・祓、鎮宅灵符祭、一御礼以使者申入所々、女院(勧修寺晴子)御所・女御(近衛前子)殿・政□□(所殿カ)・近衛(信尋)殿・アテノ宮御方・八条(智仁親王)殿・大聖寺(恵仙尼)殿・竹門(曼殊院良恕)等依所労不出仕、一帥殿ノ母義客□□□□〔人方ヨリ〕去春薬礼トメ諸白樽一・生ハム二筋被贈礼文遣候、一飛鳥井(雅胤)ヘハム二筋遣候、有礼状、一道和入夜礼ニ来、新重箱三重捧候、進盃、一内義ハ高台院(豊臣秀吉室杉原氏女)殿へ御礼ニ松茸三十本進上候、又宮(アテ宮)御方へ被参候、一礼者ハ玄冶(岡本諸品)法眼・友補法橋等、対面、進盃、次ニ平松(時興)診脈ヲミセ候、玄琢(野間成岑)礼、門ヨリ被透、一葛四郎左(葛岡四郎左衛門)・孝与・長清兵衛(長野)盃ニテ祝之、一久世ノ百姓請米ノ礼義トメ指樽・口細一連上候、酒ヲ給サス、一清兵衛(長野)ハ双紙〻ヲ折テ給、平松助之、千枚ニ□□宗意ハ門ヨリ被帰、橋本(実村)同前、与兵衛来、太郎八モ来、一懐紙ハ及晩テ詠進候、時直(西洞院)入也、一勘局(西洞院時子)来義、入夜盃ニテ祝之、少納言(西洞院時直)方ノ衆モ一同ニ祝之、又予モ行、一平野弥介来、大栗□(廿カ)上、驚目也、一大和一要ヨリ大梨五果・マルメロ二果被贈候、一轅輿善四郎ニ申付塗□(直カ)ス、」

(65オ) 一女御(徳川和子)入 内ノ事、来年無之由風説初而聞之

十日 天晴、一棒庵(下津宗秀)へ遣状、返事在之、内義ヨリ木練一折遣候、又織田兵部(信良)返事モ遣候、一東ノ台所取置少〻壊之、畳也、勘局(西洞院時子)へモ入物共預之、一今里村当納免合ノ義六右衛門(山田)与談合候、○又久世ノ百姓存分共申、一長野清兵雇、東ノ台所少〻壊、一大和一要・稲田喜左衛門(正勝)同心メ来義、

鎮宅霊符祭
生鱧
松茸
久世ノ百姓請米ノ礼儀
口細
大栗
大梨・マルメロ
女御入内ハ来年ナシトノ風説
木練柿
今里村免合ヲ談合ス
久世ノ百姓存分ヲ申ス

北野御灯明料

今里ノ年貢首納

元服次第ヲ貸ス

公事根元抄

台所壊済ム

家ノ指図

椹

今里ノ免合

美濃紙

手斧初

進盃少時話、一榎並忠左衛門（賢隆）来義候、一勘局へ担子共、其外種々ノ物預遣、一□（棒カ）庵へ夕ニ出、対顔、今度之一義共有物語、一江戸へ織田兵部へ状遣候

十一日 天晴、平野殿御見舞候、祓五度、次北野へ詣、御灯明寮（料）百文上、平野へハ□□十文也、小屋ヲ一見メ下向、一宗珠へ為見廻寄候、診脈候、因幡（宇野）対顔候、一石薬師へ寄候、宮御（アテ宮）方御盃ヲ給、△日用二人、台所壊也、又小屋ヲ申付候、長野清兵衛来義候、一道和呼対談候、一今里彦七出首納候、一平野弥介来、サハラ感得□（候カ）□□□清兵衛相添候、一石薬師ニ開炉雖被呼、普請ニ無人故内義斗被出、後日ニ肴送給、」（65ウ）一台所ヲ壊、無大工手細工也、一月次再返晩ニ到来、一元服次第少納言（西洞院時直）へ借遣候、一公事根々（元）抄尋出候

十二日 天晴、極晩雨、一台所壊済、一大工九衛門来、家ノ指図仕、又□（材カ）木等大略感得、サハラモ二百丁取寄候、弥介出使候、一今里ノ法皇寺・九左衛門出、免合ノ吏申渡候、忠兵衛出候、是モ相済候、一日用四人・与兵衛出仕、小屋ノヤネ葺候、一能札へ一巡遣候、一法皇寺栗卅果上候、一美濃紙三帖買得、一勘局（西洞院時子）ヨリ昨日ノ肴被送、一宇野因幡へ半長持一従内義被預

十三日 雨止、天曇、一手斧初申付候、又地引等土用間日・金剛峯日等吉日、福庵（大福庵金国）日取候、大工三人朝飯ハ申付候、一日用五人其外与兵衛、又□〔長〕野清兵衛来義候、一御所内忠衛門薬ノ礼

枝大豆
アテ宮ノ耳腫ノ膿ヲ出ス
榑剝
木茸
雲林院ノ屋敷ノ木ヲ伐ル
貞観政要朱モ出来
禁中拍子
初霜
雲林院ノ竹伐ヲ見ル

ニ来、枝大豆ヲ上候、一因幡ヨリ喜多嶋木工ヨリ人ヲ被上候、状共相届候、富少路（秀直）・棒庵（下津宗秀）等也、一久世村ノ者出、侘言口々和、一啓迪菴（岡本諸品）平松（時興）見廻ニ来義候、診脈候、一少納言（西洞院時直）方ニモ」(66オ)手斧初候、一宇野因幡へ又長持一枝内義ヨリ被預、一宮（アテ宮）御方御耳腫膿出、少御快気ト、一山田六右衛門来義候、一月明也、一当番時直（西洞院）懃之

十四日 天晴、大工五人、日用三人、クレヘキ弥介、以上三人、一追分ノ亀来、木茸一折上、一長清兵（長野清兵衛）来義候、一与兵衛来、終日如昨仕、一因幡ノ者返事、急ニ来、則棒庵（下津宗秀）へ遣候、有客テ当座ニ無返事、一内義ハ石薬師ノ下人ニテ被出、直ニ石屋へモ見舞也、夕ニ帰宅、一越後局へ長持一預候、法古共入也、一雲林院へ屋敷ノ木ヲ伐ニ遣候、一本到来、一棒庵返事共木工（喜多嶋）ノ使持テ到来、一貞観政要朱モ出来、平松（時興）ヨリ到来、　一禁中拍子ト、可尋之

十五日 天晴、暁初而霜降、終日寒、一大工六人、日用三人、一クレ上三人、但弥介ハ木ヲ為買得少納言（西洞院時直）ヨリ遣候、一長清兵（長野清兵衛）来義候、与兵衛来、一ヌシノ甚□□輿見廻、一福菴（大福庵金国）へ遣人、今日ハ他出ト、又彼方ヨリモ人ヲ来、理也、一木工（喜多嶋）ノ親類トテ次左衛門初而来、柿一折土産也、盃ヲ進候、一因幡ノ使〱」(66ウ)下候、糸へ文遣候、一了庵・慶純（橘屋）ヨリ連哥第三ノ事中来、所労ノ理申候、一雲林院ノ竹伐、自身行テ見之、一材木共又々買得、艮子遣候、一今里へ□□ノ事ニ遣人、一石薬師ヤ、ヨリ田楽ノ料白壁被持候、一一乗寺ヨリ□（与カ）□□出、石ノ

古材木ノ煤ヲ洗ワス
一身田官位ノ事
久世村免合ノ事
一乗寺ヨリ礎ノ石上ル
輿ノ覆紙ヲ細工ニ頼ム
松茸
一身田昇進ノ合点
北野御巻数
菜飯
陽明ノ輿ヲ塗リ直ス
木茸・新味酒
木練柿

理申候、一古材木共煤ヲ洗セ候、一織田兵部（信良）ノ○大橋茂衛門来義候、一ヤ、（ママ）

十六日　天晴、大工六人、クレヘキ三人、日用三人、又惣七・三介カ父来仕、一一身田（尭秀）ヨリ別所長左衛門尉被差上候、白綿二把給、官位ノ事被申候、一岡殿ヨリ文給、久世村免合ノ事被申候、返事候、又折一送遣候、一福庵（大福庵金国）へ初而行、細蠟燭廿丁遣候、入湯、麺・吸物等被出候、日取ノ事、次ニ談合候、習之、一光照院殿（尊貞尼）ヨリ折一給、一一乗寺ヨリ礎ノ石廿車一両分上候、一昨日榎並忠左衛門（賢隆）状、返事遣候、一意斎（朝山久綱室川勝氏女）ノ女中端ニテ対面、一長清兵衛（長野）来義、輿ノ覆紙ヲ細工ニ憑、一岡殿へ夕ニ行、引合一束・手燭台一遣候、内義モ被出、綿額結一・茶碗二被遣候

□□（十七）日　天晴、少霥、一ヤネ葺、大工六人、クレヘキ四人、日用（ママ）、一棒庵（下津宗秀）へ松茸廿本・柚五果遣候、又被預置候蠟燭被取候、一一身田（尭秀）ノ使別所長□（左）衛門近衛殿（信尋）へ引付候、昇進ノ事御合点候、可有御披露旨也、一北野御巻数□□」（67オ）栗五十五持参候、一別所長左衛門ハ勘局（西洞院時子）ノ奏者所ニテ進酒、（進）藤修理（長滋）モ呼、□（対）談サセ候、予ハ後ニ菜飯ヲ給、一陽明御輿（近衛信尋）ヌリ直ノ返上候、一女御殿（近衛前子）へ松茸大ナル十五本進上候、一内義ハ時良（西洞院）（スケ）カ袍裁、又直垂等也、一関カ里ヨリ木茸一折・新酒レ味一重送、一夕ニ陽明へ参上、一身伝（ママ）昇進ノ義ニ付也、先刻以使者申入、別所長左衛門ト云仁也、予ハ久候レ伺、有謡、夜久、飛鳥井（雅胤）又拍子共伺候也、予木練一

折上

持仏堂
松茸

十八日　天晴、大工六人、クレヘキ四(五)人、日用三人、此内一蔵カ父也、材木感得、持仏堂少納(西洞院時直)言方へ遣候、壊テ壁ヲ新付サス、一松村宗有へ松茸三十本・蠟燭廿丁遣候、一当番時直(西洞院)勤之、一ヤネ葺昨日ノ残与兵衛ニ申付候、一長次見廻ニ来、芍花一本持参候、一榎並忠左(賢隆)被尋候、一大工ノ事与兵衛ヲ以九左衛門へ申遣候、一往生院ノ比丘来義候、一優婆帰、一新中納言方(西洞院時慶女)ニ宵ノ間在之酒少飲、松茸調味

小引
口細
筋ノ唐物巻物
方違
無塩ノ鯛
禁裏へ遊仙窟・貞観政要ヲ返ス

十九日　天陰、気色斗雲〆過、大工七人来、小引一人ハ初而来、クレヘキ□□相済、弥介ハ不来、一少納言(西洞院時直)間ノ壁四間塗、掃除等申付候、一時良(西洞院)元服ノ」(67ウ)為ニ烏帽(子脱カ)・直垂ヲ遣、又樽桶二ツ・口細十連・昆布等遣候、高階手代新助来テ献ノ義ヲ仕、一今日広中(広橋総光)・中御(中御門資胤)へ遣人、他出ト、一身延ヨリ便宜在之、一勘局(西洞院時子)□風呂アリ、行テ入、湯漬在之、宗音脈ヲミル、百合服也、一寿徳庵(曲直瀬玄由)昨日上洛トテ則来義候、筋ノ唐物巻物一端土産也、他出ノ間ニテ不対顔、仍以使者状一札候、一大工共ニ酒ヲ出候、一内義ハ石薬師へ被出候、局(西洞院時子)方違同心ノ為也、一内義ヨリ時良へ肩衣・袴・杉原十帖被遣候、平松(時興)ヨリ台(盃)物・無塩ノ鯛十桶・樽一双遣候、一薪置所申付候、△禁裏へ遊仙窟一冊・貞観政要十冊返上、勾当内侍殿へ文相添候、有勘報

時良元服

廿日　暁天陰、日出巳刻ニ晴、○一時良(西洞院)元服午刻、加冠中御資胤(中御門)卿、着座広中(広橋)総光卿・日野宰(光

相（慶）ー、以上、理髪清蔵人秀ー（伏原賢忠）、役送三人、布衣二、直垂一人長次（徳岡）、見舞衆白川二位（雅朝）・飛鳥井中将（雅胤）・竹内刑部少輔（孝治）・五条為適、以上、元服ノ義済而先振舞、三膳迄也、本ニ五、二ニ三ツ、三ニマナカツウホ指ミ也、鯖蒲鉾ヲ引、又松茸等也、果子茶過テ献ノ儀式アリ、台物以下等在之、有謡、　禁中御礼ハ参　内候処、今日者御客人在之、明日可有御対面旨也、　女院御（勧修寺晴子）所御対面、御盃ヲ給ト、雲（客）各退散ノ後ニ内義肝煎ノ衆、家中ノ者共祝有酒、謡・順舞等也、其前ニ親子ノ有祝、一宮（アテ宮）御方御成也、勘局（西洞院時子）其外不残、平松（時興）ハ瘡故不出、孝与来取持也、山田六右衛門等也、」（68オ）一方違、荒神如例、常智坊馳走也、一両伝（広橋兼勝・三条西実条）以使者元服ノ叓申候、一□□来七人、又与兵衛・長清兵（長野清兵衛）見舞也、一元服御樽　禁裏三種三荷、長橋両種二荷、　女院御所二荷両種、　女御殿（近衛前子）へ三種三荷ト、　今日加級、侍従等口　宣二通給、竹屋（光長）織（職）事也、

マナカツヲ指ミ・鯖蒲鉾・松茸

謡・順舞

方違

元服御樽

加級

△禁裏御本、遊仙窟一・貞観政要十冊返上候、長橋ノ文勘報也

廿一日　天晴、行水・祓、拝、奉灵符・十六善神等也、一御所内村ノ者訴訟申候、舛ノ出入也、百姓如申可申付旨候、又置目等ノ義申渡候、使徳備後守（徳岡）・清兵衛（長野）両人ヲ以申渡候、一院御所へ大和ヵ者（中井正清）信濃（中井利次）、其外江戸ノ奉行衆入テ作事ノ義見合由候、可尋之、一近衛殿（信尋）ノ進藤御使（長滋）、一身田（尭秀）ノ事被申渡候、聞之、一少納言（西洞院時直）方ノ内義ヲ壊候、一山科ヘ亀ヵ所ヘ大工ノ事申遣候、一昨日礼所々ヘ申遣候、白川（雅朝）・中御（中御門資胤）・広中（広橋総光）・日宰（日野光慶）・飛鳥（飛鳥井雅胤）等也、白川ヨリ先預使者候、一大工

御所内村ノ者舛ノ出入

中井正清ノ者、江戸ノ奉行衆作事ヲ見ル

如昨日七人、清兵衛見舞也、一大工可雇由所々へ申候、華山(花山院定熙)ハ無之ト、烏大(烏丸光広)同、一道和来、大工ノ事肝煎也、夕食申付候、一長清兵衛(長野)例ノ実相ニテ夕□(ニカ)被帰、一入夜新冠礼義樽二・昆布三束・鯛十・□[鰹]□□持セ也、二献ニテ祝之、若上(西洞院時直室川勝氏女)モ来義、少納言勿論也」(68ウ)

御所内村ノ者桝ノ出入

一身田昇進ノ次第ノ伝

廿二日 天晴、大工六人、其外道和一人、方々へ申遣候大工二三所約束候、弥左衛門、又建仁寺門前ハ九左衛門約束ト、又聚楽辺ノ一人、烏丸大納言(光広)ヨリ預使者、大工無之由候、一東ノ井辺ニ□□塗、仮ニ湯ノ為ニ構之、一御所内村ノ者昨今出、桝ノ出入申候、五条ノ使(為適)、冷泉両使也、談□メ金右衛門モ返候、一内義ハ石屋へ宗珠為見廻ニ被出候、一与兵衛出、竈ノ事、又壁ノ裏ヲ直、来廿四日御月次有御触、予ハ所労ノ由申入、少納言(西洞院時直)ハ加奉了、一一身田(尭秀)ノ別所長左衛門、昇進之次第伝ヲ持参候、庭ニテ対面メ返候、一少納言ハ新冠(西洞院時良)同心メ殿下(二条昭実)ヲ始テ御礼ニ出候、一八条殿(智仁親王)へ御宴ノ事申候処、治部卿殿以外煩トテ不来、イ茶ヲ遣候処此返事也、一久左衛門来、二時斗仕テ帰也、一材木又二三本買得、銀子懸也、一大橋茂右衛門ヨリ使アリ、夏東国下ノ事尋候、宿ヲ教サス、一見正坊ヨリ日乾・扁照院ノ状持来、一トギノ孫右衛門対顔候、一七条ヨリ多阿ノ子左近ヲ来、平松方(時興)ニ可置由候、一禁中御月次御触アリ、所望由申入

夏東国下ノ事

多阿ノ子左近平松方ニ置ク

禁中御月次ノ触

時直方柱立・礎等

廿三日 天晴、少納言方(西洞院時直)ニ柱立・礎等一同也、此方ニモ下地築候、一東寺ノ右京於少納言方地

地祭等ノ事ヲ頼ム

棟上ノ祝

内儀柱立

公宴御月次

御所内村・久世村ヨリ年貢ノ首納

椽打

祭札等被出候、予亦札祭レ地等ノ事憑候、盃ヲ出候、一少納言ハ御番参勤候、一公宴御参巳刻ニ可参勤旨、三条(三条西実条)ヨリ被触候、少納言ハ参上ノ分也、一一身田(尭秀)ノ別所長左衛門方ヨリ有使、伝奏ヘノ義也、尤候由申候、」(69オ)一東ノ亭斜ニ成□〔候〕ヲ少々押直候、一大工弥左衛門兄弟雇、又建仁寺ヨリ一人、以上三人増候、又道和モ来、一久世村ノ事、六右衛門(山田)返事在之、急度可運上旨也、又□〔今〕里ノ百姓申様モ粗聞之、一端ヨリ棟上ノ祝ヲ来、一長野清兵・与兵衛・久蔵(御所内村)出仕、一時良(西洞院)方々礼ニ出

廿四日 天晴、暖気、内義柱立辰刻、地引・礎其以前也、晩立済、大工棟梁祝、桶樽二・昆布三束・鯛五・鳥目百疋、大工以上如昨日十一人也、日用四人、御所内村侍三・人足二、以上五人、長野清兵見廻也、与兵衛同前、孝与来義、弥介ハ晩ニ少時見舞、板葺也、一公宴御月次、少納言(西洞院時直)参上候、予ハ所労旨兼日ニ申入、一福菴(大福庵金国)ヘ来月日取ノ吏申遣候処、□〔被〕注持候、一十念寺ヘ明日斎ノ兼約候、一御所内村・久世村ヨリ年貢首納候

廿五日 天晴、大工十人来、柱直成シ、椽打、壁下地少々也、昨日遅返故、今日ハ申□〔刻〕ニ大工ヲ上候、道和ニ振舞アリト、一青門(青蓮院尊純)ヨリ予ハ詠作ノ院御所御牌物事承候、箱共十斗明テ見之ニ漸ニメ尋出候、局(西洞院時子)ヘモ行テ撰之、一斎坊主二人、文貞・正徹」(69ウ)両人也、布施ニ銀二匁ツ、遣候、次ニ長老ノ諱ヲ問、残空貞派ト号ト、一夕ニ六右衛門(山田)来義、久世村ノ事ヲ申候、

東坡
云々ノ旨申渡候、一東坡ヲ煮

八専
松茸
椹買得
廿六日 天晴、八専ニ入、一速水長門守(光益)ヘ松茸廿本遣候、後ニ礼状来、又返事遣候、一大工ハ雖来、棟梁休由申候而各帰也、道和ヘ遣人候、一弥介来、又サハラノ事申候間、則買得候、

牡丹等植替ル
大松茸
一牡丹堀セ勘局(西洞院時子)ヘ進候、紅ト薄色交テ也、又小石榴モ、十念寺ヘ薄色実生ヲ遣候、此亭ノ牡丹二三植易候、一金柑・白玉・山桝・水仙等ノ物植直候、一内義ヨリ岡殿ヘ大松茸十五本被送候、

陽明ヘ一身田ノ事催促
一井家(豊家)ヘ遣人、一身田(尭秀)ノ事申談候、又別所長左衛門来義候、返事認置候、一陽明(近衛信尋)ヘ一身田ノ事催促申入、進藤修理(長滋)迄也、一棒庵(下津宗秀)ヘ平松(時興)ヨリ松茸一折遣候、一長野清兵衛来義候、

薬研
一帥殿ヨリ薬研ヲ被借候間遣候、一玄冶(岡本諸品)早天来義、平松為見舞也、一掃除申付候

柿葺
小舞
廿七日 天晴、大工十一人、コケラ葺六人、又弥介一人、日用四人、此内城州御所内村六、此内久蔵相煩、人足二人、侍四人ノ分也、与兵衛終日仕、長清兵衛(長野)見舞也、」(70オ) 孝与見舞終日也、一一身田(尭秀)ノ使別所長左衛門下国、状返事候、大工ハ終日コマヰ与タルキ形ニ懸也、不出来、一勘局(西洞院時子)ニ御乳人田楽被申候ニ付而、予モ内義同心〆参候、少納言(西洞院時直)同、若上(西洞院時直室川勝氏女)同前、

三藐院殿姫君
他界
一後ニ聞、三藐院殿姫君(近衛信尹女)御他界ト、一晩ニ林侍者来義候、一棒庵(下津宗秀)預状、返事候、一賀茂ノ鳥井大路(鳥居大路詮平)ヨリ和漢ノ懐紙被返候、文返事候

廿八日 天晴、大工十一人、タルキ形ヲ付、又敷板ヲ削、仕事不出来、一ヤネ葺七人也、不出

御所内村百姓目安ヲ指上ル

来、無日用、小引一人角ノ切ヲ引、一長清兵(長野清兵衛)来入、茶、一御所内村百姓目安ヲ指上候、板伊(板倉勝重)状相添テ被来、五条(為適)亭へ行、冷泉ノ久左衛門ニ大形申渡候、又状ノ返事幷目安ノ返答等別帋ニ、一石薬師へ以使者御礼申入、局(西洞院時子)ハタニ来義候、一石薬師へ以使者御礼申候、一二階ヲ作

二階ヲ作ル

廿九日 天曇、暁時雨、明テ晴、奇意ノ空也、一大工十二人、一ヤネ葺仕奇□分来、各ノ中へ双瓶ヲ出候、祝之、一日用 人(ママ)、惣七モ来、与兵衛又来、一長清兵(長野清兵衛)来義候、一伊賀守(板倉勝重)へ昨報今日遣候処、口米俵以下如御蔵入」(70ウ)可申付由、川那部八右衛門口上也、舛ハ新ヲ御代替ニ候間、可取由候、一諾候、一宗珠以外ノ由候、因幡(宇野)内々被申越候、則行診脈候、内義同前也、一夜中ニ大徳寺東門前十間余ノ焼失ト、明テ聞之、一陽明(近衛信尋)へ参候、進修理(進藤長滋)与十右衛門(横田)ニ対顔候、姫君(近衛信尹女)御他界廿六日ト、一言申伸候、一夜ニ入棒庵(下津宗秀)来義候、暫語候、一小引来

口米俵以下御蔵入ノ如ク申付ク

代替ニ新舛ヲ取ル

大徳寺東門前火事

十月大

一日丙辰 天晴、霜深、暁(ママ) 星ヲ見、長巽ノ山ヨリ上十丈斗如虹、恠意ノ義也、家中者モ向テ見之、夜明テ後モ未光残也、後ニ聞之ハ早久在之ト、一大工十二人、一日用六人、宗七又来、雲林院ノ慶恩モ来、壁下地攪也、二階皆出来、窓ノ構、天井、又下ノ二階水棚等ノ義申付候、一伏見奉行ノ舛ヲ取、少納言局両三人、又五条(為適)・冷泉等也、一及夜局(西洞院時子)礼ニ来義候、盃祝之、少納言(西洞院時直)同前也、一祓拝、看経別而也、一宗珠気色少能ト、一材木買得、一大聖寺殿(恵仙尼)へ」

星ヲ見ル、虹ノ如シ

星ノ残光

二階皆出来

伏見奉行ノ舛ヲ取ル

（71オ）松茸一折廿本進上、⌒⊠〔二日〕一東陽軒五六日以前従長門国上洛トテ、状幷周西堂（西岩恵周）ノ状被届候

東陽軒長門国ヨリ上洛

天井・水棚下・窓・寄敷居・縁ノ中敷居出来

藤堂高虎上洛ノ由

今里ヨリ年貢ヲ運上ス

二日 天晴、陰、夕ニ時雨、一大工九人、小引一人、日養（用）四人、壁塗・土拵等也、惣七又来、与兵衛来、壁塗、長清（長野清兵衛）兵見舞也、天井午刻ニ出来、水棚下ノハ出来、上ノハ未也、窓共二ツ出来、寄敷井等也、縁ノ中敷井出来、一冷泉ノ久左衛門雇、今里ノ与一郎出候間、免合ノ使ニ雇候、山田六右衛門モ雇候、一藤堂和泉守（高虎）来九日ニ可為上洛由、久左衛門物語候、一内義ハ石屋ヘ見舞也、石薬師ヘ先御見舞也、一今里与一郎出候、八左衛門・彦七等年貢ヲ運上、一七条ヲ多阿ヘ文遣候、内義ヨリ文被遣候、了忍ヘモ申候、一白川（雅朝）ヘ大工仕喧事ヲ理申遣候、⌒⊠一

二階仏壇ノ周リノ中敷居ヲ作ル

宝鏡寺殿他界

宗珠遠行

女切手

三日 天晴、大工六人、又弥左衛門兄弟、久左衛門ト号、二人、以上八人、二階ノ仏壇ノマハリ中シキヰヲ作、一弥左衛門兄弟ハ水棚ヲ作了テ、又東ノ湯殿古キヲ壊、新ク仕、左衛門ハ不来、一孝与来義候、一昨日宝鏡寺殿（耀山）他界ト、光源院殿（足利義輝）息女也、一榎並忠左衛門（賢隆）来義候、一道三（今大路親清）法印状、延寿院（曲直瀬正紹）ノ留守人持参候、」（71ウ）一東陽軒ヘ返事、今朝遣候、一棒庵（下津宗秀）ヘ状遣候、返事在之、一宗珠遠行、内義見舞候処、門ヨリ被帰、予ハ及夜門迄遅参、因幡（宇野）被出会候、孝与モ出候、一東ノ壁共壊故ニ新中納言（西洞院時慶女）・平松（時興）モ此方ヘ来、一南部（利直）ヨリ上候蔵人ノ者、女切手

ノ事中来候、一多阿へ左近ヲ遣候、則被帰、一禁中御番ハ時直(西洞院)勤之、一連哥再〻返竹内(孝治)ヨリ
被帰候、被相延ト

宗珠ノ葬礼

四日 天晴、今暁寅一点、宗珠葬礼、乍忍出、内義同、長野殿従勾局(西洞院時子)ヨリ輿ノ一丁、小少将出、
鶏鳴ノ前也、孝与ニ合、因幡(宇野)乍与所也、報恩寺長老へ一札ノ帰、一大工六(衍カ)(八半)人、又弥左衛門・

床カマチ・仏壇寄敷居

同弟来、東ノ湯殿又部屋ヲ申付候、家ノ斜ナルヲ直、又二階ニハ床カマチ・仏壇寄シキヰ等
ノ事申付候、一日用五人・十左衛門(徳岡)来、壁下地ヌリノ助等ヲ仕、長野清兵衛来義候、一冷泉

今里ノ聾ノ者

ノ久左衛門来、今里村へノ義談合候、一今里ノ聾ノ者来、一玄冶(岡本諸品)来義、平松(時興)為診脈、一榎並
忠(賢隆)左来義候

五日 天晴、夜雨、一大工五人、日用五人、与兵衛見廻、長野清兵見舞也、一弥左衛門兄弟湯
殿部屋ヲ申付候、二階ニハ仏壇・床カマチ等、二階ノ壇ヲ作、一南部信乃守(利直)家臣」(72オ)

女房ノ切手

蔵人(色)申上候女房ノ切手ノ事、板倉伊賀守(勝重)へ以書状申候、川那部八右衛門へモ申候、明日返事

浄土三部経ヲ誂ウ

可申由候、一浄土ノ三部経誂候、山田六右衛門来義候、一長清兵(長野清兵衛)被泊、又姉ノ勝来義候、一帥

官位次第ヲ大方書ク

局へ借遣候薬研被返候、一岡殿ヨリ文給、官位次第大方書テ遣候、小児ノ方へ折一被贈候、

庚申守

一東ノ天井ノ上ヲ掃セ浄、一庚申守、帥殿ノ勝来義、被泊、清兵□(衛)同、長野殿モ

六日 天晴、陰、明雨未残、日用ハ来テ□大工五人、又弥介(左)衛門一人、久左衛門尉ハ不来、石

門ノ石据ヲ敷ク
鯉
ツグミ
庭ノ柚

切一人、門ノ石スエヲ敷、一板倉伊州(勝重)昨報アリ、手形ノ義不審候間、重而認置状明日可遣、川那部八右衛門同前、一野間玄琢(成岑)ヨリ鯉一被贈候、返札候、則受用候、△広大(広橋兼勝)へツクミ十贈候、文返事アリ、一陽明(近衛信尋)へツクミ十進上候、文返事在之、一庭ノ柚十三、女院(勧修寺晴子)御所へ上、帥殿へ五、二位殿へ五、勝ニ云伝候、一清(長野)兵衛被泊候、一道和見舞候、一新中納言(西洞院時慶女)石薬師へ被出、病後初也、一今日相煩者多候、久八・九左衛門ハ▨(目)也

御所内村ヨリ年貢運上ス
板倉勝重江戸へノ手形ヲ出ス

七日　天晴、大工八人、日用八人、見衆長清兵(長野清兵衛)ハ被泊、今日壁下地迄助候、与兵衛来、ヤネ葺下地仕、徳岡十左衛門モ同、一弥左衛門兄弟モ八人ノ内也、湯殿ト侍部屋」(72ウ)下地組等ヲ作、今ハ西階ノヤネ柱等出来、窓出来、東与二階ノ間壁下地申付候、東ノ上ノ壁下地等、湯殿ヤネ、敷板出来、一御所内村ヨリ年貢運上候、一板倉伊賀守(勝重)ヨリ江戸へ手形被出候、割印折紙ノ裏書也、又状ノ返事在之、川那部八右衛門状ノ返事在之、一東福寺へ状遣候、和漢ノ懐帋借遣候、一久八未相煩也、一馬ノ与七来候、一平野ノ弥介来、一禁中ニハドウコノ房舞被召ト

番屋
御所内村ヨリ年貢運上ス

八日　天晴、陰、時雨而寒、大工五人、其外弥左衛門兄弟、日用二人、番屋柱作、久左衛門ハ納戸部屋ノ口戸付ヲ作、喜兵衛ハ二階ノ西壇ヲ作、又蔵口ヲモ作、一御所内村百姓出、久蔵・勘左衛門尉・助三等年貢運上、次ニ壁ノ土上候、与兵衛来、壁塗候、一大工小屋少々畳、

雲林院ノ竹伐
香白芷
御厳重
亥子ノ餅
浄土三部経出来
侍衆ノ部屋
甲子
専士殿遠行
御所内百姓年貢
星光大
御所内村年貢

一雲林院ノ竹又伐セニ出、二三束伐〔テ〕帰、一松板感得候、艮子廿八匁渡候、一玄琢(野間成岑)へ香白芷種遣候、有返事、一少納言(西洞院時直)方ノ二階見ニ上、御番時直(西洞院)勤之、一御厳重申出頂戴候、少納言方へハ別ニ被出候、侍従(西洞院時良)与両人ノ故也、平松(時興)モ別候、如例被下、女院(勧修寺晴子)御所ニハ従去年」(73オ)被止ト、一姫宮(アテ宮)御方へ白地参候、勘局(西洞院時子)ヨリ亥子ノ餅給、祝之、此方ハ不申付候、一サカヤキ剃、一明日贈経、浄土ノ三部経出来、到来、一久八起、方々使ス、一畳屋へモ遣候、

一林侍者来義

九日 天晴、大工五人、其外弥左衛門兄弟、侍衆ノ部屋申付候、△甲子也、依吉日又新所ヲ作、又東寺ノ右京日取ニ任、古キ台所北ノ方ヲ壊、又厠モ地ヲ引、又厠別ノ所ヲ作、一因幡ヨリ下人ヲ被上候、鮭一尺木工(喜多嶋)ヨリ被上候、文共在之、一江戸へ状共認候、南部権平(重直)・一式(一色)蔵人・局(西洞院時慶女)・万(南部利直室蒲生氏女)・チマ等也、孝蔵主(川添氏女)へ二通、宗珠遠行ノ事申遣候、一日用八人、一後ニ聞、専士殿遠行ト、一与兵衛来、釜買得、則下地塗也、一長野清兵衛見舞也、一御所内百姓年貢斗、一水桶結也、一クレヘキ二人、一大工上酒ヲ給サス

十日 天晴、星光大、一大工三人、其外弥左衛門二人、部屋ヲ申付候、三人ハ台所ノ板敷、又所々申付候、与兵衛ハ竈塗、日用九人、壁下地、又所々ヌル、一東ノ天井ノサカリヲ直、一長野清兵ハ遅来義候、一棒庵(下津宗秀)ヨリ多阿ノ方へ文ノ返事在之、一御所内村年貢斗、」(73ウ)一能札

海鼠串・コホノ物

客星ノ光明長シ

へ再〻返遣候、一久左衛門見廻、一勘局（西洞院時子）ヨリ海鼠串・コホノ物一重給、内義モ精進解也、一客星弥光明長

十一日 天晴、行水・祓等ヲ勤、一大工三人、一人ハ午刻ヨリ帰、又弥左衛門兄弟北ノ部屋椽ヲ打、ネダ等ヲ仕、新宅ハ水棚ノ辺、又板敷ヲ作、竈塗等ハ与兵衛仕、壁ハ久左衛門初而午刻ヨリ来塗候、東ノ亭ノ壁煤ヲ払候、一日用九人也、一新中納言（西洞院時慶女）ハ勘局（西洞院時子）ニ未逗留也、一日取ノ事、又〻福庵（大福庵金国）へ相尋候処、明日ハ相延、十五六日両日之内、又ハ十八九ノ内ニ可然由候、一山田六右衛門来、久世ノ事ヲ申候、本所ノ百姓ニ可申付也、御蔵入ノ百姓申由候

新宅

東ノ亭ノ壁煤ヲ払ウ

十二日 天晴、氷初結、午雪少散、大工二人、又弥左衛門二人、日用九人、（十）〻九左衛門来、壁塗、一昨日出来候戸ヲ入サス、六枚、一万ノ優婆（西洞院時慶女）江戸下、薬等ノ物共ヲ遣候、伊賀守（板倉勝重）ノ手形ヲ遣候、一式蔵人（一色）ノ人ニ相渡候、一因幡ノ使ニモ百文茶銭遣候、文共昨日認置テ相渡候、一竹門（曼殊院良恕）ヨリ大梨三ケ拝領候、」（74オ）一長清兵（長野清兵衛）午刻見舞ニ来義也、一番屋ネタ壁ノ覆ヲ仕、一久世ノ百姓出、貢ノ事出入申候、一一式蔵人ノ使ニ紙二束従内義被出候、一昨今稲田喜（正勝）▨（左）衛門ヨリ近日江戸下向ノ事被申候

初氷

板倉勝重ノ手形

大梨
久世ノ百姓出、貢ノ事出入

十三日 天晴、雪散、大工二人、又弥左衛門与喜兵衛来、日用十一人、与兵衛壁ヌリ、九左衛門来、午刻ニ又二階ノ壁塗、大工ハ門ノ戸ヒラヲ作、又窓ノ戸ヲ作（古キヲ）畢、一竹門（曼殊院良恕）ヨリ熟梨三□

熟梨

柚
久年母
禁中御日待ノ触
移徙
御拍子
棊・将碁・双六・拍梁体・太鼓
狂言綺語ノ事
玄関ノ柱立
禁中御鬮取
逸ノ物

ケ□給、一(ママ)

十四日 天晴、煖気、大工二人、又建仁弥衛門処(ママ)日用(ママ)、下部屋ノ壁塗、又大工ハ門ノ戸ヲツル、一柚ヲ取、女御殿(近衛前子)へ五十、久年母等、勘局(西洞院時子)へ三十、久年母等、少納言(西洞院時直)五十、方々へ送、一畳・戸等取寄、障子張テ立、清兵衛(長野)来義、与兵衛等来、一禁中御日待ニ被召候、御触アリ

十五日 天陰、午ヨリ雨、一移徙、辰刻也、先小男ニ水ヲ持セ遣、次小女ニ火ヲ持セ遣、次ニ金物ヲ持セ遣、次食・酒・鯉ヲ遣候、次ニ馬道具、次ニ主人入、如書物ニ祝之、次諸眷」(74ウ)属共也、粥ヲ祝、吸物等也、一大工三人、午ヨリ上之、日用(ママ)人同前、 一禁中ニ参上、内々ハ不残、外様ハ中御門(中御門資胤)・飛鳥井(雅胤)・予父子(西洞院時慶・時直)迄也、後ニ久世(通式)ト堀河(堀川康満)為御拍子被召候、宮々達曇花院殿(聖秀尼)・竹門(曼殊院良恕)・青門(青蓮院尊純)・妙門ノ新宮(尭然)等、其外モ皆御連枝達也、陽明(近衛信尋)・桃花(一条兼遐)勿論、棊・将碁・双六等在、柏梁対(体)アリ、暁ハ予モ太鼓等依仰雖辞仕之、誠狂言奇話(綺語)ノ事也、赤面々々、種ノ有興、雨ハ夜半ヨリ晴、一平松(時興)ヨリ銀銭五匁、新中(西洞院時慶女)ヨリ三銭給

十六日 天晴、大工二人、元(玄)関ヲ(ノ)柱立、日用三人土普請、 一禁中御鬮取、百色ノ物ヲ被出、各賜之、一逸ノ物共迄在之、登階・水桶等ノ物アリ、少納言(西洞院時直)ハ桶也、万里(万里小路充房)ハ箒也、予ハウツボ、三所炭ハ平野(卜部兼豊)ノ権ノ小副也、又銀金ニ取当衆アリ、白川(雅朝)ハ御団、伯(白川顕成)ハ唐巻物五、阿野(実顕)ハ

御拍子・順ノ舞・跳等ノ興
時直移徙祝
久世村ノ事ヲ済ス
土間ニ酒壺ヲスユ
今里ノ物成ノ事ヲ済ス
口細
藤堂高虎使者

小袖二ツ、同少将(阿野公福)ハ銀子小板三十、繁首座ハチリメン二端、四辻(季継)ハ登階与唐糸、其外様々也、不記之、日出以前ニ有御拍子、巡ノ舞等跳等ノ興アリ而各一同ニ退出〆訖、入夜テ時直(西洞院)移徙祝ニ行、兼テ鯉一・徳利等ヲ遣候、平松(時興)ハ不出、一久世村ノ事、此方百姓ニ申付テ済之、一勘局(西洞院時子)へ文遣候、十九日ノ事申候」(75オ)

十七日 天晴、一女御殿(近衛前子)へ一昨日ノ珍重申入、一大工二人、一元関(玄)ノ事ヲ仕、日用三人、土間ニ酒壺ヲスユ、久左衛門尉来見之、二階ノ板敷ヲ洗セ候、一今里ノ物成ノ事、忠兵衛ニ状ヲサセテ済之、一朽牧斎(朽木元綱)ヨリ状アリ、息女ノ事被申候、大方肝煎可申覚悟也

十八日 天陰、時々時雨、一大工二人、又建仁ノ喜兵衛来、元関(玄)ヲ申付候、一嵯峨ノ比丘尼ノ弟子斎ニ如例来義候、一内義ハ脇坂中書(安治)ノ所へ家ノ祝ニ赤飯・樽・口細三連・昆布等被持候、一林侍者ヨリ諸白樽一祝義アリ、一福菴(大福庵金国)へ強飯・法界一・樽二ツ諸白新古・昆布等也、有懇報、一藤堂和泉守(高虎)従勢州城使者長尾右衛門、諸白大樽一・状被送候、陽明(近衛信尋)へ御云伝在之、又平松(時興)へモ被申越候、夕ニ自身行テ一礼申伸、革単皮三足遣候、則門へ出テ逢候、予モ内へハ不呼、出テ対顔候、普請半故也、一陽明へ被召参上候、尻付ノ事等不審共有御尋、寄斎(三宅亡羊)与友補伺候也、内義迎ヲ遣、夜更テ帰宅也、一斎坊主日用三人、一備後宿(徳岡)□(三)在之、夕ニ出、一与兵衛来、壁塗、一元関ノヤネ葺懸

土普請
女院御所秘結ノ煩
禁中御取置
亥ノ子、御厳重
私ニ餅ヲ突ク
玄関ノ屋根葺
紫宸殿御取置
雪隠
霊符祭
十六善神
御能ノ用意

十九日　天晴、陰、時雨候、大工二人左衛門・半左衛門也、日用六人、土普請申付候、下部屋ノ北ノ間ノ壁申付候、一女院(勧修寺晴子)御所従夜中御秘結ノ御煩ニテ被苦患ト、」(75ウ) 先以使者申入、又自身参上候、寿徳菴(曲直瀬玄由)御薬上、御痛少減スト、八条殿(智仁親王)御乳人・東殿、其外白川(雅朝)・万入道(万里小路充房)・瑞菴御座候、酒久在之、一勘解由局(西洞院時子)初而来臨也、作事被見候、一包給祝之、夕食則申候、吉日也、少納言(西洞院時直)へモ被行有祝、一七条ヨリ多阿来入、大錫被持候、棒庵(下津宗秀)へ亀ノ義為談合也、中吉ノ返事也、夕ニ被帰、一禁中御取置ニ被召、予ハ所労御理申候、時直(西洞院)参上候

(廿)**□日**　天晴陰、亥ノ子(コ)也、御厳重申出頂戴、私ニモ餅ヲ突也、平松(時興)御厳重モ申出候、少納言(西洞院時直)方ニハ時良(西洞院)ト一同也、此方ノ家臣共祝之、△清兵衛(長野)見舞也、新中納言(西洞院時慶女)初而見参候、一大工左衛門尉・半右衛門尉、又弥左衛門ハ今日初而也、先日以来中絶也、一日用四人、一元関(玄)ノヤネ葺、弥介モ来テ仕舞之、一陽明(近衛信尋)へ被召、晩ニ参候、勘十郎カ事承候、十右衛門(横田)ニ申置テ退出候、一女院(勧修寺晴子)御所御見舞申候、一勘局(西洞院時子)へ昨礼申伸ニ寄候、又蔵ノ下石敷普請見舞候、一東福寺喝食へ状ヲ遣候、一紫宸殿御トリ置ニ時直(西洞院)又参候、一備後守(徳岡)部屋ヲシツラフ、四畳敷ニ成候、一弥左衛門ニハ雪隠ヲ申付候、一九左衛門十八日ヨリ宿へ出、今日出仕候

廿一日　天晴、霊符祭、次十六善神、行水・祓候、一女院(勧修寺晴子)御所御煩弥御快気ト、一大工二人、又弥左衛門ニハ雪隠ヲ申付候、日用五人、一清兵衛(長野)見舞也、一御能ノ用意候、白綾小袖」

（76オ）□□□（新調候カ）□□（女御）（近衛前子）殿ヘ盃ノ台・御樽等進上候、鶯梅・欵冬ノ葉・水仙・諸白、一（二）東福善喆迎ヲ越、長老有状、喝食来、大工ハ戸障子所々ノ欵欠タル所ヲ作、一備後（徳岡）女房来、双瓶イ□□（サ、カ）ヲ上候、一道春（林信勝）与詩哥今日見出候、一時直（西洞院）ハ今日モ禁中御取置ニ相詰

禁中御取置

禁中御能

廿二日　天陰、時雨、午晴、　禁中御能、号御別殿、女御殿（近衛前子）ヨリ御申沙汰也、外様・内々不残、但所労ノ衆少々在之、参上候衆、殿下（二条昭実）・同中納言殿（二条康道）・陽明（近衛信尋）・伏見殿（邦房親王）・八条殿（智仁親王）・鷹大閤（鷹司信房）・同中納言殿（鷹司教平）、門跡達大略御参、親王・准后ノ衆也、西園内府（西園寺実益）迄御相伴也、其外堂上ハ無御相伴、今度者其々□（ニカ）奉行ヲ被付、予ハ御振舞方ノ肝煎也、万里入（万里小路充房）・正親町三（正親町三条実有）・予・中院宰相（通村）・五（之）辻・頭弁（広橋兼賢）・高倉少将（藪嗣良）、以上、又献ノ衆ハ別、茶子奉行等銘々ニ在之、南殿ノ義也、天杓也、下ハ四品ノ衆迄也、振舞ハ於清涼殿也、侍臣虎ノ間如例、大夫ハ渋谷紀伊守（以重）仕、ヲイ又子モ仕也、十二番、篝ノ後三番アリ、一女院（勧修寺晴子）御所御見舞、以使者申入、御同篇ト、　一大工三衛門ハ不呼□弥左衛門一人来、西浄申付候、日用二人

茶子
天杓
大夫ハ渋谷以重

西浄

廿三日　天晴、　禁中御能後朝各参仕、二条殿（昭実）ハ御理被申、照門（照高院興意）同、大略各ハ又参上也、」（76ウ）如昨御相伴衆也、献以下御振舞同前、各肝煎、御能ノ後如例謡、各申之、御トヲリ、御杓ハ陽明（近衛信尋）、御トヲリ過テ入御、一女院（勧修寺晴子）御所御見舞、以使者申入、　女御殿（近衛前子）ヘハ各一同ニ御礼申入、一大夫（渋谷以重）ニ御扇被下、父子共也、広大（広橋兼勝）取次テ被遣候

紫宸殿御取置
御拍子

雪隠

厠
盆ノ祝儀
年貢

月次連歌

彗星猶光明

口細

廿四日　天晴、寒風、紫宸殿御トリ置ニ被召、予一人参候、又御拍子アリ、御能ノ役者共、大(渋谷以重)夫同、無人ニメ内々衆ヲ被加、其外非蔵人・鳥飼衆等ニテ俄ニ掃除候、入夜九番アリ、過□□(テ)入御、各一同ニ退也、内々衆、又外様当番衆モ候也、一女御殿(近衛前子)へ御礼ニ参上候、女院(勧修寺晴子)御所御見廻申、一大工半左衛門・弥左衛門二人斗也、日用三人欤、雪隠ヲ申付候

廿五日　天晴、飛鳥井(雅胤)預状、返札候、　紫宸殿御取置ハ当番烏丸(光広)、又屏風奉行清閑寺(共房)両人ニテ撤、簾・畳・屏風等ノ義被申付ト、猶可尋之、　一大工二人如昨、日用三人土普請、又大工ハ厠、又二階々ノ義申付候、(廿六日)一肥後ヨリ文給、又□(盆)ノ祝義艮子十匁給、此方ヨリモ状ヲ認、棒庵(下津宗秀)へ遣候、此返事モ明日ニ申候、一□□備後(徳岡)年貢納テ帰京候」(77オ)

廿六□(日)　□□(天晴)、大工二人、日用三人、二階々申付候、又厠等也、一月次連哥於時直(西洞院)興行、人数ハ三人(ママ)□□日大(日野資勝)・高倉(薮嗣良)・松波山形右衛門尉(宗頼)也、亥刻斗ニ満、酒久、夜半ニ各退散、初而薬屋定□出候、一嵯峨ノ比丘出、柚一折土産也、一肥後へ文共認遣、又有便宜、昨日ノ処ニ記之、△彗猶光明也、南ノ方ノハ去十三日ノ比ヨリ不見、一禁中和哥御会廿八日ニ可参勤旨也、加奉、一雪散

廿七日　天晴、雪散、一女院(勧修寺晴子)御所御見舞申候、少験ノ由承、万入(万里小路充房)被申入、一肥後へ状共遣也、一孝与□□外へ出逢候、平松(時興)ニ口細二連被遣候、一姫宮(アテ宮)御方少納言方(西洞院時直)へ成申候、新造懸御目

裏ノ西浄

候、予モ出候、一大工二人、半右衛門与弥左衛門也、二階〻ヲ作、又弥左衛門ハ裏ノ西浄申付候、日用（ママ）人土普請也

禁中御月次

廿八日　天晴、禁中御月次廿四日ノ分也、不参ノ衆多之、陽明（近衛信尋）・八条殿（智仁親王）・青門（青蓮院尊純）・三条（正親町三条実有）〔正親〕・冷中（冷泉為満）・同少将（冷泉為頼）・飛鳥（飛鳥井雅胤）・広中（広橋総光）・同弁（広橋兼賢）・中御門宰相（宣衡）、照門（照高院興意）へ懸御目、三西（三条西実条）へ談合、其後御前へ上候而清書候、硯蓋ニ置テ後有入御、初夜ノ前ニ各退出、御番宿時直（西洞院）勤之、一大工二人、日用二人」

（77ウ）

西浄・湯殿ヲ作ル

西亭ノ煤ヲ掃清ム

廿九日　天晴、大工如昨二人、日用二人、棚又南ノシキヰ・鴨ヰ入、弥左衛門ハ西浄・湯殿ヲ作、所労故不出、一玄治（岡本諸品）平松（時興）見舞也、予ハ不会、一榎並（左）忠右衛門（賢隆）預状候、田舎へ近日可下向ト、一西亭煤ヲ掃清候

金ヲ銀子ニ両替ス

卅日　天晴、一大工二人、弥左衛門尉ト半右衛門尉西浄ト戸障子等ノ義申付候、日用二人、大橋茂右衛門方ヨリ来人、近日下国ト申、一女院（勧修寺晴子）御所見舞申、一勘局（西洞院時子）見舞候、一大聖寺殿（恵仙尼）ヨリ昨今牡丹植可進由承候、参上〆大方申付候、一金ヲ艮子ニ両替申付候

十一月大

桶湯

内儀荒神へ詣ヅ

一日丙戌　天晴、早辰桶湯ニ入、祓・看経、一内義ハ荒神詣、又石薬師へ被出、一予ハ女御殿（近衛前子）参、懸御目、右衛門督局へ対顔、女院（勧修寺晴子）御所御礼、又御見舞旁申入、一アテノ宮御方御礼申入、御

咳気、御脈診、御薬上、陽明(近衛信尋)参、御留守也、政所殿(近衛信尹母)参、御盃給、タリ(足)ノ宮御方御成也、」(78オ)八条殿(智仁親王)御礼、御盃給、紹由(灰屋)参会候、大聖寺殿(恵仙尼)御礼参、懸御目候、竹門(曼殊院良恕)御礼、門ヨリ申入、両伝奏(広橋兼勝・三条西実条)へ以使者一礼、飛鳥井(雅胤)へ同、竹松(飛鳥井)へ以使者申候、一此亭へ礼者、喜多嶋次右衛門礼、鯛一被持候、他行ノ間ニテ不会、又水源(沢)織部正・普賢院同心〆来義、橋本(実村)同、外へ出テ対顔候、長野清兵来義候、徳岡重(十)左衛門来、六右衛門(山田)尉内義・同六衛門尉、其外時良(西洞院)乳母等来、　一大工ハ一人、半右衛門尉来、棚又戸ヲ新仕候、日用三人

トイ下ノ雪隠・湯殿辺ニ溝

二日 天晴、大工(ママ)人、半右衛門トイ仕、日用三人、溝ヲ申付候、下ノ雪隠・湯殿ノ辺也

藤堂高虎陽明へ参上ス

三日 天晴、晩雨、大工二人、半右衛門尉ハ又トイ仕、弥左衛門尉ハ水棚ノヤネ・湯殿ノ壁ノ覆等申付候、日用三人土、一藤堂和泉(高虎)陽明(近衛信尋)へ参上ト聞、以使者申候、則同心〆伏見へ陽明御越ト、仍跡ヨリ入夜越候、法性寺ヨリ張灯ヲ用、和泉へハヌリ盃廿遣候、有食、終夜酒、又

風呂

風呂アリ、長多主馬馳走候、鶏鳴ニモ酒アリ、和泉機嫌也、供者以下ニモ飯被申付候、烏(光)丸(広)・徳勝院(禅昌)・奇斎(三宅亡羊)等御供也、一月ハ不見、一後ニ聞、陽明へ金子十枚進上ト、進藤(長滋)へ銀子十枚ト、主膳へ五枚ト、一日用伏見へ一人、清兵(長野清兵衛)見舞也

藤堂高虎振舞舟遊・唐網打

四日 天晴、和泉守(藤堂高虎)亭ニテ振舞之後舟遊、唐網打打(々)、鯉多打也、船中酒・茶アリ、謡、誹諧等也、」(78ウ)晩ニ数寄屋会、茶ハ遅桜ニ入、花鵜籠ニ入、陽明(近衛信尋)御作、水仙与山躑躅也、釜ハ木

守持タルト、水指土ノ物、薄茶アリ、其後被置、座敷四畳半也、相伴ハ　陽明・〇一条殿(兼遐)・十宮(庶愛親王)御方・烏丸(光広)大納言・予、以上五人也、一条殿ヘ金子一、十宮ヘ同一進上也、御供〆帰京也、其外岩倉木工頭(具堯)ヘ小判三切・小袖被出候、又侍衆ヘモ小袖被出候、烏(烏丸光広)モ前ヘ被帰候、陽明ハ御逗留也、一女御殿(近衛前子)ヘ参云々ノ旨申入テ退出候、一大工二人、鼠不入申付候、一清兵(長野清兵衛)見舞也、

鼠不入

一後ニ聞、陽明若公昨日御他界ト、一光浄院蜜柑百果被持候ト

陽明若君他界

五日　天晴、大工ハ弥左衛門一人、鼠不入仕、日用三人、土コシラヘ壁少々也、清兵(長野清兵衛)見舞也、一連哥月次少納言(西洞院時直)亭ニ在之、連衆十人、夜半ニ満、一陽明(近衛信尋)ヘ以使者申候、又烏大(烏丸光広)ヘモ申候

時直亭ニテ月次連歌

六日　天晴、大工弥左衛門尉同心〆以上二人、鼠不入ノ用、一日用三人壁ノ裏返、一藤堂和泉守(高虎)ヨリ諸白大樽古酒・白鳥一被贈、状返札候、長多主馬使也、陽明(近衛信尋)ヘ参テ会候、又其後以書状申候、沓五足遣候、一小川ノ小三郎蜜柑桶二百入持参候、対面候、一朝食ハ少納言(西洞院時直)ニ榎並忠左衛門尉(賢隆)相伴ニ出候、連哥手尓於葉ノ儀共尋候、一石薬師見舞申候、一壁共少々与兵衛塗之、一九左衛門雇、大根買得、一畳昨今出来、取寄候、一夜半ニ伯(白川顕成)絶入呼声事々シ、仍見舞候、暫蘇生〆終ニ事切候、言語道断ノ次第也、中御(中御門資胤)モ同前ニ見舞也、一時斗在之テ帰也、

白鳥

連歌手尓於葉ノ儀ヲ尋ヌ

白川顕成蘇生ノ後死ヌ

一禁中御祈、久脩(土御門)被仰出、神壇ヲ取置テ相済由候、又予ヘ使者アリ、駿河中納言(徳川頼宣)上リト被問合候、予モ慥不知由申候、一清荒神ヘ方違ニ出候」(79オ)

方違

霊符祭
冬至
手尓於葉相伝
木蓮華
桶結
熨斗鮑二千本

七日　天晴、灵符祭、一冬至也、一大工三人弥左衛門ハ弟子共也、鼠不入也、一日用三人土コシラヘ申付候、昨今備後(徳岡)カ部屋ノ辺ヲ塗、一榎並忠左衛門(賢隆)ヨリ状、又返札候、先度手尓於葉相伝、不相残旨也、又八木一綟・沓タヒ二束遺候、一孝与来義、暫語候、木蓮華所望候間遣之、一伊勢ヨリ状ヲ給、別所長左衛門使也、一桶結一人、一爪切、一道和銀子皆済、書物ヲ取候、一壁塗来、上ヌリノ事談合メ返候、一進藤修理(長滋)来義候、為御使勢州ヘ御書返事被持候、但予カ方ヘ也、熨斗鮑二千本進上ノ御返事也、又進藤修理ヘ百疋被遣候、其御返事等也

庭ノ蜜柑・久年母ヲ採入ル

八日　天陰、晩ニ雨、雷電、雨大也、一綿屋ノ次左衛門尉来義、盃・餅ヲ進候、暫語候、一清兵(長野清兵衛)見舞終日也、一大工三人鼠不入ノ用也、一日用二人ハ土遠所ヨリ持セ候、上塗ノ用也、一平松(時興)為祈念愛岩(宕)山ヘ与兵衛詣候、一庭ノ蜜柑・久年母ヲ採入、柑類不残採之、一九左衛門ハ相煩不出、部屋ニ在之、一清兵又カツモ(長野清兵衛姉)被泊

優婆遠行
牛黄円
金屑丸
壺ノ口切
禁中御祈禱

九日　天晴、行水・祓、一大工三人如昨、日用ハ不呼、一明障子又衾障子ノ骨誂之、一与兵衛来、ヤネ直葺、一三原ヨリ棒庵(下津宗秀)ヘ使上洛、津軽弁・同姉呼上度由被申候、優婆遠行ニヨリテノ義ト、此度先無用ノ由、棒庵ト談合メ使ハ帰国サス、又薬共所望候間遣之、牛黄円大貝一・金屑廿丸遣候、又肥後熊本ヘモ文認明日ニ遣之、棒庵ヨリ使者アリ、則行テ談合候、一勘局(西洞院時子)ニ壺ノ口切アリ、被呼候間参候、」(79ウ)寧レ丁ノ義也、一禁中御祈禱萩原(兼従)参勤候、於紫

宸殿ノ義也、一朽木牧斎(元綱)ヨリ炭十俵手形ヲ被上候、江戸ヨリノ義也、於大津可請取由候、御返事ヲ遣候、一伯(白川顕成)葬礼ニ侍一人・下人一遣候、少納言(西洞院時直)ヨリモ同前、一壁土感得

白川顕成葬礼

禁中御祈禱ノ護摩

十日 天晴、大工三人、平松(時興)鼠▨不入仕、壁塗二人、二階ノ上塗申付候、一与兵衛来、又ヤネヲ直、一萩原(兼従)へ以使者申候、夕ニ　禁中御祈禱ノ護摩へ参候、神龍院(梵舜)ニモ会候、先刻此亭へ来義候、暫語候、一路地ノ壁倒ヲ則改申付候、一一身田ノ別所長左衛門尉来義、先日陽(近衛信尋)御返事ヲ渡候、一勝(長野)昨日咳気、薬ヲ与、今日本腹(復)〆被帰、一日用三人壁ノ表塗目(属)申付候、一与兵衛来、ヤネヲ直、一入夜ア茶ゝ御乳人来義候

法古ヲ撰ブ

十一日 天晴、大工二人、鼠不入也、一壁表塗二人、又日用三人、一与兵衛来、一長(長野)清兵衛来義候、一棒庵(下津宗秀)へ早朝遣人、勢州下向ト、一鮒子田八左衛門診脈、薬モ遣候、一入夜法古共撰」(80オ)

時良元服以後ノ礼ニ板倉勝重へ行ク
材木屋懸ノ残リヲ皆済

十二日 天晴、大工三人鼠不入、一壁ヌリ二人、日用三人、土拵砂等ヲ持、一折一・諸白樽一萩原(兼従)へ遣候、行法ノ中ト云置候、一一乗院殿(庶愛親王)御見廻ニ可出処、御所へ□(被カ)参ト、入夜参候、無御対面、暫了雪・出雲殿等語テ帰、　一サカヤキ剃、一侍従(西洞院時良)ハ板倉伊賀守(勝重)へ元服以後ノ礼也、時直(西洞院)同心ト、一材木屋懸ノ残作介取次分皆済也、書物在之、一女院(勧修寺晴子)御見廻ニ新中(西洞院)納言(時慶女)被参候、予モ入夜参上候、帥殿迄申候、御懇ニ被仰出候、一今里彦七ヵ子出テ仕

十三日 天晴、夕雨、大工二人、弥五郎又鼠不入申付候、○（出来、）壁中付候、路地、鼠不入柱立等、
依吉日一同也、一日用二人土普請候、一張付ハ衾障子五本申付候、一平松（時興）ハ六畳敷へ居渡候、

東寺へ祈禱ノ布施

若上（西洞院時直室川勝氏女）・新中納言（西洞院時慶女）等モ寄合祝之、一東寺右京へ祈禱ノ為布施、艮子十匁・状遣候、若上ヨリ文
ニ委被申候、一松禅院（慶俊）為見舞来義候、乍立語候、一別所長左衛門来義候、明日帰国ト、返事

漢和入韵

ハ昨日遣候、一阿茶々御乳人来義候、一御番時直（西洞院）懃之、漢和入韵ノ事被仰出ト、有内談、一

雲林院ノ竹切

彦七カ子今日モ抑留、一雲林院へ竹切ニ九左衛門・与一等遣候、一（ママ）
十四日 天晴、大工弥五郎一人戸共仕、一張付一人、今日ハ別人也、日用ハ不呼、止之、」

神道ノ物語
三輪流・伊勢流
禁中辺ニ怪異ノ儀アリ

（80ウ）一禁中へ萩原（兼従）行法見舞ニ参候、一座ノ間見之、其以前ハ神道ノ物語共也、三輪流・伊
勢流トテ在之、大略弘法（空海）ヨリノ義ト聞ユ、一勘局（西洞院時子）来入、夜深迄被語、一頃　禁中辺ニ如去年
恠意異ノ義夜在之ト、天変地ーノ義可懼々々、一晩脂燭ヲ作

禁中御祈禱結願

十五日 天晴、大工弥五郎来、南ノ方二階ノ下ノ障子戸等之義申付候、一畳指一人来、一萩原（兼従）
へ今朝以使者申候、結願ノ由候、珍重申候、一七日也、一内義ハ寺詣、報恩寺、又石屋へモ

子祭・今宮ノ御火焼

被寄候、持セアリ、又如昨西亭掃除申付候、△子祭又今宮ノ御火焼也、一飛鳥井（雅胤）へ借遣拾遺

拾遺愚草ヲ貸ス

愚艸二冊候、一青門（青蓮院尊純）へ道春（林信勝）詩・予和韵ヲ写テ献候、先日御所望也、一将酉申付候

醤油

十六日 天晴、大工弥五郎一人、日用二人、畳指二人、一張付一人、一八畳敷洗拭、大工ハ戸

芦垣
神事
星光ヲ失フ
枇杷ノ木ヲ伐ル
柑類ヲ覆フ
御神楽
御参宮ノ事
広橋兼勝ノ内府勅許
今里ヨリ公事ノ儀ヲ頼ム
ヲ申付候、一大橋茂右衛門明日下向トテ来義、文認候、津軽弁・織田兵部(信良)・同内義(織田信良室下津氏女)等也、茂
右衛門ニハ沓三足遣候、夕ニ棒庵(下津宗秀)帰京ト
十七日 天晴、大工一人、日用二人、台所ノ前土普請、芦垣等也、一張付一人、一畳□□(指カ)人」
(81オ)一夕ニハ神事ニ入、一徳岡喜兵衛雪魚三ケ上候、六畳敷ヲ借テ神供ヲ調進候、十左衛(徳岡)
門尉モ□□〔来酒〕、一(件)星頃光失
十八日 天晴、厳寒、大工一人、上口ノ東ノ戸ヲ作、又所々ノ雨戸ヲ仕、一日用一人、作介也、
奥端ノ掃除共ヲ仕、皆相済、一枇杷ノ木ヲ伐、一柑類ノ覆申付候、一御神楽無事也、○時直(西洞院)
御脂燭ニ参勤候、御劔雅胤(飛鳥井)朝臣、奉行兼賢(広橋)朝(臣脱カ)、御簾・御裾・御○(草)鞋烏光賢(烏丸)也、脂燭七人、時
直・康満(堀川)朝臣、　　如例、内侍所御祝ノ御酒各給也、其後又御所ノ御祝入麺在之、予ハ当
番也、則可候処、時直強テ懃之、一中御(中御門資胤)御番申談候、於此亭竹中(竹内孝治)モ一所ヨリ出仕候、一御城
ノヲ鳥来義、内義同心〆拝ニ参入也、一陽明(近衛信尋)・桃花(一条兼遐)御参、相随也、両伝(広橋兼勝・三条西実条)参勤候、一藤堂和泉(高虎)
守預状、蜜柑五百入桶一給、御参　宮ノ事内々被申候、則陽明ヘ申入テ返事候、棒庵(下津宗秀)ヘモ申
遣候、一(ママ)
十九日 天曇、雪散、平松(時興)ニ女御殿(近衛前子)ヨリ廊ヲ給、辱由申入、一畳敷、一後ニ聞、広橋(兼勝)ハ」(81ウ)
内符(府)勅許ト、一大工一人、一日用一人、一今里ノ九左衛門尉公事ノ義ニ頼由申来、山田六

右衛門尉申次候

報恩寺別時
饅頭

廿日 天晴、一女御殿(近衛前子)へ昨日御礼平松(時興)申由、右衛門督・珍蔵主迄申伸、一内義ハ報恩寺別時通夜也、饅頭一折被持候、長野殿・北等同心也

禁中漢和一巡

廿一日 天晴、張付二人、一大工三十郎、一少納言(西洞院時直)方ニ夜田楽アリ、一禁中漢和一巡ヲ給、入夜テ得御意候後書付

廿二日 雨天、張一張付モ大工モ無之、一掃除共申付候」(82オ)

アテ宮作事後初ノ御渡

□(廿)三日 天晴、アテ宮御方作事ノ後ハ初而□申付入、諸白樽二・鯛四ツ拝領候、一大工□□(三十カ)郎朝ノ□遣候、張付ノ事斗也、一張付一人来、コシハリヲ仕、一蜜柑六十九左衛門上候、一阿茶々御乳人蜜柑□□(一折)、

禁中御修法
禁中ニテ鐃鈸ツカズノ説

一禁御修法、仏眼ノ法ト、尊円(青蓮院)親王ノ被行候後ハ初也ト、御脂燭時直(西洞院)勤候、又当□(番)懃候、禁中ニテ鐃鈸(ハチ)不突ト云説アリ、如何、此度被用珍敷作法共也

宿酒

廿四日 天晴、一宿酒平臥也、張付二人来、一ヌリフチハ予・平松(時興)細工ニ仕、一予ハ階□□手ヲ損傷、 宮御方(アテ宮)へ御礼ハ内義被参候

大栗

廿五日 天晴、一昨日御礼ニ 宮御方(アテ宮)へ参候、一夕ニハ宇野因幡ヲ振舞ニ呼、諸白樽一被持候、葛岡四郎左衛門・長野清兵衛・孝与モ相伴ニ呼候、四郎左(葛岡)大栗五十給、一張付二人呼、屏風ヲ直、又腰張等也、又衾障子等也、先今日ニテ相済候、一夜少納言(西洞院時直)此方へ来、茶アリ」(82ウ)

棒庵ヲ作事後初テ呼ブ
禁中漢和ノ触
清荒神ヘ詣ヅ
公宴漢和御会
学星ト云ウ客星出ル

廿六日　天晴、雪霰、一大工三□□ヨリ□〔呼〕、障子ノフチヲ打候、又二階ノ欄干申付候、一棒庵（下津宗秀）□□十念寺へ被呼、茶アリ、帰ニ此亭へ被寄候、諸白古酒樽一十念寺へ遣候、一青蓮（尊純）院殿□□ニ荷両種ヲ献、則護广へ参候、御対面、又有食、一広中（広橋総光）ニ禁中ニテ会、内府（広橋兼勝）珍重申入候、一□□□□不来

□（廿）**七日**　天晴、一十念寺ヨリ蜜柑三百六十余被贈候、一昨日礼、使僧アリ、状ノ返事候、一棒（下津宗秀）庵作事ノ後ハ初而呼、茶ヲ引、小川ノ小三郎相伴候、備後（徳岡）カ甥ノ権十郎カ㕝ヲ申直、棒庵前へ呼出候、予へザコ一鉢上候、供衆出候ハ帰、侍　人（ママ）、下人〻、心静語候、肥後へ文□□万介下向ト、一禁中漢和ノ御触アリ、来廿九日ト、一夜ニ入風雨又雪ト□□

□□□（廿八日）　天晴、雪天、一清荒神詣、一アテノ宮御方御礼参候、御盃ヲ給、一陽明（近衛信尋）・女御殿（近衛前子）・女（勧修寺晴子）院御所へ以使者一礼申入、一福菴（大福庵金国）・十念寺茶ニ呼、福庵ハ始也、杉原十帖被持候、一孝□□礼ニ来義候、蜜柑一折六十平松（時興）へトテ被持候、□〔二〕勘局（西洞院時子）来義候、□ヲ進候、」（83オ）一左近ハ七条へ下候

□□□（廿九日）　□（天）晴、日暖ニメ又寒、一公宴漢和御会参勤候、初タル御人数也、西園寺中納言（公益）・玄（舜岳）光・鹿苑寺（鳳林承章）□□・中院宰相（通村）・四辻宰相（季継）・○其外ハ阿野（実顕）・高倉右衛門（永慶）・中務（土御門泰重）・予・同時直（西洞院）、陽（近衛信尋）明御参、以上十二人□□也、夜半以前ニ満、泰重（土御門）申而云、学星ト云客〻出ト、則見之、

御修法今夜バカリ

大ニメ光多カラスキ□□ニ随テ二間斗間有テ在之、一青門(青蓮院尊純)へ見舞申候、御修法今夜斗

鴨番

也、明朝ノ結願ト□□拝領候、一大聖寺殿(恵仙尼)ヨリ鴨番拝領

内義北野ニテ御千度

卅日 天晴、一内義ハ北野詣、御千度被申候、長野殿同心也、一青門(青蓮院尊純)へ昨日御樽ノ御礼以使者申入、又大聖寺殿(恵仙尼)へモ御礼、文ニテ申入、一備後(徳岡)ハ宿ニ昨日ヨリ在之而、今朝食過ニ出候、

一」(ママ)（83ウ）

十二月大

蝕

蝕九分寅卯ノ刻 **一日**丙辰 天晴、行水・祓如常、一礼ニ孝与・清兵衛(長野)等来義、盃ヲ以祝之、一御礼ニ所々□□国母(近衛前子)へ参、禁中五ノ宮(大覚寺尊性)ノ御方ノ御殿ニ御座、門外ニテ輿ノ内ナカラ懸御目、其後□□五宮御方御礼申入、又御流御盃在之、珍蔵主・治部卿殿等馳走也、女院(勧修寺晴子)御所無御対□[面]□□帥局各へ一礼申伸候、陽明(近衛信尋)へ参、御盃ヲ給、各群参也、五条(為適)・西坊城(遂長)等、万里少路(充房)・玄仲(里村)・慶純(橘屋)等、甫庵(山岡景光)各也、

女御殿御年忘

今日女御殿(近衛前子)御年忘ニ御申ト云々、一アテ宮御方御礼、八条殿(智仁親王)何モ御盃ヲ給、竹門(曼殊院良恕)御対面、但急立、大聖寺殿(恵仙尼)ハ御留守ト、申置也、三西(三条西実条)・広大(広橋兼勝)へ一礼、一此亭へアテ宮御方・勘局(西洞院時子)等来入、及夜時直(西洞院)亭ニテ有盃、此方ニテ勿論也、一友甫来義、盃ヲ進、平松(時興)見廻也、一内義アテ宮御方へ参入也、一九左衛門□□阿蘇へ差越候、一板倉周防守(重宗)へ折箱一遣、状ニテ申送、一若水□□帰、内義ヨリ茶一包・孔方十疋被遣候、

酒添ヲ懸ケル

一酒添ヲ懸ト

二階ノ壁穴ト鼠穴ヲ塞グ
広橋兼勝内府成ノ礼
口細
白砂糖
鴨ヲ薬食ニ用ユ
酒飯蒸用ノ篠葉ヲ取寄ス
痔漏ノ薬
仙洞勅作ノ差薬
革屋
時子ニテ年忘
懸灯台

□(二)日 雨天、二階ノ壁穴所々塞也、又鼠穴ヲ改塞之、一板倉周防(重宗)ヨリ昨書返事□□一今里□九左衛門来、対面、出入ノ事申候、山六(山田)右衛門尉同心候、一堀忠兵衛従紀州」(84オ)預音信、蜜柑二百入鬚籠一給、一広橋(兼勝)へ出、内符(府)成ノ礼ニ行、諸白一・口細五連遣之、沈酔トテ無対面候、一棒庵所(下津宗秀)▨▨(ママ)見舞、心静対面、肥後守(加藤忠広)名代ニ江戸へ越年ノ使┃ニ初而逢候、又助丞(横地)対顔、別所┃ノ息初而知人ニ成候、各帰ノ跡ニテ心静語、長刀給、又白砂糖二□□(斤)入桶(カ)一給、帰宅、鴨薬食ニ用、一雲林院ノ篠葉ヲ取寄候、酒飯ヲ蒸用也

三日 天晴、月明拝、一大津へ朽牧斎(朽木元綱)ヨリ炭十続給、手形ヲ持テ下代方へ〇(人足二)遣候、又牧斎(朽木元綱)□□〔へ礼〕□□〔状遣〕、一三井寺光浄院へ先日被尋候状ﾚ礼ヲ遣候、一酒添ヲ申付候、一友甫ヨリ痔漏ノ薬、新中納言(西洞院時慶女)□〔へ〕遣候、膏薬也、一予眼痒煩、用指薬、仙洞勅作也、一西岡今里九左衛門誓詞ヲ上候、以来不可如在之旨也、又忠兵衛曲物也、書物等在之、写之、一花入ノ箱出来、袋ノ形ヲ作

四日 天晴、暖気也、革屋ノ山城後室ヲ呼、青地ノ花入ノ袋ニ縫、一内義ハ高台院殿(豊臣秀吉室杉原氏女)へ御見廻、歳末旁ノ義也、蜜柑二百進上候、一勘局(西洞院時子)ニ年忘、下々迄先朝被呼□□ハ晩也、予ハ早帰宅、一大工弥左衛門尉カ子(千松)ヲ呼、懸灯台数多申付候、又湯殿ノ腰板、□〔其〕外ハ前ノ西浄・湯殿ノ柱トヲリ如元柱ヲ立置候事、一堀忠兵衛返事遣候、薬種買得」(84ウ)此方ヨリ二条ノ吉衛

胆礬

門ヵ所へ申遣候、此方へモ丹(胆)礬一両取、一夜ニ竹屋(光長)・樋口(信孝)、平松(時興)被尋候、小漬振舞候、及夜

久年母

半、一長野善兵衛ヨリ久年母五十被上候

花入ノ袋出来

五日 雨天、土用入一花入ノ袋出来、被持候、則緒以下モ誂候、一二階南両脇ノ壁ノ裏返、一

門前ニテ牛子ヲ産ム

備後(徳岡)ハ花入袋ノ緒ノ所、又道三弟子(今大路親清)礼義ノ式法ヲ尋ニ玄哲へ遣候、△此門前ニテ少納言(西洞院時直)方年

庚申

貢持候牛ヵ子ヲ産、奇妙ノ義也、一庚申也、一姫宮(アテ宮)御方少納言亭へ御成、勘解由局(西洞院時子)等庚申ニ

土用

参集、及二番鶏、△土用ニ入

六日 天陰、雨ハ止、一姫宮(アテ宮)御方少納言(西洞院時直)御座、朝御膳上候、御相伴ニ雖被呼理申而不応、了

忍・多阿此亭へ呼候、朝ヨリ夕迄留之、大錫・栗被持候、一長野善兵衛へ文遣候、今日□下

久年母

向□〔候〕、久年母五十果被上候、其礼申候、又延寿院(曲直瀬正紹)門弟礼義ノ様子被尋候、大形記メ遣候、一

午枕

午枕、一与兵衛来、振舞申付候、次台所ノ下屋壁ノ裏返、一棒庵(下津宗秀)へ今里ノ忠兵衛ヵ事等ノ覚

書ヲ遣候

今里・御所内ノ年貢催促

七日 天晴、一今里・御所内へ年貢催ニ久八ヲ差遣候、今里ニテハ忠兵衛ヲ呼ニ遣候」(85オ)

源平盛衰記ノ不審抜書ヲ給ウ

了忍へ昨日ノ入物共返進候、一関長門守(一政)入道吽庵ヨリ源平盛衰記ノ中ノ不審少々抜書ヲ給、

大形記付テ遣之、一長野清兵衛来義候、一十左衛門尉(徳岡)モ見舞候、一女院(勧修寺晴子)御所へ新中納言(西洞院時慶女)被参

候

大寒
禁中乾ノ穀蔵火事
大工ノ中井正清へ参ル
小紅花屋ヨリ借銀
宇治ノ堀新作ノ茶入壺
鴨番
薬食ニ鴨ヲ用ユ
漆細工
銀ノ行方ノ算用

八日　天晴、○大寒ニ入、不暁ニ△禁中乾ノ穀蔵焼失、起合時直（西洞院）同心〆内々ノ廊男末ノ辺迄参候、驚申候、又直ニ台所ヨリ女御殿（近衛前子）へ参上候、五（イツ）ノ宮（大覚寺尊性）ノ御座候艮ノ方ノ御殿也、女中衆へ力付申而火本へ走出、両伝奏（広橋兼勝・三条西実条）ニ逢、火辺ノ可消様子愚存申伸候、半時モ在之テ大形朝時分又女御殿へ参候、懸御目候、云々旨申入、又火本へ出候、夜明テ退散、陽明（近衛信尋）モ御参也、飯後又参〆見舞申候、一時斗在之、両伝（広橋兼勝・三条西実条）其外ハ板伊賀（板倉勝重）ヲトナ衆各、又大工ノ大和（中井正清）へ参候、大形焼残リヲ壊切テ鎮也、又女御殿へ参〆帰也、一女院ノ御所（勧修寺晴子）へ参、云々ノ旨申入、方々有使者、木下宮内（利房）・高台院殿（豊臣秀吉室杉原氏女）等也、則女御殿へ其上申入、一薬屋ノ吉衛門来、対面、玄琢（野間成岑）使、又従是モ遣候、政所殿（近衛信尹母）へモ以使者申候、一白川（雅朝）へ遣使候、一大工末衛門・半右衛門尉等見廻ニ来、与兵衛其外所々ノ者共也、一宇（宇野）因幡使・福庵（大福庵金国）等、一コ紅花屋へ借銀ノ事申候処、同心也、一七条ヨリ□（壺）」（85ウ）被上候、宇治ノ堀ノ新作茶也

九日　天晴、寒、一桶湯ニ入、一小へニ屋へ艮子ノ事申候処、客人在之テ未相渡候、使北・備後（徳岡）両人、一薄暮ニ二条殿（昭実）見廻申候、蜜柑ノ二百入桶ヲ献、一陽明（近衛信尋）へ鴨番ヲ献、折節風呂へ被入ト、予ニモ可入旨仰也、咳気故理申テ退出候、一薬食ニ鴨ヲ今朝用、一張付来、腰張一間申付候、一葛四郎左（葛岡四郎左衛門）来義候、進盃、清兵（長野清兵衛）来義、漆細工候、一銀ノ行方算用候処五百匁斗在之、一備後宿へ泊ニ出、一角内ハ夜ヨリ暇乞出

橘皮

十日　天晴、雪散、日ハ明見、寒、一丁〻申付、一薬種共袋少〻入替改之、橘皮ヲ製、端ノ者共、又十左衛門尉(徳岡)・左近等也、人足ノ用意、一二条殿(昭実)へ蜜柑二百入ヲ献、申置テ退出、一陽明(近衛信尋)へ鴨番進上」(86オ)

鴨番

広橋兼勝内府ノ拝賀

十一日　天晴、行水・祓如例、一巳刻ニ広橋内符(府)(兼勝)拝賀催ニテ行、早衆時直(西洞院)・日相公(日野光慶)・烏弁(烏丸光賢)等也、先振舞、相伴廿八人、亭主同中納言(広橋総光)・弁(広橋兼賢)、中御大(中御門資胤)・日大(日野資勝)・同相公・烏大(烏丸光広)・同弁・予・同時直・清閑寺相公(共房)・藤右衛門(高倉永慶)□〔佐〕・堀河中将(堀川康満)・樋口(信孝)・竹屋(光長)・鷲尾(隆量)・日野ノ西(総盛)・松木(宗保)・山科(言総)、極﨟(壬生忠利)モ三方也、振舞過テ城レ坊・中山ノ冷泉(冷泉為尚)(ママ)　三献ノ外又重盃アリテ二反アリ、初門ハ初夜ヨリ早当家ヨリ侍三人出、此内一ハ端ヨリ出候、白張ハ申付候処、不入トテ被返候、日野(資勝)・烏(烏丸光広)各衣冠ニテ傍路ヲ行、舞踏見之、天盃ノ間番所ニ候、帰亭ノ辻ニテ雖被呼、理申而不入、一盃樽ハ先日進之候、　一鷹大閤(鷹司信房)へ蜜柑二百入籠進上、一政所殿(近衛信尹母)へ蜜柑一折二百献

天盃

胸膈ノ心不快

十二日　天晴、胸膈ノ心不快、咳気故終日平臥、一広(広橋兼勝)ヨリ両種・樽給、以使者一礼□□(申候カ)、一政所殿(近衛信尹母)へ参候処、今朝南都御下向ト、一女御殿(近衛前子)へ参候、右衛門督局対顔、近辺ノ義ヲ聞、一条(兼遐)殿へ御成ト、有御振舞ト、一陽明(近衛信尋)へ参候処、一条殿へ御出ト、紹句往年ノ巳後初也、物語ヲ聞、一九左衛門従播州上、慶西ノ文返事在之、一友甫被尋候、平松(時興)鶏薬服用候

平松鶏薬服用

合薬ノ調合

十三日　天晴、合薬共時興(平松)ヲ憑テ調合、所労折角養生服薬候、一長野清兵見舞也、」(86ウ)御番

陽明南都へ下向

ハ時直(西洞院)勲之、一南都へ陽明(近衛信尋)御下向ト、大聖寺殿(恵仙尼)同、予モ下向用意□(忩カ)シ

南都へ下向
伏見豊後橋ノ架替

十四日　天晴、暖気、南都下向、日用五人、一日七分ツヽ也、侍ハ作介、備後(徳岡)ハ跡ヨリ下、久八、以上、下人ハ角内・与一、以上、伏見豊後橋ハ故(古)ヲ改、今懸候間舟渡也、一今朝暇乞ニ勘(西洞院時子)局・少納言・同内義(西洞院時直室川勝氏女)等来義候、日入ニ南都へ着、先宿取間、数刻町ニ輿ヲ立置、先年ノ宿へ又□(行カ)也、先政所(西洞院時直)へ(殿脱カ)尋申候処、西御所(近衛信尹母)ニ十宮(庶愛親王)御方ニ御座候、則参候、御対面、御盃給候、阿(実顕)野・薮(嗣良)以上三人也、其後ハ陽明(近衛信尋)へ参候、一乗院殿(庶愛親王)へ御出ト、則参候処、藤堂和泉守(高虎)モ忍テ被居候トテ対顔、有酒、少焉立也、好□□(仕合)也、一宿へ帰処、宿児一才疱瘡十四ニメ内へ入候トテ、予薬ヲ乞候、雖斟酌一包遣候処□□□(得験候)

藤堂高虎ト会ウ
宿ノ児ノ薬ヲ乞ワル
十宮春日社へ参ル
裏頭

十五日　天晴、晩少曇、十宮(庶愛親王)御方・政所殿(近衛信尹母)・陽明(近衛信尋)見舞申而宿へ帰、十宮御方春日御社参、車乗添中御門宰相(宣衡)・東北院僧正(兼祐)三人同車也、上臈諸人□(見)物、貴賤連□(踏)、堂上ハ裏頭ニテ社頭迄車ノ前□□相随テ参候、無異儀、儀式歴々珍重之義也、□(荷)輿ノ衆大聖寺殿(恵仙尼)・政所殿□(其カ)外御供」(87オ)□□在之、裏頭ノ衆ハ、○内府(広橋兼勝)万入(万里小路充房)・正親三中(正親町三条実有)・四辻(季継)・阿野(実顕)・土御門中□(務)(泰重)□□阿野少将(公福)ハ御簾・沓ノ役也、高倉(薮嗣良)□□(納言)簾ノ役ニ申義候処、参レ遅ノ故、阿野少将重役□□御下向ノ砌又内符(府)(広橋)モ直垂ニ被改テ御寺へ被参候、予モ急参候而珍重申入テ帰、陽明へ参候

十宮得度ス

十六日　天陰、夜□霙、又雪洒、一丑刻ニ一乗院殿(尊覚)へ参候、御得度催、兼日ニハ夜半トノ義ニ

戒師髪剃

付而也、宮(尊覚)御方寅ノ下刻ニ御洗へ御渡也、良久而事初也、先着座烏丸大納言(光広)・正親三(正親町三条実有)・四辻宰相(季継)、戒壇浄心院法印(成身)、御簾高倉(藪嗣良)(ママ)、脂燭阿野(公福)・高倉両人也、先童装束ニテ御着座、戒ヲ被請テ簾中へ御入、次法服被召、髪ヲ□結分テ被出、戒師ハ大乗院(信尊)門跡法印、後髪剃ハ法印｜｜、少将先着座ノ後ニ僧正東北院(兼祐)、中ノ座浄心院ノホヲリ也、其外寺僧衆ハ後座也、東ノ方也、十五人歟、可尋之、髪剃ノ時両人取(秉)脂燭候、悉事済テ客殿へ門跡入給、各珍重申入、其後戒師ト一同ニ被着座候、禁裏ヲ初(而)□御礼在之、銀子三十枚、勅使竹屋弁(光長)、女院御所(勧修寺晴子)ヨリ、万入(万里小路充房)、女御殿(近衛前子)艮二十枚、大聖寺殿(恵仙尼)ヨリ御樽、政所殿(近衛信尹母)各次第⌒也、大乗院殿(信尊)ヨリ馬・(御)小袖・御樽折太刀、又有絵箱、又折五合、樽五荷、歴々也○、一次両門(大乗院信尊・一乗院尊覚)御相伴、内符(広橋兼勝)(府)ヲ初而、烏大(烏丸光広)・万里(万里小路充房)入・正親三(正親町三条実有)中・予・四辻宰相・中御宰(中御門宣衡)・阿宰(阿野実顕)・富新三位(富小路秀直)・高倉・阿少(阿野公福)・竹屋(光長)・土門中務(土御門泰重)、法中ニハ東北院(兼祐)東北院(衍カ)也、○各ハ一東一本ノ御礼也、又馬・太刀、又巻物ヲ一束ニ乗モ在之

能七番

」(87ウ)一次能七番アリ、金春孫(金春重勝)(ママ)大夫、高砂・田村・松風・花月・船弁慶・天鼓・呉羽、簾中ニテ見之、二番篝ヲ焼テ果、一二条殿(昭実)ヨリ諸白二ツ・小鳥共一折給ト

藤堂高虎へ茶ノ湯ニ行ク

能七番

十七日 天晴、朝ハ藤堂和泉守(高虎)数寄ニ被呼、遅桜茶入出候、内符(広橋兼勝)(府)・烏丸(烏丸光広)・万里(万里小路充房)・予、以上、有跡見、阿野・徳勝院(禅昌)・玄仲(里村)・友甫等也、又能七番アリ、竹生嶋・清経・井筒・(ママ)道成寺、夜(鵺)烏□□道成寺一番ノ間簾上候、大略和泉(藤堂高虎)・陽明(近衛信尋)御座一所ニ見物候、及夜、檜皮院ニ烏(烏

大（丸光広）被居ヲ尋候、有酒、夜更玄仲・友甫等相客也、平三郎随身シテ被居、備後（徳岡）ハ祭ニ午ヨリ出、□〔作〕介ハ相煩候故也、友甫ヨリ張灯ヲ被持候、樽屋二郎兵衛小児以外ノ由候ニ付而宿替、平三郎宿へ行、了左馳走候

春日祭
裏頭衣
中臣祓

十八日　天晴、春日祭、上卿広中（広橋総光）也、丑刻ニ行水メ出、未初ニ参着候、果頭（裏）衣也、後ニ衣ヲ忌由聞テ撤之、中臣祓心静読、上卿漸参向、内符（広橋兼勝）（府）被付候、珍重申候、納礼（直会）殿ニメ京へ文一筆書云伝候、祭ノ儀式神秘等殊勝ノ義也、御□□〔棚三〕ツアリ、第一ヲ上卿被舁候、神主前ヲ持也、其次ハ皆神主両人メ持参候、作合ニ一脚置候ハ若宮□□〔ト〕□神宝以下モ□ト」（88オ）□〔五〕脚参□〔リ〕テ奉幣アリ、其後ニ神馬ヲ被牽三度神前ヲ引廻メ其後三声、強盗〳〵ト呼也、神秘ノ義也、其後上卿神前ノ座ヲ起テ郎ニ被□饗アリ、醴アリ、三〻九度、土器三ツ参候、大ナル水ヒ杓ノ如エ永（柄長）ニテ酒ヲ進、加モ同ヒシヤク也、廊ノ末三間程ノ地下ニ加ハ立テ居、シヤクモ乍立加之、シヤク時ハ如常銚子ニ仕候、其過テ前ノ物ヲ撤テ上卿被起候、珍重申而帰下、予御初尾ハ備後（徳岡）ニ申付候処忘候由候条、後平三郎ニ申置候、一藤和泉（藤堂高虎）へ昨礼申候処、被呼入、一食相伴候、心静ニ被語候、昨日能出来候通申伸候、又拍子衆モ見舞候、予ハ先へ起、

御初尾ヲ忘ル

風呂

東北院（兼祐）へ陽明（近衛信尋）被申入、和泉（藤堂高虎）参入、御相伴内符・予・徳松院（勝）・玄仲・友甫（里村）等也、有風呂、陽明

煎酒
誹諧

斗被入、各ハ不入、イリ酒（煎）出来、初夜ノ過ニ座敷退散、誹諧モアリ、酒・謡・順舞等也、及

雑炊
茶湯道具ヲ見ル
法論味噌
ワラ金剛
金柑
漆朱絵ノ折敷
煤払初
禁中御煤払
時子知行ノ事
火用心
十一日ヨリノ日次記ヲ書ク
経師ヨリ新暦
今里・御所内へ使者

沈酔テ起也、一了左へ行、増水・酒アリ、其侭臥、但茶湯道具共ヲ見候、一広中ヨリ文被届
候ト

十九日 天陰、雪洒、午晴、了左内義ヨリ法論味噌桶二、平三郎ヨリワラ金剛五足・金柑六十果被贈候、振舞了左念入候、長池ニテ昼食候、南都ノ人足五人日用也、日ノ中ニ上着候、以使者 女御殿(近衛前子)・広中(広橋総光)・竹屋(光長)へ申候、召仕者草臥候、一留守ノ間ニ似運ヨリ漆朱絵ノ折敷二十人前被贈候、状アリ、留守中ハ長清兵(長野清兵衛)・徳岡十左衛門尉等相詰候由候、与兵衛切〻見廻ト、一竹屋預使者候ト、一此亭煤払初、一二条殿(昭実)へ忝旨以使者申入」(88ウ)

廿日 天晴、禁中御煤払ト、時直(西洞院)参候、各辛労トテ於 内侍所食ヲ被下ト、御祝ノ外也、御祝ハ虎ノ間ニテ有之ト、予ハ依所労不参、 女御殿(近衛前子)へ参、右衛門督局・珍蔵主ニ逢候、今度珍重之趣共話候、陽明(近衛信尋)へ参候、 禁中へ御参ト、 アテノ宮御方へ参候、今朝勘局(西洞院時子)来入候、局(西洞院時子)方ノ知行ノ事ヲ被申候、惣次ノ義也、又川那部八右衛門返事之趣モ粗聞候、一内符(府)(広橋兼勝)へ於女御殿対顔、一女院御所(勧修寺晴子)へ参候、帥局へ申置候、御煤払ト、一今夜火用心ノ由候、各機遣候、一棒庵(下津宗秀)へ行、茶湯道具共御返候、其席ニ宮川被居候、初而知人ニ成候、咳気散〻也

廿一日 天晴、行水・祓如常、去十一日ヨリノ日次記今日迄書之、一新暦ヲ経師ヨリ来、礼申候、一今里へ忠兵衛呼ニ遣候、□(八カ)八也、又御所内村へモ九左衛門ヲ差遣候、一昨日ノ茶宛(碗)・

香炉

茶入ヲ返、此方ノ香炉ヲミセ候、百日ト申候、詰ハ二枚ニト申遣候、一友甫来□(義カ)候、可対面
急被帰ト、平松方(時興)ニハ対面ト」(89オ)

節分
星ノ供養方違
御所内ヨリ年貢出ル

廿二日　天晴、節分也、八卦ノ事ヲ福菴(大福庵金国)ヘ平松カ方違ノ義尋候、又此方ニテ勘之、以拾芥定之、
予ハ清シ荒神、平松ハ柳馬場トヲリノ東面(時興)┃カ所也、一棒庵(下津宗秀)ヨリ長刀一枝給候、使安右衛
門也、一星共ヲ供養申候、一大豆如例ハヤス、備後守(徳岡)也、一初夜ニ清シヘ方違、家ヲ戌亥ニ
当候、指樽一荷・白壁十丁・昆等(布脱カ)遣候、有酒、数盃也、祝之、一政所殿(近衛信尹母)モ荒神ヘ御座候、罷
越候、有御盃、　宝前拝、年取ノ人多之、一御所内ヨリ九左衛門帰、年貢少出候、久八モ帰
京候、忠兵衛不出逢、剰十念寺ヲ以侘言ト申候、不聞義也

立春
棒庵移徙ノ祝儀

廿三日　天晴、立春也、日明也、一棒庵(下津宗秀)ヘ遣人、西岡ヘノ義申候処、今日ハ隙入由候、予カ者
二人、久八ト与一ヲ差越、忠兵ヲ呼候、九左ヘモ六右衛門(山田)ヨリ状ヲ遣候、一従大閤(鷹司信房)鯉一双拝
領候、以使者先御礼申謝候、一棒庵ヘ移徙ノ祝義ニ鯉一双・諸白一ツ遣候、返札在之、一入
夜今里ヨリ徒ニ両人帰京候、一当番時直(西洞院)参勤候

一乗寺ノ石取
忠兵衛ニ縄ヲ懸ク

廿四日　天晴、一一乗寺ヘ石取ニ遣候、二反両三人、一十念寺ニ人付置、忠兵衛午刻ニ来、中
分ヲ聞候、時々条々曲事也、仍縄ヲ懸置ヘシ、」(89ウ)長野清兵・徳(徳岡)十左衛門・孝与等
来、教訓之、又今里ヨリ九左衛門状被来、返事候、呼寄候、一橋本(実村)ノ祖母(立野)ヨリ鱈二本被贈候、

飛石ヲ敷ク
日次記ノ紙ヲ綴ヅ

一宇野因幡ヨリ鰤一本被贈候、状返事候、一似運歳暮礼ト、後ニ聞、他行ノ返事候ト也、一飛石ヲ敷候、一少納言(西洞院時直)モ今里ノ者ノ義ノ供被申付候、一日次記紙平松(時興)閉テ与予、一鍛冶屋ノ銀子皆渡遣候、又甚六ヵ分モ一昨日相済也、一藤堂和泉守ヨリ諸白大樽・鯛十枚被贈、状而礼申遣候

忠兵衛侘言
ツクネ蕷
棒庵内儀ヨリ歳暮
忠兵衛逃走ニヨリ縄ヲ懸ク

廿五日 天晴、九左衛門与忠兵衛対決、書物以下出、忠兵衛閉口、一十念寺来義、忠兵ヵ侘言ノ義也、一藤堂和泉守(高虎)伊勢ヨリ諸白大樽一・鯛十被送、礼状遣候、十右衛門(横田)へ申遣候、一清シノ常智坊礼来義、ツクネ蕷一折被持候、進盃候、一木下宮内殿(利房)ヨリ小袖一重給、状返事候、一十念寺十宮(尊覚)御方一門女御殿(近衛前子)ニ御座候、御礼ニ出、御盃給、謡在之、座□之、宮(尊覚)御方・土左殿伺候、ヲ茶ゝ・政所殿(近衛信尹母)、後ニ大聖寺殿(恵仙尼)、扨万入(万里小路充房)・岩倉木工(具尭)・大弼(秋篠忠定)等伺候也、時直(西洞院)モ御礼ニ参候、予ハ久伺候申候、及沈酔、一川那部八右衛門尉へ遣状、返札候、一肥後ヨリ棒庵(下津宗秀室)ノ内義ヨリ文給、歳暮ノ祝義、艮子十匁被上候、又鴨三給、蕪二束、(ママ)中上候、一小紅花屋ヨリ短冊所望候、平松(時興)書テ二枚遣候、一忠兵衛依走□(通カ)懸縄、川那部八右衛門状ノ旨ニ任テ如此申付候也、有状、両通」(90オ)

唐納豆
門ノ屋根ヲ葺ク

廿六日 天晴、暖気也、一斎坊主文佐来義候、一忠兵衛ヵ事ニ十□[念]寺□(往カ)来アリ、又例年ノ指樽・唐納豆一桶・昆布二束給、一門ノヤネヲ平野ノ弥介葺、二人来、一一乗院殿(尊覚)ヨリ諸白壱

時子ニテ餅突

荷拝領、三四郎御使也、一勘局(西洞院時子)ニハ餅突アリト、一入夜十念寺来入、大形済寄、一北野ノ九左衛門尉来、一木下宮内少輔(利房)歳暮ニ来義、門へ出テ逢候

霊符祭
餅突祝

廿七日　天晴、霊符祭、一餅突祝アリ、一孝与見廻也、長野清兵衛来義、対少納言(西洞院時直)慮外詞尤メ、雖然当座ニ怠状ニ及、逸興者沙汰限也、一女御殿(近衛前子)へ参候、御前ニテ御酒給、数刻也、謡アリ、昨日御樽ノ御礼申入、一忠兵衛縄ヲ解、請人共在之

忠兵衛ノ縄ヲ解ク

風呂

廿八日　天晴、勘解由局(西洞院時子)来入、又風呂ニ被呼、午刻ニ出テ即刻帰、一葛岡四郎左ノ息女虎来義候、雪魚二被持候、夕食ヲ進候、内義内モ風呂へ入、遅帰宅也、一近衛殿(信尋)御礼参、御留守也、女御殿(近衛前子)御対面、果ヲ御手ツカラ給候、曇花院殿(聖秀尼)御座候、一一乗院(尊覚)御下向也、予ハ昨酒ニ酔テ不出、其理申入、一速水安芸(良益)・長門(速水光益)へ鰤一折遣候、一女院御所(勧修寺晴子)・八条殿(智仁親王)・一条殿(兼遐)・竹門(曼殊院良恕)・大聖寺殿(恵仙尼)・三西(三条西実条)等へ礼申而透、一御番時直(西洞院)勤之、一川那部八右へ今里ノ忠兵ヲ遣候、」(90ウ) 今度候置目ノ事被申渡候、山田六右・三宅土左ヲ遣候、一(ママ)

置目ノ事

高台院へ歳暮
白鳥
所々へ歳暮

廿九日　雨天、晩止、雪少、高台院殿(豊臣秀吉室杉原氏女)へ歳暮、白鳥一進入、台所ヨリ帰路へ礼文アリ、宮内(木下利房)へ寄人テ一礼申候、歳暮所ゝへ申候、九条殿御父子(九条忠栄・忠象)・鷹司殿御父子(鷹司信房・信尚)・二条殿(昭実)等、一華山(花山院定熙)ハ元日内弁ノ習礼ニ被呼、両種樽ヲ献、有振舞、酒数盃也、役者ノ外ハ西園前内符(実益)(府)・中御大(中御門資胤)、役者ハ転法輪大(三条公広)・日大(日野資勝)・烏大(烏丸光広)・西園中(西園寺公益)・予・清閑寺(共房)、以上、奉行ハ振舞以後来入也、地下ノ衆各

板倉勝重へ歳暮
鯖白散
方々ヨリ歳暮
鴨番
注連飾
十念寺へ嘉礼ノ大豆ヲ遣ス
明日ノ用意ヲ申付ク

外記ヲ始候、予役ハ御酒与宣命使相兼也、一板倉伊賀守(勝重)へ歳暮ニ諸白両樽遣、川那部八右衛門尉へ今度之礼義旁ニ銀子壱枚遣候、有返(ママ)事在之、一歳暮高台院殿へ参、白鳥一進入、門ヨリ帰、水沢織部鯖五十被贈候、一端ヨリ中折一棹給、内義へ同前、一道三法印(今大路親清)ヨリ白散御嘉例ニ進献、予人ヲ相添候、勝左衛門尉使也

卅日 天晴、一歳暮方々ヨリ在之、棒庵(下津宗秀)ヨリ諸白二・生鯛二、飛鳥井(雅胤)ヨ[リ]□生雁一給、文礼中伸、高台院殿(豊臣秀吉室杉原氏女)ノヲ鳥ヨリ諸白一、清月ヨリ雉一双給、高台院殿(へ)ヨリ内義へ(ヨ)リ大錫薬酒進上、方々へ遣候、一中御門(資胤)へ諸白樽一、一広橋大納言(総光)へ諸白一、大納言珍重モ申伸候、一広内符(広橋兼勝)(府)へ鴨番進入、一錫徳利ハ女院御所(勧修寺晴子)・女御殿(近衛前子)へ進入、右衛門督局へ徳利一、一玄[治]□(岡本諸品)へ雁一[遣]□候、状返事候、」(91オ) 一桶湯ニ入、□(各カ)同前、一注連飾申付候、歳暮礼、女御殿御盃[給]□、有謡、内符・同大納言等伺候也、 女院御所・陽明(近衛信尋)へ参候、無御対面、アテ宮御方へ参、御盃給、先刻此亭へモ御成也、一内符へモ参入、飛鳥井へハ以使者申候、明日用意閙、一今里ノ忠兵衛ハ在所へ先返候、八木ハ八石先上候、一十念寺へ嘉例ノ大豆一斗遣候、一洗髪両度也、一十(徳)左(岡)衛門来、明日ノ用意共申付候、一松村宗有香箸一具持参也、門ヨリ帰リ也、千秋万歳々々」(91ウ)